Carl Brockelmann

Syrische Grammatik mit Litteratur, Chrestomathie und Glossar

Carl Brockelmann

Syrische Grammatik mit Litteratur, Chrestomathie und Glossar

ISBN/EAN: 9783744697170

Hergestellt in Europa, USA, Kanada, Australien, Japan

Cover: Foto ©ninafisch / pixelio.de

Weitere Bücher finden Sie auf **www.hansebooks.com**

SYRISCHE GRAMMATIK

MIT

LITTERATUR, CHRESTOMATHIE
UND GLOSSAR

VON

CARL BROCKELMANN.

BERLIN.
VERLAG VON REUTHER & REICHARD

LONDON,
WILLIAMS & NORGATE
14, HENRIETTA-STREET.

NEW YORK,
LEMCKE & BUECHNER
812, BROADWAY.

1899.

VORREDE.

Der Schwerpunkt dieses syrischen Lehrmittels ist in den Lesestücken zu suchen. Eine neue syrische Chrestomathie zusammenzustellen schien mir. als ich von der Verlagshandlung dazu aufgefordert wurde. kein überflüssiges Unternehmen. Den Stoff habe ich ausschließlich der klassischen Litteratur entnommen; den syrischen Unterricht mit Barhebraeus zu beginnen ist. um ein Wort von Nöldeke zu variieren, wie wenn man die Primaner an Cicero's und Tacitus' statt den Laurentius Valla oder Muret lesen liesse. Weiter soll der Lernende von anfang an zur Beobachtung der etymologisch wichtigen Unterschiede von *ī. ē. ō. ū* sowie von Rukkâchâ und Quššâjâ angehalten werden. In sachlicher Beziehung gilt es von vornherein die Aufmerksamkeit auf die wichtigste Seite der syrischen Litteratur. ihre Bedeutung für die Geschichte der christlichen Kirche, zu lenken. Ich habe daher nach dem Vorbild von Brünnow's arabischer Chrestomathie die wichtigsten legendarischen und historischen Dokumente zur Entwicklung der syrischen Kirche von den Anfängen bis zum Schisma zusammengestellt, dabei aber, einem Winke Prof. Socin's folgend, mehr Wert auf die Schilderung des Zuständlichen als auf Häufung von Namen und Daten gelegt. Die beiden Stücke am Schlusse sollen auf die wichtigsten, der Weltlitteratur angehörenden, profanen Erzählungswerke aufmerksam machen. Nach Brünnow's Vorgang habe ich mich nicht gescheut, die aufgenommenen Stücke z. T. stark zu verkürzen und zuzustutzen; überhaupt bitte ich bei Beurteilung der Chrestomathie stets im Auge zu behalten, dass es sich hier nicht darum handelte, kritisch berichtigte, sondern für den Unterricht taugliche Texte zu geben. Im Druck habe ich alle drei Schriftarten möglichst gleichmässig berücksichtigt; den Stilfehler, dass das Leben des Stifters der Jacobiten[1] in nestorianischem Gewande erscheint, wird man der Ökonomie des Ganzen zu Gute halten.

Statt der Grammatik hätte ich nur Paradigmen gegeben, wenn nicht von massgebender Seite aus praktischen Gründen, deren Berechtigung ich anerkennen muß, ein zusammenhängender Text gewünscht wäre.

Die Lautlehre habe ich nun ausführlicher dar-

[1] Zum historischen Verständnis dieses Stückes lese man: H. G. Kleyn, Jacobus Baradaeus, de stichter der syrische monophysietische Kerk. Academisch Proefschrift. Leiden 1882.

gestellt, als bisher in semitischen Elementarbüchern üblich war: denn die syrische Formenlehre lässt sich nur durch stetes Zurückgreifen auf Laut- und Accentgeschichte verstehn. Zudem scheint mir unter den klassisch-semitischen Dialekten kaum einer zur Einführung in das Verständnis sprachgeschichtlicher Probleme so geeignet wie das Syrische. Abschnitte, die von Autodidakten bei der ersten Durchnahme noch übergangen werden können, habe ich klein drucken lassen. Die syntaktischen Bemerkungen sollen nur die wichtigsten Erscheinungen im Satzbau der Texte erläutern, denen daher auch mit einer Ausnahme alle Beispiele entnommen sind. Für jedes tiefer eindringende Studium ist natürlich Nöldeke's Grammatik unentbehrlich.

Die Litteratur, die ich auf Wunsch der Verlagshandlung beigegeben habe, soll unter gänzlichem Verzicht auf bibliographische Vollständigkeit den Anfänger nur mit den wichtigsten Büchern bekannt machen.

Breslau, Ostersonntag 1899.

C. BROCKELMANN.

Inhaltsverzeichnis.

Grammatik.

III. Formenlehre (§ 90—199).

I. Nomina.

1. Pronomina.

2. Substantiva und Adjektiva.

§ 126. *B. Nominalstammbildung.*

IV. Syntaktische Bemerkungen (§ 200—223).

A. Zum Nomen.

B. Zum Pronomen.

D. Zum Verbum.

E. Zum Satzbau.

Chrestomathie.

GRAMMATIK.

EINLEITUNG.

Das Syrische ist die von Edessa ausgegangene 1.
Litteratursprache der Christen Nordsyriens und Mesopotamiens. Es bildet mit der Sprache des babylonischen Talmuds und dem Mandäischen zusammen die östliche Gruppe des aramäischen Zweiges am semitischen Sprachstamme.

Die Blütezeit der syrischen Litteratur beginnt mit dem dritten und reicht bis ins siebente Jahrhundert n. Chr. Infolge der christologischen Streitigkeiten des fünften Jahrhunderts trennten sich die zum persischen Reiche gehörigen Ostsyrer als Nestorianer von den monophysitischen Westsyrern (Jacobiten) unter römischer Herrschaft. Diese kirchliche Spaltung verhinderte die gleichmäßige Ausbildung der syrischen Schriftsprache, die uns nun in zwei Dialekten, dem östlichen und westlichen[1] vorliegt.

[1] In diesem Buche mit den Sigeln OS und WS bezeichnet.

Durch die arabische Eroberung wurde das Syrische seit dem achten Jahrhundert als Volkssprache zurückgedrängt und es hat sich daher nur in einigen abgelegenen Gebirgsgegenden bis heute lebendig erhalten.[1]

I. Schriftlehre.

A. Buchstaben.

2. Die älteste syrische Schrift ist das *Estrangelo*, d. i. στρογγύλη, aus der sich die der Nestorianer und die der Jacobiten, *Serṭô* genannt, entwickelten. Alle drei Schriftarten sind Cursiven, und die Buchstaben erleiden je nach ihrer Verbindung kleine Veränderungen; am Wortende erhielten einige Zeichen schon von altersher eine besondere Gestalt. Die folgende Tabelle zeigt vom Serṭô alle Formen, vom Estrangelo und Nestorianischen nur die unverbundenen Grund- und die Finalgestalten.

[1] Th. Nöldeke, Grammatik der neusyrischen Sprache. Leipzig 1868. A. J. Maclean, Grammar of the dialects of Vernacular Syriac. Cambridge 1895.

…ṭô Nach links verbunden. 3.	Nach rechts und links verbunden. 4.	Estrangelo.	Nestorianisch.	Namen.		Umschreibung.	Entspricht hebräischem	Zahlwert.
—	—	ܐ	ܐ	ܐܠܦ	Âlaf (Ôlaf)	ʾ	א	1
ܒ	ܒ	ܒ	ܒ	ܒܝܬ	Bêṯ	b. v	ב	2
ܓ	ܓ	ܓ	ܓ	ܓܡܠ	Gâ(ô)mal	g. ḡ	ג	3
—	—	ܕ	ܕ	ܕܠܬ, ܕܠܬ	Dâ(ô)laṯ(ḏ)	d. ḏ	ד	4
—	—	ܗ	ܗ	ܗܐ	Hê	h	ה	5
—	—	ܘ	ܘ	ܘܘ, ܘܐܘ	U̯au̯	u̯	ו	6
—	—	ܙ	ܙ	ܙܝܢ, ܙܝ, ܙܐܝ	Zain. Zên. Zai	z	ז	7
ܚ	ܚ	ܚ	ܚ	ܚܝܬ	Ḥêṯ	ws ḥ, os ḫ	ח	8
ܛ	ܛ	ܛ	ܛ	ܛܝܬ	Ṭêṯ	ṭ	ט	9
ܝ	ܝ	ܝ	ܝ	ܝܘܕ	I̯ôḏ, (I̯ûḏ)	i̯	י	10
ܟ	ܟ	ܟ ܟ	ܟ ܟ	ܟܦ	Kâ(ô)f	k. ch	כ	20
ܠ	ܠ	ܠ	ܠ	ܠܡܕ	Lâ(ô)maḏ	l	ל	30
ܡ	ܡ	ܡ ܡ	ܡ ܡ	ܡܝܡ	Mîm	m	מ	40
ܢ	ܢ	ܢ ܢ	ܢ ܢ	ܢܘܢ	Nû(ô)n	n	נ	50
ܣ	ܣ	ܣ	ܣ	ܣܡܟܬ	Semkaṯ	s	ס	60
ܥ	ܥ	ܥ	ܥ	ܥܐ	ʿÊ	ʿ	ע	70
ܦ	ܦ	ܦ	ܦ	ܦܐ	Pê	p. f	פ	80
—	—	ܨ	ܨ	ܨܕܐ	Ṣâ(ô)ḏâ	ṣ	צ	90
ܩ	ܩ	ܩ	ܩ	ܩܘܦ	Qôf	q	ק	100
—	—	ܪ	ܪ	ܪܝܫ. ܪܫ	Rê(î)š	r	ר	200
ܫ	ܫ	ܫ	ܫ	ܫܝܢ	Šin	š	ש	300
—	—	ܬ	ܬ	ܬܘ, ܬܐܘ	Tau̯	t. ṯ	ת	400

Anm. ܠ wird mit ܐ zu ܠܐ, anlautendes ܐ mit ܠ zu ܐܠ, anlautendes ܐ mit vorhergehendem ܠ am Wortschluss zuweilen zu ܠܐ verbunden. Die Nestorianer verbinden ܬܐ im Auslaute häufig zu ܬܐ.

B. Wortabteilung.

3. Nur aus einem Buchstaben bestehende Wörtchen werden stets mit dem nachfolgenden Worte zusammengeschrieben ܒܡܕܝܢܬܐ in (ܒ) der Stadt (ܡܕܝܢܬܐ). ܘܩܛܠ und (ܘ) tötete (ܩܛܠ), zuweilen auch andere eng zusammengehörige Wortgruppen, z. B. ܐܦܠܐ auch (ܐܦ) nicht (ܠܐ). ܟܠܝܘܡ jeden Tag u. a.

C. Vokalausdruck.

4. a. Durch Buchstaben. Die Syrer schrieben wie die Hebräer ursprünglich nur Konsonanten. Die Buchstaben ܐ. ܘ und ܝ hatten aber schon in vielen Fällen ihren ursprünglichen Konsonantenwert durch Aufgabe des festen Absatzes (s. § 18) und durch Zusammenziehung ehemaliger Diphthonge (§ 60) verloren; z. B. ܚܛܬܐ *ḥ'ṭâ* aus **ḥaṭa'a*, ܒܐܪܐ *bêrâ* aus **bi'râ*, ܥܝܢ *ʿên* aus **ʿain*, ܕܝܢܐ *dînâ* aus **dijnâ*, ܣܘܦ *sôf* aus *saup*. Von solchen Fällen ausgehend, schreibt man nun auch andre Vokale mit ܐ, ܘ und ܝ u. zw.

mit ܐ jedes auslautende *â* (WS *ô*), *ä* und *ê* (WS *î*), im Inlaut in gewissen Fällen *â*, *ê* (*î*), z. B. ܡܠܟܐ *malkâ*(*ô*). ܢܪܡܐ *nermâ*. ܢܐ *nê* (WS *nî*). ܦܐܪܢ *pêran* (*pîran*).

mit ܝ im In- und Auslaut jedes î, im Inlaut auch ä̂ und ê (WS î), ܒܝ bî, ܒܝܫ biš, ܐܝܠܕ îled, ܕܝܢ dä̂n, ܥܝܢ ʿên (ʿîn). Für ê kommt auch ܐ vor, ܟܐܢ oder ܟܝܢ kên (kîn). Manchmal, namentlich in offener Silbe, bleibt ê unbezeichnet. ܡܣܟܢܐ meskênâ (meskînô).

mit ܘ im In- und Auslaut jedes u, û, ŏ, ô, z. B. ܦܘܪܩܢܐ purqânâ, ܩܘܡ qûm, ܡܠܟܘ malkû, ܬܫܒܘܚܬܐ tešboḥtâ, ܢܓܠܘܢ neglôn, ܐܘ ô. Nur die sehr gebräuchlichen Wörter ܟܘܠ kol, kul, „all, jeder" und ܡܛܘܠ meṭṭol, meṭṭul, „wegen" werden in alter Zeit oft, in jüngerer stets ohne ܘ geschrieben: ܟܠ, ܡܛܠ.

Anm. Griechisches α in Fremdwörtern wird im Auslaut stets, im Inlaut oft, auch wenn es ă bezeichnet, durch ܐ wiedergegeben, z. B. ܕܘܓܡܛܐ oder ܕܘܓܡܐܛܐ δόγματα. So schreibt man zuweilen auch in syrischen Wörtern, z. B. ܛܐܠܐ für ܛܠܐ ṭallâ „Thau". Griech. ι wird auch im Inlaut oft durch ܝ bezeichnet, ε, αι zuweilen durch ܐ, z. B. ܠܐܟܣܝܣ λέξις, ο durch ܘ, oder es bleibt unbezeichnet.

b. Durch sonstige Zeichen. Um gleich- 5.
geschriebene Wörter zu unterscheiden, bezeichnet man eine vollere, stärkere Aussprache durch einen Punkt über, eine feinere, schwächere oder auch die Vokallosigkeit durch einen Punkt unter dem charakteristischen Buchstaben, z. B. ܡܠܟܐ malkâ „König", ܡܠܟܐ melkâ, „Rat"; ܩܛܠ qᵉṭal „tötete". ܩܛܠ qâṭel „tötet" oder qaṭṭel „mordete"; ܗܘ hau „jener", ܗܘ hû „er"; ܗܢܘܢ hânôn „jene", ܗܢܘܢ hennôn „sie". In einigen

Fällen behauptete sich der obere Punkt allein. z. B. beim Suff. 3. f. sing. ܗ̇ *âh* im Gegensatz zum Masc. ܗ *eh*; er erhielt so geradezu grammatische Bedeutung und wurde daher auch gesetzt, wenn dem ܗ ein â oder î voranging, wie in ܩܕܡܝܗ̇ *q^edâmâh* „vor ihr“, ܢܩܛܠܝܗ̇ *neqṭ^elîh* „tötet sie“, obwohl hier eine Verwechselung mit dem Masc. ܘܗܝ *au*, ܝܗܝ *îu* nicht mehr zu besorgen war. So dient der Punkt auch sonst zur Bezeichnung grammatischer Kategorien. z. B. in ܣܡ *sâm* „setzte“, weil es Perf. ist wie ܩܛܠ *q^eṭal*.

6. Zur genaueren Unterscheidung namentlich von Verbalformen fügte man oft noch einen zweiten oder dritten Punkt hinzu z. B. ܥܒܕܬ *'evdet* „ich that“, ܥܒܕܬ oder OS ܥܒܕܬ *'evdat* „sie that“; ܡܢܘ *manû* „wer ist?“, ܡܢܘ *mânau* „was ist?“; ܒܪܐ *b^er^* „geschaffen“, ܒܪܐ *b^erâ* „schuf“, ܒܪܐ *bârâ* „schafft“ u. a.

7. Aus dieser Punktation haben die Nestorianer ein vollständiges System der Vokalbezeichnung entwickelt, das aber ausser bei a und e nicht die Quantität sondern nur die Qualität der Vokale unterscheidet; aber auch ĕ und ê, zuweilen auch ă und â werden nicht immer mehr streng auseinander gehalten. Die Zeichen sind:

ă *P^eṯâḥâ*, z. B. ܒܲ *bă*.

â *Z^eqâpâ*: ܒܵ *bâ*.

ĕ, i *R^evâṣâ arrîchâ* oder *Z^elâmâ p^ešîqâ*: ܒܸ *bĕ, bĭ*.

ِ *e, ä Reᵥâṣâ karjâ* oder *Zelâmâ qašjâ*: ܒܶ *bê, bä.*
ܺ *i, î Ḥeᵥâṣâ*: ܒܺܝ *bi.*
ܽ *u, û ʿEṣâṣâ ălîṣâ*: ܒܽܘ *bu.*
ܳ *o, ô ʿEṣâṣâ reᵥîḥâ*: ܒܳܘ *bo.*

Die Westsyrer bedienen sich seit dem achten Jahr- 8.
hundert der griechischen Vokale zur Bezeichnung der Vokalqualitäten ohne Rücksicht auf die Quantität:

ܰ *a Petôḥô.*
ܳ *o Zeqôfô.*
ܶ *e, ä Reᵥôṣô.*
ܺ *i Ḥeᵥôṣô.*
ܽ *u ʿEṣôṣô.*

Anm. Die Interjektion *ô* schreibt man mit ω: ܐܘ̄, daraus ܐܘ. Die Stellung der Zeichen erklärt sich daraus, daß man die Zeilen nicht, wie man las, von rechts nach links, sondern von oben nach unten schrieb.

In späteren westsyrischen Hdss. und in älteren 9.
Drucken kommen auch beide Systeme mit einander gemischt vor.

Anm. Wir gebrauchen in diesem Buche die bequemeren jakob. Vokalzeichen, bedienen uns aber der nestorian. Punkte. um die grammatisch wichtige Unterscheidung von *ê* und *î*, *ô* und *û*, die im WS zusammengefallen sind, durchzuführen.

C. Andere Lesezeichen.

Bei den Buchstaben ܬ, ܦ, ܟ, ܕ, ܓ, ܒ wird die Aus- 10.
sprache als Explosive *(Quššâjâ* „Verhärtung") durch

einen darüber, die als Spiranten (*Rukkâchâ* „Erweichung") durch einen darunter gesetzten Punkt bezeichnet, z. B. ܢܶܣܒܰܬ݂ *nesbat̲* aber ܢܶܣܰܪܬ݂ *n*ᵉ*sart*. Bei ܦ unterscheidet man außer der Spirans ܦ݂ *f* und der Explosiva mit gehauchtem Absatz ܦ݁ *p*ʿ noch die mit festem Absatz ܦ̮ *p*', die das griech. π wiedergiebt (wie ܩ χ und ܛ τ): andere setzen ܦ̇ = *p*, ܦ̈ = π.

11. Da Sing. und Plur. der Nomina in der Konsonantenschrift häufig zusammenfielen, z. B. ܡܠܟܐ *malkâ* „König" und *malkâ* „Könige", ܡܠܟܬܐ *malk*ᵉ*t̲â* „Königin" und *malkât̲â* „Königinnen", so bediente man sich schon früh regelmäßig zweier Punkte, *S*ᵉ*jâmâ* genannt, zur Unterscheidung des Plur.: ܡ̈ܠܟܐ *malkâ*, ܡ̈ܠܟܬܐ *malkât̲â*. Durch graphische Analogie wurden diese Punkte dann auch auf Formen übertragen, bei denen keine Verwechselung mit dem Sing. möglich war, z. B. ܡ̈ܰܠܟܺܝܢ; dagegen fehlen sie beim prädikativen Adjektiv masc., z. B. ܫܰܪܺܝܪܺܝܢ „sind wahr", aber fem. ܛܳ̈ܒܳܢ „sind gut".

Anm. 1. Kollektiva, die keinen Plur. bilden, sollen *S*ᵉ*jâmâ* erhalten, wie ܥ̈ܳܢܳܐ „Kleinvieh", aber ܒܶܩܪܳܐ „(Rinder)-Herde", weil davon der Plur. ܒ̈ܶܩܪܶܐ vorkommt.

Anm. 2. Beim Verbum erhalten nur die weiblichen Pluralformen ̈ wie ܩ̈ܛܰܠܝ sie töteten, ܢܶܩܛ̈ܠܳܢ sie werden töten.

12. In einigen Fällen setzt man zur Unterscheidung gleichgeschriebener Wörter als Zeichen der Vokallosigkeit über den Buchstaben eine Linie, ܡܒܛܠܢܐ genannt, z. B. ܦܠܓܘ „waren halb“ im Gegensatz zu ܦܠܓܘ „verteilten“. Dasselbe Zeichen dient dann auch zum Hinweis auf Buchstaben, die in der Aussprache ganz wegfallen, z. B. ܡܕܝܢܬܐ *m^e^dîttâ*, ܗܘܐ *wâ*. Bei der späteren WS findet sich diese „linea occultans“ auch unter dem Buchstaben. Ursprünglich aber diente die untere Linie ܡܗܓܝܢܐ zur Bezeichnung einer volleren Aussprache durch Einschub sekundärer Vokale, z. B. ܚܟܡܬܐ d. i. *ḥĕchĕmtâ* aus *ḥechm^e^tâ*.

D. Interpunktion und Accente.

Die ältesten Sinntrenner sind ein starker Punkt . am Satzende und ein Punkthaufen ⁘ u. ä. bei grösseren Absätzen. 13.
Zur weiteren Zerlegung der Sätze verwendet man später noch einen Unterpunkt ܬܚܬܝܐ z. B. ܡܠܟܐ, einen Oberpunkt ܥܠܝܐ z. B. ܡܠܟܐ und die gleichen Punkte ܙܘܓܐ z. B.: ܡܠܟܐ, aber ohne feste Grundsätze wenigstens von seiten der Schreiber.

In Bibelhdschr. findet sich ausserdem wie im Hebr. noch 14.
ein verwickeltes System von etwa 40 Accenten.

II. Lautlehre.

A. Einteilung der Sprachlaute.

Die uns aus dem Altertum überkommene Ein- 15.
teilung der Sprachlaute in Konsonanten und Vokale ist prinzipiell falsch, da sie die eine Gruppe, die Konsonanten (Mitlauter) nach ihrer Funktion, die andere,

die Vokale (Stimmlaute) nach ihrem Wesen bezeichnet. Die Laute sind entweder ihrem Wesen nach in Geräuschlaute und Sonore (Vokale) einzuteilen, oder ihrer wechselnden Funktion nach in Sonanten und Konsonanten. Derselbe Laut *u* z. B., den die alte Terminologie Vokal nennt, kann im Semitischen als Sonant wie in *quḏšâ* oder als Konsonant wie in *au̯* und *u̯aᵃeḏ* auftreten. Aber auch die Sonoren *n*, *m*, *r*, *l*, die im allgemeinen nur als Konsonanten erscheinen, müssen im Syr. zu einer bestimmten Zeit auch einmal sonantische Funktion gehabt haben, wie *ḫĕchĕmṯâ* aus *ḫechmᵉṯâ* durch *ḫechm̥ṯâ* zeigt. Da uns aber in der Grammatik die Sprachlaute hauptsächlich ihrer Funktion wegen interessieren, und da in der jetzigen Gestalt des Syr. nur noch reine Stimmlaute als Sonanten erscheinen, so behalten wir die alte Einteilung in Konsonanten und Vokale bei, indem wir den letzteren Terminus im Sinne von Sonanten nehmen und die konsonantischen Vokale *u̯* und *i̯* zur ersteren Gruppe ziehn.

16. Das Syrische hat nun folgenden Lautbestand:

1) Konsonanten:

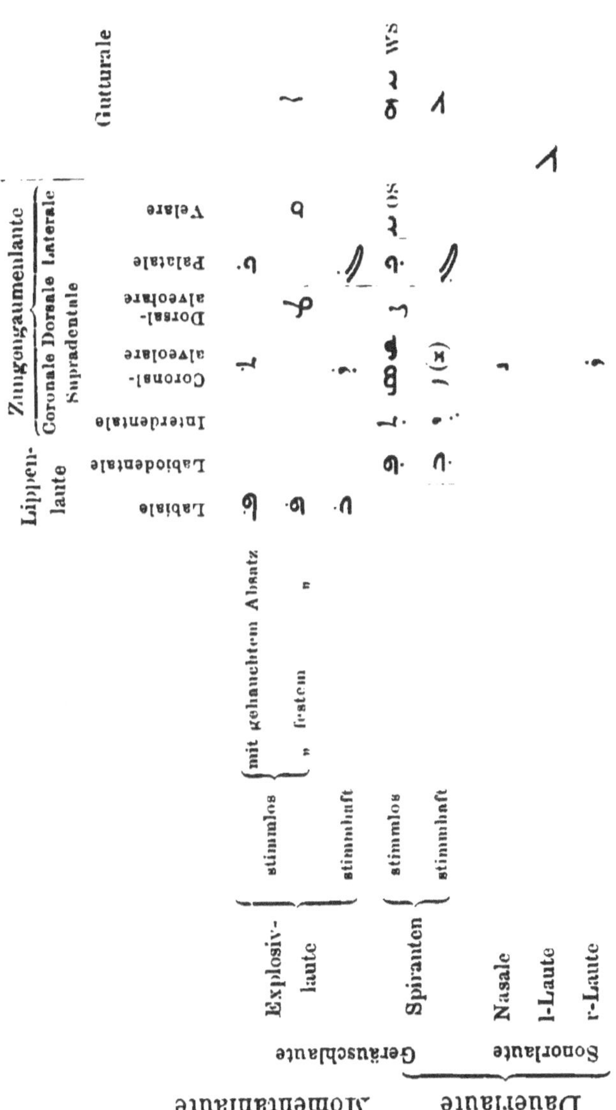
Lippen-laute
Zungengaumenlaute
Coronale Dorsale Laterale
Supradentale
Gutturale
Labiale
Labiodentale
Interdentale
Coronal-alveolare
Dorsal-alveolare
Palatale
Velare
Momentanlaute
Dauerlaute
Geräuschlaute
Sonorlaute
Explosiv-laute
Spiranten
Nasale
l-Laute
r-Laute
stimmlos
stimmhaft
mit gehauchtem Absatz
„ festem „

Anm. 1. ܫ unterscheidet sich von ܣ durch Kesselresonanz wie deutsches sch von s.

Anm. 2. ܚ sprechen die OS gleich خ, die WS gleich ح d. h. „der Hauch entströmt, bei geschlossener Bänderglottis, nur durch die geöffnet gehaltene Knorpelglottis, an deren Rändern er das spezifische Reibungsgeräusch erzeugt“ (Czermak).

Anm. 3. Das *'Ain* erscheint in den verschiedenen semitischen Sprachen teils als Explosiva, teils als Spirans; dass es im Altsyr. als Spirans anzusetzen ist, zeigt die Dissimilation zu *l* in der Nähe von ܥ § 79.

Anm. 4. Stimmhaftes nest. ܙ vor ܕ, ܠ, ܪ s. u. §. 49.

Dazu die konsonantischen Vokale ܘ *u̯*, ܝ *i̯*.

2) Vokale:

a) Vollvokale: *i, î; e, ê; ä, ä̂; a, â; o, ô; u, û*.

b) den Murmelvokal *ᵉ*.

c) die Diphthonge *au* (OS *âu*), *ai*, *âi* (WS *ôi*), *îu*, *ēu*.

B. Kombinationslehre.

I. Laute und Lautverbindungen.

17. a. Lauteinsätze. Jeder Vokal wurde im Semit. ursprünglich fest, d. h. mit Kehlkopfverschluß eingesetzt, dessen Zeichen das ꞌ ist. Im Syr. scheint aber auch schon in weitem Umfang der leise Einsatz vorgekommen zu sein. Namentlich *î*, das sich aus *i̯ᵉ* entwickelt wie in ܝܺܕܰܥ „wußte“, wird wohl stets leise eingesetzt sein, und die zuweilen vorkommende Schreibung ܐܺܝܕܰܥ wird nur auf graphischer Analogie nach den

nderen Vokalen beruhen. Aus leisem Einsatz erklärt ich auch der direkte Übergang zwischen einsilbigen Vörtern wie ܐܶܢ für ܐܶܢ ܗܽܘ „wenn auch“.

b. Lautabsätze. Das Syr. besaß ursprünglich zahlreiche 18. 'okale mit etymologisch berechtigtem festem Absatz (Kehlkopf-erschluß), der aber jetzt unter Ersatzdehnung des Vokals auf-egeben ist, z. B. ܫܶܐܠܶܬ „ich forderte“ *šâlet* für *šä'let*.

c. Berührungen von Vokalen. Durch Aufgabe eines 19. tymologisch berechtigten festen Vokaleinsatzes im Wortinnern oßen im Syr. vielfach Vokale mit leisen Ein- und Absatz usammen, wie in ܛܰܢܳܦ *ṣäă* „verunreinigte“ aus *ṣä''ă'*. Beim Übergang von einer Silbe zur anderen entwickelt sich nun der Gleichaut zu *i*, vor und nach gerundeten Vokalen zu *u*, was zuweilen uch in der Schrift zum Ausdruck kommt, z. B. ܛܰܢܝ, ܡܰܕܥܳܘ „Stoff“ eben ܡܰܕܥܳܐ.

Umgekehrt lassen namentlich die OS ein etymologisch 20. erechtigtes *i*, *u* zwischen zwei Vokalen oft verhallen und orechen ܗܳܝܳܐ wie *hâä*, ܐܳܣܝܳܬ wie *hrâat*. Auch dieser Übergang ommt in der Schrift zuweilen zum Ausdruck, so findet sich ܡܺܝܬܳܐ „tot“ neben ܡܺܝܬܳܐ, ܪܽܘܚܳܢܳܝܶܐ „geistige“ neben ܪܽܘܚܳܢܳܝܶܐ, ܪܡܰܘܢ warfen“ neben ܪܡܰܘܢ aus *r^emau* + *ûn*.

Selbst gehauchter Vokaleinsatz wird im Wortinnern zu- 21. 'eilen aufgegeben; so in ܝܰܗܒ „gab“ *iav* für *i^ehav*, in ܗܺܝ „sie st“ *hîiî* für *hîhî*, ܗܽܘ „er ist“ *hûiû* für *hûuû* (§ 88) für *hûhû* nit Entwicklung des Gleitlauts (§ 19).

d. Diphthonge. Stoßen zwei silbenbildende Vokale 22. erschiedener Qualität, die ursprünglich durch festen Einsatz oder durch ܐ oder ܥ getrennt waren, zu-ammen, so verschmelzen sie zu einem Diphthong, indem der Vokal mit geringerer Schallfülle zum Konsonanten wird, z. B. ܩܪܘ *qᵉráu̯* aus *qᵉráû* aus *qará'û*, ܓܠܝܘ *gallîu̯* aus *gallîû*, ܓܠܝܢ aus *gallî* + *an*, ܩܫܝܢ (§ 60) aus *qašaįîn*. Tritt an die so entstandenen Diphthonge eine neue Endung, durch die der Accent um eine Silbe weiterrückt, so wird *îį* zu *įû*, *au̯* zu *a'û*, *âi* zu *â'î* verschoben. ܓܠܝܘ zu ܓܠܝܘܢ, ܓܠܝܘ zu ܓܠܝܘܗܝ, ܓܠܝ zu ܓܠܐܝܢ.

23. e. Berührungen von Vokalen mit Konsonanten. Ursprünglich fester Vokaleinsatz nach Konsonanten ist jetzt immer durch direkten Übergang ersetzt, z. B. ܢܫܐܠ *nešal* für *neš'al* „er fordert", so auch bei Enkliticis (§ 40) ܩܛܠܬ݁ܝ für ܩܛܠܬ ܐܢܬ „du tötest". Selbst ein aus ursprünglichem Vollvokal reduzierter Murmelvokal (§ 32a) wird jetzt stets übergangen, z. B. ܫܐܝܠ „gefordert" *šîl* für *šᵉ'îl*. In einzelnen Fällen kommt das schon in der Konsonantenschrift zum Ausdruck, so ܒܝܫ „schlecht" aus בְּאִישׁ, ܡܠܦ „lehrt" aus מְאַלֵּף.

Anm. 1. Einer älteren Sprachperiode gehört die Assimilation des Kehlkopfverschlusses an einen vorhergehenden Geräuschlaut an, s. u. §. 51.

Anm. 2. Die OS punktieren oft so, als ob das ܐ noch konsonantisch gesprochen werden sollte, z. B. ܢܫܐܠ, aber ohne Konsequenz.

24. Selbst gehauchter Vokaleinsatz wird im Pron. der 3. Pers. unter Wirkung des Accents durch direkten Übergang ersetzt, z. B. ܩܛܠ ܐܢܘܢ *qᵉṭalennôn* aus *qᵉṭal hennôn* „tötete sie", ܩܛܠ ܗܘ *qᵉṭalû* aus *qᵉṭal hû*.

II. Silbenbildung.

Das Semit. kennt ursprünglich keine mit Doppel- 25.
konsonanz anlautenden Silben. Im Syr. hat sich aber nach Aufgabe alter Murmelvokale Doppelkonsonanz im Anlaut hier und da secundär entwickelt, so schon früh durch Analogiebildung (s. u. § 164 A, Anm.) in dem Zahlwort ܫܬܐ 6.

Konsonantenverdoppelung ist im WS (wie im 26.
Deutschen) aufgegeben, z. B. ܥܰܡܳܐ „Volk" OS *ʿammâ*, WS *ʿămô*.

Mit der Aufgabe von Murmelvokalen ist die Verdoppelung 27.
schon früh verloren in Fällen wie ܪܶܓܓܬܳܐ *reggᵉṯâ* dann *reggṯâ*, *regṯâ* und ev. *rekṯâ* (s. u. § 49).

Nach dem Auslaut unterscheiden wir offene und 28.
geschlossene Silben. Erstere können im Aram. ursprünglich nur langen oder Murmelvokal haben; im Syr. aber kommen offene Silben mit kurzem Vollvokal durch Neubildungen und im WS nach Aufgabe der Verdoppelung (§ 26) häufig vor. Geschlossene Silben mit langem Vokal werden im OS verkürzt, so ܓܠܡܗܝ aus ܓܠܡܗܝ, ܢܓܗܝ aus ܐܢܐ.

III. Der Accent und seine Wirkungen auf den Wortkörper.

a. Der Wortaccent. Das Semit. besass ursprünglich 29.
einen freien, nicht an eine bestimmte Stelle gebundenen, sondern mit der Bedeutung wechselnden exspiratorischen Wortaccent.

30. Schon im Ursemit. bestand die Neigung, unbetontes *ĭ* unmittelbar nach dem Hauptaccent zu synkopieren. Aus sehr alter Zeit stammt die Verkürzung der aram. Nomina *qaṭil* zu *qaṭl*. Das in den andern Sprachen sehr wirksame Gegengewicht anders betonter Formen äussert sich im Syr. nur ganz vereinzelt, s. u. § 129.

31. Die erste Wirkung dieses Accents im Nordsemit. war der Abfall der unbetonten kurzen Vokale im Auslaut unmittelbar nach der Hauptvorsilbe, z. B. **qăṭắl* aus **qaṭắla*, **ḏahâb* aus **ḏăhắbu* u. s. w.

32. a. Die zweite Wirkung dieses Accents im Aram. war die Reduktion der kurzen Vollvokale in offenen Silben unmittelbar vor der Haupttonsilbe zu Murmelvokalen, z. B. *qᵉṭál* aus **qăṭắl*, *dᵉháb* aus *daháb*, *dahᵉbâ* aus *dahabâ*.

Anm. In der historischen Zeit des Syr. hatte dies Gesetz seine Wirkung schon verloren; daher kommen im Syr. zahlreiche Neubildungen mit kurzen Vokalen in offenen Silben (§ 28) vor.

b. Ging im Syr. dem so entstandenen Murmelvokal als Konsonant nur der feste Einsatz *ʾ* voran, so fiel er mit diesem ganz ab, z. B. ܚܪܬܐ „Ende“ aus *ʾᵉḥarᵉṯa*, ܚܕ „eins“ aus *ʾᵉḥaḏ*, ܚܬܐ „Schwester“ aus *ʾᵉḥâṯâ*, ܬܐ „komm“ aus *ʾᵉṯâ*, ܙܠ „geh“ aus *ʾᵉzel*, ܪܢ aus אֹרֶן. In ܐܢܫܐ neben ܢܫܐ „Menschen“ findet sich das *ʾ* noch in der Schrift.

Anm. In ܚܪܝܢ, ܐܚܪܝܢ „andrer“ und ܚܪܝܐ, ܐܚܪܝܐ „letzter“ aus **oḥrên*, **oḥrâjâ* ist scheinbar sogar der Vollvokal *o* abgefallen; aber ܚܪܝܐ „letzter“ ist eine Analogiebildung zu ܚܪܬܐ „Ende“ und ܚܪܝܢ eine solche zu ܚܪܝܐ. Ebenso ist das Fem. ܚܕܐ eine Neubildung zum Masc. ܚܕ statt des lautgesetzlichen **aḥᵉḏâ*.

c. Wortformen aber, die in einem festen System mit solchen standen, die in geschlossener Silbe den Vollvokal erhalten hatten, haben durch Analogiebildung wieder einen Vollvokal angenommen. So bildet man ܐܶܡܰܪ „er sprach“ statt *mar aus *'ᵉmar* nach ܐܶܡܪܰܬ „sie sprach“, ܡܰܠܐܳܟܳܐ „Engel“ statt *mal'kâ* nach ܡܰܠܐܰܟ, ܐܘܪ̈ܘܳܬܳܐ „Krippen“ statt *'ᵉrauu̯âṯâ* nach ܐܘܪܝܳܐ u. s. w.

Anm. 1. ܣܘܓܳܐܗܘܢ *soghôn* „ihre Menge“ folgt der Hauptregel, da die suffixlose Form ܣܘܓܳܐܐ *sogâ* statt *sog'â* (§ 23) lautet.

Anm. 2. Unorganische Dehnung des Vokals zeigt ܐܠܶܦ 1000. emph. ܐܠܦܳܐ aus *alef*, *'lef*, etwa infolge des Nachdrucks, mit dem höhere Zahlen manchmal ausgesprochen werden (?).

d. Ging dem Murmelvokal ein konsonantisches *i̯* und *u̯* voran, so verschmelzen sie mit demselben zu *î*, *û* z. B. ܝܺܕܰܥ *îdaʿ* aus *i̯ᵉdaʿ* „wusste“, ܚܰܝܽܘܬܳܐ „Tier“ aus *ḥaiu̯ᵉṯâ*.

e. Murmelvokal zwischen zwei gleichen Konsonanten ist erst nach Festsetzung der Orthographie aufgegeben, z. B. ܥܰܡ̈ܡܶܐ „Völker“ aus *ʿamᵉmê*, *ʿamamâ*.

Die dritte Wirkung dieses Accents speciell im Syr. **33.** war der Abfall der unbetonten langen Vokale und Diphthonge unmittelbar nach der Hauptsilbe. z. B. ܩܛܰܠܬ aus *qᵉṭáltâ*, ܐܺܝܬ aus *îṯai*. Der Abfall von *î* und *û* ist erst nach Feststellung der konsonantischen Orthographie, aber schon vor der ältesten Litteraturepoche erfolgt, daher ܘ und ܝ noch geschrieben, aber im Versbau nicht mehr berücksichtigt werden. z. B. ܩܛܰܠܘ aus *qᵉṭálû* „töteten“. ܡܰܠܟܝ aus *malkî* „mein König“.

Infolge dessen war nun der alte freie Accent **34.**

ganz durch die Ultimabetonung verdrängt worden, die während der klassischen Periode der syr. Litteratur die herrschende blieb.

35. Neben dem Hauptaccent auf der Ultima gab es in vielen Wörtern noch einen Nebenaccent auf der Paenultima, der bei langen Vokalen besonders stark war. Ein der Silbe mit Nebenton folgender Murmelvokal fiel aus, was ev. Verschiebung von Spirans zu Explosiva (§ 42) zur Folge hatte, z. B. ܟܳܬ݂ܒܺܝܢ *kâṯbîn* aus *kầṯebî́n*, ܢܶܐܠܕܽܘܢ *nêldûn* aus *nè̂lecû́n*, ܡܕ݂ܺܝܢ݇ܬܳܐ *meḏîttâ* aus *meḏîntâ* (§ 57 c) aus *medìnetấ*.

36. Erst gegen Ende der klassischen Periode um 700 begann durch allmähliches Überwiegen des Nebenaccents eine Verschiebung des Hauptaccents auf die Paenultima, zunächst bei offener Ultima. Diese Betonung haben die Maroniten noch erhalten, z. B. ܗܳܢܳܐ *hónô* aber ܩܶܛܠܳܬ݂ *qeṭlấṯ*. Bei den Nestorianern ist dagegen die Accentverschiebung auf die Paenultima jetzt ganz durchgeführt.

37. Diese zur Zeit, als die Punktation eingeführt wurde, noch im Fluss begriffene Accentverschiebung bewirkte z. T. schon den Ausfall von Murmelvokalen und ev. Verschiebung von Spirans zu Explosiva. Daher schwankt unsere Überlieferung namentlich inbetreff *Quššâjâ* und *Rukkâchâ* beim ܬ des Fem.; s. u. § 108.

Anm. Vokaldehnung durch den Accent kennt das Syr. nicht. In Schreibungen wie ܕܻܝܠܶܗ für ܕܺܝܠܶܗ steht ◌ܶ mißbräuchlich (vgl. § 7). Fälle wie ܕܡܟ̈ܝܗ gegenüber ܐܶܨܒ̈ܥܳܬܶܗ sind Analogiebildungen, s. § 196. Die Länge der Vokale in den pronominalen Pluralendungen ܘܢ, ܝܢ muss auf partieller Angleichung an die nominalen Pluralendungen *în*, *ûn*, *ân* beruhen.

38. b. Der Satzaccent. Neben dem Wortaccent be-

sitzt das Syr. natürlich auch einen Satzaccent. Schon dem Ursemit. eigen war die energischere Betonung des Satzschlusses, die sogen. Pausa. Unter Wirkung der Pausa wurde schon im Ursemit. die nominale Fem.-endung *-atu* zu- *ah* verkürzt. Im Nordsemit. wurde daraus weiter *â* und diese Endung drang aus der Pausa auch in den Zusammenhang der Rede. Die alte Endung *at* hielt sich im Syr. nur im Stat. cstr., der niemals, im Adverbium und Verbum, die selten am Satzschlusse stehn. Ebenso verhalten sich die dem Syr. eigenen Fem.-endungen *ût*, *ît*, die im stat. absol. *û*, *î*, lauten; und dieser Analogie folgt sogar das masc. ܒܰܝܬ „Haus“ aus *bait*, dessen t zum Stamme gehört.

Anm. Auf die Wirkung der Pausa nach dem Vokativ ist auch die Dehnung der Vokale in ܐܳܒܝ „mein Vater“, ܐܰܚܝ „mein Bruder“ und wohl auch ܒܶܪܝ „mein Sohn“ zurückzuführen.

Aus der schwächeren Betonung des Verbums im Satze er- **39.**
klärt sich auch die Synkope ursprünglicher Murmelvokale des Verbs, die in gleichgebildeten Nominalformen erhalten bleiben, z. B. ܨܶܡܕܰܬ *ṣemdat* aus **semᵉdat*, **ṣamadat* gegenüber ܕܗܶܒܘ *dahᵉvâ* aus *dahabâ*.

Eine Form des Satzaccents ist auch die Enklisis, **40.**
die Enttonung ursprünglich hauptbetonter Wörter in engster syntaktischer Verbindung mit andern. Die Enklisis hat Aufgabe des festen und des gehauchten Einsatzes (§ 23, 24) und den Schwund von Murmelvokalen mit festem, gehauchtem und sogar heiser

gehauchtem Einsatz zur Folge: z. B. ܩܳܛܶܠ ܐ̱ܢܳܐ aus *qâṭél ʾenâ*. ܩܛܰܠ ܗ̱ܘܳܐ aus *qeṭál hewâ*, ܩܳܛܠܺܝܢܰܢ aus *qâṭlîn ʾenan*.

C. Lautwandel und Lautwechsel.

I. Lautwandel.

1. Spontaner Lautwandel.

41. a. Der Konsonanten. Die Verschiebung der ursemit. (arab.) Zischlaute und Dentale zu dem im Syr. jetzt vorliegenden Lautbestande, verglichen mit dem Hebr. veranschaulicht folgende Tabelle:

ursemit.	ẓ	ṭ	ḍ	ṣ	ś	š	s	z	ḏ	d	ṯ	t
arab.	ظ	ط	ض	ص	ش	س		ز	ذ	د	ث	ت
hebr.	צ	ט	צ		שׂ	שׁ	ס	ז		ד	שׁ	ת
syr.	ܛ		ܥ	ܨ	ܣ	ܫ	ܣ	ܙ	ܕ		ܬ	

42. Die labialen, dentalen und palatalen Explosivae ܒ, ܦ. ܬ. ܕ. ܓ, ܟ halten sich als solche nur im Wortanlaut, sowie im Inlaut und Auslaut nach vorhergehenden Konsonanten und konsonantischen Vokalen; nach Voll- und Murmelvokalen werden sie zu Spiranten verschoben. Über den schriftlichen Ausdruck s. § 10.

Anm. 1. Alle Ausnahmen von dieser Grundregel, soweit sie sich nicht aus § 36, 37, 39 erklären, sind nur scheinbar und gehören als Analogiebildungen in die Formenlehre.

Anm. 2. Unter der Wirkung des Satzaccentes werden zuweilen kurze Wörter einem vorhergehenden oder folgenden so eng angeschlossen, dass der auslautende Vokal des ersten auf den Anlaut des zweiten wirkt, z. B. ܐܬܐ ܠܗ, ܐܘܠܐ ܐܒܘܗܝ, ܐܡܪ ܕܝܠܗ, ܕܝܠܗ ܐܝܬܐ u. a.

Anm. 3. Griechische Wörter sollen nach den Schulregeln diesem Lautgesetz nicht unterworfen sein, z. B. ܬܐܘܪܝܐ θεωρία, ܐܟܣܘܪܝܐ ἐξορία; doch gilt das natürlich nicht von volkstümlich gewordenen Wörtern wie ܐܣܟܡܐ σχῆμα „geistliches Gewand“, ܐܦܬܘܪܐ φθορά „Magenverderbnis“. ܦ = π *p'* bleibt natürlich stets unverändert wie ܒ und ܓ, z. B. ܦܪܨܘܦܐ *p'arṣôp'â* πρόσωπον.

Anm. 4. In der OS Aussprache wird ܒ durch Reduktion des Reibungsgeräusches zu *u̯*, das mit sonantischem *ŭ* zu *û* verschmilzt, z. B. ܚܒܠܐ *ḥau̯lâ*, ܨܘܒܚܐ *ṣûḥâ*. ܦ ist im OS durchweg Explosiva *p*; nur in wenigen Fällen wird es im Silbenauslaut zu *u̯* reduziert.

Anm. 5. Einen lautgesetzlichen Übergang von wortanlautendem ܘ zu ܝ giebt es nicht; die scheinbaren Fälle derart beruhen auf Analogiebildung s. § 191 F.

b. Der Vokale. α. Der langen Vokale. Im WS 43.
wird *ê* zu *î*, *â* zu *ô*, *ô* zu *û* verschoben. z. B. ܒܐܪܐ *bêrâ* „Brunnen“ zu ܒܐܪܐ *bîrô*. ܩܛܘܠܐ *qâṭôlâ* „Mörder“ zu ܩܛܘܠܐ *qôṭûlô*.

Anm. 1. *â*, dagegen, das aus *a'* entstanden ist, bleibt auch im WS erhalten z. B. ܢܐܟܘܠ *nâchul* „ißt“.

Anm. 2. O hat sich im WS nur in den Interjektionen ܐܘ und ܐܘܗ erhalten.

β. Der kurzen Vokale. *ă* ist in ganz und halb- 44.
geschlossener Silbe schon im Aram. vielfach[1] zu *i* (Syr. *ĕ*)

[1] Unter Bedingungen, die sich erst nach genauerer Erforschung der altsemit. Accentverhältnisse werden formulieren lassen.

geworden. z. B. ܩܛܠܬ *qeṭlaṯ* aus **qiṭᵉlaṯ* aus **qaṭalat,* ܕܟܪܐ aus **dakarâ* „männlich“.

45. *ĭ* ist im Syr. stets zu *ĕ* verschoben, z. B. ܣܦܪܐ „Buch“ aus *sifrâ.*

Anm. 1. Bei den OS soll für ◌ܶ neben *ĕ* auch die Aussprache *ĭ* vorkommen.

Anm. 2. Das nordsemit. Gesetz, daß *ĭ* in doppeltgeschlossener Silbe zu *ă* gesteigert wird, ist im Syr. durch Neubildungen ganz außer Wirkung gesetzt. Seine einzigen Spuren sind ܒܪܬܐ „Tochter“ aus *bant, bint,* ܫܬܐ „Stamm“ aus *ܫܕܬܐ v. יסד.

46. *ŭ* ist in betonten Silben bei den OS stets zu *ŏ* verschoben. ܢܩܛܘܠ aus **naqṭúl* aber ܢܩܛܘܠ.

2. *Kombinatorischer Lautwandel.*

1. Assimilation.

47. a. Von Konsonanten. *a.* Partielle Assimilation. *aa.* Progressiv. Nach gemeinsemit. Regel wird das ܬ des Reflexivs einem vorangehenden ܨ und ܙ, mit denen es nach § 89 den Platz getauscht, zu ܛ und ܕ assimiliert, z. B. ܐܨܛܠܒ „ward gekreuzigt“ aber ܐܬܩܛܠ, ܐܙܕܕܩ „ward gerechtfertigt“ aber ܐܬܩܛܠ.

Anm. Gemeinaram. ist die Assimilation von ܩܛ zu ܩܛ im Wurzelanlaut, ausgehend von den Formen, in denen der 1. und 2. Radikal unmittelbar zusammenstoßen.

48. Griech. ܦ π verwandelt ein folgendes σ, das sonst durch ܣ wiedergegeben wird, in ܨ z. B. ܦܪܨܘܦܐ πρόσωπον, δ in ܛ, κ in ܩ in ܦܘܢܛܩܐ aus πανδοχεῖον, δ in ܛ in ܦܘܛܓܪܐ aus ποδάγρα.

49. ββ. Regressiv. In der lebenden Sprache und wohl noch

mehr bei der feierlichen Rezitation der Bibel wurde vielfach ein stimmhafter Laut einem folgenden stimmlosen assimiliert und umgekehrt; z. B. ܪܘܫܙܬܐ sprach man wie ܪܘܫܣܬܐ, ܢܒܙܐ wie ܢܦܙܐ, ܪܘܣܓܬܐ wie ܪܘܣܟܬܐ und umgekehrt ܫܒܪܐ für ܫܦܪܐ. Sogar der feste Absatz wurde zuweilen aufgegeben z. B. ܓܘܡܕܬܐ für ܓܘܡܥܬܐ, OS ܢܓܠܕܘܢ für ܢܓܥܠܘܢ. Die OS gaben sogar einem ܫ vor ܒ, ܠ, ܕ Stimmton und sprachen z. B. ܚܘܫܒܢܐ *ḫužbânâ* (*ž* = franz. *j*) „Rechnung".

Anm. In der Orthographie ist diese Assimilation schon stets ausgedrückt in ܐܩܦܬܐ „Rosinen" von ܥܢܒ. Da man ܒ vor ܬ wie ܦ sprach, so schreibt man zuweilen auch ܥܪܘܦܬܐ für ܥܪܘܒܬܐ „Freitag" und umgekehrt oft ܙܒܬܐ für ܙܦܬܐ „Pech".

Griech. ܦ *π* verwandelt *σ* in ܙ in ܙܦܘܢܐ *σάπων* „Seife" und beim Verbum ܐܦܝܣ aus *πεῖσαι* das ܬ des Refl. in ܛ: ܐܛܦܝܣ. 50.

β. Totale Assimilation. *aa.* Progressiv. Das ܬ des Refl. assimiliert sich ein folgendes ܐ im Refl. des Af'el. z. B. ܐܬܬܩܛܠ für *etʼaqṭal*, ferner in ܐܬܬܚܕ aus *eṯʼḥed*. ܐܬܬܢܚ aus *eṯʼannaḥ* vgl. ܣܡܠܐ „Linke" aus *sim'âlâ*. 51.

Anm. Später trat an die Stelle der Assimilation der direkte Übergang zum Vokal s. o. § 23; daher z. B. ܡܬܒܥܐ „heimgesucht" nicht *ܡܬܬܒܥܐ.

Das ܬ des Refl. assimiliert sich ein folgendes ܕ mit Murmelvokal ܐܬܬܟܪ *ettʼchar* aus *eṯdʼchar* „erinnerte sich". 52.

Vokalloses ܙ und ܣ assimilieren sich ein folgendes ܠ in allen Ableitungen der Verba ܐܙܠ „gehn" und ܣܠܩ „aufsteigen"; bei dem ersteren ist die Assimilation noch nicht, beim letzteren schon in der Konsonantenschrift ausgedrückt z. B. ܐܙܠܝܢ *âzzîn* für *âzlîn*, ܢܐܙܠܘܢ für *nêzlûn*, ܢܣܩ für *neslaq*, ܐܣܩ für *asleq*. ܡܣܩܬܐ „Aufstieg" für *maslaqʼtâ*. 53.

Anm. Bei den anderen, übrigens nicht häufigen Verben, die die Lautfolge *sl*, *zl* zeigen, wirkt die Analogie der Formen mit Vollvokal der Assimilation entgegen; so auch in dem späten Nomen ܐܣܛܠܘܬܐ zu ܣܛܠ.

54. ββ. Regressiv. Jedes wurzelanlautende ܛ und ܬ und das ܕ mit Vollvokal assimilieren sich das ܬ des Refl. z. B. ܐܬܛܫܝ *eṭṭaššî* „verberge mich", ܐܬܬܒܪ *ettabbar* „werde zerbrochen", ܢܬܕܟܪܟ *neddachrâch* „er gedenkt deiner".

55. Das ܬ des Fem. und der Afformative 2. Pers. am Perf. assimilieren sich wurzelauslautende ܛ, ܬ, ܕ, z. B. ܦܫܝܛܬܐ *pešîttâ* „einfache", ܫܛܬܘܢ *šâttôn* „habt verachtet". ܚܕܬܐ (schon mit éinem ܬ geschrieben) „neue" für *ḥedaṯetâ*, ܐܪܗܛܬ für *arhett* „hast beschämt". ܥܕܬܐ *ʿetta* „Kirche", ܐܪܕܬܝܢ *erattên* „ihr (f.) seid verloren".

56. Sehr alt ist die Assimilation des *d* in ܓܦܐ „Flügel" aus *gedpâ*, ܗܢܐ *hânâ* „dieser" aus *hâḏenâ*, ܐܝܢܐ „welcher" aus *aidenâ*, ܡܢܐ „was" aus *mâḏenâ*, ܚܬܐ *ḥatâ* „neu" aus *ḥadtâ*; die letzten vier schon mit Aufgabe der durch die Assimilation entstandenen Verdoppelung.

57. a. ܢ wird als 1. Radikal einem unmittelbar folgenden Konsonanten, ausser ܗ, fast stets assimiliert, z. B. ܐܦܩ „führte hinaus" für *anpeq*, ܡܣܒܐ „Nehmen" für *manserâ*, aber ܢܢܗܡ „brüllt".

b. Als 2. Radikal wird *n* in einigen jetzt isolierten Nomina assimiliert: ܓܕܐ „Halsband", ܚܟܐ „Gaumen", ܥܩܬܐ „Bedrückung". ܐܦܐ „Antlitz", ܓܒܐ „Seite", ܐܥܩܬܐ „Anlaß" aus *ʿenqâ* u. s. w. In den meisten Formen

lerart wirkt die Stellung in einem festen System der Lautneigung entgegen, so ܟܢܫܐ „Versammlung“ wegen ܟܢܫ u. s. w. In ܐܢܬܬܐ (sprich *attâ* § 55) „Frau“, ܐܢܬ, ܐܢܬܝ „du“, ܐܢܬܘܢ, ܐܢܬܝܢ „ihr“ wird ܢ noch geschrieben.

Anm. ܓܢܒ „Seite“ ist eine sekundäre Neubildung nach dem st. emph. ܓܢܒܐ an Stelle der in der Konsonantenschrift noch erhaltenen Form **gᵉnēv*.

c. Endlich wird *n* oft dem *t* der Fem.-endung assimiliert, z. B. ܓܦܬܐ aus *gᵉfentâ* „Rebe“, ܓܒܬܐ „Käse“, ܠܒܬܐ „Ziegel“, ܬܐܬܐ, ܬܬܐ „Feige“, mit noch geschriebenem ܢ in ܡܕܝܢܬܐ „Stadt“, ܣܦܝܢܬܐ „Schiff“, ܙܒܢܬܐ „Mal“, ܫܢܬܐ „Jahr“ und nach einigen in ܠܒܘܢܬܐ „Weihrauch“.

Anm. 1. Das *n* der Präposition ܡܢ „von“ wird dem Anlaut des folgenden Wortes jetzt nur noch in festen Verbindungen assimiliert wie ܡܫܠܝ „auf einmal“, ܡܟܝܠ „also“, ܡܟܐ „von da“, ܡܡܬܘܡ „jemals“, ܡܕܪܡ „wiederum“, sonst aber wenigstens in der Orthographie erhalten.

Anm. 2. Über ܒܝܬ s. § 185 Anm. 1.

b. Von Vokalen untereinander. Das aus *iᵉ* 58.
entstandene *î* (§ 32d) im Perf. Pᵉʿal der Verba I ܝ assimiliert sich den Vokal der 2. Silbe *ă* zu *ĕ*, z. B. ܝܢܩ „saugte“ **iᵉnaq*; nur vor einer Gutturalis hält sich der ursprüngliche Vokal: ܝܕܥ „wußte“.

Anm. Schon der voraram. Sprachperiode gehört die Assimilation des Suff. d. 3. m. sg. *hû* an das Genitiv *i* des Nom. zu *hî* an; der Diphthong *ai* aber hat im Aram. noch nicht die gleiche Wirkung.

59. Der nach § 73, § 74 zwischen Doppelkonsonanz sich einschiebende Hilfsvokal *e* assimiliert sich einem vorhergehenden *u* zu *u* (*o*) z. B. **quds*, **qudeš*, **quduš*: ܩܘܕܫ, ܩܘܕܫ (§ 46) „Heiligtum“, ܓܘܡܪܬܐ „Kohle“ aus *gumurtâ, gumṛtâ, gumreṯâ*.

Anm. Das *ă* der Präp. ܠ hat sich in den erstarrten Verbindungen ܠܘܩܒܠ „gegen“, ܠܘܩܕܡ „früher“ einem jetzt ausgefallenen *u* des 1. Radikals assimiliert.

60. c. Von Diphthongen. Die fallenden Diphthonge *au* und *ai* in ursprünglich geschlossener Silbe werden durch reciproke Assimilation zu *ô*, *ê* kontrahiert; ersteres wird im WS stets zu *û*, letzteres zuweilen zu *î* (§ 43), z. B. ܣܘܦܐ „Ende“, st. cstr. ܣܘܦ. ܣܘܦ, ܒܝܬܐ „Haus“, cstr. ܒܝܬ. ܒܝܬ. ܥܝܢܐ „Auge“, cstr. ܥܝܢ. ܥܝܢ, ܠܠܝܐ „Nacht“, absol. ܠܠܝ.

Anm. 1. Silben, die erst in der letzten Entwicklung (§ 33) geschlossen sind, lassen den Diphthong unkontrahiert z. B. ܓܠܝܬܐ aus *g^elaitâ*, ܡܘܬܝ aus *mautî*. Da man sich so wieder an Diphthonge in geschlossener Silbe gewöhnt hatte, so bildete man auch wieder neue Formen derart nach Analogie von solchen mit Diphthongen in offener Silbe z. B. ܡܘܬܗܘܢ „ihr Tod“, nach ܡܘܬܝ, ܡܘܬܢ, ܣܘܟܬܐ „Zweig“ nach ܣܘܟܝܬܐ, aber ܬܘܪܬܐ „Rind“, ܝܥܠܬܐ nach dem msc. ܝܥܠܐ „Steinbock“, aber ܒܝܥܬܐ „Ei“. So wird auch die Erhaltung des *ā* in ܒܝܬ gegenüber ܒܝܬ im WS eine auf halbem Wege stehn gebliebene Angleichung an ܒܝܬܐ sein. Umgekehrt rufen auch die kontrahierten Formen einige Neubildungen hervor z. B. ܒܝܥܐ „Eier“ nach dem Sing., ܠܩܘܕܡܘܗܝ als Präp. „vor ihm“ zu ܠܩܕܡ aber ܥܝܢܘܗܝ „seine Augen“, ܨܠܘܬܐ „Gebet“ nach dem cstr. ܨܠܘܬ.

Anm. 2. Die OS schreiben für *ău* stets *âu* ܘ݂ـ und zuweilen *ăi* ـܝ݂ für *âi* ـܝ݂.

Anm. 3. Bei den WS hält sich ursprüngliches *â* im Diphthong *au*, während es allein zu *ô* (§ 43) verschoben ist, z. B. ܡܰܠܟܳܘ *malkau* „ist König“ gegenüber ܡܰܠܟܳܐ *malkô* „König“.

Anm. 4. Der Diphthong *ai* in geschlossener Silbe wurde schon im Ursemit. zu *i* kontrahiert z. B. **mitta* „du bist gestorben“ aus **maitta*, **mauitta*. Nach Analogie dieser Formen wurde im Syr. das durch Kontraktion von *ai* entstandene *ê* der 3. Pers. zu *î* verschoben z. B. ܡܺܝܬ (für **mêt* aus **mait*) und danach auch der Pl. ܡܺܝܬܘ (für *mêtu* für *maitû* nach *mêt*) und dieser Analogie folgen dann auch die Formen mit Affixen wie ܡܺܝܬܬ.

Betontes *ăi* im Wortauslaut ist schon im Nordsemit. zu *â* kontrahiert, z. B. ܩܫܐ „hart“ aus **qašăi*. 61.

Anm. In dem nicht vollbetonten st. cstr. m. pl. bleibt *ai* z. B. ܡܰܠܟܰܝ, ebenso mit Suff. der 1. Pers. sing., wo *ai* erst sekundär aus *aįî* entstanden ist. Im Part. pass. der abgeleiteten Stämme III *l* ist *ai* durch Analogie neu wieder eingeführt.

Der steigende Diphthong *įi* ist in geschlossener Silbe zu *i* 62. (*e* § 45) kontrahiert in ܐܶܒ݂ܒ݂ܶܐ „Rosinen“ von ܥܢܒ (§ 49 Anm.). in offener zu *î* in ܐܺܝܠܶܗ u. s. w. und danach in ܐܺܝܬ „existiert“ (aus *įit* = יֵשׁ); zu *î* auch in geschlossener Silbe in den biblischen Eigennamen, die im hebr. mit י anlauten, ܐܺܣܪܳܝܶܠ יִשְׂרָאֵל, ܐܺܫܡܥܝܶܠ יִשְׁמָעֵאל, ܐܺܝܙܪܥܶܠ יִזְרְעֶאל, ܐܺܣܚܳܩ יִצְחָק, falls diese Kontraktion nicht schon bei den jüdischen Lehrern der Bibelübersetzer durchgeführt war. Für ܝܶܫܘܥ יֵשׁוּעַ Jesus sprechen die OS ܝܶܫܽܘܥ.

Anm. Hierher läßt sich auch die o. § 32 d besprochene Erscheinung ziehen.

d. Von Vokalen an Konsonanten. Durch partielle 63.

regressive Assimilation wirken folgende Konsonanten auf vorhergehende Vokale ein:

64. α. Sonore. *N* hat dialektisch mehrfach *â* zu *ô* getrübt und diese Trübung kommt vereinzelt und schon früh auch in der Schrift zum Ausdruck z. B. ܡܘܢ, ܐܡܘܢ, ܐܡܘܢܐ, ܚܣܡܘܢܐ, ܡܣܡܘܢܝܬܐ, ܪܘܢܐ neben ܡܳܢ, ܐܶܡܳܢ u. s. w.; noch üblicher sind ܢܶܣܝܽܘܢܳܐ „Versuchung" und ܓܶܠܝܽܘܢܳܐ „Offenbarung".

Anm. Im OS färbt *n* z. T. *û* zu *ô* z. B. ܐܬܘܿܢܐ „Ofen" aus assyr. *atûnu*.

65. *L* und *R* verwandeln vorhergehendes *e* und z. T. auch *u* (*o*) in *a*, z. B. ܐܶܬܕܰܒܰܪ aus *t^edabber*, ܒܰܪ Sohn aus *ben* (§ 76) in ursprünglich offener Silbe aber noch ܒܶܪܝ „mein Sohn" (§ 33, 38 Anm.), ܢܶܕܒܰܪ aus *nedbor*, ܫܦܰܠ „niedrig" für *š^efel*, ܫܶܒܰܠܬܳܐ für *šebbultâ* „Ähre".

Anm. 1. *R* wirkt als 2. Radikal zuweilen auch progressiv auf folgendes *o* z. B. ܢܶܥܪܘܿܒ „geht unter" für *ne'rov*, *l* auf *e* in ܡܠܶܟ „herrschte" für *ܡܠܰܟ.

Anm. 2. Bei den OS verwandeln *r* und *l* als zweite Radikale von Verben I *ʾ* ein nach § 32 c. entstehendes *ĕ* in *ă*: ܐܰܠܶܨ „drängte" ܐܰܠܶܒ „zürnte", ܐܰܪܶܥ „begegnete" gegen ܐܶܠܶܨ, ܐܶܠܶܡ, ܐܶܪܶܥ.

Anm. 3. Auf halbem Wege stehn geblieben ist die Assimilation im WS ܟܽܠ „all" *kol* neben ܟܠ; im OS wird *û* vor *r* und *l* zu *ô*: ܚܘܿܪܳܐ „Loch" aus ܚܽܘܪܳܐ, ܙܥܘܿܪܳܐ „klein" aus ܙܥܽܘܪܳܐ, ܟܦܘܿܠܳܐ „Saum" ܓܕܘܿܠܳܐ „Locke".

66. β. Labiale. Übergang von *â* zu *ô* vor *f* zeigt: ܐܘܦ „auch" neben ܐܦ, von *ĕ* zu *u* vor *f* und *b*: ܓܘܦܢܐ „Reben", ܓܘܒܢܐ „Käse", von *a* zu *u* vor *nb* (das wohl *mb* gesprochen wurde) ܕܘܢܒܐ „Schwanz" (aus *danabâ*, hebr. זָנָב), vor *m*: ܓܘܡܪܐ „Kohlen".

67. γ. Zischlaute. *Š* und zuweilen auch *s* verwandeln ein *a* in *ĕ*, wofern sie nicht durch Analogiebildung erhalten werden, z. B.

ܐܫܟܚ „fand" Af'el; ܡܫܬܝܬܐ „Gewebe": ܡܗܠܟܬܐ „Gang"; ܡܫܬܘܬܐ „Gelage": ܡܪܕܘܬܐ „Züchtigung"; ܥܪܣܬܐ „Bett": ܥܛܦܬܐ „Decke"; ܬܫܡܫܬܐ „Dienst": ܒܥܘܬܐ „Bitte"; ܒܣܬܪ „hinter" aus *ܒܣܬܪ. ܒܣܪܐ Fleisch aus *basarâ.

δ. Gutturale. Silbenschließendes ' verwandelte ă in ä, ĭ in e, die nach Aufgabe des ' (§ 18) in â und ê (WS î § 43) übergehn. z. B. ܢܐܟܘܠ aus *na'kul „ißt", ܒܐܪܐ „Brunnen" aus *bi'rû. 68.

Anm. 1. In ܪܝܫ, ܪܫܐ „Kopf" aus ra'šâ ist ă schon vor Aufgabe des Kehlkopfverschlußes durch š zu ĕ verfärbt worden (§ 67 vgl. äthiop. re'es).

Anm. 2. Vorhergehende Gutturalis bewirkt Erhaltung des a-Lautes z. B. ܥܢܐ „Kleinvieh" aus *צְאנָא.

ܚ, ܥ und ܗ verwandeln, wenn sie die Silbe schließen ĕ 69.
stets, ŏ zuweilen in ă; z. B. ܚܘܪ „weiß": ܝܬܒ „sitzt"; ܢܟܣ „schlachtete": ܩܛܠ „mordete"; ܢܒܚ „bellte" aus *nᵉbeh; ܢܦܬܚ „öffnet": ܢܟܣ „schlachtet"; zuweilen auch im Silbenanlaut: ܛܚܢ OS, ܛܚܢ WS „mahlte", ܢܚܘܛ neben ܢܚܘܛ tritt".

Anm. 1. Bei den OS verwandeln ܚ und ܗ z. T. u, û in o, ô z. B. ܬܫܒܘܚܬܐ „Preis": ܬܕܡܘܪܬܐ „Wunder", ܝܫܘܥ aus יֵשׁוּעַ.

Anm. 2. In einigen Fällen verwandelt auch die Velare ܩ ĕ in ă z. B. ܣܦܩ „genügte" aus sᵉfeq.

2. Entstehung neuer Vokale.

Ursprüngliche (in griech. Lehnwörtern) und erst sekundär 70.
entstandene (§ 25) Doppelkonsonanz im Wortanlaut bewirkt Annahme eines Hilfsvokals ĕ, ă z. B. ܐܣܛܪܛܝܐ neben ܣܛܪܛܝܐ στρατεία, ܐܫܬܐ „sechs" neben ܫܬܐ, ܐܫܬܝ „trank"; ܐܫܬܘܬܐ „Mahl" neben ܫܬܘܬܐ, ܐܓܠܝܕܐ „Eis" neben ܓܠܝܕܐ.

Aus silbischer Funktion eines wortanlautenden r mit Murmel- 71.
vokal entwickelt sich häufig ar, z. B. ܐܪܚܡܬܐ „Geliebte" für

ܫܦܝܐ, ܐܫܦܝܐ „zufrieden“ für ܫܦܝܐ. Seltener ist die Entstehung einer solchen Silbe bei Vollvokal z. B. ܐܪܙܐ „Geheimnis“ aus pers. *râz*, dessen ܐ (*a*) die Punktation ignoriert.

72. Aus dem sonoren ܠ und den stimmhaften ܒ und ܕ mit Murmelvokal im Wortanlaut nach konsonantisch auslautenden Wörtern entwickeln sich durch silbische Funktion hindurch die Silben *el*, *eb*, *ed*, welche die Dichter oft zur Füllung des Verses verwenden, z. B. ܐܝܬ ܠܗܘܢ *it̲ elhôn* aus *it̲ lhôn*.

73. Dieselbe Erscheinung findet sich vielfach im Inlaut vor Sonoren, vor und nach Spiranten; alt ist sie in ܓܒܪܘܬܐ „Wunderthaten“ aus *gabruâtâ* zu ܓܒܪܘܬܐ, ܚܘܨܪܬܐ „Rückenwirbel“, ܓܘܡܪܬܐ „Kohle“ (mit Assimilation des Hilfsvokals an den Stammvokal *u*, § 59) mit Aufgabe des Vokals der gesprengten Silbe (§ 32 a); in den meisten Fällen aber hält sich dieser Vokal z. B. ܡܕܢܚܐ „Aufgang“ aus ܡܕܢܚܐ durch **madnḥâ*; ܬܫܒܩܘܢ „ihr lasset“ aus ܬܫܒܩܘܢ durch *teššbqûn*; ܬܕܚܠܝܢ „du (f.) fürchtest“ aus ܬܕܚܠܝܢ durch *teddḥlîn*, auch nach Diphthongen z. B. ܡܘܡܝܐ aus ܡܘܡܝܐ „sie beschwört“ durch *maumiâ*, ܙܘܥܬܐ „Zittern“ aus ܙܘܥܬܐ durch *zauʿtâ*.

Anm. 1. Der Vokal nach Diphthongen ist aber vielleicht schon aus zweigipfliger Paenultimabetonung (§ 36) *zauʿtâ* zu erklären und *e* nach § 87 zu beurteilen.

Anm. 2. Das Zeichen der volleren Aussprache s. § 12.

74. Die nach dem älteren Auslautgesetz (§ 31) entstehenden Doppelkonsonanzen werden durch Annahme eines jetzt betonten Hilfsvokals *e* (bei *r* und Gutturalen *a*, § 65, 69, nach *u* auch *u* § 59) aufgelöst, z. B. **qaṭalt* aus **qaṭaltu* ergiebt ܩܛܠܶܬ „ich habe getötet“, *nafš* „Seele“ ܢܦܫ, *pagr* „Leib“ ܦܓܪ, *qudš* „Heiligtum“ ܩܘܕܫ.

II. Lautwechsel.

1. *Dissimilation.*

a. Von Konsonanten. α. Von Sonoren. Sonore am Schluß 75.
der 1. Silbe reduplizierter Wörter werden durch Dissimilation beseitigt; bei *l* und *n* wird der vorhergehende Vokal zum Ersatz gedehnt: ܫܝܫܠܬܐ „Kette“ aus *šelšaltâ* (aus *šelšeltâ* § 65), ܩܝܩܢܐ „Pflug“ aus *qenqᵉnâ*, bei *r* der folgende Konsonant verdoppelt z. B. ܓܓܪܬܐ „Kehle“ aus **gargartâ*; aus *m* entsteht *u* z. B. ܫܘܫܡܢܐ „Ameise“ aus *šamšᶜmânâ*.

N ist zu *r* dissimiliert in ܬܪܝܢ „zwei“ aus *tᵉnân*, ܒܪܢܫܐ „Mensch“ 76.
aus *ben nâšâ*; das in dieser sehr häufigen Verbindung entstandene ܒܪ hat das alte **ben* „Sohn“ ganz verdrängt.

N wird vor *m* in einigen Fremdwörtern zu *l* dissimiliert, 77.
z. B. ܠܘܡܐ neben ܢܘܡܐ aus νοῦμμος; nummus, ܠܡܛܐ neben ܢܡܛܐ aus pers. *namat* „Teppich“.

β. Von Labialen. Unter derselben Bedingung wie in § 75 78.
ist *b* zu *u* dissimiliert, ursemit. schon in ܟܘܟܒܐ „Stern“ aus **kabkab*, syr. ܪܘܪܒܝܢ „große“ aus *ravrᵉvîn*.

γ. Von Gutturalen. Schon vor Ausbildung der Orthographie 79.
wurde ein ܥ, dem in derselben Wurzel noch ein ܥ folgte, zu *ʾ* dissimiliert, z. B. ܐܠܥܐ „Rippe“ aus ܥܠܥܐ, ܐܥܦܐ „doppelt“ aus ܥܥܦܐ u. a. Ebenso wird ܥ bei den WS vor ܗ dissimiliert, z. B. ܥܗܕ *'ehad* (§ 32 c) „gedachte“ für ܥܗܕ, ܥܘܗܕܢܐ *'uhdânâ*, ܡܥܗܕ (§ 23) für ܡܥܗܕ u. s. w. Diese bei den WS schon seit dem 4. Jahrh. zuweilen sogar in der Schrift (ܐܗܢ für ܥܗܢ brünstig) nachweisbare Dissimilation ist den OS unbekannt geblieben.

In ܥܢܐ „Schooß“ aus *ḥaʿnâ* (חֵצֶן) ist ܥ zur Dissimilation von 80.
ܚ dem *n* assimiliert.

Am Schluß der 1. Silbe eines reduplizierten Wortes ist 81.

ܠ unter Ersatzdehnung des Vokals (§ 75) ausgeworfen: ܢܳܢܥܳܐ „mentha“ aus נַעְנְעָא; ebenso ܡܰܟܺܝܠܕܶܝܢ 17, ܠܗܳܟܺܝܠܕܶܝܢ 19 aus und neben ܡܶܢܟܶܝܠܕܶܝܢ, ܠܗܳܟܶܝܠܕܶܝܢ; in ܐܳܪܟܺܝܠܕܶܝܢ 14 neben ܐܶܪܟܶܝܠܕܶܝܢ ist der Vokal nicht gedehnt, sondern reduziert.

82. Unter gleichen Bedingungen ist ܚ im Anlaut der 2. Silbe unter Ersatzdehnung des Vokals ausgeworfen in ܚܕ̈ܳܕܶܐ „einander“ aus *ḥadḥadē*.

Anm. In der jüngeren Bildung ܚܰܕܚܕ̈ܳܢܶܐ „einige“ bleibt ܚ erhalten.

83. b. Von sonantischen Vokalen. Treffen in zwei auf einander folgenden Silben je zwei der Vokale *u*, *û*, *o*, *ô* zusammen, so wird einer der beiden zu *i* (*e*) *î*, *ê* dissimiliert z. B. ܟܶܬܳܢܳܐ „Rock“ כְּתֹנֶת, ܩܘܩܺܝܣܬܳܐ „Krüglein“ Demin. von ܩܘܩܬܳܐ mit der Endung *ôs*, ܩܛܰܠܽܘܗ̄ܝ „sie haben ihn getötet“ aus **qaṭalûhû*, ܫܶܒܶܠܬܳܐ „Ähre“ (§ 65) für **šubbultâ*; so auch in den fremden Eigennamen ܫܺܝܠܘܚ für שִׁלֹחַ, ܚܶܣܪܰܘ für *Ḥosrô*.

Anm. In ܝܶܫܽܘܥ aus יֵשׁוּעַ ist dieselbe Dissimilation schon im Hebr. erfolgt, in ܫܺܝܦܽܘܪܳܐ Posaune = שׁוֹפָר schon im Jüd.-Aram.

84. c. Von sonantischen und konsonantischen Vokalen. Ursemit. ist schon die Verstümmelung des Imper. ܺܬܶܒ aus *uiṯib* zur Vermeidung der Lautfolge *ui*.

85. Zur Vermeidung der gehäuften *i*-Laute wurde im Aram. die Endung des stat. emph. pl. m. an Beziehungsadjektiven *âiaiiâ* zu *âiâ* verkürzt. Ebenso wird ein zum Stamm gehöriges *i* mit Vokal vor derselben Endung synkopiert z. B. ܩܰܢ̈ܝܳܐ „Rohre“ aus **qanaiaiiâ*; ähnlich ܐܰܪܝܳܐ „Löwe“ aus **ariaiâ*, ܠܺܠܝܳܐ „nächtlich“ aus *lailaiâiâ*, jüngere Neubildung ܠܺܠܝܳܝܳܐ; ܐܽܘܪܗܳܝܳܐ „Edessener“ von ܐܽܘܪܗܳܝ.

86. Auf den Dissimilationstrieb ist auch die Erhaltung der ursprünglichen Flexion in ܒܰܝܺܐ „tröstete“: ܒܰܝܺܝ aus **malla'*

„füllte", ܡܠܐ, aber ܛܡܐ „verunreinigte" zurückzuführen; ebenso in ܐܢܫܝܐ „Verwandte", ܬܢܝܢܐ „zweite" gegenüber sonstigem *-ânįâ*.

ŭ ist vor *u̯* zu *ĕ* dissimiliert in ܚܘܪܐ „weiß": ܐܘܟܡܐ „schwarz". 87.
ܐܡܘܬܐ „Völker" sg. ܐܘܡܬܐ.

u̯ zwischen zwei *û* ist zu *i̯* dissimiliert in ܗܘܝܘ „er ist" aus 88.
hûu̯û (§ 21).

2. *Metathesis.*

Nach gemeinsemitischer Weise vertauscht das 89.
ܬ des Refl. mit einem Zischlaut seinen Platz, z. B. ܐܣܬܒܪ „ward gemeint" für ܐܬܣܒܪ, ܐܨܛܠܒ „ward gefangen" von ܨܝܕܐ. ܐܙܕܩܦ (§ 47) „ward gekreuzigt" von ܙܩܦ.

Anm. 1. Der Impt. von ܪܗܛ „laufen" lautet ܗܪܛ für *ܪܗܛ mit Metathesis der beiden 1. Radikale.

Anm. 2. ܣܒܪܬܐ „Evangelium" = hebr. בשורה.

Anm. 3. Epenthese kennt das Syr. nicht; scheinbare Fälle derart wie ܡܫܬܡܗܝܢ sind anders zu erklären, s. u. § 197c Anm. 4.

III. Formenlehre.

I. Nomina.

1. *Pronomina.*

Personalpronomina. a. Subjektsformen. 1) Selb- 90.
ständige: ܐܢܐ (ܐܢܐ) „ich": ܐܢܬ (§ 57b) „du" m., ܐܢܬܝ (§ 33) „du" f., ܗܘ (§ 5) „er", ܗܝ „sie" — ܚܢܢ, ܢܚܢ „wir", ܐܢܬܘܢ „ihr" m., ܐܢܬܝܢ „ihr" f., ܗܢܘܢ „sie" m., ܗܢܝܢ „sie" f.
2) Enklitische Formen: ܢܐ (ܐܢܐ § 40); ܬ. ܬܝ (§ 23); ܗܘ, ܘ

(§ 24). ܗܘ; ܗܝ; ܚܢܢ, ܚܢ; ܐܢܘܢ, ܐܢܝܢ. Über ܐܝܬܘܗܝ „er ist", ܐܝܬܝܗ „sie ist" s. § 21. 88.

Anm. Die Femininendung *â* wird mit dem *a* der encl. 2. Sing. kontrahiert, z. B. ܫܦܝܪܬܝ oder ܫܦܝܪܐ ܐܢܬܝ „du bist schön". Das *n* der Pluralendungen wird dem *n* der 1. und dem *t* der 2. assimiliert, z. B. ܫܦܝܪܝܢܢ oder gesondert geschrieben ܫܦܝܪܝܢ ܚܢܢ, ܫܦܝܪܝܢܬܘܢ oder ܫܦܝܪܝܢ ܐܢܬܘܢ, ܫܦܝܪܢܬܝܢ oder ܫܦܝܪܢ ܐܢܬܝܢ. Eine ältere Form des Encl. 1. pers. nach vokalischem Auslaut ist *n* z. B. ܩܪܝܢ „ich rufe" (§ 33) = ܩܪܐ ܐܢܐ.

91. b. Suffixa. α. possessiva: ܝ (§ 33) „mein"; ܟ, nach Vokalen ܟ „dein" m.; ܟܝ, nach Vokalen ܟܝ „dein" f.; ܗ̇ nach Vokalen ܘܗܝ, ܝܗܝ „sein": ܗ̇ (§ 5) nach Vok. ܗ̇ „ihr"; ܢ, nach Vok. ܢ „unser", ܟܘܢ „euer" m., ܟܝܢ „euer" f., ܗܘܢ „ihr" m., ܗܝܢ „ihr" f.

92. β) Objektsuffixe: ܢܝ, nach Vok. ܢܝ „mich", ܟ, nach Vok. ܟ „dich" m., ܟܝ, nach Vok. ܟܝ „dich" f., ܗ, nach Vok. ܘܗܝ, ܝܗܝ „ihn", ܗ̇, nach Vok. ܗ̇ „sie", ܢ nach Vok. ܢ „uns", ܟܘܢ, ܟܝܢ „euch". Statt des Suff. der 3. Pl. dient das enklitische ܐܢܘܢ, ܐܢܝܢ.

Anm. Das Suff. der 3. m. sg. war urspr. *hû*, das mit den langen Vokalen *î* und *â* und dem Diphthong *ai* zu *îu̯*, *âu̯* und *au̯* verschmolz. Das nach § 83 hinter *û* aus *hû* entstandene *hî* verdrängt *hû* auch hinter *â* und aus *âhî* ward *âi̯*. Als nun das nach § 58 Anm. im Gen. sg. des Nom. entstandene *hi* nach Absterben der Nominalflexion die anderen Kasusformen allein überlebt hatte, war *hî* die Normalform des Suff. geworden und ward daher an *îu̯*, *âu̯* und *au̯* noch einmal angehängt: ܝܘܗܝ, ܐܘܗܝ, ܘܗܝ und nach deren Analogie dann noch einmal wieder an *âi*: ܝܗܝ.

Demonstrativpronomina. a. für das Nähere 93.
„dieser": m. ܗܳܢܳܐ, ܗܳܢ (§ 56) f. ܗܳܕܶܐ (selten ܗܳܕ, vor ܗܺܝ: ܗܳܕܶܐ: ܗܳܕܶܐܗܺܝ) Plur. comm. ܗܳܠܶܝܢ.

b) für das Fernere „jener": m. ܗܰܘ (§ 5). f. ܗܳܝ; 94.
pl. m. ܗܳܢܽܘܢ, f. ܗܳܢܶܝܢ.

Fragepronomina. ܡܰܢ „wer?". ܡܰܢܳܐ, ܡܳܢ (§ 56). 95.
ܡܳܢܰܘ (§ 64) ܡܳܢܳܐ „was"; ܡܰܢܽܘ, ܡܰܢ ܗܽܘ „wer ist?". ܡܳܢܽܘ „was ist"? ܐܰܝܢܳܐ (§ 56) „welcher?" m., ܐܰܝܕܳܐ „welche" f., pl. comm. ܐܰܝܠܶܝܢ.

Das Relativpronomen ist ܕ, ܕ aus *dī* verkürzt 96.
nach Analogie der Proklitica ܘ, ܘ „und" ܠ, ܠ „zu" ܒ, ܒ „in". Die alte Form *dī* ist noch erhalten in den durch Zusammensetzung mit der Praeposition ܠ und den Possessivsuffixen (§ 91) gebildeten selbständigen Possessivpronomen: ܕܺܝܠܝ „mein", ܕܺܝܠܳܟ „dein" u. s. w.

2. Substantiva und Adjektiva.

A. Geschlecht, Zahl und Status.

a. Allgemeines. Das Syrische unterscheidet am 97.
Nomen zwei Genera masc. und fem., zwei Numeri Sing. und Plur.,[1] drei Status, absolutus, constructus und emphaticus.

Der stat. emph. ist eigentlich die Form mit an- 98.

[1] Der Dual liegt nur noch in erstarrten Resten vor; vgl. 200 in § 168.

gehängtem Artikel *â* (aus *hâ?*), die aber ihre ursprüngliche Determination jetzt ganz eingebüßt hat und der Normaltypus des Nomens geworden ist. Die urspr. indeterminierte Form, der stat. absol., und die Form des Nomens in Annexion an einen Genitiv, der stat. constr., sind im Gebrauche sehr zurückgedrängt: der Genitiv wird jetzt meist mit dem Relativ ܕ (§ 96) umschrieben, z. B. ܡܰܠܟܳܐ ܕܒܳܒܶܠ „der König von Babel“.

99. Das Masc. hat keine besondere Endung; die des Fem. lautet urspr. *aṯ*, hat sich so aber nur noch im stat. constr. erhalten; im absol. heisst sie *â* (§ 38) im emph. *ᵉṯâ* (§ 32a).

100. Der Plur. masc. hat die Endung ܝܼܢ, st. constr. ܝ̈, emph. ܝ̈ܐ, jetzt meist ܐ̈: diese verkürzte Form hat sich von den Beziehungsadjektiven aus (§ 85) auf fast alle Nomina verbreitet. Der Plur. des Fem. wurde durch Vokaldehnung vom Sing. abgeleitet: st. cstr. *âṯ*, emph. *âṯâ*; im st. absol. ist die urspr. Endung durch eine Analogiebildung nach dem Masc. *ân* verdrängt. Paradigma ܒܺܝܫ „böse“.

	Singular			Plural		
	St. abs.	cstr.	emph.	St. abs.	cstr.	emph.
m.	ܒܺܝܫ	ܒܺܝܫ	ܒܺܝܫܳܐ	ܒܺܝܫܺܝܢ	ܒܺܝ̈ܫܰܝ	ܒܺܝ̈ܫܶܐ
f.	ܒܺܝܫܳܐ	ܒܺܝܫܰܬ	ܒܺܝܫܬܳܐ	ܒܺܝܫܳܢ	ܒܺܝ̈ܫܳܬ	ܒܺܝ̈ܫܳܬܳܐ

101. b. Geschlecht. Das natürliche Geschlecht wurde im Semit. vielfach durch besondere Wortstämme unterschieden, und das

Fem. bedurfte dann natürlich keiner Endung; so im Syr. noch ܐܶܡܳܐ „Mutter“: ܐܰܒ݂ܳܐ „Vater“; ܐܳܬ݂ܳܢܳܐ „Eselin“: ܚܡܳܪܳܐ „Esel“.

Für Tiere ist aber vielfach nur ein Gattungsname in der reinen Stammform geprägt, der, allgemein gebraucht, meist als fem. seltener als masc. gefaßt wird, aber im Einzelfalle nach dem Geschlecht des Individuums verschieden konstruiert wird. Fem. sind meist: 102.

ܐܽܘܪܥܕܳܐ „Frosch“	ܚܶܓ݂ܠܳܐ „Rebhuhn“
ܐܰܪܢܒ݂ܳܐ „Hase“	ܚܽܘܪܕܳܐ „Storch“
ܕܶܒ݂ܳܐ „Bär“	ܝܰܘܢܳܐ „Taube“.

Masc. ist meist ܓܰܡܠܳܐ „Kamel“; selbst ܚܡܳܪܳܐ „Esel“ wird zuweilen als Fem. gebraucht.

Andere Tiernamen dagegen, gleichfalls ohne Fem.-endung, werden stets weiblich gebraucht: 103.
ܐܶܦܥܳܐ „Hyäne“, ܝܰܪܘܳܪܳܐ „Schakal“, ܦܽܘܪܬܳܐ „Kalb“, ܢܶܩܝܳܐ „Schaf“ ܥܶܙܳܐ „Ziege“, ܥܶܩܰܪܒ݁ܳܐ „Skorpion“, ܨܶܦܪܳܐ „Vögelchen“, ܩܽܘܦܕܳܐ „Igel“. ܫܽܘܢܳܪܳܐ „Katze“ (pl. ܫܽܘܢܳܪ̈ܳܬ݂ܳܐ), ܩܰܠܡܳܐ „Laus, Kornwurm“, ܬܰܘܠܥܳܐ „Wurm“; ebenso die Tierkollektiva: ܥܶܕܪܳܐ „Heerde“, ܛܰܝܪܳܐ „Raubvögel“, ܟܰܘܪܳܐ „Bienenstock“, ܥܳܢܳܐ „Kleinvieh“. ܪܰܡܟ݂ܳܐ „Heerde“ (bes. von Pferden; pers. Lehnwort); ܪܶܟ݂ܫܳܐ „Pferde“ dagegen ist meist masc., kommt aber in der Bedeutung „Stuten“ auch als fem. vor (neben ܪܶܟ݂ܫܬ݂ܳܐ).

Weiblich sind ferner eine Anzahl von Körperteilen, besonders paarweis vorkommende; diese nehmen im Plur., namentlich in übertragener Bedeutung, z. T. schon die Fem.-endung an: 104.
ܐܶܕ݂ܢܳܐ „Ohr“ *âṯâ* (Henkel u. s. w.) u. *â*; ܐܺܝܕ݂ܳܐ „Hand“ (vgl. § 117), ܐܶܠܥܳܐ „Rippe“. ܐܰܦܶܐ „Antlitz“, ܐܶܫܟܳܐ (neben ܐܶܫܟܬ݂ܳܐ pl. ܐܶܫ̈ܟܳܬ݂ܳܐ) „Hode“, ܒܽܘܪܟܳܐ „Knie“, ܕܽܘܢܒ݂ܳܐ (neben ܕܽܘܢܒ݂ܬ݂ܳܐ) „Schwanz“. ܓܰܒ݁ܳܐ „Seite, Rippe“ *âṯâ* u. *â*, ܚܽܘܦܢܳܐ „Handvoll“. ܙܶܪܬ݂ܳܐ „kleiner Finger“, ܛܶܦܪܳܐ „Fingernagel, Kralle“, ܝܰܡܝܢܳܐ „Rechte“. ܟܰܒ݂ܕܳܐ „Leber“. ܟܶܦܳܐ

„Flügel" âṯâ und â, ܚܦܢܐ „Handvoll, Schale", ܟܪܣܐ „Leib, Bauch" âṯâ, ܫܩܐ „Unterschenkel", ܟܬܦܐ „Schulter" âṯâ, ܢܦܫܐ „Seele" âṯâ, ܣܡܠܐ „Linke", ܓܕܦܐ „Locken", ܓܢܒܐ „Seite, Hüfte" âṯâ, ܥܝܢܐ „Auge" âṯâ (Quelle u. s. w.) u. â, ܥܩܒܐ „Ferse, Spur", ܨܒܥܐ „Finger" âṯâ und â. ܩܪܢܐ „Horn" âṯâ u. â, ܪܓܠܐ „Fuß" âṯâ (Basen) u. â, ܫܢܐ „Zahn" âṯâ (Spitzen) u. â, ܫܪܐ Nabel.

105. Weiblich sind ferner eine Anzahl von Namen für Gewänder, Gefäße und Geräte: ܐܓܢܐ „Schüssel", ܐܠܦܐ „Schiff", ܐܣܛܠܐ „Mantel", ܚܘܛܪܐ „Stock", ܓܝܓܠܐ „Rad", ܙܩܐ „Schlauch", ܢܪܓܐ „Axt", ܟܘܬܝܢܐ (§ 116 d) „Leibrock", ܡܥܒܪܐ „Floß", ܠܘܚܐ „Tafel", ܡܓܠܐ „Sichel", ܡܓܢܐ „Schild", ܡܘܒܠܐ „Last", ܡܚܛܐ „Nadel", ܨܢܦܪܐ „Schild". ܥܪܒܐ „Trog", ܥܪܣܐ „Bett" âṯâ, ܢܝܪܐ „Joch", ܢܘܣܐ „Götzenschrein", ܙܒܐ „Schüssel". ܩܕܪܐ „Topf", ܪܚܝܐ „Mühle", ܪܘܡܚܐ „Lanze". ܬܘܟܝܢܐ „Obergewand"; endlich die Münzen: ܐܣܬܪܐ στατήρ. ܟܟܪܐ „Talent", ܡܥܐ „Kupfermünze".

106. Weiblich ist seit Alters die „Erde" ܐܪܥܐ, daher auch die Himmelsgegenden: ܓܪܒܝܐ „N.", ܡܕܢܚܐ „O.", ܬܝܡܢܐ „S.", ܡܥܪܒܐ „W."; Terrainteile: ܐܘܪܚܐ „Weg" âṯâ, ܐܣܛܪܐ und ܚܩܠܐ âṯâ „Feld". ܢܚܠܐ „Wâdî"; Elemente und meteorologische Erscheinungen: ܟܐܦܐ „Stein", ܡܠܚܐ „Salz", ܢܘܪܐ „Feuer" (§ 120). ܥܠܥܠܐ „Sturm". ܥܢܢܐ „Wolke", ܥܪܦܠܐ „Nebel"; Pflanzen und Pflanzenteile: ܓܘܦܢܐ „Rebe". ܩܪܘܥܐ „Melone". ܣܘܟܐ „Zweige", ܢܘܦܐ „Sproß".

107. Bei einigen Wörtern derart schwankt das Geschlecht; meist sind es urspr. fem., die durch ihre Form ins masc. gezogen werden: ܩܠܡܐ „Kornwurm", ܒܥܝܪܐ „Vieh" sg. f. u. pl. f., doch auch pl. m.. ܓܙܪܐ „Heerde" (von Schweinen und Dämonen) m. u. f.; ܚܟܐ (§ 76, 123) „Gaumen" m. u. f., ܫܩܐ „Bein, Stamm" f. selten m., ܕܝܪܐ (â u. âtâ) „Wohnung" als Kloster stets f.; ܫܒܛܐ „Stab". ܣܝܦܐ „Schwert", ܪܘܫܡܐ „Exemplar", ܩܛܪܩܐ „Köcher", ܡܒܘܥܐ „Quell" â u. âṯâ, ܝܒܠܐ „Bach", ܪܩܝܥܐ „Firmament", ܛܘܦܢܐ „Flut".

ܫܡܝܐ „Himmel", ܣܗܪܐ „Mond", ܫܡܫܐ „Sonne", ܪܘܚܐ „Wind, Geist", ܫܢܢܐ „Spitze, Ähre".

Durch die Wirkung des Nebenaccents (§ 35) und 108. die beginnende Accentverschiebung (§ 37) ist das ܬ des fem. im st. emph., das urspr. stets Spirans *ṯâ* war, in vielen Fällen schon zur Explosiva verschoben worden. ܬ fast stets nach Silben mit langen Vokalen, namentlich *î*, *ê*, *û*: ܚܝܪܬܐ, ܒܝܪܬܐ, ܓܒܘܠܬܐ aber ܩܫܝܬܐ, ܓܒܝܬܐ, ܪܫܘܡܬܐ; bei *â*: ܢܫܡܬܐ, ܣܟܪܬܐ aber ܪܡܬܐ, ܥܠܬܐ, stets ܬ nach ܝ, z. B. ܩܫܝܪܬܐ. Bei Silben mit *ă* überwiegt ܬ. z. B. ܝܡܡܬܐ, ܡܘܩܕܬܐ aber ܡܝܠܕܬܐ, ܐܣܝܪܬܐ. Bei *ĕ* überwiegt ܬ: ܬܕܠܬܐ, ܐܡܝܡܬܐ, aber ܬܪܥܬܐ, ܪܫܡܬܐ, ܢܫܡܬܐ; bei *u* u. *o*: ܐܡܟܘܣܬܐ, ܡܠܩܘܠܬܐ, aber ܡܩܘܣܬܐ, ܐܣܦܘܩܬܐ.

Z. T. mag dies Schwanken der Tradition über ܬ 109. und ܬ ausser durch lautliche Gründe auch durch Analogiebildung nach solchen Nomm. bedingt sein, die von Anfang an nicht die Fem.-endung *at*, sondern das seit alters daneben stehende einfache *t* hatten. Mit Sicherheit ist dies noch nachzuweisen:

a. im st. cstr. ܒܪܬ „Tochter" aus *batt*, *bant*, *bint* (§ 45 Anm. 2), dessen ܪ nur auf graphischer Analogie zu dem aus dem ms. ܒܪ (§ 76) neugebildeten emph. ܒܪܬܐ beruht, dem auch die Suffixformen ܒܪܬܝ ܒܪܬܗ u. s. w. folgen.

Anm. Im Pl. ܒܢܬܐ ist der urspr. Stamm erhalten.

b. in den Nomm. von Stämmen III ܢ, die das n schon vor Ausbildung der Orthographie dem t assimiliert haben: ܓܦܬܐ „Rebe“ u. s. w. (§ 57) vielleicht ܫܢܬܐ „Jahr“, dessen ܢ auf graphischer Analogie nach dem Plur. beruhen könnte.

Anm. ܡܕܝܢ̈ܬܐ u. s. w. dagegen sind nach § 108 zu beurteilen; ܪܫܠܬܐ, wie der Vokal der 1. Silbe zeigt, nach § 73.

c. in einigen Nomm. von Stämmen III ܝ mit der Endung st. emph. ܝܬܐ, cstr. ܝܬ, absol. ܝ (§ 38): ܩܝܣܝܬܐ Balken: ܩܝܣܝ, ܡܪܕܝܬܐ Gang: ܡܪܕܝ.

Anm. Da nach § 32 d aus *iʾ* *î* wird, so gleichen die Wörter mit *at* im st. emph. denen mit *t*, z. B. ܕܟܝܐ „reine“ emph. ܕܟܝܬܐ. Vielleicht sind dadurch einige *at*-Formen in die Analogie der *t*-Formen hineingezogen, z. B. ܐܬܟܣܝܬܐ „Bedeckung“: ܐܬܟܣܝ.

d. in einigen Nomm. von Stämmen III ܘ: ܘܬܐ, ܘܬ, ܘ: ܒܥܘܬܐ „Bitte“, ܡܪܕܘܬܐ „Züchtigung“: plur. regelrecht: ܒܥ̈ܘܢ u. s. w. Von solchen Formen aus hat sich *ût* als selbständige Abstraktendung losgelöst und tritt an Nomm. verschiedenster Herkunft, z. B. ܡܠܟܐ „König“, ܡܠܟܘܬܐ, ܡܠܟ̈ܘܬܐ „Königreich“.

Anm. 1. Im Plur. tritt z. T. eine urspr. Formation wieder hervor, z. B. ܣܗܕ̈ܘܬܐ „Zeugnisse“ neben ܣܗܕ̈ܘܬܐ zu ܣܗܕܘܬܐ; zu ܓܒܝ̈ܘܬܐ vgl. § 73.

Anm. 2. Auch aus *uʾtâ* entsteht *ûtâ* (§ 32 d) z. B. ܚܕܘܬܐ „Freude“ zu ܚܕܘܐ, ܚܝܘܬܐ „Tier“ zu ܚܝܘܐ, daher sind ܨܘܪ „Bild“ und ܨܒܘ „Sache“ zu ܨܘܪܬܐ, ܨܘܪ̈ܬܐ, ܨܒܘܬܐ, ܨܒ̈ܘܬܐ wohl als Analogiebildungen anzusehn.

e. in einigen Nomm. der Form *qatal* von III ܘ; deren Diphthong *au* wird im absol. und estr. zu *ô* kontrahiert (§ 60) und dieser Analogie folgt der emph., z. B. ܨܠܘܬܐ, estr. ܨܠܘܬ „Gebet", ܫܩܘܬܐ „Schenkel", ܟܪܘܬܐ „Sägespahn". Den regelrechten Plur. bildet noch ܡܚܘܬܐ „Schlag": ܡ̈ܚܘܬܐ (aus *maḥauâtâ* § 32a), hat aber daraus einen neuen st. absol. ܡܚܘ rückgebildet. Die andern bilden einen neuen Plur. direkt aus dem Sing. ܨܠܘ̈ܬܐ, ܫܩ̈ܘܬܐ, ܟܪ̈ܘܬܐ.

f. an den Beziehungsadjektiven als Adverb (§ 173), in der Praepos. ܒܝܬ zwischen aus *bânt*. pl. ܒܝ̈ܢܬ.

Mit auslautendem *a ͜ ı* verbindet sich *at* zu *ât* ܚܬܐ 110. „Schwester", ܒܗܬܐ „Daumen", ܡܢܬܐ „Teil", ܟܢܬܐ „collega" (m.). Die alte Pluralbildung zeigt noch ܐܚ̈ܘܬܐ von ܚܬܐ (§ 32b). Die andern bilden einen neuen Plur. direkt vom Sing. (wie § 109e): ܒܗ̈ܘܬܐ, ܡܢ̈ܘܬܐ, ܟܢ̈ܘܬܐ.

Anm. 1. Hierher gehört auch ܛܦ̈ܝܬܐ von *ṭ'fâṯ*, jetzt metaplastisch zu dem Plur. tantum ܛܦ̈ܝܐ „Heerd" gezogen.

Anm. 2. ܡܘܡܬܐ „Eid" bleibt im Plur. unverändert oder bildet von einer Nebenform ܡܘ̈ܡܝܬܐ.

Anm. 3. Durch falsche Analogie bildet man auch zu ܡܐܐ „ein Hundert", ܪܐܬܐ „Lunge" (aus *mi'aṯâ*, *ri'aṯâ* (§ 32 c, 23): ܡܐ̈ܘܬܐ u. ܪܐ̈ܘܬܐ. Aus dem letzteren Plur. ist sogar wieder ein Sing. ܪܐܬܐ rückgebildet (s. § 120).

Das Femininum diente urspr. in weitem Umfang dazu, von 111. Kollektivis Bezeichnungen für das Einzelne abzuleiten; so noch ܙܒܢ „Zeit", ܙܒܢܬܐ „Mal" (§ 57 c). Jetzt und z. T. schon früh ist an die Stelle des Kollektivs meist dessen Plur. mit masc. Endung getreten; z. B. ܫܢܬܐ „Jahr": ܫܢ̈ܝܐ (§ 117) ܫܥܬܐ „Stunde": ܫܥ̈ܐ, ܡܠܬܐ „Wort": ܡ̈ܠܐ, ܐܡܬܐ „Elle": ܐܡ̈ܝܢ, ܓܢܬܐ „Garten": ܓܢ̈ܐ, ܒܝܥܬܐ „Ei": ܒܝ̈ܥܐ; ܥܢܒܬܐ „Traube": ܥܢ̈ܒܐ, ܚܛܬܐ „Weizen": ܚ̈ܛܐ; ܣܥܪܬܐ „Gerste": ܣܥ̈ܪܐ, ܬܐܢܬܐ „Feige": ܬܐ̈ܢܐ. Hierher gehören auch ܦܩܪܬܐ „Rückenwirbel": ܦܩ̈ܪܐ, ܓܘܡܪܬܐ „Kohle": ܓܘܡ̈ܪܐ (§ 59. 66. 73) ܓܘܦܬܐ „Rebe": ܓܘܦ̈ܢܐ (§ 57 c. 66, 109 b) ܓܒܬܐ „Käse": ܓܘܒ̈ܢܐ, ܠܒܢܬܐ „Ziegel": ܠܒ̈ܢܐ.

Anm. Durch falsche Analogie bildet man zu ܫܒܬܐ שַׁבָּת (dessen ܬ eigentlich zur Wurzel gehört) absol. ܫܒܐ pl. ܫܒ̈ܝܢ, ܫܒ̈ܐ.

112. In einigen Wörtern mit Fem.-endung wird diese nicht mehr als solche empfunden und als zum Stamm gehörig behandelt z. B. ܫܒܫܬܐ „Ranke": ܫܒ̈ܫܬܝܢ, ܕܘܥܬܐ „Schweiß": ܕܘ̈ܥܬܐ, ܬܟܬܐ (אמתחת § 32 b. 54) „Sack": ܬܟ̈ܬܐ, ܒܥܬܐ (§ 110) „Suchen": ܒܥ̈ܬܐ. ܬܦܬܐ „Schmutz": ܬܦ̈ܬܐ; so auch das assyr. Lehnwort ܡܕܬܐ „Tribut": ܡܕ̈ܬܐ.

Anm. Aber ܫܠܕܐ „Leiche" aus bab. *šalamtu* bleibt trotz gänzlicher Entstellung der Endung weiblich.

113. Umgekehrt werden einige Wörter mit stammhaftem ܬ durch falsche Analogie weiblich: ܫܒܬܐ (§ 111 n) ܒܪܘܬܐ „Cypresse". ܦܘܬܐ „Beschaffenheit" und zuweilen ܩܘܫܬܐ „Wahrheit", ܐܨܛܠܬܐ „Schmuck".

114. Eine alte Fem.-endung *ai* kommt nur noch in folgenden stets im st. absol. sing. stehenden Wörtern vor: ܣܠܘܝ „Wachteln", ܦܪܦܚܝ „eine Vogelart", ܒܪܩܝ „eine Mückenart", ܥܢܟܒܘܬܝ „Spinne", ܬܢܝ „Bedingung", ܛܘܥܝ „Irrtum", ܟܣܘܝ „heimlich".

115. Eine andre alte Fem.-endung war *ê* in **oḥrê* „andre" zu **oḥrân* „andrer". Durch Annahme der gewöhnlichen

Fem.-endung ergab sich zunächst im st. emph. *$o\underset{.}{h}r\hat{e}\underline{t}\hat{a}$ und danach das m. *$o\underset{.}{h}r\hat{e}n$, jetzt ܐ̄ܚܪܶܝܢ, ܐ̄ܚܪܰܝܬܳܐ (§ 32b Anm.), Plur. ܐ̄ܚܪ̈ܢܶܐ ܐ̄ܚܪ̈ܢܝܳܬܳܐ (§ 116) und daraus rückgebildet sing. f. ܐܚܪ̈ܢܝܬܐ (OS ܐ̄ܚܪ̄ܢܝܬܐ).

Anm. Dieselbe Fem.-endung als *â* auch bei den Zahlwörtern der 1. Dekade s. § 167.

Als Fem.-endung diente endlich auch *î*, das gleich- **116.**
falls nur noch mit der gewöhnlichen Endung verstärkt als *î*$\underline{t}$*â*, *iâ* vorkommt u. zw.:

a. Stets am Suff. *ân*, *ôn* (*ûn*), z. B. ܩܳܛܘܿܠܳܢ „mordend". f. ܩܳܛܘܿܠܳܢܺܝܬܐ, ܡܰܠܟܘܿܬܳܢܝܬܐ „Fürstin", durch Übertragung bei zwei Lehnwörtern mit stammhaftem *n*: ܐܽܘܡܳܢܺܝܬܐ „Künstlerin" und ܡܶܣܟܺܢܺܝܬܐ „Arme", pl. ܡܶܣܟܺܢ̈ܝܳܢ (aber st. emph. ܡܶܣܟܺܢ̈ܝܳܬܳܐ). Ausnahmen: ܐ̄ܚܝܳܢܝܬܐ „Verwandte" und ܬܢܝܳܢܝܬܐ „zweite" (§ 86).

b. bei ܙܥܘܿܪ „klein" ausser im st. emph. sing.: ܙܥܘܿܪܬܐ, ܙܥܘܿܪ̈ܝܢ aber ܙܥܘܿܪ̈ܝܳܬܳܐ.

c. meist bei den Nomm. agentis der Form ܩܳܛܘܿܠ, z. B. ܡܳܪܘܿܕܬܐ „widerspänstige" aber ܙܳܩܘܿܦܝܬܐ „kreuzigende", pl. ܥܳܒܘܿܪ̈ܝܳܬܐ „vergängliche Dinge", seltener wie ܡܳܝܘܿܬ̈ܳܬܐ „sterbliche".

d. Durch Übertragung erscheint die Plur.-endung *iâ*$\underline{t}$*â*, immer häufiger an Nomm. mit langem Vokal oder Doppelkonsonanz vor der Fem.-endung, z. B. ܕ̈ܪܘܿܣܝܬܐ „Höfchen": ܕ̈ܪܘܿܣܝܳܬܐ, ܟܘܼܬܝܼܢܐ „Leibrock"; ܟܘܼܬܝܼ̈ܢܝܳܬܐ: ܕܘܼܟܬܐ „Ort": ܕܘܼܟ̈ܝܳܬܐ; ܕܘܼܢܒܐ „Schwanz": ܕܘܼܢ̈ܒܝܳܬܐ u. a.

117. c. Zahl. Die alte Endung des st. emph. Plur. *aijâ* ist noch erhalten in den zweiradikaligen: ܒܢ̈ܝܐ „Söhne“ (sg. ܒܪ § 76), ܫܢ̈ܝܐ „Jahre“ (§ 111), ܙܢ̈ܝܐ „Arten“, ܬܕ̈ܝܐ „Brüste“, ܐܝܕ̈ܝܐ neben ܐܝ̈ܕܐ „Hände“, ܐܦ̈ܝܐ „Vorhang“; ferner nach § 85 in den urspr. zweisilbigen Nomm. auf *ai, â*, z. B. ܬܪܥܐ „Thor“: ܬܪ̈ܥܝܐ, ܩܫܐ „hart“, ܩܫ̈ܝܐ, ܩܢܝܐ „Rohr“: ܩܢ̈ܝܐ; nach dieser Analogie auch die Plur. tantum ܡ̈ܝܐ „Wasser“ und ܫܡ̈ܝܐ „Himmel“ und einige urspr. einsilbige wie ܓܕܝܐ „Bock“: ܓܕ̈ܝܐ, ܛܠܝܐ „Junges“: ܛܠ̈ܝܐ, aber nicht die Abstr.: ܨܪܝܐ „Riss“, ܨܪ̈ܝܐ, ܩܪܝܐ „Kälte“: ܩܪ̈ܝܐ. Die ursprüngliche Bildung des Plur. absol. *ân* (§ 22. 60), cstr. *ai* zeigen nur noch die Adject. und Partizipien: ܩܫܝܢ, ܩܫܝܝܢ; die Subst. folgen der Analogie von ܒܢ̈ܝܐ, ܒܢ̈ܝܢ, z. B. ܩܢ̈ܝܢ, ܓܕ̈ܝܢ u. s. w.

118. Eine Anzahl urspr. zweiradikaliger Nomm. nimmt im Plur. ܗ als 3. Radikal an, so: ܐܒܐ „Vater“: ܐܒ̈ܗܬܐ u. ܐܒ̈ܗܐ, ܚܡܐ „Schwiegervater“: ܚܡ̈ܗܐ, ܐܡܐ „Mutter“: ܐܡ̈ܗܬܐ, ܐܡܬܐ „Magd“: ܐܡ̈ܗܬܐ, ܫܡܐ „Name“: ܫܡ̈ܗܐ u. ܫܡ̈ܗܬܐ, ܐܝܕܐ „Hand“: ܐܝܕ̈ܗܬܐ (OS ܐܝܕ̈ܗܘܬܐ) „Handhaben“.

119. Wir hatten eben schon mehrere Masc. mit Fem.-endung im Plur., so noch ܝܘܡܐ „Tag“, pl. ܝܘ̈ܡܬܐ, aber ܝܘܡܝܢ.

120. a. Neben ܡܪܝܐ „Herr“ stand die ältere Form ܡܪܐ aus *mâr'â*. Dazu gehörte das Abstr. *mâr'ûtâ*, dessen Plur. nach § 109d **mâr'uâtâ*, nach § 32c, 23 ܡܪ̈ܘܬܐ ergab. Dieser Plur. „Herrschaften“ stand im Sprachgebrauch

gleichbedeutend neben dem gewöhnlichen ܡܳܪ̈ܰܘܳܬܳܐ (§ 117) „Herrn". Als man nun allmählig Plurale wie ܡܳܪ̈ܰܝܳܐ, *ܪ̈ܳܥܰܝܳܐ zu ܪܳܥܝܳܐ „Hirt", die stark von dem gewöhnlichen Schema abwichen, nicht mehr recht als Plur. empfand, bildete man nach Analogie von ܡܳܪ̈ܰܘܳܬܳܐ auch ܪܳܥܰܘ̈ܳܬܳܐ, ܐܳܣܰܘ̈ܳܬܳܐ, ܫܳܩܰܘ̈ܳܬܳܐ zu ܪܳܥܝܳܐ „Hirt", ܐܳܣܝܳܐ „Arzt", ܫܳܩܝܳܐ „Schenk". Diese Analogie ergriff dann weiter fast alle auf ܝܳܐ ausgehenden Wörter, so ܐܽܘܪܝܳܐ „Krippe": ܐܽܘܪܰܘ̈ܳܬܳܐ (§ 32c), ܐܰܪܝܳܐ „Löwe" (§ 85): ܐܰܪܝܰܘ̈ܳܬܳܐ, ܠܶܠܝܳܐ „Nacht" (§ 60): ܠܶܠܰܘ̈ܳܬܳܐ u. s. w.; auch solche griech. Herkunft, z. B. ܡܽܘܕܝܳܐ μόδιος, ܡܽܘܕܰܘ̈ܳܬܳܐ, ܓܽܘܢܝܳܐ γωνία: ܓܽܘܢܰܘ̈ܳܬܳܐ.

Endlich trat die Endung ܘ̈ܳܬܳܐ selbständig auch an Wörter ohne ܝܳܐ, so: ܐܰܬܪܳܐ „Ort", ܐܰܬܪܘ̈ܳܬܳܐ, ܢܰܗܪܳܐ „Fluß": ܢܰܗܪܘ̈ܳܬܳܐ, ܛܰܗܪܳܐ „Mittag": ܛܰܗܪܘ̈ܳܬܳܐ, ܠܶܒܳܐ „Herz": ܠܶܒܘ̈ܳܬܳܐ, ܚܰܝܠܳܐ „Kraft": ܚܰܝܠܘ̈ܳܬܳܐ.

b. Ähnlich löste sich von den Abstr. (§ 109d) die Plur.-endung ܘ̈ܳܬܳܐ[1] für Fem. ab, so: ܐܽܘܡܬܳܐ „Volk": ܐܽܘܡܘ̈ܳܬܳܐ (§ 87): ܐܶܣܬܳܐ „Wand": ܐܶܣܬܘ̈ܳܬܳܐ (gewöhnlich ܐܶܣ̈ܛܶܐ, § 111), ܐܳܬܳܐ „Zeichen": ܐܳܬܘ̈ܳܬܳܐ, ܩܪܺܝܬܳܐ „Dorf": ܩܽܘܪ̈ܝܳܘܬܳܐ, ܐܶܫܬܳܐ „Fieber": ܐܶܫܬܘ̈ܳܬܳܐ, ܪܳܐܬܳܐ (§ 110 Anm. 3) „Lunge": ܪܳܐܬܘ̈ܳܬܳܐ; ܢܽܘܪܳܐ „Feuer": ܢܽܘܪ̈ܘܳܬܳܐ; ܣܶܦܬܳܐ „Lippe": ܣܶܦ̈ܘܳܬܳܐ.

Eine alte urspr. selbständige msc. Plur.-endung *ân* 121.
findet sich im Syr. nur noch in Verbindung mit der gewöhnlichen Endung *în*, *ê* in einer Anzahl von Be-

[1] Von Gruppen wie ܓܰܒܪ̈ܘܳܬܶܗ : ܐܳܬ̈ܘܳܬܶܗ aus.

zeichnungen für Spezereien und Würden, z. B. ܐܒܐ, „Frucht": ܐ̈ܒܒܐ (selten ܐܒ̈ܐ), ܒܣܡܐ „Wohlgeruch": ܒܣ̈ܡܐ (und ܒܣܡ̈ܐ), ܣܡܐ „Gift": ܣܡ̈ܡܢܐ, ܪܝܚܐ „Duft": ܪ̈ܝܚܐ, ܡܫܚܐ „Salbe": ܡܫ̈ܚܐ, ܥܡܪܐ „Wolle": ܥܡܪ̈ܐ „Wollstoffe". ܫܠܝܛܐ „Machthaber": ܫܠܝܛ̈ܢܐ (u. ܫܠܝ̈ܛܐ), ܪܒܐ „gross": ܪ̈ܒܐ „Lehrer", ܪ̈ܘܪܒܐ (§ 129) „Magnaten" u. a.

122. Alte Koll. in plur. Bedeutung sind ܚܡ̈ܪܐ zu ܚܡܪܐ „Esel", ܐ̈ܢܫܐ „Menschen" (Sing. § 76) ܩܘܪܝܐ zu ܩܪܝܬܐ „Dorf". Letztere Form wird z. T. schon in das gewöhnliche Pluralschema hineingezogen, so im st. cstr. ܩܘܪ̈ܝ und mit Suff. ܩܘܪ̈ܝܗܘܢ, häufig ܩܘܪܝܗܘܢ. Bei anderen Kollektiven ist das schon vollständig durchgeführt, so ܦܬ̈ܬܐ „Brotstück" zu ܦܬܬܐ, ܬܕ̈ܝܐ (neben ܬܕܘܬܐ § 120) zu ܬܕܝܐ „Brust", ܛܠ̈ܝܐ „Knaben" zu ܛܠܝܐ (aber ܛܠ̈ܝܐ § 117 „Burschen" und danach zum Fem. ܛܠܝܬܐ: ܛܠܝ̈ܬܐ „Mädchen", ܛܠܝ̈ܬܐ „Dienerinnen"): zu ܐܢܬܬܐ (*attā* § 55. 57b) cstr. ܐܢܬܬ „Frau" gehört metaplastisch der aus einem Koll. hervorgegangene Plur. ܢܫ̈ܐ „Weiber" vgl. auch § 111.

123. Die Nomm. der Form *qaṭl, qiṭl, quṭl* bildeten ihren Plur. im Nordsemit. zum größten Teil von den Formen *qaṭal, qiṭal, quṭal* aus. Reste dieser Bildung, die im Syr. meist durch Neubildungen direkt vom Sing. aus ersetzt ist, sind die Plurale von Nomm. med. gem., z. B. ܥܡ̈ܡܐ von ܥܡܐ „Volk", ܓܠ̈ܠܐ von ܓܠܐ „Welle" (§ 32e), ferner ܥܣܒܐ „Kraut": ܥܣܒܝܢ, ܥܣ̈ܒܐ (§ 57b, 107)

„Gaumen“: ܚ̈ܢܟܐ (daraus ein sing. ܚܢܟܐ rückgebildet). ܓܢܒܘܬܐ „Diebstahl“: ܓܢܒ̈ܝܬܐ, ܐܠܦܐ „Tausend“, ܐܠ̈ܦܐ, ܫܪܒܬܐ „Stamm“: ܫܪ̈ܒܬܐ.

Anm. 1. Eine solche Bildung ist auch ܒ̈ܬܐ als Plur. zu ܒܝܬܐ „Haus“ aus *baįatâ* stets mit ܬ݁ (wie im Hebr.) in sehr alter Analogiebildung nach dem Sing. mit explosivem *t*.

Anm. 2. Nach ܫܡܗ̈ܐ schreibt man für ܫܡܗ̈ܬܐ (§ 120) auch ܫܡܗܗ̈ܬܐ.

Sehr alt ist die Plur.-bildung durch Verdoppelung der ganzen zweiradikaligen Wurzel; so von ܪܒܐ „groß“, ܪܘܪܒܐ (§ 78) und ܪ̈ܘܪܒܢܐ (§ 121), ܙܥܘܪ̈ܐ „kleine“ zu ܙܥܘܪ (§ 116b), ܚ̈ܕܕܐ „einander“ (§ 82), jünger ܚ̈ܕܚܕܢܐ „einige“. 124.

Mit den zahlreichen griech. Fremdwörtern sind in das Sprachbewußtsein halbgelehrter Syrer auch einige griech. Pluralendungen eingedrungen, die oft verkehrt angebracht werden z. B. ܛܘܦܪܟܘܣ τοπάρχαι, ܒܝܠܘܣ βῆλα und sogar an zwei echt syrische Wörter treten: ܓܢܝܢܣ, ܓܢ̈ܐܣ „Gärten“ für ܓܢ̈ܐ (§ 111) und ܩܘܪܝܘܣ, ܩܘܪܝܢܣ „Dörfer“ für ܩܘܪ̈ܝܐ (§ 122). 125.

B. Nominalstammbildung.

Der ältesten Sprachschicht gehören eine Anzahl zweiradikaliger Nomina an, von denen wir die wichtigsten ihrer Flexion wegen schon behandelt haben (§ 109 a, 117, 118). 126.

Die dreiradikaligen Nomina lassen sich in den älteren Dialekten auf zwei Hauptgruppen zurückführen, die dem Perfekt- und Imperfektstamm des Verbums parallel laufen, oder der Analogie sogebildeter Nomina sich angeschlossen haben. Im Aram. sind aber durch die zusammenhämmernde Wirkung der Accentgesetze die ursprünglichen Verhältnisse so verwischt, daß die Entstehung der jetzt vorliegenden Formen sich nur durch weitausholende, sprachvergleichende Behandlung erklären ließe.[1] Wir müssen uns daher dem praktischen Zwecke dieses Buches gemäß mit der Aufzählung einiger Haupttypen begnügen.

127. a. Nomina ohne äußere Vermehrung. Die kürzesten Bildungen. *Qaṭl* und *qiṭl* ergeben nach § 73 *qᵉṭêl* z. B. ܢܦܫܐ „Seele“. ܢܦܫ (aber ܦܓܪܐ, ܦܓܪ „Leib“ § 65) ܪܓܠܐ „Fuß“ ܪܓܠ, *quṭl* ergiebt *qᵉṭûl* (§ 59) ܩܘܕܫܐ „Heiligtum“ ܩܘܕܫ.

Beachte: ܐܓܪܐ „Lohn“, cstr. ܐܓܪ (§ 32 c), ܝܪܚܐ „Monat“ ܝܪܚ (ib. d.), ܪܫܐ „Kopf“, ܓܘܒܐ „Brunnen“ (§ 68), ܣܘܦܐ „Ende“ ܣܘܦ, ܒܝܬܐ „Haus“ ܒܝܬ, ܥܝܢܐ „Auge“ ܥܝܢ (§ 60), ܕܝܢܐ „Gericht“, ܥܙܐ „Ziege“ ܥܙ, aber ܓܒܐ „Seite“, ܓܒ ܓܒ (§ 57 b), ܓܕܝܐ „Bock“ (§ 117), ܣܚܘܬܐ „Schwimmen“, ܥܡܐ „Volk“ (§ 123), ܢܘܪܐ „Feuer“, ܣܘܓܐܐ „Menge“ (§ 32 c Anm.), ܐܘܪܝܐ „Krippe“, ܟܠ ܟܠ ܟܠ (§ 65 Anm. 3) „all“.

128. Deutliche *qaṭal* Formen sind ܕܗܒܐ „Gold“, ܡܕܝܢܬܐ „Stadt“, aber auch ܓܡܠܐ „Kamel“, ܓܡܠ.

Beachte: ܩܠܐ „Stimme“, ܩܢܝܐ „Rohr“ (§ 117), ܨܠܘܬܐ „Gebet“ (§ 109 e).

129. Adjektiva der Form *qaṭil* sind jetzt im Emph. stets synkopiert (§ 30): ܓܪܒܐ „aussätzig“ ܓܪܒ, ܡܟܟܐ „heruntergekommen“ ܡܟܝܟ (§ 65). Die Fem. haben teils die ursprüngliche Bildung, teils sind sie vom emph. des msc. aus neugebildet, so ܡܟܝܟܬܐ aber ܛܢܦܬܐ „unreine“.

130. Imperfektnomina von I ܘ (§ 192) sind ܫܢܬܐ „Schlaf“ √ישן absol. OS ܫܢܐ, WS ܫܢܐ (mit Angleichung an die med. gem.), ܨܦܬܐ „Sorge“, ܬܚܡܬܐ „Zorn“, ܨܘܐܬܐ „Exkrement“ (neben ܬܨܘܐܬܐ), ܣܡܬܐ

[1] Vgl. J. Barth, Die Nominalbildung in den semitischen Sprachen, Leipzig 1889, 1891.

„Stamm" s. § 45 Anm. 2. Ähnlich von I ܝ (§ 190) ܝܦܚܐ, ܝܦܚܬܐ „Hauch", ܢܛܘܦܬܐ „Tropfen".

Anm. 1. ܕܘܥܬܐ „Schweiß" ist Neubildung aus dem Verbum ܕܥܐ zu *ܕܥܬܐ = זֵעָה.

Anm. 2. Nur äußerlich ähnlich sind Nomm. I ܐ: ܫܛܐ „Ende", ܬܟܐ Tasche (§ 32 b).

Mit *â* nach dem 1. Radikal. *Qâṭal:* ܥܳܠܰܡ, ܥܳܠܡܳܐ „Welt, 131.
Ewigkeit".

Qâṭil: Part. Peʿal z. B. ܪܳܚܶܡ „liebend", subst. ܩܳܨܪܳܐ „Walker", 132.
ܬܳܪܥܳܐ „Thürhüter".

Qâṭôl: Nomen agentis dazu ܩܳܛܘܽܠܐ „Mörder" vgl. § 116 c. 133.

Qâṭîl: z. B. ܒܦܣܝܩܳܬܳܐ „in kurzen Worten". 134.

Mit *â* nach dem 2. Radikal. *Qaṭâl, qiṭâl, quṭâl* sind in *qᵉṭâl* 135.
zusammengefallen.

a. Abstracta meist Nomm. actionis zum Peʿal: ܥܒܳܕܐ „That", ܩܪܳܒܐ „Krieg"; fem.: ܩܝܳܡܬܐ „Auferstehung".

b. Concreta ܚܡܳܪܐ „Esel", ܐܠܳܗܐ „Gott" (wohl mit sekundärer Verdoppelung des *l*), coll. ܐܢܳܫܐ „Menschen" § 122.

c. Adjektiva, meist Fehler bezeichnend: ܩܪܳܚܐ „kahlköpfig", ܫܢܐ „wahnsinnig".

Mit *î, ê, ai* nach dem 2. Radikal. *Qᵉṭîl* Part. pass. des *Pᵉal*, 136.
subst. ܐܓܝܪܐ „Tagelöhner", ܐܒܝܠܐ „Asket", ܟܠܝܠܐ „Krone", ܣܦܝܢܬܐ „Schiff" § 57 c.

Qᵉṭêl: ܢܝܳܚܐ „Erholung", ܟܡܝܢܐ, ܟܡܐܢܐ „Hinterhalt". 137.

Quṭail, Deminutiva, so noch: ܥܠܰܝܡܐ „Jüngling" f. ܥܠܰܝܡܬܐ 138.
„Mädchen", ܚܢܘܨܐ „Ferkel", arab. Lehnwort: ܓܙܠܐ „Gazelle".

Mit *û* (*ô*) nach dem 2. Radikal. *Qᵉṭûl:* ܪܚܘܡܐ „geliebt", 139.
ܠܒܘܫܐ „Gewand", ܙܥܘܪ „klein", ܦܩܘܣ „Locke" (§ 65 Anm. 3); ܒܬܘܠܬܐ „Jungfrau", ܟܠܬܐ „Braut".

140. Mit Verdoppelung des 2. Radikals. Mit 2 kurzen Vokalen: ܣܰܟܪܳܐ „Schild", ܙܰܦܪܳܐ „Vögelchen", ܩܘܦܕܳܐ „Igel".

141. *Qaṭṭâl:* Steigerungsadjektiva ܕܰܟܳܝ „rein" und Berufsnamen ܛܰܒܳܚܳܐ „Schlächter", beide meist vom Pe'al ausgehend.

142. *Qeṭṭâl:* ܣܶܬܳܪܳܐ „Hülle", ܥܶܩܳܪܳܐ „Wurzel", ܠܶܫܳܢܳܐ „Zunge".

143. *Quṭṭâl,* a. Inf. des Passiv vom Pa''el, dann allgemein Nomen actionis dazu: ܙܽܘܗܳܪܳܐ „Warnung", ܫܽܘܐܳܠܳܐ „Frage".

b. Farbenadjektiva: ܐܽܘܟܳܡ „schwarz", ܣܽܘܡܳܩ „rot" aber ܚܶܘܳܪ „weiß" (§ 87).

144. *Qaṭṭîl* Adjektiva ܩܰܪܺܝܒ „nahe", namentlich Adjektiva zum intrans. Pe'al: ܢܦܺܝܩ „hinausgegangen", ܝܬܺܝܒ „sitzend".

145. *Qaṭṭûl* Adj. ܥܰܡܽܘܛ „dunkel" und Subst. ܥܰܡܽܘܕܳܐ „Säule".

146. *Qeṭṭôl:* ܕܶܒܽܘܪܳܐ „Wespe", ܚܶܫܽܘܟ „finster".

147. Mit Verdoppelung des 3. Radikals in den Fremdwörtern: ܦܶܪܟܳܐ „Götzenschrein", ܡܰܥܒܳܐ „Floß", ܦܶܪܓܳܐ „Hirse".

148. Mit Wiederholung des 3. Radikals. ܦܽܘܓܠܳܠܳܐ „Antlitz", ܙܰܠܺܝܩܳܐ „Lichtstrahl", ܦܶܪܬܽܘܬܳܐ „Krume", ܢܶܟܠܽܘܠܳܐ „Vogelscheuche", ܦܶܠܚܽܘܚܳܐ „Fädchen".

149. Mit Wiederholung der beiden letzten Radikale. ܡܫܰܟܠܰܠ „vollständig", ܫܰܟܠܰܠܳܐ „Epheu", ܚܘܰܪܘܳܪܳܐ „Augenstaar", ܦܶܪܚܳܘܚܳܐ „Funke".

150. Mit Verdoppelung der ganzen Wurzel. ܝܰܕܝܳܕܳܐ „Tausendfuß" (Hand-Hand), ܦܶܫܦܫܶܐ „Wanzen", ܙܰܪܙܽܘܪܳܐ „Heuschreckenart", ܥܰܠܥܠܳܐ „Sturm", ܟܰܘܟܒܳܐ „Stern" (§ 78).

151. Vierradikalige. a. verschiedener Bildung: ܦܰܪܙܠܳܐ „Eisen", ܩܰܪܩܦܬܳܐ „Schädel", ܥܘܩܒܪܳܐ „Maus", ܥܰܪܦܶܠܳܐ „Nebel".

b. Nomina actionis *Quṭlâl* (vgl. § 143 a) ܥܘܪܒܠܳܐ „Sieben", ܫܽܘܥܒܳܕܳܐ „Knechtung" und so zu allen Verben derart.

152. b. Nomina mit Präfixen. Mit *m.* a. Mit *ma:* Nomm. loci, temporis, instrumenti:

α. mit kurzem Vokal beim 2. Radikal: ܡܫܟܢ „Zelt“, ܡܟܢܫܬܐ „Besen“, ܡܫܢܐ „Wetzstein“, ܡܫܓܠܬܐ „Waschgefäß“, ܡܐܟܘܠܬܐ „Speise“, ܡܫܬܝܬܐ „Gewebe“ (nach § 67).

β. mit *â* nach dem 2. Rad. ܡܬܩܠܐ „Gewicht“, ܡܕܢܚܐ (נגה) „Aufgang“.

γ. mit *û* (*ô*) ܡܒܘܥ „Sprudel“, ܡܥܠܘܠ (§ 65 Anm. 3) „Sturm“.

b. mit *me:* ܡܫܪܝܐ „Wohnung“.

c. mit *mu:* ܡܘܙܠܐ (n. a. ܡܘܙܠܐ) „Spindel“.

d. mit *mâ:* ܡܙܘܢܐ „Nahrung“, ܡܥܝܢܐ „Cisterne“.

Mit *t.* Abstracta meist zum Pa“el und dessen Refl. z. T. zum Af‘el, einige mit concreter Bedeutung: 153.

a. Masc. mit langem Vokal beim 2. Rad. ܬܫܪܝܐ „Hilfe“, ܬܠܡܝܕܐ „Schüler“, ܬܟܘܬܫܐ „Streit“, ܬܘܬܒܐ „Ansiedler“.

b. Fem. mit kurzem Vokal beim 2. Rad. ܬܟܫܦܬܐ „Flehn“, ܬܫܡܫܬܐ (§ 67) „Dienst“, ܬܕܡܘܪܬܐ „Wunder“, ܬܫܘܝܬܐ (§ 69 Anm.) „Preis“, ܬܟܣܝܬܐ „Bekleidung“, ܬܪܥܘܬܐ „Versöhnung“.

c. Nomina mit Suffixen. Mit *ân* (*ôn*). a. Substantiva: 154.

ܫܪܟܢܐ „Rest“, ܡܘܬܢܐ „Pest“, ܐܘܠܨܢܐ „Bedrängnis“, ܦܘܩܕܢܐ „Befehl“, ܒܢܝܢܐ „Bau“, ܢܣܝܢܐ neben ܢܣܝܘܢܐ „Versuchung“, ܓܠܝܢܐ und ܓܠܝܘܢܐ „Offenbarung“, ܕܘܘܢܐ „Elend“ (von ܕܘܝ) WS. ܕܘܢܐ (für *dôwônô* mit Überführung in die Klasse § 143 a). ܡܫܩܠܢܐ „Aufbruch“.

b. Adjektiva: ܐܪܥܢ „irdisch“, ܦܩܩܢ „geschwätzig“ (vgl. § 116 a), 155. von Fem. ܓܪܓܪܢ „gefräßig“ von ܓܪܓܪܬܐ „Kehle“. Meist aber tritt *ân* erst an die Fem.-endung: ܚܡܬܢ „zornig“ von ܚܡܬܐ und diese Endung ܬܢ tritt sogar an Masc.: ܛܘܒܬܢ neben ܛܘܒܢ „selig“; von Adj. wie ܡܣܟܠܬܢ „verständig“, ܪܘܓܙܢ „zornig“ läßt sich das zu Grunde liegende Abstrakt überhaupt nicht mehr nachweisen.

Deminutiva. a. mit *ôn:* ܡܠܟܘܢܐ „regulus“, ܟܬܒܘܢܐ „Büch- 156.

lein" und so beliebig von jedem Wort. Fem. (§ 116 a) ܐܠܦܘܢܝܬܐ „Schiffchen", ܥܕܬܘܢܝܬܐ „Kirchlein".

157. b. mit *ôs:* ܥܠܝܡܘܣܐ „Knäblein", ܓܢܬܘܣܬܐ „Gärtchen", ܩܘܠܩܘܣܬܐ „Krüglein" (§ 83).

158. Mit *âi.* Beziehungsadjektiva: ܢܘܪܝܐ „feurig", ܡܠܟܝܐ „königlich" bes. Gentilicia, ܝܘܢܝܐ „Grieche", ܝܗܘܕܝܐ „Jude" u. s. w.

159. Später ist bes. die Doppelendung *ânâi* beliebt z. B. ܢܦܫܢܝܐ „seelisch", ܫܢܬܢܝܐ „jährlich" u. s. w.

160. Mit *î.* a. Masc. Verbalnomina: ܡܓܘܙܝܐ „Beraubung", ܠܚܘܨܝܐ „Unterdrückung" u. s. w.

b. Fem. z. T. nach § 116 zu beurteilen wie ܕܒܘܪܝܬܐ „Biene" z. T. Neubildungen nach dem Schema ܐܦܥܘܠܝܬܐ (§ 109 c), ܡܥܡܘܕܝܬܐ „Taufe", ܚܘܪܝܬܐ „Fieber u. a.

161. Mit *ûṯ.* Abstraktendung ausgegangen von Bildungen wie ܚܕܘܬܐ (§ 109 d) jetzt beliebig ausgebreitet z. B. ܡܠܟܘܬܐ „Königreich", ܝܪܬܘܬܐ „Erbschaft", ܕܟܝܘܬܐ „Reinheit" u. s. w.

C. Zusammensetzungen.

162. Einige alte Genitivverbindungen (Stat. cstr.) sind so eng zusammengewachsen, daß sie als ein Wort gelten und am Schluß flektiert werden, z. B. ܒܥܠܕܒܒܐ „Feind", pl. ܒܥܠܕܒܒܐ, namentlich solche mit ܒܝܬ „Haus", z. B. ܒܝܬ ܡܩܒܐ „Vorratshäuser".

D. Anhängung der Possessivsuffixe.

163. Vor den Possessivsuffixen (§ 91) haben sich z. T. alte Kasusendungen des Nom., die sonst nach § 31 abgefallen sind, erhalten u. zw.

a. die alte Endung des Nominativs *ū* bei ܐܰܒ݂ܳܐ „Vater“, ܐܰܚܳܐ „Bruder“, ܚܡܳܐ „Schwiegervater“, z. B. ܐܰܒ݂ܽܘܟ݂, ܐܰܚܽܘܗ݈ܝ, ܚܡܽܘܗ̇ u. s. w.

Anm. Mit den Suff. der 1. Pers. ܐܰܒ݂ܝ, ܐܰܚܝ (§ 38 Anm.), ܚܡܝ.

b. die des Genitivs *i* in ܟ݂ܝ „dein“ f. ܗ݈ܝ (§ 58 Anm., § 92 Anm.) „sein“.

c. die des Accusativs *ū* in ܟ݂, ܗ̇, ܢ (mit sekundärer Kürzung nach Analogie des Pron. suff. am Verb., vgl. § 196 Anm.)

Mit der Endung des m. plur. st. cstr. *ai* verbinden 164.
sich die Suffixe zu: ܝ „meine“, ܝܟ݂ „deine“ m., ܝܟ݂ܝ „deine“ f., ܘܗ݈ܝ „seine“, ܝܗ̇ „ihre“, ܝܢ „unsere“, ܝܟ݂ܽܘܢ „eure“ m., ܝܟ݂ܶܝܢ „eure“ f., ܝܗܽܘܢ „ihre“ m., ܝܗܶܝܢ „ihre“ f.

Paradigma: ܕܺܝܢܳܐ Gericht:

Sing.	ܕܺܝܢܝ	mein G.	ܕܺܝܢܰܢ	unser G.
	ܕܺܝܢܳܟ݂	dein m.	ܕܺܝܢܟ݂ܽܘܢ	euer m.
	ܕܺܝܢܶܟ݂ܝ	„ f.	ܕܺܝܢܟ݂ܶܝܢ	„ f.
	ܕܺܝܢܶܗ	sein.	ܕܺܝܢܗܽܘܢ	ihr m.
	ܕܺܝܢܳܗ̇	ihr.	ܕܺܝܢܗܶܝܢ	„ f.
Plur.	ܕܺܝܢܰܝ	meine G.	ܕܺܝܢܰܝܢ	unsre G.
	ܕܺܝܢܰܝܟ݂	deine m.	ܕܺܝܢܰܝܟ݂ܽܘܢ	eure m.
	ܕܺܝܢܰܝܟ݂ܝ	„ f.	ܕܺܝܢܰܝܟ݂ܶܝܢ	„ f.
	ܕܺܝܢܰܘܗ݈ܝ	seine.	ܕܺܝܢܰܝܗܽܘܢ	ihr m.
	ܕܺܝܢܶܝܗ̇	ihre.	ܕܺܝܢܰܝܗܶܝܢ	„ f.

Bei Anhängung der Suffixe an die Nomina sind die 165.
Accentgesetze zu beachten, die aber schon z. T. von

Analogiebildungen durchbrochen werden. Vor dem Suff. der 1. Sing. 2. und 3. Pl. sollte das *ă* der Fem.-endung *at* stets erhalten sein, wie ܡ̈ܠܟܬܝ, ܡ̈ܠܟܬܗܘܢ; das ist aber jetzt nur noch der Fall, wenn der 2. Radikal vokallos oder verdoppelt, wie ܪܓܬܝ „meine Lust“, oder durch einen langen Vokal ersetzt ist, wie ܥܩܬܝ „meine Not“, ܡܕܝܢܬܝ „meine Stadt“. Aber im letzten Falle schon zuweilen und in allen übrigen stets treten Analogiebildungen nach dem st. emph. ein, so ܛܒܬܝ „mein Gutes“ nach ܛܒܬܐ, ܢܩܡܬܝ „meine Rache“ nach ܢܩܡܬܐ u. s. w.

β. Zahlwörter.

166. A. Kardinalia. Erste Dekade:

	m.	f.		m.	f.
1.	ܚܕ	ܚܕܐ	6.	ܫܬܐ ܐܫܬܐ	ܫܬ
2.	ܬܪܝܢ	ܬܪܬܝܢ	7.	ܫܒܥܐ	ܫܒܥ
3.	ܬܠܬܐ	ܬܠܬ	8.	ܬܡܢܝܐ	ܬܡܢܐ
4.	ܐܪܒܥܐ	ܐܪܒܥ	9.	ܬܫܥܐ	ܬܫܥ
5.	ܚܡܫܐ	ܚܡܫ	10.	ܥܣܪܐ	ܥܣܪ

Anm. Zu 1. vgl. § 32 b Anm., 124, zu 2. § 76. ܚܡܫ statt *ḥ'meš* ist Analogiebildung nach ܐܪܒܥ, ܫܬܐ statt *šittâ* zu ܫܬ nach ܚܡܫܐ zu ܚܡܫ; im Hebr. umgekehrt: חֲמִשָּׁה nach שִׁשָּׁה.

Zweite Dekade: 167.

	m.		f.
1.	ܚܕܥܣܪ		ܚܕܥܣܪܐ. ܚܕܥܣܪܐ
2.	ܬܪܥܣܪ		ܬܪܬܥܣܪܐ. ܬܪܬܥܣܪܐ
3.	ܬܠܬܥܣܪ		ܬܠܬܥܣܪܐ. ܬܠܬܥܣܪܐ
4.	ܐܪܒܥܣܪ	ܐܪܒܥܬܥܣܪ meist	ܐܪܒܥܣܪܐ. ܐܪܒܥܣܪܐ.
		(ܐܪܒܬܥܣܪ) ܐܪܒܬܥܣܪ	selten ܐܪܒܥܣܪܐ
5.	ܚܡܫܥܣܪ	ܚܡܫܬܥܣܪ	ܚܡܫܥܣܪܐ. ܚܡܫܥܣܪܐ
6.		ܫܬܬܥܣܪ. ܫܬܬܥܣܪ	ܫܬܥܣܪܐ. ܫܬܥܣܪܐ
		ܫܬܐܥܣܪ	ܫܬܐܥܣܪܐ
7.	ܫܒܥܣܪ	ܫܒܥܬܥܣܪ gewöhnlich	ܫܒܥܣܪܐ, ܫܒܥܣܪܐ
		ܫܒܬܥܣܪ	selten ܫܒܥܣܪܐ
8.	ܬܡܢܥܣܪ	ܬܡܢܬܥܣܪ	ܬܡܢܥܣܪܐ, ܬܡܢܥܣܪܐ
9.	ܬܫܥܣܪ	ܬܫܥܬܥܣܪ gewöhnlich	ܬܫܥܣܪܐ. ܬܫܥܣܪܐ
		ܬܫܬܥܣܪ	

Anm. Vgl. § 115. 81.

Die Zehner sind: 168.

20 ܥܣܪܝܢ. 30 ܬܠܬܝܢ. 40 ܐܪܒܥܝܢ. 50 ܚܡܫܝܢ. 60 ܫܬܝܢ. ܐܫܬܝܢ. 70 ܫܒܥܝܢ. 80 ܬܡܢܝܢ (ܬܡܢܐܝܢ). 90 ܬܫܥܝܢ.
100 ܡܐܐ emph. ܡܐܬܐ, pl. ܡܐܘܬܐ (§ 110 Anm. 3).
200 ܡܐܬܝܢ. 300 ܬܠܬܡܐܐ u. s. w. 1000 ܐܠܦ (§ 32 Anm. 2) ܐܠܦܐ, pl. ܐܠܦܝܢ. ܐܠܦܐ (§ 123). 10,000 ܪܒܘ. pl. ܪܒܘܬܐ.

Bei zusammengesetzten Zahlen steht je die höhere 169. Ordnung voran, z. B. 7337: ܫܒܥܐ ܐܠܦܝܢ ܘܬܠܬܡܐܐ ܘܬܠܬܝܢ ܘܫܒܥܐ.

170. Die Zahlen von 2—9 nehmen Suffixe an zur Bezeichnung der Determination:

2. ܬܪܝܢ „wir beide“, ܬܪܝܟܘܢ „ihr beide“: auch fem. ܬܪܬܝܟܝܢ u. s. w.	6. ܫܬܬܝܗܘܢ
3. ܬܠܬܝܗܘܢ „sie drei“	7. ܫܒܥܬܝܗܘܢ
4. ܐܪܒܥܬܝܗܘܢ	8. ܬܡܢܝܬܝܗܘܢ (?)
5. ܚܡܫܬܝܗܘܢ	9. ܬܫܥܬܝܗܘܢ
	10. ܥܣܪܬܝܗܘܢ.

Anm. ܬܠܬܝܗܘܢ steht für *t^elât^{e}taihôn für *t^elâtathôn „ihre Dreiheit“ mit der masc. Plur.-endung nach ܬܪܝܗܘܢ. Diese und zugleich die Endung ܬ sind durch Analogie auf alle andern Formen übertragen.

Anm. Subst. ist ܬܪܥܣܪܬܐ die Zwölf (Apostel oder ein ähnliches Kolleg).

171. B. Ordinalia.

Der 1te ܩܕܡܝܐ (oder ܩܕܡܐ st. absol. ܩܕܡ)	5te ܚܡܝܫܝܐ
2te ܬܢܝܢܐ f. ܬܢܝܢܝܬܐ (§ 86. 116a) häufiger die jüngere Neubildung: ܬܪܝܢܐ f. ܬܪܝܢܝܬܐ	6te ܫܬܝܬܝܐ (ܫܬܝܬܝܐ)
	7te ܫܒܝܥܝܐ
	8te ܬܡܝܢܝܐ
	9te ܬܫܝܥܝܐ
3te ܬܠܝܬܝܐ	10te ܥܣܝܪܝܐ.
4te ܪܒܝܥܝܐ	

Anm. 1. Zur Angabe der fünf ersten Wochentage dient der st. absol. der Kardinalia: So. ܚܕ ܒܫܒܐ, Mo. ܬܪܝܢ ܒܫܒܐ, Di. ܬܠܬܐ ܒܫܒܐ, Mi. ܐܪܒܥܐ ܒܫܒܐ, Do. ܚܡܫܐ ܒܫܒܐ, Fr. ܥܪܘܒܬܐ (§ 49 Anm.), So. ܫܒܬܐ (§ 111 Anm.).

Anm. 2. Zur Angabe des Monatsdatums[1] dient der st. emph. der Maskulinzahlen von 2—19: ܒܬܪ̈ܝܢ am 2ten, ܒܬܠܬܐ am 3ten, ܒܐܪܒܥܐ u. s. w., ܒܚܕܥܣܪ am 11ten, ܒܬܪܥܣܪ am 12ten u. s. w.

C. Bruchzahlen: 1/3 ܬܘܠܬܐ (aber ܬܘܠܬܐ 3jährig). 172.
1/4 ܪܘܒܥܐ, 1/5 ܚܘܡܫܐ, 1/8 ܬܘܡܢܐ, 1/10 ܡܥܣܪܐ.

4. Partikeln.

Adverbia und Konjunktionen. Als Adverbia 173.
der Qualität dienen der st. absol. m. und f. (aber mit ܬ § 38), z. B. ܫܦܝܪ „pulchre“, ܛܒ „sehr“, ܩܕܡܝܬ „zuerst“; bes. beliebt ist das Fem. der Beziehungsadjektiva (§ 157) mit *t* (§ 109f), z. B. ܐܠܗܝܐ „göttlich“ adv. ܐܠܗܐܝܬ. Dies ܐܝܬ hat sich dann als selbständige Endung abgelöst und tritt auch an andre Adjektiva, z. B. ܫܪܝܪܐܝܬ „vere“, ܫܦܝܪܐܝܬ „pulchre“.

Allgemeine Qualitätsadverbien: ܗܟܘܬ, ܗܟܢ, ܗܟܢܐ 174.
„so“. ܐܝܟܢ, ܐܝܟܢܐ „wie?“, ܐܝܟ, ܐܟܘܬ „wie“.

Anm. In ܐܝܟ *ach* „wie“ sind die alte Vergleichungspartikel = ܟ mit Hilfsvokal (§ 70 wie in ܐܟܘܬ) und ein Fragewort **aik* zusammengefallen. Zur Zeit, als (oder in der Gegend wo) die konsonantische Orthographie festgestellt wurde, hatte das Fragewort die Vergleichungspartikel aus dem Gebrauch verdrängt;

---

[1] Die syrischen Monate sind: 1. ܬܫܪܝ ܩܕܝܡ oder ܬܫܪܝܢ ܩܕܝܡ Okt., 2. ܬܫܪܝ[ܢ] ܐܚܪܝ Nov., 3. ܟܢܘܢ ܩܕܝܡ (ܩܕܝܡܐ) Dez., 4. ܟܢܘܢ ܐܚܪܝ Jan., 5. ܫܒܛ Febr., 6. ܐܕܪ März, 7. ܢܝܣܢ Apr., 8. ܐܝܪ Mai, 9. ܚܙܝܪܢ Juni, 10. ܬܡܘܙ Juli, 11. ܐܒ Aug., 12. ܐܝܠܘܠ Sept.

in der klassischen Litteratur aber war das alte Fragewort durch das vollere ܐܝܢܝ verdrängt, seine einmal eingebürgerte Orthographie aber wurde beibehalten.

175. Konjunktionen. a. koordinierende: ܘ (vor Konsonanten mit Murmelvokal ܘ݂) „und". ܐܦ „auch". ܐܘ „oder". ܒܪܡ „aber". ܕܝܢ (eigentlich dá, nach Analogie des griech. δὲ immer an zweiter Stelle stehend) „aber". ܓܝܪ (ebenso gestellt nach Analogie des griech. γάρ) „denn".

b. subordinierende: ܐܢ „wenn", ܐܠܘ „wenn", ܐܠܐ „wenn nicht", ܐܦܢ (§ 17) „wenn auch", ܥܕ „so lange bis", ܕ, ܕ (§ 96) „daß", ܟܕ „als, da", ܗܐ „da ja", ܡܢ ܕ „seit".

176. Präpositionen. Die Präpositionen sind adverbial gebrauchte Nomina im st. cstr.; diese Kategorie läßt sich nicht fest begrenzen, da im Wechsel des Sprachgebrauchs immer neue Präpositionen aufkommen können. Wir begnügen uns daher hier nur die ältesten, etymologisch schon isolierten Gebilde aufzuzählen: ܒ, ܒ „in". ܠ, ܠ „zu", ܠܘܬ „bei, hinzu", ܡܢ (§ 57 Anm. 1) „von". ܥܠ (mit Suff. ܥܠܝܟ, ܥܠܝܗܘܢ u. s. w.) „auf", ܬܚܝܬ, ܬܚܘܬ (ܬܚܘܬܝ u. s. w.) „unter", ܒܝܬ (§ 109f) ܒܝܢܬ, ܒܝܢܝ „zwischen", ܥܡ „mit", ܥܕ „bis".

II. Verba.

177. Stammbildung. Das Syr. unterscheidet außer dem Grundstamm ܦܥܠ einen Intensivstamm mit Verdoppelung des zweiten Radikals ܦܥܠ und ein Kausativ

ܐܰܦܥܶܠ. Zu jedem dieser Stämme bildet es ein Reflexiv, jetzt meist mit passiver Bedeutung, mit dem Präfix ܐܶܬ: ܐܶܬܦܥܶܠ, ܐܶܬܦܰܥܰܠ, ܐܶܬܬܰܦܥܰܠ (§ 51).

Anm. 1. Zum Afel ܐܰܫܟܰܚ „finden" vgl. § 67. Zum Verhalten des ܐܬ bei Zischlauten und Dentalen § 47, 52, 54.

Anm. 2. Reste eines anderen Kausativ mit *ša* und *sa* sind ܫܰܥܒܶܕ „knechten", ܫܰܡܠܺܝ „vollenden", ܫܰܘܕܰܥ „ankündigen", ܫܰܘܕܺܝ „versprechen", ܫܰܘܚܰܪ „verzögern", ܣܰܪܗܶܒ „beeilen", ܣܰܩܒܶܠ „entgegenbringen", ܣܰܘܥܰܪ „pflegen" und einige andere.

178. Tempus- und Modusbildung. Das Syrische unterscheidet zwei Tempora, Perfekt und Imperfekt, und einen Modus, den Imperativ.

179. Im Pᵉʿal giebt es eine transitive Form mit *a* im Perf., *u* (*o*) und *e* im Imperf. (und Imper.) und eine intransitive mit *ĕ* im Perf., *a* im Imperf. (und Imper.). z. B. 1) ܩܛܰܠ, ܢܶܩܛܽܘܠ, ܩܛܽܘܠ „töten", ܥܒܰܕ, ܢܶܥܒܶܕ, ܥܒܶܕ „thun"; 2) ܫܪܶܟ, ܢܶܫܪܰܟ, ܫܪܰܟ „übrig sein".

Anm. 1. Von starken Verben ist wie ܥܒܰܕ gebildet nur noch ܙܒܰܢ, ܢܶܙܒܶܢ, ܙܒܶܢ „kaufen"; siehe aber § 190 B, 195 B Anm.

Anm. 2. In einigen intransitiven Verben ist das *e* des Perf. zu *ă* geworden, so ܠܐܶܐ (§ 65) ܢܶܠܐܶܐ „sich abmühen", ܫܠܶܛ (ib. Anm. 1) ܢܶܫܠܰܛ „herrschen", ܣܦܶܩ (§ 69 Anm. 2) ܢܶܣܦܶܩ „genügen", ܦܓܰܥ, ܢܶܦܓܰܥ „treffen", ܐܒܰܕ, ܢܺܐܒܰܕ „untergehen", ܪܘܰܙ, ܢܶܪܘܰܙ „frohlocken" und so alle mit konsonant. ܘ als 2. Radikal.

Anm. 3. Neben dem intr. Perf. mit *ĕ* gab es auch eins mit *ŏ*: die einzigen Reste im Syr. sind die nur noch im A. T. vorkommenden ܣܡܽܪ „sträubte sich", ܐܽܘܟܶܡ „wurde schwarz". Zu diesem Perf. mit *ŏ* gehörte ein Imperf. mit *ŏ*. Solche Imperff.

mit *o* haben sich z. T. noch erhalten, während das Perf. schon die gewöhnliche Form mit *ĕ* angenommen hat: ܢܚܶܒ, ܢܶܚܽܘܒ (§ 190 B) „mager sein“, ܩܪܶܒ, ܢܶܩܪܽܘܒ „nahe sein“, ܫܬܶܩ, ܢܶܫܬܽܘܩ „schweigen“; Reste trans. und intrans. Spielformen sind aber wohl ܣܓܶܕ, ܢܶܣܓܽܘܕ „verehren“, ܢܚܶܬ, ܢܶܚܽܘܬ (§ 190 B) „absteigen“.

180. In den abgeleiteten Stämmen haben Perf. und Imperf. jetzt stets denselben Vokal beim 2. Radikal.

181. Bildung der Personen. Am Perf. werden die Personen durch folgende Affixe unterschieden: Sg. 3. m. —, 3. f. ܰܬ—, 2. m. ܬ, 2. f. ܬܝ, 1. ܬ; Pl. 3. m. ܘ, ܘܢ, 3. f. — . ܝ, ܝܢ; 2. m. ܬܘܢ, 2. f. ܬܝܢ, 1. ܢ, ܢܢ.

Anm. Vgl. § 33, 74. Im *P^e^al* und *Etp^e^el* fällt der nach § 32a entstehende Murmelvokal beim 2. Rad. nach § 39 stets aus, der 3. wird also ev. Explosiva z. B. ܙܶܩܦܰܬ, ܐܶܬܟܰܬܒܶܬ.

182. Am Imperf. werden die Personen durch folgende Präfixe, Genus und Numerus zugleich durch Affixe unterschieden: Sg. 3. m. ܢ. 3. f. ܬ, 2. m. ܬ, 2. f. ܝܢ—ܬ. 1. ܐ: Pl. 3. m. ܘܢ—ܢ, 3. f. ܢ—ܢ. 2. m. ܘܢ—ܬ, 2. f. ܢ—ܬ. 1. ܢ.

Im *P^e^al* hatten diese Präfixe ursprünglich bei Transitiven den Vokal *ă*, bei Intrans. *ĭ*, die aber beide jetzt in *ĕ* zusammengefallen sind (s. aber § 191 B). Im *Pa^{cc}el* haben die Präfixe nach § 32a Murmelvokal, der in der 1. Sing. nach § 32b eigentlich abfallen sollte, dafür tritt (außer § 191 E) eine Neubildung mit Verdoppelung des 1. Rad. nach den andern Stämmen ein, z. B. ܐܶܩܰܛܶܠ (ܐܶܩܛܽܘܠ) *eq-qattel* nach *eq-ṭol*, *et-qaṭṭal* u. s. w. Im *Af^c^el* verschmelzen die Präfixe nach § 23 mit dem Stammzeichen, haben also *ă*. In den Refl. haben sie stets *e*.

Vom Imperativ giebt es nur die 2. Person; Genus **183.**
und Numerus werden durch folgende Affixe unterschieden: Sg. m. —. f. ܝ; Pl. m. ܘ ܘܢ, f. ܝ ܝܢ.

Anm. 1. Im *Etp^eel* war die 2. m. pl. Imper. von der sonst gleichlautenden 3. m. pl. Perf. durch den Accent unterschieden; Perf. *etqaṭêlû*, Imper. *etqâṭelû* (nach dem Imperf. *tetqâṭelûn* ܬܬܩܛܠܘܢ); daher lautet der Imper. jetzt (nach § 33) ܐܬܩܛܠܘ und danach wird auch der Sing. ܐܬܩܛܠ (zum Unterschied vom Perf. 3. m. ܐܬܩܛܠ) neugebildet. Die WS dehnen diese Analogie später auch auf das *Etpa''al* aus, in dem die entsprechenden Perf. und Imper. ebenfalls gleichlauteten.

Anm. 2. Die längeren Endungen ܘܢ, ܝܢ am Pl. des Perf. und Imper. sind erst später nach Analogie der Personalpronomina angehängt, zu einer Zeit, als das Lautgesetz § 32 a nicht mehr wirkte, daher ܩܛܠܬܘܢ, ܩܛܘܠܘܢ.

Anm. 3. Da das aus *î* hervorgegangene stumme ܝ in der 2. f. Sing. Imper. ܩܛܘܠܝ (aus *q^eṭôlî* vgl. ܐܢܬܝ „du" f.) als rein graphisches Unterscheidungszeichen des Fem. angesehen wurde, so hängte man dasselbe auch an das f. pl. ܩܛܘܠܝ aus *q^eṭôlâ*, z. T. auch an die 3. f. Pl. Perf. ܩܛܠ aus *q^eṭalâ*: ܩܛܠܝ und zuweilen auch an die 3. f. sing. Imperf. ܬܩܛܘܠܝ zum Unterschied von der 2. m. ܬܩܛܘܠ.

Verbalnomina. Außer den Partt. und Inff., deren **184.**
Bildung aus dem Paradigma zu ersehen ist, giebt es noch Nom. ag.; das des P^e'al lautet ܩܛܘܠܐ; die der übrigen Stämme werden mit der Endung *ân* vom Part. abgeleitet; vgl. § 116a, c.

Paradigma des starken Verbums. **185.**

	Peʿal		Etpeʿel	Paʿʿel
Perf. sg. 3. m.	ܩܛܠ	ܕܚܠ	ܐܬܩܛܠ	ܩܛܠ
3. f.	ܩܛܠܬ	ܕܚܠܬ	ܐܬܩܛܠܬ	ܩܛܠܬ
2. m.	ܩܛܠܬ	ܕܚܠܬ	ܐܬܩܛܠܬ	ܩܛܠܬ
2. f.	ܩܛܠܬܝ	ܕܚܠܬܝ	ܐܬܩܛܠܬܝ	ܩܛܠܬܝ
1.	ܩܛܠܬ	ܕܚܠܬ	ܐܬܩܛܠܬ	ܩܛܠܬ
pl. 3. m.	ܩܛܠܘ	ܕܚܠܘ	ܐܬܩܛܠܘ	ܩܛܠܘ
	ܩܛܠܘܢ	ܕܚܠܘܢ	ܐܬܩܛܠܘܢ	ܩܛܠܘܢ
3. f.	ܩܛܠ (ܩܛ̈ܠܝ)	ܕܚܠ (ܕܚ̈ܠܝ)	ܐܬܩܛܠ (ܐܬܩܛ̈ܠܝ)	ܩܛܠ (ܩܛ̈ܠܝ)
	ܩܛܠܝܢ	ܕܚܠܝܢ	ܐܬܩܛܠܝܢ	ܩܛܠܝܢ
2. m.	ܩܛܠܬܘܢ	ܕܚܠܬܘܢ	ܐܬܩܛܠܬܘܢ	ܩܛܠܬܘܢ
2. f.	ܩܛܠܬܝܢ	ܕܚܠܬܝܢ	ܐܬܩܛܠܬܝܢ	ܩܛܠܬܝܢ
1.	ܩܛܠܢ	ܕܚܠܢ	ܐܬܩܛܠܢ	ܩܛܠܢ
	ܩܛܠܢܢ	ܕܚܠܢܢ	ܐܬܩܛܠܢܢ	ܩܛܠܢܢ
Imperf. sg. 3. m.	ܢܩܛܘܠ	ܢܕܚܠ	ܢܬܩܛܠ	ܢܩܛܠ
3. f.	ܬܩܛܘܠ (ܬܩܛܘܠܝ)	ܬܕܚܠ (ܬܕܚܠܝ)	ܬܬܩܛܠ (ܬܬܩܛܠܝ)	ܬܩܛܠ (ܬܩܛܠܝ)
2. m.	ܬܩܛܘܠ	ܬܕܚܠ	ܬܬܩܛܠ	ܬܩܛܠ
2. f.	ܬܩܛܠܝܢ	ܬܕܚܠܝܢ	ܬܬܩܛܠܝܢ	ܬܩܛܠܝܢ
1.	ܐܩܛܘܠ	ܐܕܚܠ	ܐܬܩܛܠ	ܐܩܛܠ

pl. 3. m.	ܢܶܩܛܠܽܘܢ	ܢܶܕܒܪܽܘܢ	ܢܶܬܩܛܠܽܘܢ	ܢܩܰܛܠܽܘܢ
3. f.	ܢܶܩܛܠ̈ܳܢ	ܢܶܕܒܪ̈ܳܢ	ܢܶܬܩܛܠ̈ܳܢ	ܢܩܰܛܠ̈ܳܢ
2. m.	ܬܶܩܛܠܽܘܢ	ܬܶܕܒܪܽܘܢ	ܬܶܬܩܛܠܽܘܢ	ܬܩܰܛܠܽܘܢ
2. f.	ܬܶܩܛܠ̈ܳܢ	ܬܶܕܒܪ̈ܳܢ	ܬܶܬܩܛܠ̈ܳܢ	ܬܩܰܛܠ̈ܳܢ
1.	ܢܶܩܛܽܘܠ	ܢܶܕܒܰܪ	ܢܶܬܩܛܶܠ	ܢܩܰܛܶܠ
Impt. sg. m.	ܩܛܽܘܠ	ܕܒܰܪ	ܐܶܬܩܛܶܠ	ܩܰܛܶܠ
f.	ܩܛܽܘܠܝ	ܕܒܰܪܝ	ܐܶܬܩܛܶܠܝ	ܩܰܛܶܠܝ
pl. m.	ܩܛܽܘܠܘ	ܕܒܰܪܘ	ܐܶܬܩܛܶܠܘ	ܩܰܛܶܠܘ
	ܩܛܽܘܠܽܘܢ	ܕܒܰܪܽܘܢ	ܐܶܬܩܛܶܠܽܘܢ	ܩܰܛܶܠܽܘܢ
f.	ܩܛܽܘܠܝ	ܕܒܰܪܝ	ܐܶܬܩܛܶܠܝ	ܩܰܛܶܠܝ
	ܩܛܽܘܠ̈ܶܝܢ	ܕܒܰܪ̈ܶܝܢ	ܐܶܬܩܛܶܠ̈ܶܝܢ	ܩܰܛܶܠ̈ܶܝܢ
Part. act. m.	ܩܳܛܶܠ	ܕܳܒܰܪ	ܡܶܬܩܛܶܠ	ܡܩܰܛܶܠ
f.	ܩܳܛܠܳܐ	ܕܳܒܪܳܐ	ܡܶܬܩܛܠܳܐ	ܡܩܰܛܠܳܐ
Part. pass. m.	ܩܛܺܝܠ	ܕܒܺܝܪ		ܡܩܰܛܰܠ
f.	ܩܛܺܝܠܳܐ	ܕܒܺܝܪܳܐ		ܡܩܰܛܠܳܐ
Inf.	ܡܶܩܛܰܠ	ܡܶܕܒܰܪ	ܡܶܬܩܛܳܠܽܘ	ܡܩܰܛܳܠܽܘ

	Etpaʿʿal	*Afʿel*	*Ettafʿal*
Perf. 3. m.	ܐܬܩܛܠ	ܐܩܛܠ	ܐܬܬܩܛܠ
3. f.	ܐܬܩܛܠܬ	ܐܩܛܠܬ	ܐܬܬܩܛܠܬ
2. m.	ܐܬܩܛܠܬ	ܐܩܛܠܬ	ܐܬܬܩܛܠܬ
2. f.	ܐܬܩܛܠܬܝ	ܐܩܛܠܬܝ	ܐܬܬܩܛܠܬܝ
1.	ܐܬܩܛܠܬ	ܐܩܛܠܬ	ܐܬܬܩܛܠܬ
pl. 3. m.	ܐܬܩܛܠܘ	ܐܩܛܠܘ	ܐܬܬܩܛܠܘ
	ܐܬܩܛܠܘܢ	ܐܩܛܠܘܢ	ܐܬܬܩܛܠܘܢ
3. f.	ܐܬܩܛܠ (ܐܬܩܛܠܝ)	ܐܩܛܠ (ܐܩܛܠܝ)	ܐܬܬܩܛܠ (ܐܬܬܩܛܠܝ)
	ܐܬܩܛܠܝܢ	ܐܩܛܠܝܢ	ܐܬܬܩܛܠܝܢ
2. m.	ܐܬܩܛܠܬܘܢ	ܐܩܛܠܬܘܢ	ܐܬܬܩܛܠܬܘܢ
2. f.	ܐܬܩܛܠܬܝܢ	ܐܩܛܠܬܝܢ	ܐܬܬܩܛܠܬܝܢ
1.	ܐܬܩܛܠܢ	ܐܩܛܠܢ	ܐܬܬܩܛܠܢ
	ܐܬܩܛܠܢܢ	ܐܩܛܠܢܢ	ܐܬܬܩܛܠܢܢ
Imperf. sg. 3. m.	ܢܬܩܛܠ	ܢܩܛܠ	ܢܬܬܩܛܠ
3. f.	ܬܬܩܛܠ (ܬܬܩܛܠܝ)	ܬܩܛܠ (ܬܩܛܠܝ)	ܬܬܬܩܛܠ (ܬܬܬܩܛܠܝ)
2. m.	ܬܬܩܛܠ	ܬܩܛܠ	ܬܬܬܩܛܠ
2. f.	ܬܬܩܛܠܝܢ	ܬܩܛܠܝܢ	ܬܬܬܩܛܠܝܢ
1.	ܐܬܩܛܠ	ܐܩܛܠ	ܐܬܬܩܛܠ

pl. 3. m.	ܢܬܩܛܠܘܢ	ܢܩܛܠܘܢ	ܢܬܩܛܠܘܢ
3. f.	ܢܬܩܛܠܢ	ܢܩܛܠܢ	ܢܬܩܛܠܢ
2. m.	ܬܬܩܛܠܘܢ	ܬܩܛܠܘܢ	ܬܬܩܛܠܘܢ
2. f.	ܬܬܩܛܠܢ	ܬܩܛܠܢ	ܬܬܩܛܠܢ
1.	ܢܬܩܛܠ	ܢܩܛܠ	ܢܬܩܛܠ
Impt. sg. m.	ܐܬܩܛܠ (ܐܬܩܛܠ)	ܩܛܠ	ܐܬܩܛܠ
f.	ܐܬܩܛܠܝ (ܐܬܩܛܠܝ)	ܩܛܠܝ	ܐܬܩܛܠܝ
pl. m.	ܐܬܩܛܠܘ (ܐܬܩܛܠܘ)	ܩܛܠܘ	ܐܬܩܛܠܘ
	ܐܬܩܛܠܘܢ (ܐܬܩܛܠܘܢ)	ܩܛܠܘܢ	ܐܬܩܛܠܘܢ
f.	ܐܬܩܛܠܝ (ܐܬܩܛܠܝ)	ܩܛܠܝ	ܐܬܩܛܠܝ
	ܐܬܩܛܠܝܢ (ܐܬܩܛܠܝܢ)	ܩܛܠܝܢ	ܐܬܩܛܠܝܢ
Part. act. m.	ܡܬܩܛܠ	ܡܩܛܠ	ܡܬܩܛܠ
f.	ܡܬܩܛܠܐ	ܡܩܛܠܐ	ܡܬܩܛܠܐ
Part. pass. m.		ܡܩܛܠ	
f.		ܡܩܛܠܐ	
Inf.	ܡܬܩܛܠܘ	ܡܩܛܠܘ	ܡܬܩܛܠܘ

186. Verba mit Gutturalen (außer ܐ). Ein Guttural (ܗ, ܚ, ܥ) oder *r* (seltener *l*) als 2. Rad. verwandelt zuweilen (nach § 65 Anm. 1, § 69) ein *e* des Perf. P^{e}ʿal in *a* (vgl. § 179 Anm. 2), oder das *o* des Imperf. in *a*; z. B. ܛܚܶܢ (ܛܚܰܢ) ܢܶܛܚܰܢ „mahlen", ܡܪܰܕ, ܢܶܡܪܰܕ „widerspänstig sein", ܕܪܶܟ, ܢܶܕܪܽܘܟ neben ܢܶܕܪܰܟ „treten". Die meisten Verba derart behalten aber ihre urspr. Vokale, z. B. ܗܦܰܟ, ܢܶܗܦܽܘܟ „umstürzen", ܥܪܰܩ, ܢܶܥܪܽܘܩ „fliehen", ܐܰܘܠܶܕ, ܢܰܘܠܶܕ „zeugen" u. s. w.

Anm. 1. Das ܗ des Verbs ܝܗܰܒ „geben" verliert (§ 21) im Silbenanlaut nach vokallosem ܝ seine konsonantische Geltung und giebt seinen Vokal an ܝ ab z. B. ܝܰܗܒ aber ܝܶܗܒܶܬ; den Impt. s. § 192 A. Das Impf. wird ersetzt durch ܢܶܬܶܠ = יִתֵּן mit Assimilation des schließenden *n* an die Präposition ܠ, die diesem Verb fast stets folgt. Inf. ܡܶܬܰܠ selten ܡܶܗܰܒ.

Anm. 2. ܪܗܶܛ „laufen" bildet den Impt. ܪܗܽܛ (§ 89 Anm. 1).

187. Ein Guttural oder *r* als 3. Rad. verwandelt (§ 65) jedes *e* in *a*, z. B. im Perf. der Intrans. ܫܡܰܥ, ܢܶܫܡܰܥ „hören", ܚܣܰܪ, ܢܶܚܣܰܪ „ermangeln" und so stets bei ܗ: ܬܡܰܗ, ܢܶܬܡܰܗ „sich wundern", Paʿel ܫܰܒܰܚ, Afʿel ܐܰܬܡܰܗ, Eṯp^{e}ʿel ܐܶܫܬܒܰܚ (§ 52). In einigen wenigen Fällen ist so schon früh auch ein *o* des Impf. zu *a* geworden, z. B. ܕܟܰܪ, ܢܶܕܟܰܪ „gedenken", ܦܬܰܚ, ܢܶܦܬܰܚ, ܢܶܦܬܽܘܚ „öffnen"; in weitaus den meisten Fällen aber ist das urspr. *o* erhalten, ja dieser Vokal ist z. T. sogar in Intransitiva eingedrungen, z. B. ܢܶܙܥܽܘܪ „geringer werden".

188. Verba mediæ ܐ. Die Lautregeln § 18, 25, 32c be-

wirken folgende Abweichungen vom Paradigma des starken Verbums:

Pe'al ܫܐܶܠ „forderte", ܫܶܐܠܶܬ, ܫܶܐܠܶܬ݂; ܢܶܫܐܰܠ, ܢܶܫܐܠܽܘܢ; ܫܐܰܠ; ܫܳܐܶܠ. ܫܐܺܝܠ; ܡܶܫܐܰܠ. Etpe'el: ܐܶܫܬܐܶܠ, ܐܶܫܬܶܐܠܶܬ (ܐܶܫܬܶܐܠܶܬ § 68); ܢܶܫܬܐܶܠ, ܢܶܫܬܶܐܠܽܘܢ; ܐܶܫܬܐܶܠ; ܡܶܫܬܶܐܠܽܘ; Af'el ܐܰܫܐܶܠ, ܐܰܫܶܐܠܶܬ; ܢܰܫܐܶܠ, ܢܰܫܐܠܽܘܢ; ܡܰܫܐܳܠܽܘ.

Verba tertiæ ܐ. Die meisten Verba III ܐ sind durch 189. weitgehende Analogiebildungen mit den III ܝ zusammengefallen (§ 193). Die urspr. Flexion im Pa''el mit ܐ als Guttural (aber nach § 18, 23 behandelt) bewahren ܒܰܝܺܐ „trösten" (§ 86). ܛܰܡܺܐ „verunreinigen", denominiert von ܛܰܡܐܳܐ „unrein", ܪܰܒܺܐ „erziehen", von dem Fremdwort ܪܰܒܳܐ „Erzieher", z. B. Perf. Sg. ܒܰܝܺܐ, ܒܰܝܺܐܬ, ܒܰܝܺܐܬ݁, ܒܰܝܺܐܬܝ, ܒܰܝܺܐܬ; Pl. ܒܰܝܺܐܘ, ܒܰܝܺܐ (ܒܰܝܺܝܢ), ܒܰܝܺܐܬܽܘܢ, ܒܰܝܺܐܬܶܝܢ, ܒܰܝܺܢ. Impf. ܢܒܰܝܶܐ, ܐܒܰܝܶܐ, ܢܒܰܝܽܘܢ, ܢܒܰܝܝܳܢ. Impt. ܒܰܝܺܐ. ܒܰܝܺܐܝ. ܒܰܝܺܐܘ. ܒܰܝܺܐܶܝܢ. Part. act. und pass. ܡܒܰܝܶܐ, ܡܒܰܝܝܳܢ. Inf. ܡܒܰܝܳܝܽܘ. Etpa''al ܐܶܬܒܰܝܰܐ; ܢܶܬܒܰܝܰܐ; ܢܶܬܒܰܝܽܘܢ u. s. w.

Anm. 1. Auch bei diesen Verben finden sich schon einzelne Übergänge zu den III ܝ, z. B. Impt. sg. f. ܐܶܬܒܰܝܰܝ statt ܐܶܬܒܰܝܰܐܝ.

Anm. 2. Die Verba ܐܶܬܓܰܐܰܐ, ܐܶܬܓܰܐܺܐ, ܐܶܬܓܰܐܺܝ „stolzieren", ܛܐܳܐ, ܛܐܳܐ, ܛܐܳܝ „verunreinigen", die urspr. ܐ als 2. und 3. Rad. haben, folgen der Flexion der III ܝ, wenn sie ܐ als 2. Rad. erhalten, der von ܒܰܝܺܐ, wenn sie statt dessen den Gleitlaut ܝ (§ 19) entwickeln.

Anm. 3. Ganz vereinzelt stehn die Formen ܣܡܐܘ „wurden dunkelfarbig" und ܐܣܡܐܬܐ zu ܣܽܘܡܳܩܳܐ; ܐܶܣܬܢܺܐܰܬ „sie wurde verhaßt" zu ܣܢܺܐܬܳܐ, ܣܢܺܐܳܐ „verhaßt", ܣܳܢܳܐ „Haßer" während ܣܢܳܐ „haßen" sonst schon ganz den III ܝ folgt.

190. Verba primæ ܢ. A. Nach § 57a wird das *n* dem 2. Radikal, außer bei ܗ, im Impf. Pe'al, im ganzen Af'el und Ettaf'al assimiliert, z. B. ܢܦܰܩ „herausgehn: ܢܶܦܘܽܩ, ܐܰܦܶܩ, ܐܶܬܬܰܦܰܩ, aber ܢܗܰܪ „hell sein“, ܢܶܢܗܰܪ, ܐܰܢܗܰܪ.

B. Merke: ܢܣܰܒ, ܢܶܣܰܒ „nehmen“, ܢܫܰܒ, ܢܶܫܰܒ „wehen“, ܢܛܰܪ, ܢܶܛܰܪ und ܢܶܛܘܽܪ „hüten“; ferner (§ 179) ܢܦܰܠ, ܢܶܦܶܠ „fallen“, ܢܓܰܕ, ܢܶܓܶܕ „ziehn“, ܢܦܰܨ, ܢܶܦܶܨ „schütteln“. ܢܦܰܣ, ܢܶܦܶܣ „losen“, ܢܶܬܶܠ (§ 186 Anm. 1) „giebt“, ferner (§ 179 Anm. 3), ܢܚܶܬ, ܢܶܚܘܽܬ „absteigen“, ܢܚܶܒ, ܢܶܚܘܽܒ „mager sein“.

C. Bei vielen dieser Verba bildet man nach der Proportion ܢܶܩܛܘܽܠ : ܩܛܘܽܠ = ܢܶܦܘܽܩ : x den Impt. wie ܦܘܽܩ „geh hinaus“ ohne ܢ, so ܩܘܽܫ „schlage“, ܨܘܽܒ „pflanze“. ܟܘܽܣ „schlachte“, ܚܘܽܬ „steig herab“, ferner ܣܰܒ „nimm“. ܫܰܒ „wehe“, ܛܰܪ oder ܛܘܽܪ „hüte“, ܦܶܠ „falle“, ܦܶܨ „schüttle“. Dagegen bleibt *n* z. B. in ܢܕܘܽܪ „gelobe“, ܢܟܘܽܬ „beiß“, den meisten, welche *a* im Impf. haben, ferner in denen, welche zugleich III ܝ sind, wie ܢܨܳܐ „hadern“, ܢܨܝ.

Anm. Die Proportion ܢܶܚܘܽܬ : ܚܘܽܬ = ܢܶܣܰܩ : x erzeugt auch zu ܣܠܶܩ (§ 53) den Impt. ܣܰܩ „steig hinauf“.

D. Paradigma: Perf. ܢܦܰܩ, ܢܣܰܒ, ܢܓܰܕ.

Impf.			Impt.		
ܢܶܦܘܽܩ	ܢܶܣܰܒ	ܢܶܓܶܕ	ܦܘܽܩ	ܣܰܒ	ܓܶܕ
ܐܶܦܘܽܩ	ܐܶܣܰܒ	ܐܶܓܶܕ	ܦܘܽܩܝ	ܣܰܒܝ	ܓܶܕܝ
ܐܶܦܩܘܽܢ	ܐܶܣܒܘܽܢ	ܐܶܓܕܘܽܢ	ܦܘܽܩܘ	ܣܰܒܘ	ܓܶܕܘ
ܢܶܦܩܘܽܢ	ܢܶܣܒܘܽܢ	ܢܶܓܕܘܽܢ	ܦܘܽܩܘܢ	ܣܰܒܘܢ	ܓܶܕܘܢ
u. s. w.			ܦܘܽܩܶܝܢ	ܣܰܒܶܝܢ	ܓܶܕܶܝܢ

Af'el: ܐܰܦܶܩ, ܐܰܦܩܶܬ; ܢܰܦܶܩ, ܢܰܦܩܽܘܢ; ܡܰܦܶܩ; ܡܰܦܩܳܐ. Ettaf'al: ܐܶܬܬܰܦܰܩ, ܐܶܬܬܰܦܩܰܬ u. s. w.

Verba primæ ܐ. A. In den Formen, in denen das 191.
ܐ nach Analogie des starken Verbums einen Murmelvokal haben sollte, tritt dafür nach § 32c ein Vollvokal ein, und zw. ĕ im Perf. Pe'al und im ganzen Etpe'el: ܐܶܡܰܪ, ܐܶܬܶܐܡܰܪ (§ 23), a im Part. pass. Pe'al: ܐܰܚܺܝܕ.

Anm. 1. Über den OS Wandel von ĕ zu ă vor r und l s. § 65.

Anm. 2. Bei ܐܠܳܐ „jammern" und ܐܦܳܐ „backen", die zugleich III ܝ sind, in denen daher ܐ nie in geschlossener Silbe stand, erscheint bei den OS ܐ im freien Anlaut gleichfalls mit a; ܐܶܬܳܐ „kam" dagegen hat ĕ wohl durch den Einfluß von ܐܶܙܰܠ „ging".

Anm. 3. Einer älteren Sprachperiode gehört die Assimilation des ܐ an das ܬ des *Etpe'el* in ܐܶܚܰܕ „nehmen" an: ܐܶܬܬܚܶܕ (§ 51); vereinzelt finden sich solche Bildungen auch bei anderen Verben.

B. Die Präfixe des Impf. Pe'al hatten nach § 182 bei trans. Verben den Vokal a, bei intrans. i; nach § 68 ergiebt a': â, i': ê (WS î § 43), die in der OS Schrift in ܺ zusammenfallen. z. B. ܐܶܟܰܠ „essen": ܢܺܐܟܽܘܠ aber ܐܶܚܰܕ (§ 179 Anm. 2): ܢܺܐܚܽܘܕ; dieser Analogie folgen auch ܢܺܐܡܰܪ „spricht" und ܢܺܐܙܰܠ „geht", deren a erst nach § 65 aus o und e entstanden ist, ferner die Verba III ܝ: ܢܺܐܦܶܐ „backt", ܢܺܐܠܶܐ „jammert", ܢܺܐܬܶܐ „kommt". Der Analogie des Impf. folgt auch der Inf. ܡܶܐܟܰܠ aber ܡܶܐܡܰܪ; im Impt. erhält das ܐ der Verba mit ŏ den Vokal ă: ܐܶܟܽܘܠ „iß", der mit ă dagegen ĕ: ܐܶܡܰܪ „sprich".

Anm. Die ältere Form des Impt. mit Aufgabe des ܐ (§ 32 b)

zeigen noch ܬܳܐ „komm" von ܐܶܬܳܐ und ܙܶܠ „geh" von ܐܶܙܰܠ (§ 53). Letzteres erhält sein ĕ im Gegensatz zum Impf. ܢܺܐܙܰܠ unter dem Einfluß des Fem. und des Plur., ܙܶܠܝ, ܙܶܠܘ. ܙܶܠܶܝܢ, ܙܶܠܶܝܢ, in denen ĕ urspr. in offener Silbe stand, resp. wieder steht.

C. Impfformen wie ܢܺܐܡܰܪ stimmen in den Vokalen ganz zu denen von I ܘ (§ 192 F); daher bildeten einige I ܐ auch schon ihr Perf. Pᵉʿal nach deren Analogie z. B. ܢܺܐܪܰܬ : ܝܺܪܶܬ = ܢܺܐܠܰܦ : ܝܺܠܶܦ (lernen) aber Paʿʿel noch ܐܰܠܶܦ „lehren", ܝܺܟܶܡ „schwarz sein" zu ܐܽܘܟܳܡ, ܐܺܝܪܰܟ „lang sein" zu ܐܰܪܺܝܟ.

D. Vollständig durchgeführt ist die Analogie im Afʿel und Ettafʿal ܢܺܐܪܰܬ : ܝܰܘܪܶܬ = ܢܺܐܟܰܠ : ܝܰܘܟܶܠ und danach auch ܐܰܘܟܶܠ, ܐܶܬܬܰܘܟܰܠ u. s. w. und das Šafʿel ܫܰܘܚܰܪ von אחר § 177 Anm 2. Nur ܐܰܝܬܺܝ von ܐܶܬܳܐ „kommen" folgt der Analogie der urspr. I ܝ.

E. Die Präfixe des Paʿʿel und des Etpaʿʿal werden nach § 23 behandelt: ܬܰܐܓܰܪ, ܡܰܐܓܰܪ, ܐܶܬܰܐܓܰܪ; das der 1. Pers. sg. Impf. Paʿʿel fällt dagegen ganz ab ܐܰܟܶܪ für ʾᵉʾalleṣ (§ 32b, 182). Bei ܐܰܠܶܦ „lehren" fällt das ܐ nach Präfixen in der Schrift fort: ܢܰܠܶܦ, ܡܰܠܶܦ. In ܐܶܬܬܰܢܰܚ „seufzte" tritt nach dem älteren Lautgesetz (§ 51) Assimilation ein; die Sprache aber fasst nun ܬܢܚ als Wurzel und bildet daher z. B. ܬܽܘܢܳܚܳܐ „Seufzen".

Anm. Bei den WS folgen nach § 79 auch die mit ܥܗ anlautenden Verba der Analogie der I ܐ z. B. ܥܗܶܕ „gedachte", ܐܶܬܥܗܶܕ u. s. w.

F. Paradigma:
Peʿal: Perf. ܐܶܟ݂ܰܠ, ܐܶܟ݂ܠܶܬ݂, ܐܶܟ݂ܠܰܬ݂, ܐܶܟ݂ܰܠܬܽܘܢ, ܐܶܟ݂ܰܠܘ.
Impf. { ܢܺܐܟ݂ܽܘܠ, ܬܺܐܟ݂ܽܘܠ, ܬܺܐܟ݂ܠܺܝܢ, ܢܺܐܟ݂ܠܽܘܢ, ܐܺܟ݂ܽܘܠ (1. sg.)
ܢܺܐܡܰܪ, ܬܺܐܡܰܪ, ܬܺܐܡܪܺܝܢ, ܢܺܐܡܪܽܘܢ, ܐܺܡܰܪ (1. sg.) }
Impt. { ܐܶܟ݂ܽܘܠ, ܐܶܟ݂ܽܘܠܝ, ܐܶܟ݂ܽܘܠܘ, ܐܶܟ݂ܽܘܠܽܘܢ, ܐܶܟ݂ܽܘܠܶܝܢ.
ܐܶܡܰܪ, ܐܶܡܰܪܝ, ܐܶܡܰܪܘ, ܐܶܡܰܪܽܘܢ, ܐܶܡܰܪܶܝܢ. }
Inf. ܡܶܐܟ݂ܰܠ; ܡܶܐܡܰܪ. Part. pass. ܐܟ݂ܺܝܠ.
Etpʿel. Perf. ܐܶܬ݂ܐܟ݂ܶܠ, ܐܶܬ݂ܐܟ݂ܠܶܬ݂, ܐܶܬ݂ܐܟ݂ܶܠܬ݂. — Impf. ܢܶܬ݂ܐܟ݂ܶܠ, ܢܶܬ݂ܐܟ݂ܠܽܘܢ. — Impt. ܐܶܬ݂ܐܟ݂ܶܠ — Part. ܡܶܬ݂ܐܟ݂ܶܠ, ܡܶܬ݂ܐܟ݂ܠܳܐ. Inf. ܡܶܬ݂ܐܟ݂ܳܠܽܘ.
Paʿʿel. Perf. ܐܰܠܶܦ. — Impf. ܢܰܐܠܶܦ, ܢܰܐܠܦܽܘܢ, ܐܰܠܶܦ (1. sg.) — Impt. ܐܰܠܶܦ. — Part. act. ܡܰܠܶܦ, ܡܰܠܦܳܐ; pass. ܡܰܠܰܦ, ܡܰܠܦܳܐ. — Inf. ܡܰܠܳܦܽܘ.
Etpaʿʿal. Perf. ܐܶܬ݂ܰܠܰܦ. — Impf. ܢܶܬ݂ܰܠܰܦ, ܢܶܬ݂ܰܠܦܽܘܢ. — Impt. ܐܶܬ݂ܰܠܰܦ (ܐܶܬ݂ܰܠܦܝ). — Part. ܡܶܬ݂ܰܠܰܦ, ܡܶܬ݂ܰܠܦܳܐ. — Inf. ܡܶܬ݂ܰܠܳܦܽܘ. — *Afʿel* ܐܰܘܟ݂ܶܠ. — *Ettafʿal* ܐܶܬܬܰܘܟ݂ܰܠ.

Verba primæ ܘ und ܝ. A. Die Verba I *u* bildeten den Impt. des Grundstammes mit *i* beim 2. Rad. mit Apocope des 1. Rad. (§ 84). Diese urspr. Flexion zeigen im Syr. noch ܬܶܒ݂ „setz dich", sowie ܕܰܥ „wisse" und ܗܰܒ݂ „gieb", deren *i* durch die Gutturalis zu *a* geworden ist. 192.

B. Der Analogie des Impt. folgte urspr. auch das Impf.; zu **tib* bildete man **jatib*. Das Streben, diese Formen den dreikonsonantigen anzugleichen, bewirkte im Syr. bei ܬܶܒ݂ und ܕܰܥ Verdoppelung des 2. Radikals: ܢܶܬܶܒ݂, ܢܶܕܰܥ.

Anm. Zu ܝܗܒ giebt es kein Impf. mehr s. § 186 Anm. 1.

C. Bei den andern Verben wurde die Angleichung durch Dehnung des nach Analogie des starken Verbs zu *e* gewordenen Präfixvokals erreicht, so **nēled* (vgl. יֵלֵד) „gebiert", **nēre_* „erbt".

D. Diese Formen glichen nun in der 1. Silbe denen der urspr. I *i̭*, die den aus Präfixvokal und 1. Rad. entstehenden Diphthongen zunächst in geschlossener Silbe kontrahiert hatten, z. B. v. ܝܢܩ saugen: ܢܐܢܩܘܢ und danach auch ܢܐܢܩ statt **nainaq*.

E. In den urspr. I *i̭* entstand im Perf. Pe'al aus *i̭e* nach § 32d *ī*, dem das *a* des 2. Rad. nach § 58 zu *e* assimiliert wurde: ܝܢܩ „saugte".

F. Die Proportion ܢܐܢܩܘܢ : ܝܢܩ = ܢܐܠܕܘܢ : x erzeugte nun die Neubildungen ܝܠܕ „gebar", ܝܪܬ „erbte", ܝܙܦ „borgte", denen dann ܝܬܒ „saß", ܝܕܥ „wußte", ܝܗܒ „gab" folgten, für altes *u̯alad, u̯aṯab* u. s. w. Die drei erstgenannten bilden auch ein neues Impf. ohne Endung: ܢܐܠܕ und ܢܐܪܬ und einen neuen Impt. ܝܠܕ, und ܝܪܬ und ܝܙܦ.

Anm. Verba I *u̯*, die kein Impf. Pe'al bildeten, haben daher das *u̯* erhalten, so das Part. ܘܠܐ „geziemend" und das Pa''el ܘܥܕ „bestellen".

G. Aus dem Pe'al wurden nun Etpe'el, Pa''el und Etpa''al mit *i̭* für *u̯* neugebildet: ܐܬܝܠܕ, ܝܒܠ „brachte", ܐܬܝܒܠ.

Anm. Diese Verbalformen haben natürlich auch die zu ihnen gehörigen Nomina nach sich gezogen.

H. Im Af'el und Ettaf'al dagegen erhält sich das urspr. ܘ im Diphthong *au*: ܐܰܘܬܶܒ, ܐܰܘܪܶܬ, ܐܰܘܕܰܥ (so auch im Šaf'el ܫܰܘܕܰܥ „kund thun“ § 177 Anm. 2), und dieser Analogie folgen sogar ursprüngliche I ܝ, so stets ܐܰܘܒܶܫ „trocknete“ für **aibeš* und zuweilen ܐܰܘܢܶܩ „säugte“ neben ܐܰܝܢܶܩ; aber stets ܐܰܝܠܶܠ „jammern“ (wirklich Af'el?).

Anm. So auch das aus dem Assyr. entlehnte Šaf'el ܫܰܘܙܶܒ „erretten“ für **šezeb*.

I. Paradigma:

Pe'al. Perf. ܝܺܬܶܒ, ܝܶܬܒܰܬ, ܝܶܬܒܶܬ, ܝܶܬܒܬܽܘܢ, ܝܺܬܶܒܘ.

Impf. ܢܺܐܬܶܒ, ܬܺܐܬܒܺܝܢ, ܢܺܐܬܒܽܘܢ, ܐܺܐܬܶܒ (1. sg.).
ܢܶܕܰܥ, ܬܶܕܥܺܝܢ, ܢܶܕܥܽܘܢ, ܐܶܕܰܥ.
ܢܶܬܶܠ, ܬܶܬܠܺܝܢ, ܢܶܬܠܽܘܢ, ܐܶܬܶܠ.

Impt. ܬܶܒ, ܬܶܒܘ, ܬܶܒ̈ܝܢ.
ܕܰܥ, ܕܰܥܘ, ܕܰܥ̈ܝܢ.
ܗܰܒ, ܗܰܒܘ, ܗܰܒ̈ܝܢ.

Inf. ܡܺܐܬܰܒ — ܡܶܕܰܥ, ܡܶܬܰܠ. Part. pass. ܝܬܺܝܒ.

Etp'el. Perf. ܐܶܬܺܝܬܶܒ, ܐܶܬܝܺܬܒܰܬ, ܐܶܬܝܺܬܒܶܬ — Impf. ܢܶܬܺܝܬܶܒ, ܢܶܬܝܺܬܒܽܘܢ. — Inf. ܡܶܬܝܺܬܳܒܘ.

Af'el. ܐܰܘܬܶܒ, ܐܰܘܬܒܰܬ — ܢܰܘܬܶܒ, ܢܰܘܬܒܽܘܢ — ܡܰܘܬܶܒ — ܡܰܘܬܳܒܘ.

Ettaf'al. ܐܶܬܬܰܘܬܰܒ, ܐܶܬܬܰܘܬܒܰܬ — ܢܶܬܬܰܘܬܰܒ, ܢܶܬܬܰܘܬܒܽܘܢ — ܡܶܬܬܰܘܬܰܒ — ܡܶܬܬܰܘܬܳܒܘ.

Verba tertiæ ܝ. Die drei ursemit. Klassen der 193.

III u̯. i̯. ʼ, sind im Syr. durch weit verzweigte Analogiebildungen in eine einzige zusammengefallen.

B. Im Perf. Peʿal steht eine transitive Form auf *â* in der 3. m. sg.: ܪܡܳܐ „warf" neben einer intrans. auf *î*: ܚܕܺܝ „freute sich". Die Fem.-endung *at* verbindet sich mit dem ersten Vokal zu *âṯ*: ܪܡܳܬ݂ mit dem 2. zu *i̯aṯ*: ܚܕܝܰܬ݂. Die m. Plur.-endung *û* verschmilzt mit denselben zu den Diphthongen *au̯* und *îu̯*: ܪܡܰܘ, ܚܕܺܝܘ; im fem. erscheint der reine Stamm ܪ̈ܡܝ, ܚ̈ܕܝ aus *r*e*mai̯â, ḥ*e*ḏii̯â*. Vor den konsonantisch anlautenden Affixen erscheint in den trans. der Diphthong *ai̯*, der aber in der 1. pers. sing. ܪܡܺܝܬ kontrahiert wird, in den intrans. *î*; das ܬ der 2. Pers. ist stets Explosiva, das der 1. Spirans: ܚܕܺܝܬ݂ nach ܪܡܺܝܬ݂, ܩܛܠܶܬ݂, aber ܚܕܺܝܬ nach ܪܡܰܝܬ, ܩܛܰܠܬ.

C. Die Perfekta aller abgeleiteten Stämme (incl. Etpaʿʿal und Ettafʿal) folgen der Analogie des intrans. Peʿal.

D. Die Imperff. aller Stämme gehn auf *ê* ܶܐ aus, das mit *în* zu *ên* ܶܝܢ, mit *ûn* zu *ôn* ܘ݁ܢ (WS ܘܽܢ), mit *ân* zu *i̯ân* ܝܳܢ (aus *ai̯ân, ii̯ân*) verschmilzt.

E. Im Impt. 2. m. s. steht im Peʿal ein trans. ܪܡܳܝ „wirf" neben einem intrans. ܝܡܺܝ „schwöre", ܐܶܫܬܺܝ „trinke"; die übrigen Intrans. folgen aber schon den Trans., z. B. ܚܕܳܝ „freue dich". Der Impt. Etpeʿel endet auf *ai* ܐܶܬ݂ܪܡܰܝ, bei den OS aber nach Analogie des starken Verbums: ܐܶܬ݂ܪܰܡܝ. In den anderen Stämmen herrscht die alte Kohortativendung *â*: ܪܰܡܳܐ, ܐܰܪܡܳܐ aus *rammijâ* u. s. w., an die die anderen Endungen erst antreten f. ܪܰܡܳܝ, pl. ܪܰܡܰܘ, ܪܰܡܳܝܶܢ. Dieser Analogie folgen dann wieder Pe'al und Etpe'el, ܪܡܳܝ, ܐܶܬ݂ܪܡܳܝ.

Anm. 1. Im Pe'al findet sich die alte Kohortativendung noch in ܬܳܐ „komm“ (§ 191 B Anm.), im Etpe'el in ܐܶܬ݂ܬܰܘܳܐ „bereue“.

Anm. 2. Für die Pl.-formen mit langen Endungen ist § 20 zu beachten z. B. ܪܡܳܘܗ̄ܝ und ܪܡܰܘܗ̄ܝ „sie warfen“, ܨܰܠܰܘ „betet“ neben ܨܰܠܳܝܢ.

F. Alle act. Part. und das pass. des Pe'al enden auf ܐ, die pass. der abgeleiteten Stämme auf *ai*; beide Endungen verschmelzen mit *â* zu *jâ*, mit *în* zu *ân* ܝܢ.

G. Paradigma:

		Pe'al.		Etpe'el.	Pa''el.
Perf. sg.	3. m.	ܪܡܳܐ	ܚܕܺܝ	ܐܶܬ݂ܪܡܺܝ	ܪܰܡܺܝ
	3. f.	ܪܶܡܝܰܬ݂	ܚܶܕܝܰܬ݂	ܐܶܬ݂ܪܰܡܝܰܬ݂	ܪܰܡܝܰܬ݂
	2. m.	ܪܡܰܝܬ݁	ܚܕܺܝܬ݁	ܐܶܬ݂ܪܡܺܝܬ݁	ܪܰܡܺܝܬ݁
	2. f.	ܪܡܰܝܬ݁ܝ	ܚܕܺܝܬ݁ܝ	ܐܶܬ݂ܪܡܺܝܬ݁ܝ	ܪܰܡܺܝܬ݁ܝ
	1.	ܪܶܡܝܶܬ݂	ܚܕܺܝܬ݂	ܐܶܬ݂ܪܡܺܝܬ݂	ܪܰܡܺܝܬ݂
pl.	3. m.	ܪܡܰܘ	ܚܕܺܝܘ	ܐܶܬ݂ܪܡܺܝܘ	ܪܰܡܺܝܘ
	3. f.	ܪ̈ܡܰܝ	ܚ̈ܕܺܝ	ܐܶܬ݂ܪ̈ܡܺܝ	ܪ̈ܰܡܺܝ
	2. m.	ܪܡܰܝܬ݁ܽܘܢ	ܚܕܺܝܬ݁ܽܘܢ	ܐܶܬ݂ܪܡܺܝܬ݁ܽܘܢ	ܪܰܡܺܝܬ݁ܽܘܢ
	2. f.	ܪܡܰܝܬ݁ܶܝܢ	ܚܕܺܝܬ݁ܶܝܢ	ܐܶܬ݂ܪܡܺܝܬ݁ܶܝܢ	ܪܰܡܺܝܬ݁ܶܝܢ
	1.	ܪܡܰܝܢ	ܚܕܺܝܢ	ܐܶܬ݂ܪܡܺܝܢ	ܪܰܡܺܝܢ

	Pe'al	*Etpe'el*	*Pa''el*
Impf. sg. 3. m.	ܢܶܪܡܶܐ	ܢܶܬ݂ܪܡܶܐ	ܢܪܰܡܶܐ
3. f.	ܬܶܪܡܶܐ	ܬܶܬ݂ܪܡܶܐ	ܬܪܰܡܶܐ
2. m.	ܬܶܪܡܶܐ	ܬܶܬ݂ܪܡܶܐ	ܬܪܰܡܶܐ
2. f.	ܬܶܪܡܶܝܢ	ܬܶܬ݂ܪܡܶܝܢ	ܬܪܰܡܶܝܢ
1.	ܐܶܪܡܶܐ	ܐܶܬ݂ܪܡܶܐ	ܐܪܰܡܶܐ
pl. 3. m.	ܢܶܪܡܽܘܢ	ܢܶܬ݂ܪܡܽܘܢ	ܢܪܰܡܽܘܢ
3. f.	ܢܶܪܡܝܳܢ	ܢܶܬ݂ܪܰܡܝܳܢ	ܢܪܰܡܝܳܢ
2. m.	ܬܶܪܡܽܘܢ	ܬܶܬ݂ܪܡܽܘܢ	ܬܪܰܡܽܘܢ
2. f.	ܬܶܪܡܝܳܢ	ܬܶܬ݂ܪܰܡܝܳܢ	ܬܪܰܡܝܳܢ
1.	ܢܶܪܡܶܐ	ܢܶܬ݂ܪܡܶܐ	ܢܪܰܡܶܐ
Impt. sg. m.	ܪܡܝ	ܐܶܬ݂ܪܡܺܝ (ܐܶܬ݂ܪܳܡܝ)	ܪܰܡܳܐ
f.	ܪܡܝ	ܐܶܬ݂ܪܡܝ	ܪܰܡܝ
pl. m.	ܪܡܰܘ	ܐܶܬ݂ܪܡܰܘ	ܪܰܡܰܘ
f.	ܪ̈ܡܰܝܶܝܢ	ܐܶܬ݂ܪ̈ܡܰܝܶܝܢ	ܪ̈ܰܡܰܝܶܝܢ
Part. act.	ܪܳܡܶܐ, ܪܳܡܝܳܐ	ܡܶܬ݂ܪܡܶܐ, ܡܶܬ݂ܪܰܡܝܳܐ	ܡܪܰܡܶܐ, ܡܪܰܡܝܳܐ
	ܪ̈ܳܡܶܝܢ, ܪ̈ܳܡܝܳܢ	ܡܶܬ݂ܪ̈ܡܶܝܢ, ܡܶܬ݂ܪ̈ܰܡܝܳܢ	ܡܪ̈ܰܡܶܝܢ, ܡܪ̈ܰܡܝܳܢ
pass.	ܪܡܶܐ, ܪܡܝܳܐ		ܡܪܰܡܰܝ, ܡܪܰܡܝܳܐ
	ܪ̈ܡܶܝܢ, ܪ̈ܡܝܳܢ		ܡܪ̈ܰܡܶܝܢ, ܡܪ̈ܰܡܝܳܢ
Inf.	ܡܶܪܡܳܐ	ܡܶܬ݂ܪܡܳܝܽܘ	ܡܪܰܡܳܝܽܘ

194. Verba mediæ ܘ und ܝ. Schon im Ursemit. wurden *u̯* und *i̯* zwischen zwei kurzen Vokalen übergangen, die dann kontrahiert wurden: *qâma* „stand" aus **qau̯ama*;

war der 1. Rad. vokallos, so verschmolzen sie mit ihrem kurzen Vokal zu einem langen; Impf. *jaqụumu*: *jaqûmu*.

B. Das Perf. Peʿal hat nun im Syr. stets *â*: ܩܳܡ, ܩܳܡܬ݁ܽܘܢ; der einzige Rest intrans. Bildung ist ܡܺܝܬ „starb" (§ 60 Anm. 4), Impf. und Impt. *û*: ܢܩܽܘܡ, ܩܽܘܡ, im Part. pass *î* ܩܺܝܡ, im Inf. *â*: ܡܩܳܡ. Das Part. act. lautet ܩܳܐܶܡ (aus **qâịim* § 20 für **qâụim*) mit Endungen aber ܩܳܝܡܺܝܢ. Die urspr. med. ܝ haben sich ganz den med. ܘ angeschlossen außer ܣܳܡ „setzte", das noch das Impf. ܢܣܺܝܡ, Impt. ܣܺܝܡ bildet.

C. Afʿel und Ettafʿal haben überall *î*: ܐܩܺܝܡ, ܢܩܺܝܡ, ܐܶܬ݁ܬ݁ܩܺܝܡ außer im Inf. ܡܩܳܡܽܘ, ܡܶܬ݁ܬ݁ܩܳܡܽܘ und Part. pass. ܡܩܳܡ. Das Ettafʿal hat das Etpeʿel ganz verdrängt.

Anm. Beachte ܐܶܬ݁ܛܦܺܝܣ „wurde überredet" § 50.

D. Die Präfixe ܢ, ܬ, ܡ des Peʿal und Afʿel haben nach § 32a Murmelvokale; doch finden sich auch, namentlich bei Dichtern, Analogiebildungen nach dem starken Verbum wie ܢܶܩܽܘܡ, ܢܶܕ݂ܺܝܢ u. a.

E. Im Paʿʿel und Etpaʿʿal bleiben die verdoppelten *ụ* und *ị* konsonantisch, z. B. ܛܰܘܶܫ „beschmutzen", ܓܰܘܺܝ „zurechtsetzen, tadeln"; die meisten med. ܘ aber folgen der Analogie der med. ܝ, so ܩܰܝܶܡ „erhalten", ܚܰܝܶܒ „beschuldigen", ܬ݁ܰܩܶܢ „an die rechte Stelle setzen, fügen".

Anm. 1. Vereinzelt finden sich Intensiva mit Verdoppelung der ganzen zweiradikaligen Wurzel: ܙܰܥܙܰܥ „erschüttern" von זוע, ܪܳܡܪܶܡ „erheben" von רום.

Anm. 2. Jüngere Denominative von Nomm. mit konsonantischem ܘ erhalten dies als Konsonanten, z. B. von ܚܶܘܳܪ „weiß", ܚܘܰܪ „weiß sein", von ܥܰܘܠܳܐ „Frevel", ܐܰܥܘܶܠ „freveln u. a. Ebenso die, welche zugleich III ܝ sind wie ܫܘܳܐ „gleich sein" ܢܶܫܘܶܐ. Aber von ܗܘܳܐ „sein" finden sich neben ܢܶܗܘܶܐ u. s. w., wenn auch seltener, Formen wie ܢܶܗܶܐ, ܬܶܗܶܐ, ܢܶܗܽܘܢ, ܬܶܗܽܘܢ, ܬܶܗܶܝܢ. Über Aufgabe des ܗ im enklitischen Perf. s. § 40.

F. Paradigma: *Peʿal.*

Perf.		Impf.	
ܩܳܡ (ܡܺܝܬ݂)	ܩܳܡܰܬ݂	ܢܩܽܘܡ (ܢܡܽܘܬ݂)	ܢܣܺܝܡ
ܩܳܡܬ݁	ܩܳܡܬ݁ܝ	ܐܩܽܘܡ	ܐܣܺܝܡ
ܩܳܡܶܬ݂	ܩܳܡܬ݂	ܢܩܽܘܡܽܘܢ	ܢܣܺܝܡܽܘܢ
ܩܳܡܘ	ܩܳܡܝ	Impt.	
ܩܳܡܬ݁ܽܘܢ	ܩܳܡܬ݁ܶܝܢ	ܩܽܘܡ, ܩܽܘܡܝ	ܣܺܝܡ, ܣܺܝܡܝ
ܩܳܡܢ	ܩܳܡܢܰܢ	ܩܽܘܡܶܝܢ	ܣܺܝܡܶܝܢ

Part. act. ܩܳܐܶܡ (ܡܳܐܶܬ݂, ܣܳܐܶܡ) ܩܳܝܡܳܐ   Inf.
pass. ܩܺܝܡ (ܣܺܝܡ)   ܡܩܳܡ (ܡܣܳܡ, ܡܣܳܡܽܘ)

Afʿel.

Perf.	Impf.	Impt.
ܐܰܩܺܝܡ	ܢܩܺܝܡ	ܐܰܩܺܝܡ
ܐܰܩܺܝܡܰܬ݂	ܐܩܺܝܡ	ܐܰܩܺܝܡܘ
ܐܰܩܺܝܡܬ݁	ܢܩܺܝܡܽܘܢ	ܐܰܩܺܝܡܶܝܢ
ܐܰܩܺܝܡܘ	Part. act. ܡܩܺܝܡ	
ܐܰܩܺܝܡܬ݁ܽܘܢ	pass. ܡܩܰܡ	
ܐܰܩܺܝܡܢ	Inf. ܡܩܳܡܽܘ	

Ettafʿal = Etpeʿel: ܐܶܬ݁ܬ݁ܩܺܝܡ, ܐܶܬ݁ܬ݁ܩܺܝܡܰܬ݂ — ܢܶܬ݁ܩܺܝܡ, ܐܶܬ݁ܩܺܝܡ — ܡܶܬ݁ܩܺܝܡ — ܡܶܬ݁ܩܳܡܽܘ.

Verba mediæ geminatæ. A. Die Verba med. gem. haben ihre urspr. Flexion mit Verdoppelung des 2. Rad. nur in der 3. f. sg. und der 1. sg. des Perf. Peʿal ܒܶܙܰܬ݂, ܒܶܙܶܬ݂ bewahrt; in den affixlosen Formen dagegen ist die Verdoppelung aufgegeben, ܒܽܙ „zerbrich", ܒܰܙܘ, und aus diesen Formen sind die mit konsonantisch anlautenden Affixen einfach nach Analogie des starken Verbums neugebildet wie ܒܰܙܬ݂, ܒܰܙܬܽܘܢ. Das Part. act. ist nach Analogie der med. ܘ gebildet ܒܳܐܶܙ, in den Formen mit Endungen und im Pass. aber erhält sich die urspr. Flexion: ܥܳܠܠܺܝܢ (oft mit graphischer Analogie nach dem Sing. ܥܳܐܠܺܝܢ, ܓܳܐܙܺܝܢ geschrieben) ܓܙܺܝܙ. 195

B. In den Formen mit Präfixen (Impf., Inf. Peʿal, Afʿel und Ettafʿal) ist jetzt der 1. Rad. verdoppelt, z. B. ܢܶܒܽܘܙ, ܡܶܒܰܙ „plündern", ܐܰܒܶܙ, ܐܶܬ݁ܬ݁ܰܒܰܙ u. s. w.

Anm. 1. Neben trans. Verben mit *o* im Impf. Peʿal wie ܥܰܠ „eintreten" ܢܶܥܽܘܠ, ܓܰܙ „scheren" ܢܶܓܽܘܙ, ܓܰܫ „tasten" ܢܶܓܽܘܫ finden sich intrans. mit *a* wie ܚܰܡ „heiß sein" ܢܶܚܰܡ, ܣܰܒ „alt sein" ܢܶܣܰܒ, ܪܰܓ „begehren" ܢܶܪܰܓ und eins mit *e* ܛܰܥ „irren" ܢܶܛܶܥ.

C. Paʿʿel, Etpaʿʿal und Etpeʿel folgen ganz der Analogie des starken Verbums; nur wird beim Etpeʿel, wo der 2. Rad. vokallos ist, zuweilen die Schreibweise vereinfacht: ܐܶܬ݂ܥܠܰܠ, ܢܶܬ݂ܥܰܠܽܘܢ neben ܢܶܬ݂ܥܰܠܠܽܘܢ.

Anm. 1. Vereinzelt finden sich Intensiva mit Verdoppelung der ganzen Wurzel: ܒܰܠܒܶܠ „verwirren", ܓܰܪܓܰܪ „schleppen".

Anm. 2. Das Afʿel (?) ܐܰܝܶܠ „jammern" (§ 192 H) hält gleichfalls den 2. u. 3. Rad. stets getrennt; ebenso das assyr. Lehnwort ܫܟܠܠ „vollenden".

Anm. 3. ܚܝܐ „leben", das zugleich III ܝ und med. gem. ist, bildet das Impf. Peʿal sowie Afʿel und Ettafʿal nach den Regeln dieser Klasse, z. B. ܢܚܐ, ܐܚܝ, ܐܬܬܚܝ. Nach Aufhebung der Verdoppelung geht ܢܚܐ in die Analogie der I ʾ über ܢܐܚܐ und bei den WS sogar ܬܚܐ, ܐܚܐ.

D. Paradigma: *Peʿal.*

	Perf.	Impf.		Impt.
sg. 3. m.	ܒܙ	ܢܒܘܙ	sg. m.	ܒܘܙ
3. f.	ܒܙܬ	ܬܒܘܙ	f.	ܒܘܙܝ
2. m.	ܒܙܬ	ܬܒܘܙ	pl. m.	ܒܘܙܘ
2. f.	ܒܙܬܝ	ܬܒܙܝܢ	f.	ܒܘܙܝܢ
1.	ܒܙܬ	ܐܒܘܙ	Part. act.	ܒܐܙ, ܒܐܙܐ
pl. 3. m.	ܒܙܘ	ܢܒܙܘܢ	pass.	ܒܙܝܙ
2. m.	ܒܙܬܘܢ	ܬܒܙܘܢ	Inf.	ܡܒܙ

Afʿel: Perf. ܐܒܙ, ܐܒܙܬ, ܐܒܙܘ, ܐܒܙܬܘܢ. — Impf. ܢܒܙ, ܢܒܙܘܢ. — Impt. ܐܒܙ, ܐܒܙܝܢ. — Part. act. ܡܒܙ, ܡܒܙܐ; pass. ܡܒܙ, ܡܒܙܐ. — Inf. ܡܒܙܘ.

196. Vierlautige Verben, gleich viel welcher Herkunft, werden wie das Paʿʿel des starken Verbums flektiert, ihr Reflexiv wie das Etpaʿʿal, z. B. ܥܪܓܠ „wälzen" wie ܩܛܠ, ܐܬܥܪܓܠ wie ܐܬܩܛܠ.

Solche, die auf *î* endigen, wie ܫܡܠܝ „vollenden" (§ 175 Anm. 2) und ܢܟܪܝ „entfremden" (denominiert von ܢܘܟܪܝܐ „fremd") werden wie das Paʿʿel der III ܝ flektiert.

Verba mit Objektsuffixen. A. Unter dem Schutz der Objektsuffixe erhalten sich die ehemals auslautenden langen Vokale der Affixe, die im freien Auslaut nach § 33 abgefallen sind. 197.

Vor Suffixen lautet: ܬ݂ der 2. sg. m. Perf. ܬ݂: ܬ݂ܝ der 2. sg. f. Perf. ܬ݂ܝ; ܢ der 1. pl. Perf. ܢ; die Endung ܘܗܝ ܘܗܝ (ܘܗܝ): ܘܗܝ, ܘܗܝ (ܘܗܝ); die Endung ܝ: ܢ; die Endung ܝ: ܢ; die Endung (ܝܢ) ܝܢ: ܢ (ܢ ܢ); die 3. m. sg. Perf. auf *â*, die 2. f. sg. Impt. auf *î*; die 2. m. pl. Impt. und die 3. pl. m. Perf. auf *û*, die des f. auf *â* aus: die 2. m. sg. Impt. hat die alte Kohortativendung *â*.

Anm. Beachte, daß die 1. sg. Perf. vor Suff. keine Spur eines urspr. Vokals mehr zeigt; dieser war also nicht *î* wie im Hebr., sondern *u* wie im Arab. (§ 31).

B. Außerdem ist zu beachten, daß diese Formen im allgemeinen nicht in jedem gegebenen Falle wieder neugebildet werden, sondern daß sie als Ganzes im Sprachbewußtsein gelebt und daher die Einwirkung der Accentgesetze erfahren haben, ܩܛܠܘܢܝ z. B. entsteht nicht aus ܩܛܠܘ + ܢܝ, sondern geht auf *qaṭalū́nî* zurück. Neubildungen wie ܐܠܨܘܟ „drängten euch" sind selten.

Anm. Das lange *â* vor dem Suff. der 2. m. sg. und der 3. f. sg. sowie das *e* der 2. f. sg. und der 3. m. sg. an der 3. sg. Perf. sind aus dem Nomen (§ 162 c) eingedrungen, umgekehrt das kurze *ă* vor dem Suff. der 1. Pl. aus dem Verb in's Nomen. Die Vokale der Suff. an der 3. sg. m. Perf. wurden durch Analogie auch auf die urspr. vokallos endende 3. f. sg., von da wieder auf die vokallos gewordene 1. sg. und die endungslosen Formen des Impf. übertragen.

C. Paradigma.

	Sg. 1.	Sg. 2. m.	Sg. 2. f.
Perfekt *P*e*al*			
Sg. 3. m.	ܩܛܠܢܝ	ܩܛܠܟ	ܩܛܠܟܝ
3. f.	ܩܛܠܬܢܝ	ܩܛܠܬܟ	ܩܛܠܬܟܝ
2. m.	ܩܛܠܬܢܝ	—	—
2. f.	ܩܛܠܬܝܢܝ	—	—
1.	—	ܩܛܠܬܟ	ܩܛܠܬܟܝ
Pl. 3. m.	ܩܛܠܘܢܝ	ܩܛܠܘܟ	ܩܛܠܘܟܝ
3. f.	ܩܛܠܢܝ	ܩܛܠܟ	ܩܛܠܟܝ*
2. m.	ܩܛܠܬܘܢܝ	—	—
2. f.	ܩܛܠܬܝܢܝ	—	—
1.	—	ܩܛܠܢܟ	ܩܛܠܢܟܝ
Impf. *P*e*al*			
Sg. 3. m.	ܢܩܛܠܢܝ	ܢܩܛܠܟ	ܢܩܛܠܟܝ
2. m.	ܬܩܛܠܢܝ ܬܩܛܘܠܢܝ	—	—
2. f.	ܬܩܛܠܝܢܝ	—	—
Pl. 3. m.	ܢܩܛܠܘܢܢܝ	ܢܩܛܠܘܢܟ	ܢܩܛܠܘܢܟܝ
3. f.	ܢܩܛܠܢܢܝ	ܢܩܛܠܢܟ	ܢܩܛܠܢܟܝ
Impt. *P*e*al*			
Sg. m.	ܩܛܘܠܢܝ	—	—
f.	ܩܛܘܠܝܢܝ		—

Sg. 3. f.	Pl. 1.	Pl. 2. m.
ܩܛܠܗ̇	ܩܛܠܢ	ܩܛܠܟܘܢ
ܩܛܠܬܗ̇	ܩܛܠܬܢ	ܩܛܠܬܟܘܢ
ܩܛܠܬܗ̇	ܩܛܠܬܢ	—
ܩܛܠܬܝܗ̇	ܩܛܠܬܝܢ	—
ܩܛܠܬܗ̇	—	ܩܛܠܬܟܘܢ
ܩܛܠܘܗ̇	ܩܛܠܘܢ	ܩܛܠܘܟܘܢ
ܩܛܠܗ̇	ܩܛܠܢ	ܩܛܠܟܘܢ
ܩܛܠܬܘܢܗ̇	ܩܛܠܬܘܢܢ	
ܩܛܠܬܝܢܗ̇	ܩܛܠܬܝܢܢ	
ܩܛܠܢܗ̇	—	ܩܛܠܢܟܘܢ

Sg. 3. f.	Pl. 1.	Pl. 2. m.
ܢܩܛܠܝܗ̇	ܢܩܛܠܢ	ܢܩܛܘܠܟܘܢ
ܐܩܛܠܝܗ̇ / ܐܩܛܘܠܝܗ̇	ܐܩܛܠܢ / ܐܩܛܘܠܝܢ	
ܐܩܛܠܝܢܗ̇	ܐܩܛܠܝܢܢ*	
ܢܩܛܠܘܢܗ̇	ܢܩܛܠܘܢܢ	ܢܩܛܠܘܢܟܘܢ
ܢܩܛܠܢܗ̇	ܢܩܛܠܢܢ	ܢܩܛܠܢܟܘܢ*

Sg. 3. f.	Pl. 1.	Pl. 2. m.
ܩܛܘܠܝܗ̇	ܩܛܘܠܝܢ	—
ܩܛܘܠܝܗ̇	ܩܛܘܠܝܢ	—

Impt. *Pe'al*			
Pl. m.	ܩܘܛܠܘܢܝ	--	—
	ܩܘܛܠܘܢܢܝ	—	—
f.	ܩܛܘܠܝܢܝ*	—	—
	ܩܛܘܠܝܢܢܝ	—	—
Inf. *Pe'al*	ܡܩܛܠܢܝ	ܡܩܛܠܟ	ܡܩܛܠܗ
Pa''el	ܡܩܛܠܘܬܢܝ	ܡܩܛܠܘܬܟ	ܡܩܛܠܘܬܗ

Anm. 1. * bedeutet, daß die Richtigkeit der Formen nicht ganz feststeht.

Anm. 2. Die Vokalisation des sg. u. des pl. f. Impt. gegenüber der älteren des Pl. m. ist durch Analogiebildung nach den Formen ohne Suff. zu erklären; dieselbe Analogie wirkt auch in den Formen mit *ă* und *e*: ܪܚܡܝܗ̇ „liebe sie", ܙܒܢܝܗ̇ „kaufe sie", sowie im Pa''el und Af'el: ܐܠܦܝܢܝ „lehre mich", ܐܫܠܡܝܗܝ „übergieb ihn". Vereinzelt ergreift die Analogie auch den Pl. ms., wenn dieser die Endung *ûnâ* hat: ܩܒܪܘܢܢܝ „begrabet mich" und so stets im Pa''el und Af'el ܩܒܠܘܢܢܝ „empfanget mich", ܐܠܒܫܘܢܝܗܝ „bekleidet ihn".

Anm. 3. Umgekehrt veranalogisiert die Form ܩܘܛܠܘܢܝ alle Impt. Pe'al des starken Verbs, auch die mit *a* und *e*, z. B. ܥܒܘܕܘܢܝܗܝ zu ܥܒܕܘ „thut", ܫܡܘܥܘܢܝ „hört mich" zu ܫܡܥܘ, vereinzelt sogar das Etpe'el ܐܬܟܪܘܟܘܗ̇ „umzingelt sie" und I ܢ wie ܣܘܒܘܗ̇ „nehmt sie" neben ܣܒܘ, ܣܒܘܗ̇.

Anm. 4. Die Endung der Form ܩܛܘܠܝܢܝ (vgl. § 92 Anm.) hat zunächst das Fem. ܩܛܘܠܝܗ̇ (für *q^eṭolâh*) dann auch die 1. Pers. veranalogisiert. Dem Impt. wird dann wieder die 2. m. sg. Impf. ܬܩܛܘܠܝܘܗܝ u. s. w. angeglichen.

Anm. 5. Das î am Sing. Impf. vor dem Suff. der 3. Sg.

—	ܩܛܠܟܘܢ	ܩܛܠܬܘܢܗ̱	ܩܛܠܟܘܢܝ
—	ܩܛܠܬܘܢܢܝ	ܩܛܠܬܘܢܝܗ̱	ܩܛܠܟܘܢܝܗ̱ܝ
—	ܩܛܠܬܝܢܝ	ܩܛܠܬܝܗ̱	ܩܛܠܬܝܗ̱ܝ
—	ܩܛܠܬܝܢܢܝ	ܩܛܠܬܝܢܗ̱	ܩܛܠܬܝܢܗ̱ܝ

ܢܩܛܠܟܘܢ ܢܩܛܠܢܝ ܢܩܛܠܢܗ̱ ܢܩܛܠܝܘܗܝ

ܢܩܛܠܘܢܟܘܢ ܢܩܛܠܘܢܢܝ ܢܩܛܠܘܢܗ̱ ܢܩܛܠܘܢܝܗܝ

muß sehr alt sein, da sich in Verbindung mit ihm noch das alte Suff. (*h*)*u* (§ 92 Anm.) gehalten hat; keinesfalls aber darf es dem hebr. ֵ— in תְּקַטְּלֵהוּ gleichgesetzt werden, da syr. ܶ und hebr. ֵ— sich nie direkt entsprechen.

Bei Antritt der Suff. an die Verba III ܝ ist § 22 zu beachten für die diphthongisch auslautenden Formen. An die vokalisch auslautenden Formen auf *â*, *û* und *î* treten die Suff. direkt an: das der 3. m. sg. lautet hinter *û* und *î*: *i* (ܗܝ) hinter *â*: *i* (ܝܗܝ). Bei der 3. f. sg. Perf. der abgeleiteten Stämme treten Analogiebildungen nach dem P^eʿal ein, ܓܰܠܝܰܬܢܝ nach ܓܠܰܬܢܝ für **gallîtan(i)*: die OS dehnen die Analogie noch weiter aus, indem sie das Fem. -*ă* dehnen: ܓܰܠܝܳܬܢܝ. In der 3. f. pl. P^eʿal tritt Analogiebildung nach der suffixlosen Form ein ܓܠܝܳܢܝ gegenüber ܩܛܠܳܢܝ nach ܓܠܝ̈. In der 1. Pers. sg. treten die Suff. an das unveränderliche *êt*, *îṯ* an. Alle übrigen Formen stimmen mit den entsprechenden vom starken Verbum überein. 198.

P. Paradigma:

Perfekt		Sg. 1.	Sg. 2. m.	Sg. 3. m.	Sg. 3. f.
Sg. 3. m.	*Peʿal*	ܩܛܠܢܝ	ܩܛܠܟ	ܩܛܠܗ̇ܝ	ܩܛܠܗ̇
	Paʿʿel	ܩܛܠܢܝ	ܩܛܠܟ	ܩܛܠܗ	ܩܛܠܗ̇
3. f.	*Peʿal*	ܩܛܠܬܢܝ	ܩܛܠܬܟ	ܩܛܠܬܗ	ܩܛܠܬܗ̇
	Paʿʿel	ܩܛܠܬܢܝ	ܩܛܠܬܟ	ܩܛܠܬܗ	ܩܛܠܬܗ̇
1.	*Peʿal*		ܩܛܠܬܟ	ܩܛܠܬܗ	ܩܛܠܬܗ̇
	Paʿʿel	–	ܩܛܠܬܟ	ܩܛܠܬܗ	ܩܛܠܬܗ̇
Pl. 3. m.	*Peʿal*	ܩܛܠܘܢܝ	ܩܛܠܘܟ	ܩܛܠܘܗ̇ܝ	ܩܛܠܘܗ̇
	Paʿʿel	ܩܛܠܘܢܝ	ܩܛܠܘܟ	ܩܛܠܘܗ̇ܝ	ܩܛܠܘܗ̇
3. f.	*Peʿal*	ܩܛܠܢܢܝ	ܩܛܠܢܟ	ܩܛܠܢܗ̇ܝ	ܩܛܠܢܗ̇
	Paʿʿel	ܩܛܠܢܢܝ	ܩܛܠܢܟ	ܩܛܠܢܗ̇ܝ	ܩܛܠܢܗ̇

Impf.		Sg. 1.	Sg. 2. m.	Sg. 3. m.	Sg. 3. f.
	Peʿal	ܢܩܛܠܢܝ	ܢܩܛܠܟ	ܢܩܛܠܘܗ̇ܝ	ܢܩܛܠܗ̇

Impt.		Sg. 1.	Sg. 2. m.	Sg. 3. m.	Sg. 3. f.
Sg. m.	*Peʿal*	ܩܛܘܠܝܢܝ	–	ܩܛܘܠܝܗ̇ܝ	ܩܛܘܠܝܗ̇
	Paʿʿel	ܩܛܠܢܝ	–	ܩܛܠܝܗ̇ܝ	ܩܛܠܝܗ̇
Sg. f.	*Peʿal*	ܩܛܘܠܝܢܝ	–	ܩܛܘܠܝܘܗ̇ܝ	ܩܛܘܠܝܗ̇
Pl. m.	*Peʿal*	ܩܛܘܠܘܢܝ	–	ܩܛܘܠܘܗ̇ܝ	ܩܛܘܠܘܗ̇
Pl. f.	*Peʿal*	ܩܛܘܠܝܢܢܝ	–	ܩܛܘܠܝܢܗ̇ܝ	ܩܛܘܠܝܢܗ̇

Inf.		Sg. 1.	Sg. 2. m.	Sg. 3. m.	Sg. 3. f.
	Peʿal	ܡܩܛܠܢܝ	ܡܩܛܠܟ	ܡܩܛܠܗ	ܡܩܛܠܗ̇
	Paʿʿel	ܡܩܛܠܘܬܢܝ	ܡܩܛܠܘܬܟ	ܡܩܛܠܘܬܗ	ܡܩܛܠܘܬܗ̇

ܐܝܬ

ܐܝܬ eig. ein Nomen „Existenz“ (Grundform *itai* § 33, st. emph. ܐܝܬܝܐ „das Wesen“ noch ganz gebräuchlich), 199.
ersetzt im weitesten Umfang das Verbum „sein“. Es verbindet sich mit Personalsuffixen, die sich mit der urspr. Endung *ai* ganz wie mit der msc. Pl.-Endung des Nomen (§ 163) verbinden: ܐܝܬܝ „ich bin“, ܐܝܬܝܟ „du bist“ u. s. w. Mit der Negation ܠܐ verbindet sich ܐܝܬ oft zu ܠܝܬ „ist nicht“, doch kommt auch die getrennte Form ܠܐ ܐܝܬ vor. ܠܝܬ nimmt natürlich dieselben Suffixe an wie ܐܝܬ also: ܠܝܬܘܗܝ „er ist nicht“ u. s. w.

IV. Syntaktische Bemerkungen.

A. Zum Nomen.

Gebrauch der Status. Der Stat. emph. hat seine 200.
urspr. Bedeutung, die Determination, ganz verloren und ist die Normalform des Nom. geworden. Der urspr. indeterm. stat. absol. ist dadurch im Gebrauch sehr zurückgedrängt und findet sich nur noch:

a) in einigen Eigennamen wie ܢܨܝܒܝܢ „Säulen“, ܩܢܫܪܝܢ „Adlernest“, ܐܦܣ „Patricius“.

b) bei distributiver Wiederholung: ܡܢ ܫܢܐ ܠܫܢܐ „von Jahr zu Jahr“, ܓܘܕܝܢ ܓܘܕܝܢ „Scharenweise“.

c) nach ܟܠ und bei Zahlwörtern: ܒܟܠ ܚܦܝܛܘ „mit allem Eifer“, ܬܠܬܐ ܝܪ̈ܚܝܢ „drei Monate“.

d) bei negativen Ausdrücken: ܕܠܐ ܚܘܣܢ „ohne Schonung“.

e) in adverbial erstarrten Verbindungen mit Präpositionen: ܒܣܘܪܗܒܐ „eilig“. ܡܢ ܫܠܝ „plötzlich“.

f) in einigen Zusammensetzungen wie ܒܪ ܐܝܡܡ νυχθήμερον.

201. Das prädikative Adjektiv steht meist im st. absol., z. B. ܠܐ ܪܒܝܢ ܣܟܠܘܬܗ „nicht groß ist seine Sünde“. bei ܗܘܐ aber auch im emph.: ܐܡܗ ܕܝܢ ܡܗܝܡܢܬܐ ܗܘܬ „seine Mutter aber war eine Gläubige“. ebenso bei den Verben „sich zeigen, gefunden werden, heißen“: ܐܬܚܙܝ ܓܢܒܪܐ „zeigte sich tapfer“ und stets bei ܐܝܬ: ܐܝܬܘܗܝ ܗܘܐ ܚܢܦܐ „war ein Heide“.

202. Genitivverbindung. Der stat. cstr. findet sich zwar noch häufig und ist in einigen Verbindungen wie ܒܥܠܕܒܒܐ „Feind“ sogar allein zulässig. Sonst aber wird der Gen. meist durch das Relat. (alte Demonstr.) ܕ umschrieben: ܬܪܥܐ ܕܗܝܟܠܐ „die Thür des Tempels“. Sind beide Teile determiniert, so wird auf den Gen. gern durch ein vorangehendes Possessivsuffix hingewiesen: ܛܝܒܘܬܗ ܕܐܠܗܐ „die Güte Gottes“. Der Gen. mit ܕ kann auch von seinem Regens getrennt werden: ܪܘܪܒܢܐ ܟܠܗܘܢ ܕܡܠܟܐ „alle Magnaten des Königs“, ja das Regens kann sogar überhaupt fehlen: ܥܠ ܕܒܝܬ ܡܪܩܝܘܢ „über die Anhänger Markions“; so erklärt sich auch die Konstruktion von ܝܨܦ „sorgen“ mit ܕ.

B. Zum Pronomen.

Enklitisches unveränderliches ܗܘ dient oft zur 203.
Hervorhebung eines Nomens, Pronomens oder Verbums: ܬܒܝܥ ܗܘ ܕܝܢ ܡܢ ܐܝܕܝ ܗܘܐ ܕܡܗ „so wäre ich wegen seines Blutes zur Rechenschaft gezogen worden“: ܡܛܠ ܗܕܐ ܗܘ ܓܝܪ ܐܫܬܕܪܬ „denn eben deswegen bin ich geschickt worden“: ܡܫܬܘܝܢܢ ܗܘ ܥܡܗ „wir stimmen mit ihm überein“. Zur Hervorhebung eines Nomens oder Demonstrativpron. kann das Pron. der 3. Pers. auch voranstehn und stimmt dann in Genus und Numerus mit demselben überein: ܟܕ ܫܡܥ ܗܘܐ ܐܒܪܗܡ ܗܝ ܗܕܐ „als A. eben dies gehört hatte“.

Das Reflexiv wird, wenn das einfache Suffix un- 204.
deutlich scheinen könnte, durch ܢܦܫܐ „Seele“, ܩܢܘܡܐ „Person“, ܝܬܐ „Wesen“ umschrieben: ܦܪܫܘ ܢܦܫܗܘܢ „trennten sich“: ܨܒܐ ܗܘܐ ܕܝܢ ܐܒܪܗܡ ܕܗܘ ܩܢܘܡܗ ܢܐܙܠ ܗܘܐ „A. wollte selbst gehn“: ܢܨܐ ܥܡ ܝܬܗ „streitet mit sich selbst“.

Nach Verben der Bewegung steht oft ܠ mit Suff. 205.
ohne Einfluß auf die Bedeutung: ܢܦܩ ܠܗ „ging hinaus“.

C. Zum Adverbium.

Substantiva können ohne Präp. adverbiell stehn. 206.
z. B. Ortsbestimmungen ܡܨܥܬ ܡܕܝܢܬܐ „mitten in der Stadt“, sehr häufig ܒܝܬ „im Hause“: ܒܝܬ ܐܘܪ̈ܗܝܐ „in

der Osrhoëne". Zeitbestimmungen: ܡܥܪ̈ܒ ܫܡܫܐ „um Sonnenuntergang", Maßausdrücke: ܢܦܩ ܒܒܘܬܐ „er ging ein Übernachten hinaus, brachte die Nacht zu"; selten sind Qualitätsadverbia derart, wie ܥܪܛܠܐܝܬ „nackt", ܛܒ „sehr", ܝܬܝܪ „mehr"; die beiden letzteren können vor oder nach dem zu verstärkenden Adjektiv stehn.

D. Zum Verbum.

207. Unpersönliche Ausdrücke stehn meist im Fem.: ܟܪܝܬ ܠܝ „ich bin betrübt", ܥܩܬ ܠܝ „ich wurde überdrüssig", ܪܓܝܓܐ ܠܝ „ich begehre", ܡܫܟܚܐ „es ist möglich", seltener im Masc.: ܛܢܢ ܠܝ „ich habe Eifer".

208. Das Perf. steht nicht nur als Tempus der Erzählung und zur Angabe eines Resultats, sondern auch in hypothetischen und in Wunschsätzen: ܠܘܝ ܡܢ ܐܢܫ ܥܓܠ ἀποκυλίσει „wenn doch einer wegwälzte".

209. Zur stärkeren Hervorhebung der Vergangenheit dient enklit. ܗܘܐ hinter dem Perf., eine Verbindung, die wir oft durch das Plusquamperf. übersetzen können: ܐܬܐܣܝ ܗܘܐ „er war geheilt worden". Häufig aber ist ܗܘܐ nur Flickwort in der Erzählung: ܘܬܗܪ ܗܘܐ ܐܒܓܪ „und A. wunderte sich".

210. Das Imperf. mit ܗܘܐ steht oft in abhängigen Sätzen nach dem Perf.: ܘܦܩܕ ܗܘܐ ܐܒܓܪ ܠܐܕܝ ܕܢܦܩ ܗܘܐ ܟܪܘܙܐ ܘܢܟܪܙ ܗܘܐ ܒܟܠܗ ܡܕܝܢܬܐ ܘܢܬܟܢܫܘܢ ܗܘܘ ܟܠܗ ܐܢܫܘܬܐ „A. befahl dem A., er solle einen Herold

aussenden, der solle in der ganzen Stadt ausrufen, die gesamte Einwohnerschaft solle sich versammeln".

Das aktive Particip bezeichnet zunächst einen 211.
Zustand ohne Hinweis auf eine bestimmte Zeit, dann die dauernde oder momentane Gegenwart: ܗܟܢܐ ܝܕܥܐ ܚܣܝܘܬܟ „also wissen Ew. Gnaden", aber auch die Zukunft: ܐܦ ܚܢܢ ܡܝܬܝܢܢ ܥܡܗ „wir wollen mit ihm sterben". Als Präs. hist. steht sehr oft ܐܡܪ „er sprach".

In abhängigen Sätzen steht das Part. nicht selten 212.
von zukünftigen Handlungen: ܕܠܐ ܡܢ ܚܝܐ ܠܡܘܬܐ ܡܥܒܪ ܐܢܐ ܠܟ „daß ich dich nicht vom Leben zum Tode befördere". In Abhängigkeit von einem Verbum kann es auch unverbunden neben diesem stehn: ܫܪܝܘ ܪܩܝܢ „sie fingen an zu speien", ܠܐ ܡܫܟܚ ܚܙܐ ܠܗ „er kann es nicht sehn".

Durch Verbindung des Part. mit ܗܘܐ entsteht ein 213.
Ausdruck für die Dauer oder Wiederholung in der Vergangenheit: ܬܡܢ ܡܫܡܫܝܢ ܗܘܘ ܟܠ ܝܘܡܝ ܚܝܝܗܘܢ „dort dienten sie alle Tage ihres Lebens", oder für etwas in der Vergangenheit bevorstehendes: ܟܘܪܗܢܐ ܕܢܡܘܬ ܗܘܐ ܒܗ ܡܢ ܥܠܡܐ ܗܢܐ „die Krankheit, an der er sterben sollte".

Das passive Particip drückte eine vollendete 214.
Handlung aus: ܟܬܝܒ „es steht geschrieben", mit ܗܘܐ dieselbe in der Vergangenheit: ܥܒܝܕܝܢ ܗܘܘ „waren verfertigt". Mit Angabe des durch ܠ eingeführten logischen Subjekts dient es zur Umschreibung des Verb. finit.:

ܫܡܝܥܝܢ ܚܢܢ „wir haben gehört“. ܫܡܝܥܝܢ ܗܘܝܢ ܚܢܢ „wir hatten gehört“. Einige Part. der Form ܦܥܝܠ haben active Bedeutung, so namentlich ܛܥܝܢ, ܫܩܝܠ „tragend“, ܐܚܝܕ. ܩܢܐ „besitzend“ u. a.

215. Die Verneinung des Imper. wird durch ܠܐ mit dem Imperf. ausgedrückt: ܠܐ ܬܩܛܘܠ „töte nicht“.

216. Das Objekt bleibt meist unbezeichnet: ܚܙܐ ܓܒܪܐ ܚܕ „er sah einen Mann“; ist es determiniert, so kann es durch ܠ eingeführt werden: ܠܒܢܘܗܝ ܕܝܢ ܐܠܦ „seine Söhne aber unterwies er“; oft wird noch durch ein vorhergehendes Pron. suff. auf dasselbe hingewiesen: ܟܕ ܩܒܠܗ ܗܘܐ ܝܫܘܥ ܠܐܓܪܬܐ „als Jesus den Brief empfangen hatte“. Zahlbegriffe werden meist als determiniert angesehen: ܐܫܕܪ ܠܟ ܠܚܕ ܡܢ ܬܠܡܝܕܝ „ich werde dir einen von meinen Jüngern schicken“, ܠܐ ܐܠܨ ܗܘܐ ܠܐܢܫ „er zwang niemanden“, ܐܠܦ ܗܘܐ ܠܣܘܓܐܐ ܕܥܡܘܪ̈ܐ „er unterwies viele von den Einwohnern“.

217. Doppelt transitiv sind die Verba des Fragens, Machens zu u. a.: ܕܫܐܠܬܟ „wonach ich dich gefragt habe“. ܥܒܕܗ ܗܘܐ ܩܫܝܫܐ „er machte ihn zum Presbyter“.

E. Zum Satzbau.

218. Im Nominalsatz kann das Prädikat frei stehn: ܡܡܠܠܟ ܕܡܐ „deine Sprache ist ähnlich“, oder angeknüpft werden durch das enklit. Pron. der 3. Pers.: ܠܒܟܘܢ ܗܘ ܡܥܘܪ „euer Verstand ist blind“, so auch

beim Pron. 2. Pers. als Subjekt: ܐܢܬ ܗܘ ܒܪܫܡܢܐ „bist du B.?“, oder durch enklit. ܗܘܐ:[1] ܠܐ ܫܘܝܢ ܗܘܝ ܣܗܕܘܬܗܘܢ „ihre Zeugnisse waren nicht gleich.“

Die Wortstellung ist sehr frei. Wenn auch die altsemit. Regel, daß in Verbalsätzen das Prädikat, in Nominalsätzen das Subjekt voransteht, noch oft beobachtet wird, so sind doch die Abweichungen davon ebenso häufig. Auch das Objekt und die adverbialen Bestimmungen brauchen dem Verb nicht mehr zu folgen. 219.

Zur Verneinung des Verbs dient ܠܐ; soll ein Nomen oder eine adverbiale Bestimmung verneint werden, so kann ܠܐ durch enklit. ܗܘܐ oder enklit. ܗܘ, mit dem es stets zu ܠܘ verschmilzt, verstärkt werden: ܠܐ ܗܘܐ ܐܢܐ ܒܠܚܘܕܝ ܡܢܝܚ ܐܢܐ „nicht ich nur bin zufrieden“. ܠܘ ܓܝܪ ܒܬܘܟܠܢܐ ܕܢܦܢܘܢ ܠܚܝܐ ܐܙܠܘ ܠܬܡܢ „denn nicht im Vertrauen darauf, daß sie zum Leben zurückkehren würden, gingen sie dorthin“. 220.

Zwei Verba, die schnell auf einander folgende oder zusammenfallende Handlungen bezeichnen, oder von denen eins eine Modifikation des andern ausdrückt, stehen häufig unverbunden neben einander: ܫܕܪ ܐܝܬܝܗ „er schickte und ließ ihn holen“, so besonders oft bei 221.

---

[1] Steht aber ܗܘܐ vor dem Prädikat, so behält es sein ܗ: ܗܘ ܗܘܐ ܡܕܒܪܢܐ „er war der Leiter“, so stets ܠܐ ܗܘܐ „war nicht“ (aber ܠܐ ܗܘܐ „nicht“ § 220).

ܩܕܶܡ „vorher thun“ und ܐܰܣܓܺܝ „viel thun“: ܩܕܰܡܢ ܐܶܡܰܪܢ „wir haben vorhergesagt“, ܐܰܣܓܺܝ ܪܚܶܡ „liebte viel“.

222. Präpositionelle Bestimmungen eines Nomens werden häufig durch ܕ zu einem selbständigen Relativsatz erhoben: ܚܺܐܪܽܘܬܗܽܘܢ ܕܒܝܶܫܽܘܥ „ihre Freiheit in Jesus“.

223. Eine als möglich darzustellende Bedingung wird durch ܐܶܢ (negiert ܐܶܠܳܐ) oder ܐܶܢܗܽܘ ܕ, eine als unmöglich darzustellende durch ܐܶܠܽܘ eingeleitet; erstere werden mit dem Part. oder Imperf. seltener mit dem Perf. oder einem Nominalsatz, letzteres wird mit dem Perf. verbunden: ܐܶܢ ܐ̱ܢܳܫ ܟܳܠܶܐ ܠܗܽܘܢ „wenn sie jemand hindert“, ܐܶܢ ܐܰܠܳܗܳܐ ܡܥܰܕܰܪ ܗܽܘ ܠܰܐܝܠܶܝܢ ܕܒܳܥܶܝܢ ܠܶܗ „wenn Gott denen hilft, die ihn suchen“, ܐܶܢ ܡܰܠܶܦܬܽܘܢ ܠܰܒܢܰܝܢܳܫܳܐ „wenn ihr die Menschen belehrt habt“, ܐܶܢ ܗܽܘ ܕܫܰܪܺܝܪܳܐ ܠܳܟ ܗܳܕܶܐ „wenn dir dies für wahr gilt“; ܐܶܠܽܘ ܠܳܐ ܫܡܰܥܳܢܝ „wenn er mich nicht gehört hätte“. Nicht selten sind elliptische Bedingungssätze: ܐܶܢ ܠܓܢܽܘܢܳܐ ܐܰܘ ܠܓܶܗܰܢܳܐ ܥܰܡܳܟ ܐܳܙܶܠ ܐ̱ܢܳܐ „ob zum Brautgemach oder zur Hölle ich gehe mit dir“, namentlich aber bei ܐܶܠܳܐ „wenn nicht“, das geradezu zur Adversativpartikel „aber, indeß“ geworden ist.

LITTERATUR.

I. Litteraturgeschichte und Handschriftenverzeichnisse.

Joseph Simonius Assemanus Syrus Maronita († 1768), Bibliotheca orientalis clementino-vaticana, in qua manuscriptos codices syriacos recensuit. Romae, fol. I, 1719 de scriptoribus syris orthodoxis; II, 1721 de scriptoribus syris monophysitis; III 1, 1725 de scriptoribus Nestorianis cont. catalogum Ebediesu († 1318); III 2, 1728 de Syris Nestorianis.

W. Wright, A short history of Syriac literature, London 1894.

R. Duval. La littérature syriaque. Bibliothèque de l'enseignement de l'histoire ecclésiastique vol. II. Paris, Lecoffre, 1899.

Bibliothecae apostolicae vaticanae codicum manuscriptorum catalogus in tres partes distributus. *Steph. Evodius Assemanus* archiepiscopus Apameensis et *Jos. Sim. Ass.* Romae, fol, partis I tomus II, 1758 et partis II tomus III, 1759, complectens codices chaldaicos sive syriacos.

Angelo Mai, Scriptorum veterum nova collectio e vaticanis codicibus edita t. V, Rom 1831, 4⁰. Codices Chaldaici sive Syriaci Vaticani Assemaniani p. 1*—82*; vgl. ib. p. 243—51, t. X (2) 374.

P. Cersoy, Les manuscrits orientaux de Mg. David au Musée Borgia de Rome, Ztschr. für Assyr. IX 361—384.

Bibliothecae Mediceae Laurentianae et Palatinae codd. mss. orientalium catalogus *St. Ev. Assemanus* archiep. Apameae recensuit, A. Fr. Gorio cur. Florentiae 1742.

Catalogus codd. mss. or. qui in Museo Britannico asservantur. Pars I codd. syriacos et carshunicos amplectens (ed. *Rosen et Forshall*) London 1838.

Catalogue of the syriac manuscripts in the British Museum acquired since the year 1838. By *W. Wright*, London, 3 parts 1870, '1, '2.

Catalogi codd. mss. bibliothecae Bodleianae pars VI. codd. syriacos, carshunicos, mandaeos complectens, confecit *R. Payne Smith*. Oxon. 1864.

Manuscrits orientaux. Catalogues des manuscrits syriaques et sabéens (mandaites) de la bibliothèque nationale ed. *H. Zotenberg*). Paris 1874.

Notices sur les mss. syriaques de la bibl. nat. acquis depuis 1874 par *J. B. Chabot*, Journ. as. s. 9. t. 8 (1896) p. 234—90.

Königliche Bibliothek, Berlin. Kurzes Verzeichnis der Sachau'schen Sammlung syrischer Handschriften von *E. Sachau*. Nebst Übersicht des alten Bestandes. Berlin 1885.

Catalogue of the syriac manuscripts in the convent of S. Catherine on mount Sinai, compiled by *A. Smith-Lewis.* Studia Sinaitica I London 1894.

Notice sur les mss. syriaques conservés dans la bibliothèque du patriarcat orthodoxe de Jérusalem par *J. B. Chabot*, Journ. as. s. 9. t. 3 p. 92—185.

2. Grammatiken.

a) *einheimische.*

A. Merx. Historia artis grammaticae apud Syros, Leipzig 1889, Abh. für die Kunde des Morg. IX, 2.

Fragments of ܬܘܪܨ ܡܡܠܠܐ ܢܗܪܝܐ or syriac grammar of Jacob of Edessa († 5. Juni 708), ed. from mss. in the British Museum and the Bodleian library by *W. Wright* LLD. Only fifty copies printed for private circulation (London 1871).

A letter by mar Jacob, b. of Ed. on syriac orthography; also a tract by the same author, and a discourse by Gregory bar Hebraeus on syriac accents now ed. in the original syriac, from mss. in the brit. mus. with an engl. transl. and notes by *G. Phillips.* London 1869.

ܬܘܪܨ ܡܡܠܠܐ ܣܘܪܝܝܐ oder syrische Grammatik des Mar Elias von Tirhan († 1049), herausg. und übers. von *Fr. Baethgen.* Leipzig 1880.

A treatise on syriac grammar by Mar Eliah of Ṣôbhâ († nach 1049) ed. *R. Gottheil*, Berlin 1887.

Oeuvres grammaticales d'Abou'l faradj dit Bar Hebraeus († 30 Juli 1286) éditées par *M. l'abbé Martin*, tome I cont. le ktovo d'tsemhé, t. II cont. la petite grammaire en vers de sept syllabes et le traité, „de vocibus aequivocis“ texte et commentaire. Paris 1872.

Opuscula Nestoriana syriace tradidit *G. Hoffmann.* Kiliae 1880.

Bar Zu'bi (um 1200) traité sur l'accentuation chez les Syriens orientaux par *M. l'abbé Martin.* Paris 1877. Actes de la société philologique tome 7. n. 1.

Martin, de la métrique chez les Syriens, Abh. für die Kunde des Morg. VII, 2, Leipzig 1879.

b) *europäische.*

Th. Nöldeke. Kurzgefasste syrische Grammatik. 2. verb. Aufl. Leipzig 1898.

R. Duval. Traité de Grammaire Syriaque. Paris 1881.

3. Wörterbücher.

a) *einheimische.*

Syrisch-arabische Glossen. Erster Band Autographie einer Gothaischen Handschrift, enthaltend Bar Alis (um 880) Lexicon von Alaf bis Mim hsg. von *G. Hoffmann.* Kiel 1884.

Bar Bahlûl (um 963) Lexicon syriacum ed. *R. Duval.* Paris 1888 sq.

Eliae Nisibeni († 1049) interpres ed. *P. de Lagarde* in Praetermissorum libri duo Gottingae 1879 p. 1—96.

b) *europäische.*

Thesaurus Syriacus collegerunt St. M. Quatremère, G. H. Bernstein, G. W. Lorsbach, A. J. Arnoldi, C. M. Agrell, F. Field, Ae. Roediger, auxit, digessit, exposuit, edidit *R. Payne Smith.* Oxonii 1868 sq.

I. Löw. Aramäische Pflanzennamen. Leipzig 1881.

Lexicon Syriacum auct. *C. Brockelmann,* praefatus est Th. Nöldeke, Berlin, Edinburgh 1895.

Dictionarium Syriaco-latinum auct. *P. J. Brun* S. J. Beyrouth 1895.

4. Chrestomathien.

Chrestomathia Syriaca quam glossario et tabulis grammaticis explanavit *Aem. Roediger.* Tertium edidit auxit emendavit *J. Roediger.* Halis Saxonum 1892.

Chrestomathia Syriaca ed. a *P. Pio Zingerle.* Romae 1871. Lexicon syriacum in usum chrestomathiae suae elaboratum a *P. P. Z.* ib. 1873.

Liber thesauri de arte poetica Syrorum per *P. D. G. Cardahi.* Romae 1875.

5. Bibelübersetzungen.

A. Ceriani. Le edizioni e manoscritti delle versioni siriache del Vecchio Testamento. Milano 1869.

The printed editions of the Syriac New Testament in The Church Quarterly Review vol. XXVI. July 1888.

a) *Älteste Evangelienübersetzung.*

Remains of a very ancient recension of the four gospels in syriac hitherto unknown in Europe; discovered edited and translated by *W. Cureton.* London 1858.

Fragments of the Curetonian Gospels ed. by *W. Wright*. London 1872; vgl. Roediger in Monatsber. der Berl. Ak. 1872 Juli p. 537.

Evangelienfragmente. Der griechische Text des Cureton'schen Syrers wiederhergestellt von *Fr. Baethgen*. Leipzig 1885.

The four gospels in Syriac, transcribed from the Sinaitic Palimpsest by the late *R. L. Bensly* and by *J. Rendel Harris* and by *F. Crawford Burkitt*. With an introduction by *A. Smith Lewis*. Cambridge 1894.

Some pages of the four gospels retranscribed from the Sinaitic Palimpsest with a translation of the whole text by *A. Smith Lewis*. London-Cambridge 1896.

b) *Pešîṭtâ.*

α) Gesamtausgaben.

Biblia polyglotta Parisiensia Michaelis le Yay. Lutetiae 1645.

Biblia sacra polyglotta Londinensia *Briani Walton*. Londinii 1657.

ܦܫܝܛܬܐ (so) ܟܬܒܐ ܕܕܝܬܝܩܐ ܟܬܒܐ ܗ̄ ܩܕܝܫܐ ܟܬܒܐ Londinii 1823/6.

β) Altes Testament.

Vetus Testamentum syriace eos tantum libros sistens, qui in canone hebraico habentur, ordine vero, quoad fieri potuit, apud Syros usitato dispositos in usum ecclesiae Syrorum Malabarensium jussu societatis biblicae recognovit et ad fidem codd. mss. emendavit, edidit *S. Lee*, Londini 1824.

ܟܬܒܐ ܩܕܝܫܐ ܗ̄ ܕܕܝܬܝܩܐ ܥܬܝܩܬܐ ܡܦܫܩܬܐ ܘܡܦܩܬܐ ܡܢ ܥܒܪܝܐ Urmiae 1852 (AT. alt- und neusyr. mit nest. Punctation).

Translatio syra Pescitto veteris testamenti ex codice Ambrosiano sec. fere VI photolithographice edita curante et adnotante Sac. Obl. *A. M. Ceriani*. 4 pt. Mediolani 1876—83.

γ) Alttestamentliche Apocryphen.

Libri veteris testamenti apocryphi syriace e recognitione *P. A. de Lagarde*. Lipsiae et Londinii 1861.

Monumenta sacra et profana ex codicibus praesertim Bibliothecae Ambrosianae Mediolani t. V fs. 2. liber IV Esdrae Syriace p. 71—111, Apocalypsis Baruch syr. 113—180 ed. *M. A. Ceriani*.

The fourth book of Maccabees and kindred documents in syriac ed. by *Bensly*. Cambridge 1895.

b) Neues Testament.

Novum domini nostri Jesu Christi testamentum syriacum cum versione latina cura et studio *Johannis Leusden* et *Caroli Schaaf* editum, ad omnes editiones diligenter recensitum et variis lectionibus magno labore collectis adornatum. Acc. *C. Schaaf*, Lexicon syriacum concordantiale. Lugd. Bat. 1709.

ܟܬܒܐ ܕܕܝܬܝܩܐ ܚܕܬܐ ܕܡܪܢ ܝܫܘܥ ܡܫܝܚܐ
New-York 1874, 1878, 1886.

Apocalypse of St. John in a syriac version hitherto unknown ed. with notes etc. by *J. Gwynn*. London 1897.

c) *Philoxeniana von Philoxenus von Mabbôg* (485—519).

Syriace fragmenta Esaiae versionis e graeco probabiliter Philoxenianae et recensionis Jacobi Edesseni in Monumenta sacra et profana t. V, fs. 1, p. 1—40. Mediol. 1873.

Syriac manuscript, gospels of a pre-Harklensian Version, written (probably) between 700 and 900 A. D. ed. *J. H. Hall*. Philadelphia 1884.

d) *Philoxeniana, revidiert von Thomas von Heraclea* (um 616).

Sacrorum evangeliorum versio syriaca Philoxeniana ex codd. mss. Ridleianis in bibl. coll. Nov. Oxon. repositis nunc primum edita, cum interpretatione et adnotationibus *Josephi White*. Oxonii 1778.

Actuum Apostolorum et Epistolarum tam catholicarum quam Paulinarum versio syriaca Philoxeniana ex cod. ms. Ridleiano nunc primum edita, cum interpr. et annot. *J. White*. 2 voll. Oxonii 1799. 1803.

Das heilige Evangelium des Johannes, syrisch in harklensischer Übersetzung mit Vocalen und den Punkten Kuschoi und Rucoch nach einer Vatic. Hds. nebst krit. Anmm. von *G. H. Bernstein*. Leipzig 1853.

Bensly, The Harklean Version of the Epistle to the Hebrews chap. XI 28—XIII 25. Cambridge 1889.

Williams Manuscript. The Syrian Antilegomena Epistles ed. by *J. H. Hall*. Philadelphia 1886.

e) *Hexaplaris des Paulus von Tella* (i. J. 616/7).

Veteris Testamenti Graeci in sermonem syriacum versi fragmenta octo in Bibliothecae syriacae a *P. de Lagarde* collectae, quae ad philologiam sacram pertinent. Gottingae 1892 p. 1—256.

f) *Neutestamentliche Apocryphen.*

Contributions to the apocryphical literature of the new testament collected and edited from syriac mss. in the British Museum with an engl. translation and notes by *W. Wright.* London 1865.

Apocryphical acts of the apostles edited from syriac manuscripts in the British Museum and other libraries by *W. Wright.* London 1871.

A. A. Bevan. The hymn of the soul in the syriac acts of St. Thomas, reedited with an engl. translation. Cambridge 1897.

The departure of my lady Mary from this life ed. and transl. by *W. Wright.* Journ. of sacr. lit. and bibl. record, 4th ser. vol. 6 &7. Jan. & Apr. 1865 London.

Fragments du livre gnostique intitulé Apocalypse d'Adam ou pénitence ou Testament d'Adam, publ. d'après deux versions syr. par *E. Renan,* Journ. As. sér. 5. t. 2. p. 417—71.

6. Originalschriftsteller.

a) *Sammelausgaben und Anonyma.*

Acta sanctorum martyrum orientalium et occidentalium in duas partes distributa, accedunt acta s. Simeonis stylitae omnia nunc primum e bibl. apost. vatic. prodeunt. *St. Ev. Assemanus* archiepiscopus apameensis chaldaicum textum recensuit lat. vertit, admonitionibus perpetuisque adnotationibus illustravit. Romae 1748. 2 voll.

Acta martyrum et sanctorum (ed. *P. Bedjan*), t. I—VII. Paris 1890—7.

G. Hoffmann. Auszüge aus syrischen Acten persischer Märtyrer, übers. und durch Untersuchungen zur historischen Topographie erläutert. Leipzig 1880. Abh. f. d. K. d. M. VII, 3.

An ancient syriac martyrology from a ms. of the year 411, ed. by *W. Wright* in Journ. of sacr. lit. 4. ser. t. 8 (1865).

Die Geschichte des Mâr 'Abhdîšô' und seines Jüngers Mâr Qardagh hsg. v. *H. Feige.* Kiel 1890.

Acta Sti Mar Abdu'l Masich, aram. et lat. ed. *J. Corluy.* Bruxelles 18:6 (Analecta Bolland. t. V).

La légende syriaque de St. Alexis, texte syr. ed. par *A. Amiaud.* Paris 1889. Bibl. de l'école des hautes études fs. 79.

La légende de Mar Bassus martyr Persan, publ. par *J. B. Chabot.* Paris 1893.

Budge, The martyrdom of Isaac of Tiphre. TSBA IX 74—111.

Acta Sti Maris, Assyriae, Babyloniae ac Persidis sec. 1. apostoli, syr. ed. *J. B. Abbeloos.* Bruxelles-Leipzig 1885.

Acta S. Pelagiae syr. ed. *J. Gildemeister.* Bonn 1879.

Historia S. Mar Pethion ed. *Corluy.* Bruxelles 1888 (Analecta Bolland. t. VII).

Anecdota Syriaca, coll. ed. explicuit *J. P. N. Land.* 4 voll. Lugd. Bat. 1862—75.

Das Buch der Erkenntnis der Wahrheit hrsg. von *K. Kayser.* Leipzig 1889; deutsch v. dems. Strassburg 1893.

Das Buch der Naturgegenstände hrsg. von *Ahrens.* Kiel 1892.

Untersuchungen über die Quellen u. s. w. der Edessenischen Chronik (mit Text) von *L. Hallier.* Texte und Untersuchungen zur Geschichte der altchristl. Literatur hrsg. v. O. v. Gebhardt und A. Harnack IX. Bd. 1. Heft. Leipzig 1892.

A syriac chronicle of the year 846. By *E. W. Brooks* ZDMG 51, 569—88; vgl. ib. 52, 153 ff., 416 ff.

The doctrine of Addai, the apostle, now first edited in a complete form in the original syriac with an engl. transl. and notes by *G. Phillips.* London 1876.

Ancient syriac documents relative to the earliest establishment of christianity in Edessa and the neighbouring countries, ed. *W. Cureton.* with a preface by *W. Wright.* London 1864.

S. Hochfeld. Beiträge zur syr. Fabellitteratur. Halle 1893.

Fragmente syr. und arab. Historiker, hrsg. und übers. v. *Fr. Baethgen.* Leipzig 1884. Abh. f. d. K. d. M. VIII, 3.

Julianos der Abtrünnige. Syrische Erzählungen. Hrsg. v. *J. G. E. Hoffmann.* Leiden 1880.

Monumenta Syriaca ex Romanis codd. collecta, praefatus est *P. P. Zingerle.* vol. 1. Oeniponti 1869. vol. 2. ed. a *G. Moesinger.* ib. 1878.

Physiologus syrus seu historia animalium 32 in s. scriptura memoratorum ed. *O. G. Tychsen.* Rostockii 1795. — leydensis: Anecd. IV 33—102, 31—98, 115—76.

Reliquiae juris ecclesiastici antiquissimae, syr. primus ed. *A. P. de Lagarde.* Lipsiae 1856.

Die Schatzhöhle, syrisch und deutsch von *C. Bezold.* 2 Bde. Leipzig 1883. 1888.

Spicilegium Syriacum, containing remains of Bardesan, Meliton, Ambrose and Mara bar Serapion, now first ed. with an engl. transl. and notes by *W. Cureton.* London 1855.

Gli statuti della scuola di Nisibi ed. *I. Guidi* in Giorn. d. soc. as. it. III 165—195; vgl. *J. B. Chabot,* Journ. as. s. 9. t. 8. p. 43 ff.

Testi orientali inediti sopra i Sette Dormienti di Efeso, publ. e tradotti dal socio *I. Guidi.* Reale Acc. dei Lincei, anno 282, 1884 5.

Un nuovo testo siriaco sulla storia degli ultimi Sassanidi (v. ca. 670—80) pubbl. da *I. Guidi* in Actes du 8e congrès internat. des orient. (Leiden 1891) sect. I B. p. 1—36 übers. v. *Th. Nöldeke* SBWA. 1893 no. IX.

b *Einzelne Schriftsteller.*

Der Brief des Mara bar Sarapion v. *Fr. Schulthess* ZDMG 51, 365—91.

The homilies of Aphraates (schrieb 337—45) the persian sage, edited from syriac mss. of the fifth and sixth centuries in the British Museum by *W. Wright*. London 1869.

Patrologia syriaca ed. *R. Graffin* t. I. Afraates ed. lat. vertit notis illustravit *J. Parisot*. Paris 1895.

— deutsch von *G. Bert* in Gebhardt und Harnack Texte u. Unters. Bd. III.

Ephraemi Syri († 373) opera omnia quae exstant graece syriace latine in sex tomos distributa, syr. text. rev. *P. Benedictus S. J.* Romae I 1737. II 1740. III post B. obitum *St. Ev. Assemanus* 1743.

Ei Si, Rabulae († Aug. 435), Balaei (um 420) aliorumque opera selecta ed. *J. J. Overbeck*. Oxonii 1865.

Ei Si carmina Nisibena ed. *G. Bickell*. Lipsiae 1866.

— sermones duo ex codd. syr. Rom. ed. *P. P. Zingerle*. Brixiae 1868.

Si Ei Si hymni et sermones quos e codd. Lond. Par. et Oxon. descr. ed. lat. don. *Th. J. Lamy*. 3 voll. Mechliniae 1882—9.

— (?) Histoire de Joseph (ed. *Bedjan*). Paris 1887, 2éd. (complète) 1891.

— Fragments of the commentary of E. S. upon the diatessaron edited by *J. Rendel Harris*. London 1895.

— Homilie über das Pilgerleben ed. *Haffner*. SBWA 1896.

Die Gedichte des Cyrillonas (um 396) nebst einigen anderen syrischen Ineditis mitgeteilt von *G. Bickell* ZDMG 27, 566—625, vgl. ib. 35 p. 531 ff.

S. Isaaci Antiocheni, doctoris Syrorum († ca. 460) opera omnia ed. *G. Bickell*. 2 voll. Gissae 1873, '77.

O. Braun. Des Barṣaumâ von Nisibis (um 485) Briefe an den Katholikos Akaḳ in Actes du Xe congrès intern. des or. Sect. II p. 83—101.

Narses († 496) syrische Wechsellieder, hrsg. von *F. Feldmann*. Leipzig 1896.

J. B. Abbeloos. De vita et scriptis s. Jacobi Batnarum Sarugi in Mesopotamia episcopi († 29. Nov. 521) cum ejus syriacis carminibus. Lovanii 1867.

Ji Ss sermo de Thamar ed. *J. Zingerle*. Oeniponte 1871.

— Gedichte und Briefe ZDMG 12, 117—31; 13, 44—58; 14, 679—81; 15, 629—47; 20, 511—26; 25, 321—77; 28. 584—626; 29, 107—47; 30, 217—75; 31, 360—405; *Cureton* Doc. 86—107, Acta Mart. II 230—44; *Budge*, The history of Alexander p. 163—200 = *Knös* chrest. syr. (1807) p. 66—107; *Frothingham* in Atti della reale accad. dei Lincei vol. 8 (Roma 1882).

The discourses of Philoxenus († 519) ed. and translated by *E. W. Budge*. 2 voll. London 1894 5.

Stephen bar Sudaili (ca. 500), the syrian Mystic and the book of Hierotheos by *A. L. Frothingham.* Leiden 1886.

The chronicle of (Pseudo) Joshua the Stylite, composed in Syriac A. D. 507, with a translation into English and notes by *W. Wright.* Cambridge 1882.

La lettera di Simeone vescovo di Beth-Arsâm (ca. 510) sopra i Martiri Omeriti publ. da *I. Guidi*, R. Acc. dei Lincei, 1881. Bedjan acta mart. I 372 ff.)

Het Leven van Johannes van Tella († 538) door Elias. Syrische Tekst en Nederlandsche Vertaling. Academisch Proefschrift door *H. G. Kleyn.* Leiden 1882.

The third part of the ecclesiastical history of John bishop of Ephesus († ca. 585) now first edited by *W. Cureton*, Oxford 1853. Engl. Transl. by *R. Payne Smith* ib. 1860. Deutsch von *J. M. Schönfelder.* München 1862.

— scripta historica quotquot adhuc inedita supererant, ed. Land Anecd. II.

— *van Douwen* et *Land*, Commentarii de beatis orientalibus et hist. eccles. fragmenta. Amsterdam 1889.

Paulus Persa (ca. 570) logica ad regem Chosroem in Anecd. IV 1—32.

J. B. Chabot. De Isaaci Ninivitae (ca. 590) vita, scriptis et doctrina. Lovanii (Paris) 1892.

H. Goussen. Martyrius Sahdona's (um 650) Leben und Werke nach einer syr. Hds. in Strassburg. Beitrag zur Gesch. des Katholizismus unter den Nestorianern. Leipzig 1897.

Histoire de Jésus-Sabran, écrite par Jésusyab d'Adiabène († 658 publ. par *J. B. Chabot* in Nouv. archives des missions scientif. VII p. 483—584, Paris 1897.

Scholia on passages of the old testament by mār Jacob, bishop of Edessa († 5 Juni 708) now first edited in the original syriac with an engl. transl. and notes by *G. Phillips.* London 1864.

— Briefe Journ. of sacred lit. New Series vol. 10, p. 430 ff. ZDMG 24. 261—300; vgl. ib. 32, 435 ff., 735 ff.

Die Kanones des J. v. E. übers. und erläutert zum Teil auch zuerst im Grundtext veröffentlicht von *K. Kayser.* Leipzig 1886.

Études sur l'hexameron de J. d'É. texte syr. publ. et trad. par *A. Hjelt.* Helsingfors 1892.

S. Schüler. Die Übersetzung des Aristoteles von J. v. E. Erlangen 1897.

J. E. homilia contra Nestorianos ed. et transt. *Ugolini* in Al Sommo Pontifice Leone XIII Ommagio Giubilare della Bibl. Vaticana. Roma 1888.

La légende inédite des fils de Jonadab, fils de Rechab, et les iles Fortunées, texte syriaque (attribué à Jacques d'Édesse) et traduction française par *F. Nau.* Rev. Sémit. 1899 p. 54—75.

De Sapiente Persa capita tria ex epistola Georgii episcopi Arabum (ca. 714) in *J. Forget*, de vita et scriptis Aphraatis. Lovanii 1882 p. 1—56.

V. Ryssel. Ein Brief Georg's, Bischofs d. Araber, übers. und erl. Theol. Stud. u. Krit. Gotha 1889 p. 278—371.

— Astronomische Briefe. Z. f. Ass. VIII 1—55.

- Poemi siriaci. R. Acc. dei Lincei, 1892.

— G. d. Araberbischofs Gedichte und Briefe. Leipzig 1891.

Le livre de la chasteté composé par Jésusdenah évêque de Baçrah (um 790) publ. et trad. par *J. B. Chabot*: Mélanges d'arch. et d'hist. (École franç. de Rome) XVIe année fs. 4. Paris-Rome 1896.

Quatrième partie de la chronique syriaque de Dénys de Tell-Mahré publ. avec une trad. franç. par *J. B. Chabot*. Paris 1895. Bibl. de l'école des hautes études fs. 112 (vielmehr ein älteres Werk verf. 775, vgl. Nau Bull. cr. Juni—Aug. 1896, ders. Analyse des parties inédites des la chronique attribué à D. de T. Paris 1898, Extr. du suppl. de la rev. de l'or. chrét.)

Dionysii Telmaharensis († 22. Aug. 845) chronici liber primus, ed. *O. F. Tullberg*. Lund 1868.

The Book of Governors, the historia monastica of Thomas bishop of Marga a. d. 840 ed. and transl. by *E. W. Budge*. 2 voll. London 1893.

Les sentences symboliques de Théodose, patriarche d'Antioche († 896) publ. par *H. Zotenberg*. Journ. as. s. 7. t. 8 p. 425—76.

O. Braun. Moses bar Kepha († 903) und sein Buch von der Seele. Freiburg i. B. 1891.

Die Chronologie des Simeon Šanqlawâjâ (um 1200) von *Fr. Müller*. Leipzig 1889.

The book of the bee by the bishop Solomon of Basra (ca. 1222) ed. with an engl. transl. by *E. A. W. Budge*. Oxford 1886 (Anecdota Oxon. Semit. Series, vol. 1. p. 2).

Edikon 3 syr. Lieder (von Georg Warda um 1225) hsg. v. *A. Deutsch*. Berlin 1895.

Ausgewählte nestorianische Kirchenlieder, über das Martyrium des hl. Georg von Giwargîs Wardâ hsg. v. *J. Folkmann*. Erlangen 1896.

J. Ruska. Das Quadrivium aus Severus bar Šakkû's († 1241) Buch der Dialoge. Leipzig 1896; vgl. Z. f. Ass. XII 8—41.

F. Nau. Notice sur le livre des trésors de Jacques de Bartela evêque de Tagrit (= Sev. b. Š.) JAP. s. 9. t. 7. p. 286—331.

Gregorii Abulfarağ) Barhebraei († 30. Juli 1286) Chronicon syriacum ed. *P. Bedjan*. Paris 1890.

— Chronicon ecclesiasticum edd. *J. B. Abbeloos* et *Th. J. Lamy*. 3 voll. Lovanii 1872—77.

Bibelcommentar ܐܘܨܪ ܐܪ̈ܙܐ:

Die Scholien des G. A. B. zur Genesis Cap. 21—50 hsg. v. *L. Uhry*. Leipzig 1898.
— Scholia in Leviticum ed. *G. Kerber*. Lipsiae 1895.
— A Commentary to Deuteronomy ed. by *G. Kerber* in The americ. Journ. of Sem. Lang. and Lit. XIII 89—117.
— Scholia in libros Josuae et Judicum ed. *F. Kraus*. Kirchhaini 1894.
— Scholia in libros Samuelis ed. *Ae. Schlesinger*. Lipsiae 1897.
— Scholien zum Buche der Könige, hsg. v. *A. Morgenstern*. Berlin 1895.
— in Jesaiam scholia ed. *O. F. Tullberg*. Upsalae 1842.
— scholia in Jeremiam edd. *G. F. Koraen* et *C. E. Wennberg*. Upsalae 1852.
— Scholien zu Ezechiel, hsg. v. *R. Gugenheimer*. Berlin 1894.
— in duodecim prophetas minores ed. *B. Moritz*. Lipsiae 1882.
— in librum psalmorum adnotationes e recognitione *P. de Lagarde* in Praetermissorum libri duo, Gottingae 1879, p. 97—252.
— Anmerkungen zu den salomonischen Schriften, hsg. v. *A. Rahlfs*. Leipzig 1887.
— scholia in librum Jobi, ed. *G. H. Bernstein*. Vratislaviae 1858.
— Die Scholien des B. zu Ruth und den apokr. Zusätzen zu Daniel. hsg. von *A. Heppner*. Berlin 1888.
— Scholien zu Daniel, hsg. von *J. Freimann*. Brünn 1892.
— Die Scholien zum Weisheitsbuche des Josua bar Sira, hsg. von *S. Kaatz*. Frankfurt a. M. (Halle) 1892.
— in evangelium Matthaei scholia e recogn. *J. Spanuth*. Gottingae 1879.
— Die Scholien zum Ev. Lukas, hsg. von *N. Steinhart*. Berlin 1895.
— in ev. Johannis commentarius, ed. *R. Schwartz*. Gottingae 1878.
— in actus apostolorum et epistulas catholicas adnot., ed. *M. Klamroth*. Gottingae 1878.
— in epistulas Paulinas adnot., ed. *M. Loehr*. Gottingae 1889.
— carmen de divina sapientia, ed. *P. J. Notayn*. Romae 1880.
— carmina a p. *A. Scebabi* correcta, Romae 1877.
— a synopsis of Greek philosophy by *R. Gottheil*, Hebraica XII 249—54.
— m^enârat qudšê vgl. *Gottheil* Hebraica VIII 39—55, 65—78.
— adscensus mentis vgl. *Gottheil* in Mitt. d. ak. or. Vereins zu Berlin nr. III 1890, *Nau* in CR du IIIe congrès sc. int. des Catholiques, Bruxelles, VIe sect. p. 154—174.
— une poesie syr. publ. par *Chabot* in Mélanges Ch. de Harlez p. 44—7.
— une lettre au catholicos Denha Ier publ. et trad. par *Chabot* JAP s. 9. t. 11 p. 75—128.
— Laughable stories, syr. text with engl. transl. by *E. W. Budge*. London 1896.
— Ethicon seu moralia ed. *P. Bedjan*. Paris 1898.
— Kitabha Dhiyauna seu liber columbae ed. *G. Cardahi*. Romae 1899.

Ebediesu († 1318) collectio canonum in *A. Mai*, Scriptorum veterum nova collectio t. X p. 1—331.
— liber Paradisi ed. *Cardahi*. I. Beriti 1889.
— carmina selecta ex libro Paradisus Eden ed. ac lat. redd. *P. H. Gismondi*. Beriti 1888.
Histoire de Mar Jabalaha, de 3 autres patriarches, d'un prêtre et de deux laiques nestoriens, 2 éd. par *P. Bedjan*. Paris-Leipzig 1895 (vgl. Duval JA. 1889, p. 313 ff., J. B. Chabot Rev. de l'or. lat. XI, 567 ff., XII, 73 ff., 235 ff. H. Hilgenfeld, Textkritische Bemerkungen. Jena 1894.)

7. Übersetzungen.

a) *aus dem Griechischen.*

V. Ryssel. Über den textkritischen Wert der syrischen Übersetzungen griechischer Klassiker. 2 Teile. Leipzig 1880. 1881. (Progr. Gymn. Nicol.)
A. Baumstark. Lucubrationes Syro-Graecae. Lipsiae 1894. (Philol. Jahrb. Suppl. XXI, p. 357—527.)
P. Lagardii, de. Analecta Syriaca Londini 1858.
Inedita Syriaca. Eine Sammlung syrischer Übersetzungen von Schriften griech. Profanliteratur, hsg. von *E. Sachau*. Wien 1870.
Analecta Nicaena, fragments relating to the council of Nice, ed. by *B. H. Cowper*. Lond. 1857.
Analecta sacra Spicilegio Solesmensi parata ed. *J. P. card. Pitra* t. IV. Patres Autenicaeni (p. 1—518 ed. transl. *P. Martin*). Paris 1883.
F. Schulthess. Probe einer syr. Version der Vita St. Antonii. Leipzig 1894.
Aristides. The apology on behalf of the christians, ed. by *J. R. Harris*. Cambridge 1891. (Texts and studies, contributions to biblical and patristic literature ed. by J. Robinson vol. I.) Deutsch von *Rabe* in Gebhardt & Harnack, Texte und Untersuchungen Bd. 9, 1.
De hermeneuticis apud Syros Aristoteleis *J. G. E. Hoffmann* scripsit. Lipsiae 1869, ed. II. 1873.
R. Gottheil. The syriac version of the categories of Aristoteles. Hebr. IX, 166—175.
The festal letters of Athanasius, ed. by *W. Cureton*. London 1848.
Duval-Berthelot. La chémie au moyen âge. Paris 1893 (vgl. Journ. As. s. 9, t. 2. p. 290 ff.).
Clementis Romani recognitiones syriace *P. A. de Lagarde* ed. Lipsiae, Lond. 1861.
Sancti patris nostri Clementis Romani epistolae binae de virginitate syr. ed. *J. Th. Beelen*. Lovanii 1856.

S. Cyrilli Alexandrini archiepiscopi commentarii in Lucae evangelium quae supersunt syr. ed. *R. Payne Smith.* Oxonii 1858. Engl. Transl. by the same. Oxford 1859.

Cyrilli Alexandrini librorum contra Julianum fragmenta Syriaca ed. *E. Nestle* in Juliani imperatoris librorum contra christianos quae supersunt coll. *C. J. Neumann.* Lipsiae 1880, p. 42—63.

Didascalia apostolorum syr. ed. *P. de Lagarde.* Lipsiae 1854.

Epiphanii de mensuris ac ponderibus liber ed. *P. de Lagarde* in: Veteris Testamenti ab Origene recensiti fragmenta. Gottingae 1880.

The ecclesiastical history of Eusebius in Syriac ed. by the late *W. Wright* and *N. McLean.* Cambridge 1898.

Eusebius on the theophania, a syr. version, ed. by *S. Lee.* London 1842.

— history of the martyrs of Palestine, ed. and transl. by *W. Cureton.* London 1861 (vgl. Br. Violet in Texte und Untersuch. zur Gesch. der altchr. Lit., hrsg. von Gebhardt und Harnack. XIV, 4. Leipzig 1896).

Proben der syrischen Übersetzung von Galenus' Schrift über die einfachen Heilmittel von *A. Merx,* ZDMG 39, 237—305, vgl. Löw ib. 40, 763—5.

Geoponicon in sermonem syr. versorum quae supersunt, *P. de Lagarde* ed. Lips. Lond. 1860.

S. Gregorii Theologi liber carminum iambicorum. Versio syr. antiquissima I. ed. *P. J. Bollig,* S. J. Beryti 1895. II. ed. *P. H. Gismondi* ib. 1896.

Corpus Ignatianum, a complete collection of the Ignatian epistles in syriac, greec and latin by *W. Cureton.* Lond. 1849.

Flavii Josephi de bello judaico liber VI. ed. *Ceriani* in Mon. sacra et profana. t. V. fs. 2. p. 181—92.

Irenaei libri V adv. haereses, ed. *W. W. Harley.* Cambr. 1857. vol. II. p. 431—61.

Menandri sententiae in Land Anecd. I, 64—73, Sachau Ined. 80 (vgl. W. Frankenberg ZATW XV, 226—77).

Palladii liber paradisi = *Bedjan,* Acta mart. VII.

Petrus der Iberer. Ein Charakterbild zur Kirchen- und Sittengeschichte des V. Jahrh. Syr. Übers. einer um 500 verf. griech. Biographie, hrsg. und übers. v. *R. Rabe.* Leipzig 1895.

A tract of Plutarch de capienda ex inimicis utilitate, ed. *E. Nestle* in Stud. Sinait. IV. London 1894.

Die Isagoge des Porphyrius in der syr. Übers. v. *A. Freimann.* Berlin 1897.

Trois homélies de Proclus évêque de Cple. ed. *Chabot.* Rendic. dei Lincei s. 5. t. 5. p. 178—97.

Syrisch-römisches Rechtsbuch aus dem fünften Jahrh., hrsg., übers. und erl. von *K. G. Bruns* und *E. Sachau.* Leipzig 1880.

Sexti sententiarum recensiones Lat., Graec., Syr. conjunctim exhibuit *J. Gildemeister.* Bonnae 1873.

Theodori Mopsuesteni fragmenta syriaca ed. in lat. serm. vert. *E. Sachau.* Lipsiae 1869.

Der Psalmencommentar des Th. v. M. in syr. Bearbeitung von *Fr. Baethgen.* ZATW V, 53—101 (vgl. Flunk Z. f. k. Th. 1887, I, 181 ff.).

Commentarius Th[i] M[i] in evangelium D. Johannis, ed. *J. B. Chabot* I. Paris 1897.

Titi Bostreni contra Manichaeos libri quatuor syriace, *P. A. de Lagarde* ed. Berolini 1859.

Verhandlungen der Kirchenversammlung zu Ephesus am 22. Aug. 449 aus einer syr. Hds. v. J. 535, übers. von *G. Hoffmann*, Kiel 1873. (Festschrift für Olshausen).

Zachariae rhetoris episcopi Melitinensis (vgl. Nau Journ. As. s. 9. t. 9. p. 527—31) historiae ecclesiasticae capita selecta ex cod. syr. vat.: A. Mai Script. vet. nova coll. t. X, p. 332—60.

Z. ep. Mitylenes aliorumque scripta historica syr. ed. *Land* Anecd. III.

I. Guidi, il testo syriaco della descrizione di Roma nella storia attribuita a Z. R. Bull. d. com. arch. communale di Roma s. 2, anno XII (1884) p. 218—39.

— Das Leben des Severus von Antiochien in syr. Übers. hrsg. von *J. Spanuth.* Göttingen 1893. (Progr. Gym. Kiel).

b) *aus dem Mittelpersischen (Pehlevi).*

The book of Kalilag und Damnag. Alte syr. Übers. des ind. Fürstenspiegels. Text und deutsche Übers. von *G. Bickell.* Mit einer Einleitung von *Th. Benfey.* Leipzig 1876 (vgl. *L. Blumenthal*, Krit. Emendationen zu K. und D. I. Halle 1890, SA aus ZDMG 44).

The history of Alexander the Great, being the syriac version of Pseudocallisthenes, ed. by *E. W. A. Budge.* Cambridge 1889 (vgl. *Th. Nöldeke*, Beiträge zur Gesch. des Alexanderromans, Denkschr. d. Wien. Ak. 1890, Bd. 38, nr. 5).

c) *aus dem Arabischen.*

The book of Kalilah and Dimnah translated from Arabic into Syriac ed. by *W. Wright.* London 1884.

Sindban oder die sieben weisen Meister, syrisch und deutsch von *Fr. Baethgen.* Leipzig 1879.

CHRESTOMATHIE.

I.

Leiden und Sterben Jesu Christi nach Markus.

ܡܢ ܟܪܘܙܘܬܐ ܕܡܪܩܘܣ

1 XIV. ܒܬܪ ܕܝܢ ܬܪܝܢ ܝܘܡܝܢ ܗܘܐ ܗܘܐ ܦܨܚܐ ܕܦܛܝܪܐ:
ܘܒܥܝܢ ܗܘܘ ܪܒܝ ܟܗܢܐ ܘܣܦܪܐ: ܐܝܟܢܐ ܒܢܟܠܐ ܢܐܚܕܘܢܝܗܝ
2 ܘܢܩܛܠܘܢܝܗܝ܀ ܘܐܡܪܝܢ ܗܘܘ ܠܐ ܒܥܐܕܐ: ܕܠܡܐ ܢܗܘܐ
3 ܫܓܘܫܝܐ ܒܥܡܐ܀ ܘܟܕ ܗܘ ܐܝܬܘܗܝ ܗܘܐ ܒܒܝܬ ܥܢܝܐ:
ܒܒܝܬܗ ܕܫܡܥܘܢ ܓܪܒܐ: ܟܕ ܣܡܝܟ: ܐܬܬ ܐܢܬܬܐ ܕܐܝܬ
ܠܗ̇ ܫܛܝܦܬܐ ܕܒܣܡܐ ܕܢܪܕܝܢ ܪܫܝܐ ܣܓܝ ܕܡܝܐ:
4 ܘܦܬܚܬܗ̇ ܘܐܫܬܦܟܬܗ ܥܠ ܪܫܗ ܕܝܫܘܥ܀ ܐܝܬ ܗܘܘ ܕܝܢ
ܐܢܫܐ ܡܢ ܬܠܡܝܕܘܗܝ ܕܐܬܟܪܝܬ ܠܗܘܢ ܒܢܦܫܗܘܢ: ܘܐܡܪܝܢ:
5 ܕܠܡܢܐ ܗܘܐ ܐܒܕܢܐ ܕܗܢܐ ܒܣܡܐ܀ ܡܫܟܚ ܗܘܐ ܓܝܪ
ܠܡܙܕܒܢܘ ܝܬܝܪ ܡܢ ܬܠܬܡܐܐ ܕܝܢܪܝܢ: ܘܠܡܬܝܗܒܘ
6 ܠܡܣܟܢܐ. ܘܡܬܪܥܡܝܢ ܗܘܘ ܒܗ̇܀ ܗܘ ܕܝܢ ܝܫܘܥ ܐܡܪ:
ܫܒܩܘܗ̇: ܡܢܐ ܡܗܪܬܝܢ ܐܢܬܘܢ ܠܗ̇: ܥܒܕܐ ܫܦܝܪܐ ܥܒܕܬ
7 ܠܘܬܝ܀ ܒܟܠܙܒܢ ܓܝܪ ܡܣܟܢܐ ܐܝܬ ܠܟܘܢ ܥܡܟܘܢ: ܘܐܡܬܝ
ܕܨܒܝܢ ܐܢܬܘܢ: ܡܫܟܚܝܢ ܐܢܬܘܢ ܕܬܥܒܕܘܢ ܠܗܘܢ ܛܒܬܐ:
8 ܠܝ ܕܝܢ ܠܐ ܒܟܠܙܒܢ ܐܝܬܝ ܠܘܬܟܘܢ܀ ܗܘ ܕܐܝܬ ܗܘܬ ܠܗ̇

ܠܗܘܐ: ܥܒܕܬ: ܘܩܕܡܬ ܐܝܟ ܕܠܩܒܘܪܬܐ ܒܣܡܬ
9 ܦܓܪܝ܀ ܘܐܡܝܢ ܐܡܪ ܐܢܐ ܠܟܘܢ: ܕܟܠ ܐܝܟܐ ܕܬܬܟܪܙ
ܣܒܪܬܐ ܗܕܐ ܒܟܠܗ ܥܠܡܐ: ܐܦ ܗܝ ܕܥܒܕܬ ܗܕܐ ܬܬܐܡܪ
ܠܕܘܟܪܢܗ܀
10 ܝܗܘܕܐ ܕܝܢ ܣܟܪܝܘܛܐ: ܚܕ ܡܢ ܬܪܥܣܪ: ܐܙܠ ܠܘܬ
11 ܪܒܝ ܟܗܢܐ: ܐܝܟ ܕܢܫܠܡܝܘܗܝ ܠܗܘܢ܀ ܗܢܘܢ ܕܝܢ
ܟܕ ܫܡܥܘ: ܚܕܝܘ ܘܐܫܬܘܕܝܘܗܝ ܟܣܦܐ ܕܢܬܠܘܢ ܠܗ. ܘܒܥܐ
ܗܘܐ ܠܗ ܦܠܚܐ ܕܢܫܠܡܝܘܗܝ܀
12 ܘܒܝܘܡܐ ܩܕܡܝܐ ܕܦܛܝܪܐ: ܕܒܗ ܕܒܚܝܢ ܝܗܘܕܝܐ ܦܨܚܐ:
ܐܡܪܝܢ ܠܗ ܬܠܡܝܕܘܗܝ: ܐܝܟܐ ܨܒܐ ܐܢܬ ܕܢܐܙܠ ܢܛܝܒ
13 ܠܟ ܕܬܐܟܘܠ ܦܨܚܐ܀ ܘܫܕܪ ܬܪܝܢ ܡܢ ܬܠܡܝܕܘܗܝ ܘܐܡܪ
ܠܗܘܢ: ܙܠܘ ܠܡܕܝܢܬܐ: ܘܗܐ ܦܓܥ ܠܟܘܢ ܓܒܪܐ ܕܛܥܝܢ
14 ܩܠܬܐ ܕܡܝܐ: ܙܠܘ ܒܬܪܗ܀ ܘܠܐܝܟܐ ܕܥܐܠ ܐܡܪܘ ܠܡܪܐ ܒܝܬܐ:
ܪܒܢ ܐܡܪ: ܐܝܟܐ ܒܝܬ ܡܫܪܝܐ: ܐܝܟܐ ܕܐܟܘܠ ܥܡ ܬܠܡܝܕܝ
15 ܦܨܚܐ܀ ܘܗܐ ܡܚܘܐ ܠܟܘܢ ܥܠܝܬܐ ܪܒܬܐ ܕܡܫܘܝܐ ܘܡܛܝܒܐ:
16 ܬܡܢ ܛܝܒܘ ܠܢ܀ ܘܢܦܩܘ ܬܠܡܝܕܘܗܝ: ܘܐܬܘ ܠܡܕܝܢܬܐ:
17 ܘܐܫܟܚܘ ܐܝܟܢܐ ܕܐܡܪ ܠܗܘܢ: ܘܛܝܒܘ ܦܨܚܐ܀ ܘܟܕ ܗܘܐ
18 ܪܡܫܐ: ܐܬܐ ܥܡ ܬܪܥܣܪܬܗܘܢ܀ ܘܟܕ ܣܡܝܟܝܢ ܘܠܥܣܝܢ:
ܐܡܪ ܝܫܘܥ: ܐܡܝܢ ܐܡܪ ܐܢܐ ܠܟܘܢ: ܕܚܕ ܡܢܟܘܢ ܕܐܟܠ
19 ܥܡܝ: ܗܘ ܢܫܠܡܢܝ܀ ܗܢܘܢ ܕܝܢ ܫܪܝܘ ܡܬܟܪܝܢ:
20 ܘܐܡܪܝܢ ܠܗ ܚܕ ܚܕ: ܠܡܐ ܐܢܐ܀ ܗܘ ܕܝܢ ܐܡܪ ܠܗܘܢ: ܚܕ
21 ܡܢ ܬܪܥܣܪ ܕܨܒܥ ܥܡܝ ܒܠܓܝܬܐ܀ ܘܒܪܗ ܕܐܢܫܐ ܐܙܠ
ܐܝܟܢܐ ܕܟܬܝܒ ܥܠܘܗܝ. ܘܝ ܕܝܢ ܠܓܒܪܐ ܕܒܐܝܕܗ ܡܫܬܠܡ
ܒܪܗ ܕܐܢܫܐ. ܦܩܚ ܗܘܐ ܠܗ ܠܓܒܪܐ ܗܘ ܐܠܘ ܠܐ ܐܬܝܠܕ܀
22 ܘܟܕ ܗܢܘܢ ܠܥܣܝܢ: ܢܣܒ ܝܫܘܥ ܠܚܡܐ: ܘܒܪܟ

ܘܩܨܐ ܘܝܗܒ ܠܗܘܢ: ܘܐܡܪ ܠܗܘܢ: ܣܒܘ: ܗܢܐ ܐܝܬܘܗܝ
23 ܦܓܪܝ܀ ܘܢܣܒ ܟܣܐ ܘܐܘܕܝ: ܘܒܪܟ ܘܝܗܒ ܠܗܘܢ:
24 ܘܐܫܬܝܘ ܡܢܗ ܟܠܗܘܢ܀ ܘܐܡܪ ܠܗܘܢ: ܗܢܘ ܕܡܝ ܕܕܝܬܩܐ
25 ܚܕܬܐ: ܕܚܠܦ ܣܓܝܐܐ ܡܬܐܫܕ܀ ܐܡܝܢ ܐܡܪ ܐܢܐ ܠܟܘܢ:
ܕܬܘܒ ܠܐ ܐܫܬܐ ܡܢ ܝܠܕܐ ܕܓܦܬܐ: ܥܕܡܐ ܠܝܘܡܐ ܗܘ
ܕܒܗ ܐܫܬܝܘܗܝ ܚܕܬܐ ܒܡܠܟܘܬܗ ܕܐܠܗܐ܀
26 27 ܘܫܒܚܘ ܘܢܦܩܘ ܠܛܘܪ ܙܝܬܐ܀ ܘܐܡܪ ܠܗܘܢ ܝܫܘܥ:
ܟܠܟܘܢ ܬܬܟܫܠܘܢ ܒܝ ܒܗܢܐ ܠܠܝܐ: ܕܟܬܝܒ ܓܝܪ: ܕܐܡܚܐ
28 ܠܪܥܝܐ: ܘܢܬܒܕܪܘܢ ܐܡܪܘܗܝ܀ ܐܠܐ ܡܐ ܕܩܡܬ: ܩܕܡ ܐܢܐ
29 ܠܟܘܢ ܠܓܠܝܠܐ܀ ܐܡܪ ܠܗ ܟܐܦܐ: ܐܢ ܟܠܗܘܢ ܢܬܟܫܠܘܢ:
30 ܐܠܐ ܠܐ ܐܢܐ܀ ܐܡܪ ܠܗ ܝܫܘܥ: ܐܡܝܢ ܐܡܪ ܐܢܐ ܠܟ: ܕܐܢܬ
ܝܘܡܢܐ ܒܗܢܐ ܠܠܝܐ: ܩܕܡ ܕܢܩܪܐ ܬܪ̈ܬܝܢ ܙܒ̈ܢܝܢ:
31 ܬܠܬ ܬܟܦܘܪ ܒܝ܀ ܗܘ ܕܝܢ ܝܬܝܪܐܝܬ ܐܡܪ ܗܘܐ: ܕܐܢ ܢܗܘܐ ܠܝ
ܠܡܡܬ ܥܡܟ: ܠܐ ܐܟܦܘܪ ܒܟ ܡܪܝ. ܘܐܟܘܬܗ ܐܦ ܟܠܗܘܢ
32 ܬܠܡܝ̈ܕܐ ܐܡܪܘ܀ ܘܐܬܘ ܠܕܘܟܬܐ ܐܝܕܐ ܕܡܬܩܪܝܐ ܓܕܣܡܢ:
ܘܐܡܪ ܠܬܠܡܝ̈ܕܘܗܝ: ܬܒܘ ܗܪܟܐ ܥܕ ܡܨܠܐ ܐܢܐ܀ ܘܕܒܪ
33 ܥܡܗ ܠܟܐܦܐ ܘܠܝܥܩܘܒ ܘܠܝܘܚܢܢ: ܘܫܪܝ ܠܡܬܡܗܘ
34 ܘܠܡܬܥܩܘ܀ ܘܐܡܪ ܠܗܘܢ: ܟܪܝܐ ܗܝ ܠܗ ܠܢܦܫܝ
35 ܥܕܡܐ ܠܡܘܬܐ. ܩܘܘ ܠܝ ܗܪܟܐ ܘܐܬܬܥܝܪܘ܀ ܘܩܪܒ ܩܠܝܠ:
ܘܢܦܠ ܥܠ ܐܪܥܐ: ܘܡܨܠܐ ܗܘܐ: ܕܐܢ ܡܫܟܚܐ: ܬܥܒܪ ܡܢܗ
36 ܫܥܬܐ܀ ܘܐܡܪ ܐܒܐ: ܟܠ ܡܕܡ ܡܫܟܚ ܐܢܬ. ܐܥܒܪ ܡܢܝ
37 ܟܣܐ ܗܢܐ: ܐܠܐ ܠܐ ܨܒܝܢܝ ܕܝܠܝ: ܐܠܐ ܕܝܠܟ܀ ܘܐܬܐ ܐܫܟܚ
ܐܢܘܢ ܕܕܡܟܝܢ: ܘܐܡܪ ܠܟܐܦܐ: ܫܡܥܘܢ ܕܡܟܬ ܠܟ: ܠܐ
38 ܐܫܟܚܬ ܚܕܐ ܫܥܐ ܠܡܬܬܥܝܪܘ܀ ܐܬܬܥܝܪܘ ܘܨܠܘ: ܕܠܐ
ܬܥܠܘܢ ܠܢܣܝܘܢܐ. ܪܘܚܐ ܨܒܝܐ ܘܡܛܝܒܐ: ܐܠܐ ܦܓܪܐ ܟܪܝܗ܀

39 40 ܘܐܙܠ ܬܘܒ ܨܠܝ ܘܗܝ ܡܠܬܐ ܐܡܪ܀ ܘܗܦܟ ܬܘܒ ܐܬܐ
ܐܫܟܚ ܐܢܘܢ ܕܕܡܟܝܢ: ܡܛܠ ܕܥܝܢܝܗܘܢ ܝܩܝܪܢ ܗܘܝ:
41 ܘܠܐ ܝܕܥܝܢ ܗܘܘ ܡܢܐ ܢܐܡܪܘܢ ܠܗ܀ ܘܐܬܐ ܕܬܠܬ ܙܒܢܝܢ
ܘܐܡܪ ܠܗܘܢ: ܕܡܟܘ ܡܟܝܠ ܘܐܬܢܝܚܘ. ܡܛܬ ܫܥܬܐ ܘܗܐ
ܡܫܬܠܡ: ܒܪܗ ܕܐܢܫܐ ܒܐܝܕܝܗܘܢ ܕܚܛܝܐ܀
42 ܩܘܡܘ ܢܐܙܠ: ܗܐ ܡܛܐ ܗܘ ܕܡܫܠܡ ܠܝ܀
43 ܘܥܕ ܗܘ ܡܡܠܠ: ܐܬܐ ܝܗܘܕܐ ܣܟܪܝܘܛܐ: ܚܕ ܡܢ
ܬܪܥܣܪ: ܘܥܡܗ ܟܢܫܐ ܣܓܝܐܐ ܥܡ ܣܝܦܐ ܘܚܘܛܪܐ: ܡܢ ܠܘܬ
44 ܪܒܝ ܟܗܢܐ ܘܣܦܪܐ ܘܩܫܝܫܐ܀ ܘܝܗܒ ܠܗܘܢ ܐܬܐ ܡܫܠܡܢܐ
ܗܘ ܕܡܫܠܡ: ܘܐܡܪ: ܗܘ ܕܢܫܩ ܐܢܐ ܗܘܝܘ: ܐܘܚܕܘܗܝ
45 ܙܗܝܪܐܝܬ ܘܐܘܒܠܘܗܝ܀ ܘܡܚܕܐ ܩܪܒ ܘܐܡܪ ܠܗ:
46 ܪܒܝ ܪܒܝ: ܘܢܫܩܗ܀ ܗܢܘܢ ܕܝܢ ܐܪܡܝܘ ܐܝܕܝܐ
47 ܘܐܚܕܘܗܝ܀ ܚܕ ܕܝܢ ܡܢ ܗܢܘܢ ܕܩܝܡܝܢ ܫܡܛ ܣܦܣܪܐ:
48 ܘܡܚܝܗܝ ܠܥܒܕܗ ܕܪܒ ܟܗܢܐ: ܘܫܩܠܗ ܐܕܢܗ܀ ܗܘ ܕܝܢ
ܝܫܘܥ ܥܢܐ ܘܐܡܪ ܠܗܘܢ: ܐܝܟ ܕܥܠ ܓܝܣܐ ܢܦܩܬܘܢ ܠܝ
49 ܒܣܝܦܐ ܘܒܚܘܛܪܐ ܕܬܐܣܪܘܢܢܝ܀ ܟܠܝܘܡ ܠܘܬܟܘܢ ܗܘܝܬ
ܟܕ ܡܠܦ ܐܢܐ ܒܗܝܟܠܐ: ܘܠܐ ܐܚܕܬܘܢܢܝ: ܐܠܐ ܕܢܫܬܡܠܘܢ ܟܬܒܐ
50 ܗܘܐ ܗܕܐ܀ ܗܝܕܝܢ ܫܒܩܘܗܝ ܬܠܡܝܕܘܗܝ ܘܥܪܩܘ܀
51 ܘܥܠܝܡܐ ܚܕ ܐܬܐ ܗܘܐ ܒܬܪܗ: ܘܥܛܝܦ ܗܘܐ ܣܕܘܢܐ ܥܪܛܠܝܐ:
52 ܘܐܚܕܘܗܝ܀ ܗܘ ܕܝܢ ܫܒܩ ܣܕܘܢܐ ܘܥܪܩ ܥܪܛܠܝܐ܀
53 ܘܐܘܒܠܘܗܝ ܠܝܫܘܥ ܠܘܬ ܩܝܦܐ ܪܒ ܟܗܢܐ:
ܘܐܬܟܢܫܘ ܠܘܬܗ ܟܠܗܘܢ ܪܒܝ ܟܗܢܐ ܘܣܦܪܐ ܘܩܫܝܫܐ܀
54 ܫܡܥܘܢ ܕܝܢ ܡܢ ܪܘܚܩܐ ܐܬܐ ܗܘܐ ܒܬܪܗ: ܥܕܡܐ ܠܓܘ
ܕܪܬܗ ܕܪܒ ܟܗܢܐ: ܘܝܬܒ ܗܘܐ ܥܡ ܡܫܡܫܢܐ: ܘܫܚܢ
55 ܠܘܩܒܠ ܢܘܪܐ܀ ܪܒܝ ܟܗܢܐ ܕܝܢ ܘܟܠܗ ܟܢܘܫܬܗܘܢ ܒܥܝܢ

ܗܘܘ ܥܠ ܝܫܘܥ ܣܗܕܘܬܐ ܕܢܡܝܬܘܢܝܗܝ: ܘܠܐ ܐܫܟܚܘ܀
56 ܟܕ ܣܓܝܐܐ ܓܝܪ ܡܣܗܕܝܢ ܗܘܘ ܥܠܘܗܝ: ܠܐ ܫܘܝܢ ܗܘܝ
57 ܣܗܕܘܬܗܘܢ܀ ܐܢܫܝܢ ܕܝܢ ܩܡܘ ܥܠܘܗܝ: ܣܗܕܐ ܕܫܘܩܪܐ:
58 ܘܐܡܪܘ܀ ܕܚܢܢ ܫܡܥܢܝܗܝ ܕܐܡܪ: ܕܐܢܐ ܫܪܐ ܐܢܐ ܗܝܟܠܐ ܗܢܐ
ܕܥܒܝܕ ܒܐܝܕܝܐ: ܘܠܬܠܬܐ ܝܘܡܝܢ ܒܢܐ ܐܢܐ ܐܚܪܢܐ ܕܠܐ ܒܐܝܕܝܐ
59 60 ܒܐܝܕܝܐ܀ ܘܐܦܠܐ ܕܝܢ ܗܟܢܐ ܫܘܝܐ ܗܘܬ ܣܗܕܘܬܗܘܢ܀ ܘܩܡ
ܪܒ ܟܗܢܐ ܒܡܨܥܬܐ: ܘܫܐܠܗ ܠܝܫܘܥ ܘܐܡܪ: ܠܐ ܡܦܢܐ
61 ܐܢܬ ܦܬܓܡܐ: ܡܢܐ ܡܣܗܕܝܢ ܥܠܝܟ ܗܠܝܢ܀ ܗܘ ܕܝܢ ܝܫܘܥ
ܫܬܝܩ ܗܘܐ: ܘܡܕܡ ܠܐ ܥܢܝܗܘܢ. ܘܬܘܒ ܫܐܠܗ ܪܒ ܟܗܢܐ
62 ܘܐܡܪ: ܐܢܬ ܗܘ ܡܫܝܚܐ ܒܪܗ ܕܡܒܪܟܐ܀ ܗܘ ܕܝܢ ܝܫܘܥ
ܐܡܪ ܠܗ: ܐܢܐ ܐܢܐ: ܘܬܚܙܘܢ ܠܒܪܗ ܕܐܢܫܐ ܕܝܬܒ ܡܢ ܝܡܝܢܐ
63 ܕܚܝܠܐ: ܘܐܬܐ ܥܠ ܥܢܢܝ ܫܡܝܐ܀ ܪܒ ܟܗܢܐ ܕܝܢ ܨܪܐ ܟܘܬܝܢܗ
64 ܘܐܡܪ: ܡܢܐ ܡܢܟܝܠ ܡܬܒܥܝܢ ܠܢ ܣܗܕܐ܀ ܗܐ ܡܢ ܦܘܡܗ
ܫܡܥܬܘܢ ܓܘܕܦܐ. ܡܢܐ ܡܬܚܙܐ ܠܟܘܢ: ܗܢܘܢ ܕܝܢ ܟܠܗܘܢ ܕܢܘܗܝ
65 ܕܚܝܒ ܗܘ ܡܘܬܐ܀ ܘܫܪܝܘ ܐܢܫܝܢ ܪܩܝܢ ܒܦܪܨܘܦܗ: ܘܡܚܦܝܢ
ܐܦܘܗܝ ܘܡܩܦܚܝܢ ܠܗ: ܘܐܡܪܝܢ: ܐܬܢܒܐ: ܘܕܚܫܐ ܡܚܝܢ
66 ܗܘܘ ܠܗ ܥܠ ܦܟܘܗܝ܀ ܘܟܕ ܫܡܥܘܢ ܠܬܚܬ ܒܕܪܬܐ:
67 ܐܬܬ ܚܕܐ ܥܠܝܡܬܐ ܕܪܒ ܟܗܢܐ܀ ܚܙܬܗ ܕܫܚܢ ܘܚܪܬ ܒܗ
68 ܘܐܡܪܐ ܠܗ: ܐܦ ܐܢܬ ܥܡ ܝܫܘܥ ܗܘܝܬ ܢܨܪܝܐ܀ ܗܘ ܕܝܢ
ܟܦܪ ܘܐܡܪ: ܠܐ ܝܕܥ ܐܢܐ ܡܢܐ ܐܡܪܐ ܐܢܬܝ: ܘܢܦܩ ܠܒܪ ܠܦܪܘܠܐ:
69 ܘܩܪܐ ܬܪܢܓܘܠܐ܀ ܘܚܙܬܗ ܬܘܒ ܥܠܝܡܬܐ ܗܝ: ܘܫܪܝܬ ܕܬܐܡܪ
70 ܠܐܝܠܝܢ ܕܩܝܡܝܢ: ܕܐܦ ܗܢܐ ܡܢܗܘܢ ܗܘ܀ ܗܘ ܕܝܢ ܬܘܒ ܟܦܪ:
ܘܒܬܪ ܩܠܝܠ ܬܘܒ ܐܝܠܝܢ ܕܩܝܡܝܢ ܐܡܪܘ ܠܟܐܦܐ: ܫܪܝܪܐܝܬ
ܡܢܗܘܢ ܐܢܬ: ܐܦ ܓܝܪ ܓܠܝܠܝܐ ܐܢܬ: ܘܡܡܠܠܟ ܕܡܐ܀
71 ܗܘ ܕܝܢ ܫܪܝ ܗܘܐ ܡܚܪܡ ܘܝܡܐ: ܕܠܐ ܝܕܥ ܐܢܐ ܠܓܒܪܐ

72 ܗܢܐ ܕܐܡܪܝܢ ܐܢܬܘܢ܀ ܘܒܗ ܒܫܥܬܐ ܩܪܐ ܬܪܢܓܠܐ ܕܬܪܬܝܢ ܙܒܢܝܢ:
ܘܐܬܕܟܪ ܫܡܥܘܢ ܡܠܬܐ ܕܝܫܘܥ ܕܐܡܪ ܗܘܐ ܠܗ: ܕܥܕܠܐ ܢܩܪܐ
ܬܪܢܓܠܐ ܬܪܬܝܢ ܙܒܢܝܢ ܬܠܬ ܬܟܦܘܪ ܒܝ: ܘܫܪܝ ܕܢܒܟܐ܀
XV. ܘܡܚܕܐ ܒܨܦܪܐ ܥܒܕܘ ܡܠܟܐ ܪܒܝ ܟܗܢܐ ܥܡ
1 ܩܫܝܫܐ ܘܥܡ ܣܦܪܐ ܘܥܡ ܟܠܗ ܟܢܘܫܬܐ: ܘܐܣܪܘܗܝ ܠܝܫܘܥ
ܘܐܘܒܠܘܗܝ: ܘܐܫܠܡܘܗܝ ܠܦܝܠܛܘܣ ܗܓܡܘܢܐ܀ ܘܫܐܠܗ
2 ܦܝܠܛܘܣ: ܐܢܬ ܗܘ ܡܠܟܐ ܕܝܗܘܕܝܐ: ܗܘ ܕܝܢ ܥܢܐ ܘܐܡܪ
ܠܗ: ܐܢܬ ܐܡܪܬ܀ ܘܐܟܠܝܢ ܗܘܘ ܩܪܨܘܗܝ ܪܒܝ ܟܗܢܐ
3 ܒܣܓܝܐܬܐ܀ ܗܘ ܕܝܢ ܦܝܠܛܘܣ ܬܘܒ ܫܐܠܗ: ܘܐܡܪ ܠܗ: ܠܐ
4 ܡܦܢܐ ܐܢܬ ܦܬܓܡܐ: ܚܙܝ: ܟܡܐ ܡܣܗܕܝܢ ܥܠܝܟ܀ ܗܘ ܕܝܢ
5 ܝܫܘܥ ܡܕܡ ܦܬܓܡܐ ܠܐ ܝܗܒ: ܐܝܟܢܐ ܕܢܬܕܡܪ ܦܝܠܛܘܣ܀
6 ܡܥܕ ܗܘܐ ܕܝܢ ܒܟܠ ܥܐܕܐ ܠܡܫܪܐ ܠܗܘܢ ܐܣܝܪܐ
7 ܚܕ: ܐܝܢܐ ܕܫܐܠܝܢ܀ ܘܐܝܬ ܗܘܐ ܚܕ ܕܡܬܩܪܐ ܒܪ ܐܒܐ: ܘܐܣܝܪ
ܗܘܐ ܥܡ ܥܒܕܝ ܐܣܛܣܝܣ: ܗܢܘܢ ܕܩܛܠܐ ܒܐܣܛܣܝܣ
8 ܥܒܕܘ܀ ܘܩܥܐ ܥܡܐ: ܘܫܪܝ ܠܡܫܐܠ ܐܝܟ ܕܥܒܕ ܗܘܐ
9 ܠܗܘܢ܀ ܗܘ ܕܝܢ ܦܝܠܛܘܣ ܥܢܐ ܘܐܡܪ: ܨܒܝܢ ܐܢܬܘܢ
10 ܐܫܪܐ ܠܟܘܢ ܡܠܟܐ ܕܝܗܘܕܝܐ܀ ܝܕܥ ܗܘܐ ܓܝܪ ܦܝܠܛܘܣ ܕܡܢ
11 ܚܣܡܐ ܐܫܠܡܘܗܝ ܪܒܝ ܟܗܢܐ܀ ܪܒܝ ܟܗܢܐ ܕܝܢ ܝܬܝܪܐܝܬ ܐܦܝܣܘ
12 ܠܟܢܫܐ: ܕܠܒܪ ܐܒܐ ܢܫܪܐ ܠܗܘܢ܀ ܗܘ ܕܝܢ ܦܝܠܛܘܣ ܐܡܪ
ܠܗܘܢ: ܡܢܐ ܗܟܝܠ ܨܒܝܢ ܐܢܬܘܢ ܐܥܒܕ ܠܗܢܐ ܕܩܪܝܢ ܐܢܬܘܢ
13 14 ܡܠܟܐ ܕܝܗܘܕܝܐ܀ ܗܢܘܢ ܕܝܢ ܬܘܒ ܩܥܘ: ܙܩܘܦܝܗܝ܀ ܗܘ
ܕܝܢ ܦܝܠܛܘܣ ܐܡܪ ܠܗܘܢ: ܡܢܐ ܓܝܪ ܕܒܝܫ ܥܒܕ: ܘܗܢܘܢ
15 ܝܬܝܪܐܝܬ ܩܥܝܢ ܗܘܘ: ܙܩܘܦܝܗܝ܀ ܦܝܠܛܘܣ ܕܝܢ ܨܒܐ ܕܢܥܒܕ
ܨܒܝܢܐ ܠܟܢܫܐ: ܫܪܐ ܠܗܘܢ ܠܒܪ ܐܒܐ: ܘܐܫܠܡ ܠܗܘܢ
16 ܠܝܫܘܥ ܟܕ ܡܢܓܕ ܕܢܙܕܩܦ܀ ܐܣܛܪܛܝܘܛܐ ܕܝܢ ܐܘܒܠܘܗܝ

ܠܓܘ ܕܪܬܐ ܕܐܝܬܝܗ ܦܪܛܘܪܝܢ: ܘܩܪܘ ܠܟܠܗ ܐܣܦܝܪ܀
17 ܘܐܠܒܫܘܗܝ ܐܪܓܘܢܐ: ܘܓܕܠܘ ܣܡܘ ܠܗ ܟܠܝܠܐ ܕܟܘܒܐ܀
18 19 ܘܫܪܝܘ ܠܡܫܐܠ ܒܫܠܡܗ: ܫܠܡ ܡܠܟܐ ܕܝܗܘܕܝܐ܀ ܘܡܚܝܢ
ܗܘܘ ܠܗ ܥܠ ܪܫܗ ܒܩܢܝܐ: ܘܪܩܝܢ ܗܘܘ ܒܐܦܘܗܝ:
20 ܘܒܪܟܝܢ ܗܘܘ ܥܠ ܒܘܪܟܝܗܘܢ: ܘܣܓܕܝܢ ܠܗ܀ ܘܟܕ ܒܙܚܘ
ܒܗ: ܐܫܠܚܘܗܝ ܐܪܓܘܢܐ: ܘܐܠܒܫܘܗܝ ܢܚܬܘܗܝ:
ܘܐܦܩܘܗܝ ܕܢܙܩܦܘܢܝܗܝ܀
21 ܘܫܚܪܘ ܚܕ ܕܥܒܪ ܗܘܐ: ܫܡܥܘܢ ܩܘܪܝܢܝܐ: ܕܐܬܐ ܗܘܐ
ܡܢ ܩܪܝܬܐ: ܐܒܘܗܝ ܕܐܠܟܣܢܕܪܘܣ ܘܕܪܘܦܘܣ: ܕܢܫܩܘܠ
22 ܙܩܝܦܗ܀ ܘܐܝܬܝܘܗܝ ܠܓܓܘܠܬܐ: ܕܘܟܬܐ ܕܡܬܬܪܓܡܐ
23 ܩܪܩܦܬܐ܀ ܘܝܗܒܘ ܠܗ ܠܡܫܬܐ ܚܡܪܐ ܕܡܙܝܓ ܒܗ
24 ܡܘܪܐ: ܘܗܘ ܠܐ ܢܣܒ܀ ܘܟܕ ܙܩܦܘܗܝ: ܦܠܓܘ ܢܚܬܘܗܝ:
25 ܘܐܪܡܝܘ ܥܠܝܗܘܢ ܦܣܐ: ܡܢܘ ܡܢܐ ܢܣܒ܀ ܐܝܬܝܗ ܗܘܬ ܕܝܢ
26 ܫܥܐ ܬܠܬ ܟܕ ܙܩܦܘܗܝ܀ ܘܡܟܬܒܐ ܗܘܬ ܥܠܬܐ ܕܡܘܬܗ
27 ܒܟܬܒܐ: ܗܢܘ ܡܠܟܐ ܕܝܗܘܕܝܐ܀ ܘܙܩܦܘ ܥܡܗ ܬܪܝܢ
28 ܓܝܣܐ: ܚܕ ܡܢ ܝܡܝܢܗ: ܘܚܕ ܡܢ ܣܡܠܗ܀ ܘܫܠܡ
ܟܬܒܐ ܕܐܡܪ: ܕܥܡ ܥܘܠܐ ܐܬܡܢܝ܀
29 ܐܦ ܐܝܠܝܢ ܕܝܢ ܕܥܒܪܝܢ ܗܘܘ ܡܓܕܦܝܢ ܗܘܘ ܥܠܘܗܝ:
ܘܡܢܝܕܝܢ ܪܫܝܗܘܢ ܘܐܡܪܝܢ: ܐܘ ܫܪܐ ܗܝܟܠܐ ܘܒܢܐ ܠܗ
30 31 ܠܬܠܬܐ ܝܘܡܝܢ܀ ܦܨܐ ܢܦܫܟ: ܘܚܘܬ ܡܢ ܙܩܝܦܐ܀ ܘܗܟܢܐ
ܐܦ ܪܒܝ ܟܗܢܐ ܡܓܚܟܝܢ ܗܘܘ ܚܕ ܥܡ ܚܕ ܘܣܦܪܐ ܘܐܡܪܝܢ:
32 ܐܚܪܢܐ ܐܚܝ: ܢܦܫܗ ܠܐ ܡܫܟܚ ܠܡܚܝܘ܀ ܡܫܝܚܐ ܡܠܟܐ
ܕܐܝܣܪܝܠ ܢܚܘܬ ܗܫܐ ܡܢ ܙܩܝܦܐ: ܕܢܚܙܐ ܘܢܗܝܡܢ ܒܗ: ܐܦ
33 ܗܢܘܢ ܕܝܢ ܕܙܩܝܦܝܢ ܗܘܘ ܥܡܗ: ܡܚܣܕܝܢ ܗܘܘ ܠܗ: ܘܟܕ
ܗܘܬ ܫܬ ܫܥܝܢ: ܗܘܐ ܚܫܘܟܐ ܥܠ ܟܠܗ ܐܪܥܐ: ܥܕܡܐ

34 ܠܫܥܝܢ ܬܫܥ܀ ܘܒܬܫܥ ܫܥܝܢ ܩܥܐ ܝܫܘܥ ܒܩܠܐ ܪܡܐ ܘܐܡܪ:
ܐܝܠ: ܐܝܠ: ܠܡܢܐ ܫܒܩܬܢܝ: ܕܐܝܬܘܗܝ: ܐܠܗܝ: ܐܠܗܝ:
35 ܠܡܢܐ ܫܒܩܬܢܝ܀ ܘܐܢܫܝܢ ܕܫܡܥܘ ܡܢ ܗܠܝܢ ܕܩܝܡܝܢ ܗܘܘ
36 ܐܡܪܝܢ ܗܘܘ: ܠܐܠܝܐ ܩܪܐ܀ ܘܪܗܛ ܚܕ ܘܡܠܐ ܐܣܦܘܓܐ
ܚܠܐ: ܘܐܪܟܢ ܒܩܢܝܐ ܕܢܫܩܝܘܗܝ ܘܐܡܪ: ܫܒܘܩܘ ܢܚܙܐ ܐܢ ܐܬܐ
37 ܐܠܝܐ ܡܚܬܗ ܠܗ܀ ܗܘ ܕܝܢ ܝܫܘܥ ܩܥܐ ܒܩܠܐ ܪܡܐ: ܘܫܠܡ܀
38 ܘܐܦܝ ܬܪܥܐ ܕܗܝܟܠܐ ܐܨܛܪܝ ܠܬܪܝܢ: ܡܢ ܠܥܠ ܥܕܡܐ
39 ܠܬܚܬ܀ ܟܕ ܚܙܐ ܕܝܢ ܩܢܛܪܘܢܐ ܗܘ ܕܩܐܡ ܗܘܐ ܠܘܬܗ:
ܕܗܟܢܐ ܩܥܐ ܘܫܠܡ: ܐܡܪ: ܫܪܝܪܐܝܬ ܗܢܐ ܓܒܪܐ ܒܪܗ ܗܘܐ
40 ܕܐܠܗܐ܀ ܐܝܬ ܗܘܝ ܕܝܢ ܐܦ ܢܫܐ ܡܢ ܪܘܚܩܐ ܕܚܙܝܢ ܗܘܝ:
ܡܪܝܡ ܡܓܕܠܝܬܐ: ܘܡܪܝܡ ܐܡܗ ܕܝܥܩܘܒ ܙܥܘܪܐ ܘܕܝܘܣܐ
41 ܘܫܠܘܡ܀ ܗܠܝܢ ܕܟܕ ܗܘܐ ܒܓܠܝܠܐ ܢܩܝܦܢ ܗܘܝ ܠܗ:
ܘܡܫܡܫܢ ܠܗ: ܘܐܚܪܢܝܬܐ ܣܓܝܐܬܐ ܕܣܠܩ ܗܘܝ ܥܡܗ
ܠܐܘܪܫܠܡ܀

42 43 ܘܟܕ ܗܘܐ ܪܡܫܐ ܕܥܪܘܒܬܐ: ܕܐܝܬܘܗܝ ܩܕܡ ܫܒܬܐ܀ ܐܬܐ
ܝܘܣܦ: ܗܘ ܕܡܢ ܪܡܬܐ: ܡܝܩܪܐ ܒܘܠܘܛܐ: ܕܐܦ ܗܘ ܡܣܟܐ
ܗܘܐ ܠܡܠܟܘܬܐ ܕܐܠܗܐ: ܘܐܡܪܚ ܘܥܠ ܠܘܬ ܦܝܠܛܘܣ:
44 ܘܫܐܠ ܦܓܪܗ ܕܝܫܘܥ܀ ܦܝܠܛܘܣ ܕܝܢ ܬܡܗ ܕܐܦ ܡܢ ܟܒܪ
ܡܝܬ: ܘܩܪܐ ܠܩܢܛܪܘܢܐ: ܘܫܐܠܗ ܕܐܢ ܡܢ ܩܕܡ ܙܒܢܐ ܡܝܬ܀
45 46 ܘܟܕ ܝܠܦ: ܝܗܒ ܦܓܪܗ ܠܝܘܣܦ܀ ܘܙܒܢ ܝܘܣܦ ܟܬܢܐ:
ܘܐܚܬܗ ܘܟܪܟܗ ܒܗ: ܘܣܡܗ ܒܩܒܪܐ ܕܢܩܝܪ ܗܘܐ ܒܫܘܥܐ:
47 ܘܥܓܠ ܟܐܦܐ ܥܠ ܬܪܥܗ ܕܩܒܪܐ܀ ܡܪܝܡ ܕܝܢ ܡܓܕܠܝܬܐ
ܘܡܪܝܡ ܗܝ ܕܝܘܣܐ: ܚܙܝ ܐܝܟܐ ܕܐܬܬܣܝܡ܀

1 XVI. ܘܟܕ ܥܒܪܬ ܫܒܬܐ: ܡܪܝܡ ܡܓܕܠܝܬܐ ܘܡܪܝܡ
ܕܝܥܩܘܒ ܘܫܠܘܡ: ܙܒܢ ܗܪܘܡܐ ܕܢܐܬܝܢ ܢܡܫܚܢܝܗܝ܀

2 ܒܫܦܪܐ ܕܝܢ ܒܚܕܒܫܒܐ: ܐܬܝ ܠܒܝܬ ܩܒܘܪܐ: ܟܕ ܕܢܚ ܫܡܫܐ܀
3 ܘܐܡܪܢ ܗܘܝ܂ ܒܝܢܬܗܝܢ: ܡܢܘ ܕܝܢ ܢܥܓܠ ܠܢ ܟܐܦܐ ܡܢ
4 ܬܪܥܐ ܕܒܝܬ ܩܒܘܪܐ܀ ܘܚܪ ܚܙܝ ܕܡܥܓܠܐ ܗܝ ܟܐܦܐ: ܪܒܐ
5 ܗܘܬ ܓܝܪ ܛܒ܀ ܘܥܠܝ ܠܒܝܬ ܩܒܘܪܐ: ܘܚܙܝ ܥܠܝܡܐ
ܕܝܬܒ ܡܢ ܝܡܝܢܐ: ܘܥܛܝܦ ܐܣܛܠܐ ܚܘܪܬܐ: ܘܐܬܡܗܝ܀
6 ܗܘ ܕܝܢ ܐܡܪ ܠܗܝܢ: ܠܐ ܬܬܕܡܪܢ: ܠܝܫܘܥ ܢܨܪܝܐ ܒܥܝܢ
ܐܢܬܝܢ: ܗܘ ܕܐܙܕܩܦ: ܩܡ ܠܗ: ܠܐ ܗܘܐ ܬܢܢ. ܗܐ ܕܘܟܬܐ
7 ܐܝܟܐ ܕܣܝܡ ܗܘܐ܀ ܐܠܐ ܙܠܝܢ ܐܡܪܝܢ ܠܬܠܡܝܕܘܗܝ ܘܠܟܐܦܐ:
ܕܗܐ ܩܕܡ ܠܟܘܢ ܠܓܠܝܠܐ. ܬܡܢ ܬܚܙܘܢܗܝ ܐܝܟܢܐ ܕܐܡܪ
8 ܠܟܘܢ܀ ܘܟܕ ܫܡܥܝ: ܥܪܩ ܘܢܦܩܝ ܡܢ ܩܒܪܐ: ܐܚܝܕ
ܗܘܐ ܠܗܝܢ ܓܝܪ ܬܗܪܐ ܘܪܬܝܬܐ: ܘܠܐܢܫ ܡܕܡ ܠܐ ܐܡܪܝ:
ܕܕܚܝܠܢ ܗܘܝ ܓܝܪ܀
9 ܒܫܦܪܐ ܕܝܢ ܒܚܕܒܫܒܐ ܩܡ: ܘܐܬܚܙܝ ܠܘܩܕܡ ܠܡܪܝܡ
10 ܡܓܕܠܝܬܐ: ܗܝ ܕܫܒܥܐ ܫܐܕܝܢ ܐܦܩ ܗܘܐ ܡܢܗ܀ ܘܗܝ
ܐܙܠܬ ܣܒܪܬ ܠܗܠܝܢ ܕܥܡܗ ܗܘܘ: ܕܐܒܝܠܝܢ ܗܘܘ ܘܒܟܝܢ܀
11 ܘܗܢܘܢ ܟܕ ܫܡܥܘ ܕܐܡܪܢ ܕܚܝ ܘܐܬܚܙܝ ܠܗܝܢ: ܠܐ ܗܝܡܢܘ
12 ܐܢܝܢ. ܒܬܪ ܗܠܝܢ ܐܬܚܙܝ ܠܬܪܝܢ ܡܢܗܘܢ ܒܨܘܪܬܐ ܐܚܪܬܐ:
13 ܟܕ ܡܗܠܟܝܢ ܘܐܙܠܝܢ ܠܩܪܝܬܐ܀ ܘܗܢܘܢ ܐܙܠܘ ܐܡܪܘ
ܠܫܪܟܐ. ܐܦ ܠܐ ܠܗܘܢ ܗܝܡܢܘ܀
14 ܐܚܪܝܐܝܬ ܕܝܢ ܐܬܚܙܝ ܠܚܕܥܣܪ ܟܕ ܣܡܝܟܝܢ: ܘܚܣܕ
ܒܚܣܝܪܘܬ ܗܝܡܢܘܬܗܘܢ: ܘܒܩܫܝܘܬ ܠܒܗܘܢ: ܕܠܗܢܘܢ
15 ܕܚܙܐܘܗܝ ܕܩܡ ܠܐ ܗܝܡܢܘ܀ ܘܐܡܪ ܠܗܘܢ: ܙܠܘ ܠܥܠܡܐ
16 ܟܠܗ: ܘܐܟܪܙܘ ܣܒܪܬܝ ܒܟܠܗ ܒܪܝܬܐ܀ ܐܝܢܐ ܕܡܗܝܡܢ
17 ܘܥܡܕ: ܚܝܐ: ܘܐܝܢܐ ܕܠܐ ܡܗܝܡܢ: ܡܬܚܝܒ܀ ܐܬܘܬܐ ܕܝܢ
ܠܐܝܠܝܢ ܕܡܗܝܡܢܝܢ ܗܠܝܢ ܢܩܦܢ: ܒܫܡܝ ܫܐܕܐ ܢܦܩܘܢ:

18 ܘܒܟܬܒܐ ܢܒܝܐ ܕܩܕܡܝܟܘܢ܀ ܘܒܝܘܡܬܐ ܕܥܡܟܘܢ܆ ܘܐܦ ܗܫܐ
ܘܡܘܬܐ ܕܥܠܡܐ܆ ܠܐ ܢܗܘܐ ܐܢܫ܆ ܕܐܬܝܬܘܢ ܠܢܦܫܟܘܢ ܒܠܠ
19 ܚܛܗܐ܆ ܘܐܬܢܚܡܘܢ܀ ܢܫܘܠ ܕܝܢ ܡܢܝ܆ ܡܢ ܟܠܗ ܕܒܠܠ
20 ܒܫܡܗܘܢ܆ ܒܫܡܝܐ ܗܟܢ܆ ܘܠܒܬ ܡܢ ܢܦܫܐ ܕܐܒܘܗܝ܀ ܗܢܘܢ
ܕܝܢ ܕܢܦܫܗ܆ ܘܐܬܒܪܝܘ ܒܟܠ ܕܡܠܠ܆ ܘܡܢܝ ܡܬܒܪ ܗܘܐ ܠܗܘܢ܆
ܘܡܫܡܥ ܡܫܒܚܝܢܘܢ ܠܐܠܗܐ ܕܒܫܡܝܐ ܗܘܘ܀

II.

Die Lehre des Apostels Addai.

ܬܘܒ ܡܠܦܢܘܬܐ ܕܐܕܝ ܫܠܝܚܐ.

ܒܫܢܬ ܬܠܬܡܐܐ ܘܐܪܒܥܝܢ ܘܬܠܬ ܒܡܠܟܘܬܐ ܕܝܘܢܝܐ ܘܒܡܠܟܘܬܗ ܕܡܪܢ ܛܝܒܪܝܘܣ ܩܣܪ ܪܗܘܡܝܐ ܘܒܡܠܟܘܬܗ ܕܐܒܓܪ ܡܠܟܐ ܒܪ ܡܥܢܘ ܡܠܟܐ ܒܝܪܚ ܬܫܪܝ ܩܕܝܡ ܒܝܘܡ ܠܐܪܒܥܐ܆ ܫܕܪ ܗܘܐ ܐܒܓܪ ܐܘܟܡܐ ܠܡܪܝܗܒ ܘܠܫܡܫܓܪܡ܆ ܪܘܪܒܐ ܘܡܝܩܪܐ ܕܡܠܟܘܬܗ܆ ܘܠܚܢܢ ܛܒܘܠܪܐ ܫܪܝܪܐ ܥܡܗܘܢ܆ ܠܡܕܝܢܬܐ ܐܝܕܐ ܕܡܬܩܪܝܐ ܐܠܘܬܪܘܦܘܠܝܣ ܠܘܬ ܣܒܝܢܘܣ ܒܪ ܐܘܣܛܪܓܝܣ܆ ܗܓܡܘܢܐ ܫܪܝܪܐ ܐܦܝܛܪܘܦܐ ܕܡܪܢ ܩܣܪ܆ ܗܘ ܕܫܠܝܛ ܗܘܐ ܥܠ ܣܘܪܝܐ ܘܥܠ ܦܘܢܝܩܐ ܘܥܠ ܦܠܣܛܝܢܐ ܘܥܠ ܐܬܪܐ ܟܠܗ ܕܒܝܬ ܢܗܪܝܢ. ܘܐܘܒܠܘ ܗܘܘ ܠܗ ܐܓܪܬܐ ܡܛܠ ܨܒܘܬܐ ܕܡܠܟܘܬܐ. ܘܟܕ ܐܬܘ ܗܘܘ ܠܘܬܗ ܡܛܠ ܗܕܐ ܐܝܟ ܒܫܝܢܐ ܘܒܫܠܡܐ. ܘܩܒܠ ܗܘܐ ܠܗܘܢ ܒܚܕܘܬܐ ܘܒܐܝܩܪܐ. ܘܟܬܒ ܗܘܐ ܠܗܘܢ ܦܘܫܩܐ ܕܐܓܪܬܐ ܘܫܕܪ ܗܘܐ ܐܝܟ ܠܘܬ ܐܒܓܪ ܡܠܟܐ. ܘܟܕ ܢܦܩܘ ܗܘܘ ܡܢ ܠܘܬܗ. ܣܠܩܘ ܗܘܘ

ܘܐܬܐ ܠܐܘܪܚܐ ܠܘܩܒܠ ܐܘܪܫܠܡ. ܘܚܙܐ ܗܘܐ ܐܢܫܐ ܣܓܝܐܐ ܕܐܬܝܢ ܗܘܘ ܡܢ ܪܘܚܩܐ: ܕܢܚܙܘܢ ܠܡܫܝܚܐ: ܡܛܠ ܕܢܦܩ ܗܘܐ ܛܒܐ ܕܐܬܕܡܪܬܐ ܕܐܣܝܘܬܗ ܒܐܬܪܘܬܐ ܪ̈ܚܝܩܬܐ. ܘܟܕ ܚܙܐ ܠܐܢܫܐ ܗܢܘܢ ܡܢܗܘܢ ܕܡܫܡܫܝܢ ܘܟܠܗܝܢ ܬܕܡܪ̈ܬܐ: ܐܙܠ ܗܘܐ ܐܦ ܗܘ ܥܡܗܘܢ ܠܐܘܪܫܠܡ. ܘܟܕ ܥܠ ܗܘܐ ܠܐܘܪܫܠܡ: ܚܙܝܗܝ ܗܘܐ ܠܡܫܝܚܐ ܘܚܕܝ ܥܡ ܣܓܝܐܐ ܕܚܕܝܪܝܢ ܗܘܘ ܒܗ. ܘܚܙܐ ܗܘܐ ܐܦ ܠܬܠܡܝܕܘܗܝ: ܕܩܝܡܝܢ ܗܘܘ ܩܝܡܝܢ ܩܝܡܝܢ: ܘܡܬܚܫܒܝܢ ܗܘܘ ܕܡܢܐ ܢܥܒܕܘܢ ܒܗ. ܡܬܥܝܩܝܢ ܗܘܘ ܓܝܪ: ܕܚܙܝܢ ܗܘܘ ܕܣܓܝܐܐ ܘܐܢ̈ܫܐ ܕܥܡܗܘܢ ܡܗܝܡܢܝܢ ܗܘܘ ܒܗ. ܘܗܘܐ ܝܬܒ ܒܐܘܪܫܠܡ ܝܘܡ̈ܬܐ ܣܓܝ̈ܐܐ. ܘܟܬܒ ܗܘܐ ܟܠܗܝܢ ܬܕܡܪ̈ܬܐ ܕܚܙܐ ܗܘܐ ܕܥܒܕ ܗܘܐ ܡܫܝܚܐ. ܐܦ ܫܪܟܐ ܕܡܕܡ ܕܥܒܕ ܗܘܐ ܒܗ ܙܒܢܐ: ܥܕܡܐ ܕܐܬܦܢܝ ܗܘܐ ܠܡܥܢܝ: ܘܣܡܗ ܗܘܐ ܘܐܬܐ ܗܘܐ ܠܐܘܪܗܝ. ܘܟܕ ܥܠ ܗܘܐ ܩܕܡ ܐܒܓܪ ܡܠܟܐ ܡܪܗ ܕܫܕܪ ܗܘܐ ܐܢܘܢ. ܘܝܗܒ ܗܘܐ ܠܗ ܦܢܝܬܐ ܕܐܓܪ̈ܬܐ ܕܐܘܒܠ ܗܘܐ ܥܡܗܘܢ. ܘܟܕ ܟܕ ܕܐܬܩܪܝܬ ܗܘܬ ܐܓܪܬܐ: ܬܡܗ ܗܘܐ ܕܫܡܥܗ ܡܕܡ ܡܠܟܐ ܟܠ ܡܕܡ ܕܚܙܐ: ܘܟܠ ܡܕܡ ܕܥܒܕ ܗܘܐ ܡܫܝܚܐ ܒܐܘܪܫܠܡ. ܘܬܡܗ ܗܘܐ ܟܠܗܝܢ ܬܕܡܪ̈ܬܐ ܡܕܡܝܢܘܬܗ ܟܠ ܡܕܡ ܕܥܒܕ ܗܘܐ ܘܐܚܝܕ ܒܗܘܢ. ܘܟܕ ܫܡܥ ܗܘܐ ܐܒܓܪ ܡܠܟܐ: ܐܡܪ ܗܘܐ ܘܐܬܕܡܪ: ܐܦ ܕܘܟܪܢܘܬܗ ܕܡܫܝܚܐ ܗܘܐ ܡܕܡܝܘܬܗ. ܘܐܡܪ ܠܗܘܢ ܐܒܓܪ. ܗܠܝܢ ܚܝ̈ܠܐ ܠܐ ܗܘܘ ܕܒܢܝ ܐܢܫܐ: ܡܛܠ ܕܠܝܬ ܕܢܫܐ ܡܢܗ ܐܠܐ ܐܠܗܐ ܒܠܚܘܕ. ܙܒܢ ܗܘܐ ܕܝܢ ܐܒܓܪ: ܕܗܘ ܡܬܟܬܫ ܒܟܐܒ ܗܘܐ ܘܐܣܬܩܠ ܒܟܘܪܗܢܐ ܘܚܙܐ ܗܘܐ ܒܚܝ̈ܠܘܗܝ ܟܠ ܡܕܡ ܕܥܒܕ ܗܘܐ ܡܫܝܚܐ. ܘܡܛܠ ܕܠܐ ܐܫܟܚ ܕܢܥܒܪ ܠܐܬܪܐ ܕܪ̈ܗܘܡܝܐ ܕܝܠܗ ܕܥܠܗ

ܗܘܐ: ܕܠܡܐ ܒܠܚܘܕ ܗܘܝܘ ܐܡܪ ܗܘܐ ܒܒܢܝܢܫܘܬܐ ܦܫܝܛܬܐ.
ܩܕܡ ܗܘܐ ܐܠܗܐ ܘܥܒܕ ܗܘܐ ܒܡܫܝܚܐ ܩܕܡܘܗܝ ܕܒܢܝ
ܛܘܒܢܐ. ܘܢܦܩ ܗܘܐ ܡܢ ܐܘܪܗܝ ܠܐܘܪܫܠܡ ܐܬܪܐ. ܘܟܠ
ܗܘܐ ܠܐܘܪܫܠܡ ܟܕ ܠܐܬܪܘܬܐ ܩܕܝܫܐ ܕܒܐܘܪܫܠܡ ܟܠܗ.
ܘܐܬܥܡܕ ܗܘܐ ܒܡܫܝܚܐ ܟܕ ܒܥܡܕܝܬܐ ܕܢܗܪܐ ܝܘܪܕܢܢ.
ܘܐܬܒܪܟ ܗܘܐ ܐܠܗܐ ܡܥܡܕܝܬܐ ܐܝܟ ܕܐܬܡܠܟ ܗܘܐ ܗܟܢܐ.
ܐܡܪ ܐܘܟܝܬ ܒܫܡܗ ܐܫܝܐ ܠܗܠܝܢ ܕܐܬܝܠܕ ܒܐܘܪܫܠܡ.
ܡܢ ܗܟܝܠ. ܡܫܝܚܐ ܒܒܢܝ ܘܟܠ ܐܫܬܘܐܝ ܕܠܐ ܗܘܐ
ܒܡܫܡܫܢܘܬܐ ܘܒܕܘܒܪܐ ܡܬܚܙܐ ܐܝܬܘܗܝ: ܐܠܐ ܒܡܠܟܘܬܐ ܡܢܗܪܐ ܡܬܚܙܐ
ܐܝܬܘܗܝ. ܘܒܥܠܕܒܒܐ ܡܘܟܝ ܐܝܬܘܗܝ. ܘܒܫܝܕܐ ܡܕܟܐ ܐܝܬܘܗܝ.
ܘܒܟܘܪܗܢܐ ܡܐܣܐ ܐܝܬܘܗܝ. ܘܒܚܘܒܐ ܘܒܚܟܡܬܐ ܐܠܗܝܐ ܘܡܫܝܚܐ ܗܘ
ܒܡܠܟܘܬܐ ܡܬܚܙܐ ܐܝܬܘܗܝ. ܐܦ ܩܢܘܡܐ ܡܩܝܡ ܐܝܬܘܗܝ. ܘܟܕ ܗܟܢ
ܐܬܦܪܫܬ ܕܥܘܕܪܢܐ ܡܫܝܚܐ ܕܟܠ ܐܝܬܘܗܝ: ܡܫܝܚܐ ܒܪܚܡܘܗܝ:
ܕܐܦ ܐܒܘܗܝ ܐܝܬܘܗܝ ܕܒܫܡܝܐ ܥܡ ܡܫܝܚܐ ܘܒܪܐ ܗܘܝܘ: ܐܦ ܒܪܗ
ܐܝܬܘܗܝ ܕܐܒܘܗܝ: ܕܗܘܝܘ ܡܫܬܒܚ ܒܟܠ ܐܝܬܘܗܝ. ܡܛܠ ܗܢܐ ܒܟܠܗ
ܒܒܝܬܗ ܡܕܝܢ: ܕܐܬܐ ܠܥܠܡܐ ܡܢ ܫܡܝܐ ܐܝܟ ܚܕ ܘܒܐܬܪܐ ܡܕܝܢ
ܕܐܬܒ ܒܗ ܐܠܗܐ ܐܝܟ ܕܡܫܝܚܐ ܗܘ. ܐܦ ܗܢܐ ܐܘܕܝ ܡܫܝܚܐ.
ܕܝܘܪܕܢܢ ܕܐܬܝܗܒ ܠܒܢܝ ܘܐܝܬܝ ܗܘ: ܘܐܦ ܕܐܬܥܡܕܘܗܝ ܒܗ.
ܘܒܡܥܡܘܕܝܬܗ ܗܘ ܢܘܗܪܐ. ܡܫܒܚܐ ܗܘܐ ܠܟܠܗܘܢ ܐܝܟ ܐܒܐ:
ܡܢܗܪܐ ܘܒܠܥܕ ܫܡܫܐ ܠܒܝܬܐ ܗܘ ܒܥܠܡܐ. ܘܟܕ ܡܬܒܥܐ
ܗܘܐ ܢܫܘܐ ܠܐܠܗܐ ܒܗ ܕܒ ܩܕܝܫܐ ܕܝܘܪܕܢܢ: ܐܡܪ ܒܗ
ܠܒܢܝ ܠܡܫܝܚܐ: ܐܠܐ ܘܐܡܪ ܒܗ ܠܥܠܡܝܢ ܕܫܒܝܚ ܗܘ:
ܠܡܫܝܚ ܕܒܗ ܠܐ ܐܬܚܙܝ ܡܫܝܚܐ ܗܘ. ܕܩܕܡ ܐܠܗܐ ܒܟܠ:
ܕܐܝܟ ܕܒܢܝ ܒܗ ܠܐ ܢܬܚܙܐ ܗܘ: ܘܒܡܫܝܚܐ ܒܗ ܕܐܬܐ
ܒܟܠܗ: ܗܘ ܡܢ ܕܐܬܓܠܝ ܒܒܣܪܐ ܠܥܠܡܐ ܡܫܒܚܐ ܐܠܗܐ

ܒܗ. ܘܫܡܥܬ ܐܢܐ ܕܝܢ ܒܩܠܐ ܐܝܟ ܕܡܙܡܪܝܢ: ܘܟܠ ܕܫܡܥܬ
ܠܥܠܬܗ: ܡܫܕܪ ܐܢܐ ܠܟ ܚܕ ܡܢ ܐܣܟܝܡܝ: ܕܢܬܐ ܩܕܡ
ܕܐܡܪ ܠܟ ܬܐܘܠܐ ܘܢܣܒܟ. ܘܡܚܡܠܐ ܡܢ ܕܐܡܪ ܠܥܒܕܝ. ܢܟܢܫ
ܐܝܟ ܚܝܠܐ ܕܠܒܒܟܘܢ. ܘܟܕ ܢܗܘܐ ܨܦܪܐ. ܘܒܒܠܒܠܐ
ܠܐܘ ܠܐ ܢܫܬܟܚ ܒܗ ܠܒܟܝܢ. ܟܕ ܕܝܢ ܚܙܐ ܗܘܐ ܢܛܝܪ
ܠܡܘܟܪܐ: ܕܗܘܝܐ ܐܡܪ ܗܘܐ ܒܗ ܢܦܫܗ. ܘܟܕ ܕܢܚܐ ܗܘܐ
ܕܫܡܫܐ. ܫܩܠ ܗܘܐ ܘܢܦܩ ܩܕܡܘܗܝ ܕܢܦܫܗ ܒܫܩܘܩܝܐ ܕܒܝܬܐ.
ܘܐܙܠ ܗܘܐ ܒܡܪܗ ܠܐܝܟܢܐ ܡܫܟܚ ܡܢܗ. ܘܟܕ ܚܙܝܗܝ ܗܘܐ
ܐܝܟܢܐ ܡܫܟܚ ܠܟܠܗܝܢ ܗܘ ܡܫܟܚ ܗܘܐ ܠܒܪܢܫܐ ܗܕܐ:
ܘܫܡܥܗ ܗܘܐ ܠܐܦܪܝܐ ܪܒܐ: ܕܗܘܐ ܡܢ ܗܕܐ ܐܦܪܝܐ ܕܒܗ.
ܘܐܬܐܙܠ ܗܘܐ ܒܗ ܢܝܚܐ ܠܡܘܟܪܐ ܒܟܠܝܘܡ ܕܫܡܫܐ ܗܘܐ
ܡܢ ܢܦܫܗ: ܟܕ ܒܟܝܢ ܗܘܝܢ ܒܗ ܡܚܫܘܒܘܗܝ ܒܬܟܠܬܐ. ܘܡܢ
ܗܕܐ ܕܐܫܬܟܚ ܗܘܐ ܡܬܬܝܐ ܒܫܡܝܐ: ܫܪܝ ܗܘܐ ܠܡܘܕܝܘ
ܠܐܠܗܐ ܒܥܠܐ ܐܝܟ ܕܠܐܘ ܫܡܝܢܐ: ܗܘ ܕܐܬܚܙܝܘܗܝ ܗܘܐ ܡܢ
ܫܡܝܢ ܘܠܐܘ ܫܡܝܢܐ. ܘܟܕ ܐܬܐ ܐܝܟ ܠܥܕܢܐ ܕܨܘܪܬܐ. ܫܪܐ
ܗܘܐ ܒܗ ܠܡܘܟܪܐ ܒܪ ܐܘܪܗܝܐ: ܗܘ ܕܐܬܚܙܝܘܗܝ ܗܘܐ
ܡܢ ܦܘܠܚܢܐ. ܘܐܫܬܥܝ ܗܘܐ ܒܟܠܗܘܢ ܒܥܘܒܕܘܗܝ ܒܪܬܐ.*
ܘܟܠ ܗܘܐ ܚܕ ܡܢ ܢܒܝܘܗܝ ܕܒܗ ܕܐܒܪܗܡ ܘܐܡܪ ܗܘܐ
ܒܟܠܗܘܢ ܕܠܐܘ: ܗܘ ܕܫܡܥܗ ܗܘܐ ܒܟܠܗ ܒܪ ܒܪܗ: ܡܢ
ܕܢܦܠܐ ܕܬܠܬܝܢ ܡܠܐ ܕܒܗ ܕܐܒܪܗܡ. ܕܗܐ ܐܢܐ ܐܝܟ ܕܠܐ ܘܒܪܐ
ܗܘܠܐ: ܗܘ ܕܫܡܥܗ ܗܘܐ ܟܕ ܒܟܠܗܘܢ ܢܦܫܗ: ܕܡܫܕܪ ܐܢܐ
ܠܟ ܚܕ ܡܢ ܐܣܟܝܡܝ. ܘܟܕ ܫܡܥ ܗܘܐ ܐܝܟܢܐ ܕܗܝܢ
ܗܘܐ ܒܒܪܬܐ ܕܪܘܚܐ ܕܒܟܠ ܗܘܐ ܐܝܟ ܘܐܦܩܐ ܠܡܢܬܐ
ܕܝܠܗ ܗܘܐ: ܫܡܥ ܗܘܐ ܠܒܝܢܝܗܘܢ ܘܐܡܪ: ܕܡܫܕܪ ܗܘ ܗܘ
ܕܫܡܥ ܗܘܐ ܒܗ ܢܦܫܗ: ܕܟܠ ܕܫܡܥܬ ܒܥܠܬܐ: ܐܡܪ ܕܝܢ

ܐܒܓܪ ܕܝ ܗܘܐ ܘܡܫܕܪ ܬܐܘܡܐ. ܘܒܬܪܟܢ: ܟܢܝ
ܚܢܢ ܕܐܒܓܪ ܡܫܝܚܐ: ܠܗ ܗܘܐ ܐܡܪ ܘܟܠܗ
ܢܟܝܣ ܟܕ. ܠܘܬܗ ܐܣܩܘܗܝ. ܒܡܕܝܢܬܐ ܪܐ
ܗܘܐ ܘܡܢܗ. ܠܘܬܗ ܡܢ ܕܫܘܠܛܢܐ ܬܐ
ܘܐܣܩܘܗ ܡܫܝܚܐ ܠܐܕܝ ܗܘܐ ܘܒܪܗ ܐܚܝܢܐ ܠ
ܡܫܕܪ ܐܒܘܗܝ ܕܚܝܠܐ: ܐܕܝ ܗܘ ܗܘܐ ܢܚܬ ܢ
ܐܒܓܪ ܠܘܬ ܗܘܐ ܘܟܕ ܐܕܝ ܗܘܐ ܫܡܥ ܢ
ܚܙܐ ܒܪܘܚܗ ܕܟܠܗܘܢ ܒܕܡܘܬܐ ܘܟܕ ܠܘܬܗ ܘܥ
ܡܢܗ ܕܐܕܝ. ܦܪܨܘܦܗ ܡܢ ܠܐܒܓܪ ܠܗ ܗܘܐ
ܗܘܐ ܘܣܓܕ ܗܘܐ ܢܦܠ ܗܘ: ܚܙܐ ܐܒܓܪ ܗܘܐ
ܗܘܐ ܕܩܝܡܝܢ ܗܘܢ ܠܟܠܗܘܢ ܗܘܐ ܐܝܟ ܠ
ܗܘܐ ܕܐܬܚܙܝ ܗܘ ܚܙܘܐ ܠܐ ܕܝܢ ܦ
ܕܫܪܝܪܐܝܬ :ܠܐܕܝ ܐܒܓܪ ܠܗ ܐܡܪ ܗܘܝܘ
ܕܐܬܐ ܒܝܕ ܚܝܠܐ ܒܫܡ ܐܢܬ ܗܘ ܬܠܡܝܕܗ
ܠܟܬܒܢ ܕܫܕܪ ܠܝ ܐܢܬ ܗܘ ܕܡܫܕܪ ܟܝ ܐ
ܡܠܟܐ ܡܢ ܩܕܡ ܡܠܬܐ ܐܕܝ ܠܗ ܐܡܪ .ܠ
ܠܐܡܝܢܐ ܗܘ ܗܘ ܡܠܬܐ ܠܘܬܟ: ܫܕܪ ܗܘ
ܠܗ ܕܐܬܘܣܡ ܡܢ ܡܠܬܐ ܠܗ ܐܬܘܣܡ ܠ
ܕܐܘܪܚܐ ܠܗ: ܡܠܟܐ ܐܝܬܘܗܝ ܐܒܓܪ ܠܗ
ܚܝܠܐ ܕܐܒܘܗܝ ܗܘܐ ܒܝܕܗ: ܗܘܐ
ܕܗܝܡܢܘܬܐ ܕܢܚܙܐ ܗܘ ܡܠܦܢܘܬܐ ܘܡܠܬܐ ܐܝܟ.
ܡܢܗ ܗܢ ܒܗ ܕܝܢ ܕܡܫܦܩ ܕܡܫܝܚܐ ܥܠ
ܥܒܕܐ ܐܝܢ ܕܐܝܟ ܐܡܪ ܠܗ ܐܕܝ. ܡܛܠܬܐ ܐܟܒ
ܐܬܐܡܪ: ܕܟܠܗܘܢ ܥܒܕܐ ܕܗܝܡܢܐ ܘܟܕ .ܡܚܒ
ܗܘܐ ܕܐܬܐܡܪ ܗܘ ܒܫܘܒܚܐ: ܕܟܠܗ ܒܟܬܒܐ

ܒܗ ܡܢ ܒܒܝܬ. ܐܡܪ ܠܗ ܐܒܘܗܝ: ܐܦ ܐܢܐ ܡܗܝܡܢ ܐܢܐ
ܒܗ ܘܒܐܠܗܘܬܗ. ܐܡܪ ܠܗ ܐܒܘܗܝ. ܡܛܠ ܕܗܘܝܬ ܡܗܝܡܢܐ:
ܫܐܠܬ ܐܢܐ ܐܝܟ ܕܠܒܝ ܒܥܡܗ ܕܗܘ ܕܡܗܝܡܢ ܒܗ. ܘܠܗ
ܠܡܠܟܘܬܐ ܕܫܡܝܐ ܗܘܐ ܐܝܬܝܗ ܠܒܢܘܗܝ: ܐܬܐܘܗܝ ܡܢ ܕܒܝܬܐ
ܕܐܝܬܐ ܕܐܝܟ ܗܘܐ ܒܗ ܢܘܪܐ. ܘܐܚܕܗ ܗܘܐ ܐܒܘܗܝ ܘܐܬܪܡܝ
ܕܐܝܟܢܐ ܕܢܥܒܕܝܘܗܝ ܗܘܐ ܒܗ ܟܠ ܢܦܫܗ: ܕܢܒܥܐ ܗܘܐ ܘܡܬܒܥܐ:
ܗܘܝܬ ܐܦ ܗܘ ܐܒܝ ܕܠܐ ܫܬܐ ܡܢܗܝܢ ܡܬܒܥܐ ܗܘܐ ܒܥܡܗ
ܕܢܦܫܗ. ܐܦ ܠܒܢܘܗܝ ܒܪ ܒܒܢܘܗܝ ܦܠܚܝ̈ܢܐ ܐܝܟ ܗܘܐ ܒܗ
ܒܪ̈ ܒܢܘܗܝ. ܐܦ ܗܘ ܦܠܚ ܗܘܐ ܒܗ ܕܒܢܘܗܝ. ܘܫܡ
ܗܘܐ ܐܝܟܢ ܠܒܢܝ̈ܗܘܢ ܘܐܫܬܝ ܗܘܐ. ܘܠܘܬ ܠܐ ܗܘܐ ܒܗ ܦܠܚܝ̈ܢܐ
ܐܦ ܒܡܕܝܢ̈ܬܐ ܟܠܗ ܐܫܬܘܐ ܕܐܘܪܚܐ ܡܬܒܥܐ ܗܘܐ. ܘܣܓܝ̈ܐ
ܠܡܫܬܘܐ ܡܬܟܢܫܝܢ ܗܘܐ ܠܗ. ܐܡܪ ܠܗ ܐܒܘܗܝ. ܗܟܢܐ ܕܢܗܘܐ ܟܠ
ܐܢܫ: ܕܒܢܝ̈ܢܘܗܝ ܕܢܦܫܗ ܡܫܒܚܐ ܗܘܐ ܠܐܘܪܚܐ ܕܒܒ ܐܬܐ:
ܘܗܘܐ ܠܡܫܬܘܝ ܥܡܝ ܒܒܢ̈ܝܢܐ. ܟܠܗ ܐܢܐ ܗܘܝܬ ܡܢܝ: ܕܐܬܟܠܬ
ܒܝ ܟܠ ܡܠܘܬܗ ܘܡܫܬܘܬܐ ܕܐܝܟܢܐ ܗܘܬ: ܘܟܠ ܢܒܥܘܗܝ
ܡܫܬܘܐ ܘܟܠ ܠܐܘܪܚܐ ܐܢܫ ܕܢܥܒܕ ܗܘܐ ܒܝ ܕܒܒ ܗܘܐ.
ܐܢܫ ܕܐܝܟ ܗܢܐ ܐܝܬ ܒܝܬ ܒܪܢܫܐ ܕܢܒܥܐ. ܐܡܪ ܠܗ ܐܒܘܗܝ.
ܡܢ ܗܪܟܐ ܠܐ ܫܒܩܬ ܐܢܐ ܕܐܝܟܢܐ. ܕܡܛܠ ܗܢܐ ܗܘ ܐܬܟܪܝܘܬܐ
ܒܗܘܢܐ ܕܐܡܪ ܘܐܝܟ. ܒܟܠ ܡܢ ܕܐܬܐ ܕܡܗܝܡܢ ܐܒܘܗܝ.
ܒܥܒܕܐ ܫܦܝܪ ܒܗ ܒܦܓܪܗ ܡܕܝܢ̈ܬܐ ܘܐܬܪ̈ܘܗܝ ܟܠܗ ܡܠܟܘܬܐ
ܕܒܢܝܐ ܒܒܪܬܐ ܕܫܒܩܬ ܐܢܐ ܡܢ ܝܘܡܢ. ܘܐܡܪ ܢܥܒܕ ܗܘ
ܦܩܕ ܗܘܐ ܐܒܘܗܝ ܠܒܢܘܗܝ ܒܪ ܒܒܢܘܗܝ ܗܘ ܕܐܬܐܘܗܝ ܗܘܐ ܡܢ
ܒܐܬܪܐ ܡܕܝܢܬܐ ܕܒ̈ܒܢܘܗܝ ܕܢܦܩ ܗܘܐ ܡܢܗ: ܘܢܦܩܬ ܗܘܐ
ܠܒܢܝܢܐ ܡܕܝܢ̈ܬܐ: ܘܐܬܟܢܫ ܗܘܐ ܐܝܟܢܐ ܡܢܗܝܢ ܒܒ̈ܢܐ
ܘܢܦܩ ܠܡܕܝܢܬܐ ܗܘ ܕܡܬܟܢܫܐ ܒܗ ܠܟܢܫܐ: ܠܐܬܪܐ ܘܥܘܫܢܐ ܕܒܗ

ܠܟܗ̈ܢܐ: ܕܢܫܡܫܘܢ ܗܘܘ ܡܫܡܫܢܘܬܗ ܕܐܕܝ ܫܠܝܚܐ. ܘܡܢ
ܐܬܚܙܝܬ ܗܘܬ ܡܢܗܘܢ ܡܕܝܢܬܐ ܟܠܗ̇ ܘܡܛܠ ܐܠܦ ܠܗܘܢ
ܐܕܝ ܫܠܝܚܐ ܟܠ ܗܝܡܢܘܬܐ ܕܡܢ ܢܦܫܗ ܡܩܒܠܐ ܘܐܡܪ
ܠܗܘܢ: ܐܝܟ ܕܡܠܟܘ ܫܠܝܚܘܬܗ ܕܡܫܝܚܐ ܢܗܘܘܢ ܙܪܝܙܝܢ: ܘܐܦ
ܐܝܟ ܕܪܚܝܡ ܕܢܫܬܠܡܘܢ ܒܗܘܢ ܒܪܚܡܬܐ: ܘܡܢ ܝܬܝܪ
ܠܬܠܡܝܕܘܗܝ. ܘܚܕ ܗܘܐ ܒܗܘܢ ܗܘ ܐܕܝ ܫܠܝܚܐ: ܕܗܢܐ
ܗܘܐ ܕܫܦܝܪܐ ܘܐܠܗܝܐ ܘܡܕܝܢܬܐ ܦܫܛ ܒܗ ܠܥܠܡ. ܘܬܠܡܝܕܐ
ܗܘܘ ܐܝܟ ܕܠܐ ܦܣܩܘ ܗܘܘ ܒܗܘܢ ܒܫܝܢܐ. ܟܕ ܐܦ ܗܢܘܢ ܗܠܝܢ
ܕܬܠܡܝܕܐ (ܕܐܕܝ ܫܠܝܚܐ) ܡܠܬܗ ܗܘܘ ܡܟܪܙܝܢ ܠܟܠܗܘܢ
ܘܡܫܡܫܝܢ ܗܘܘ ܒܝܫܝܢܐ ܕܡܕܝܢܬܐ ܕܐܘܪܗܝ. ܘܡܢ ܣܓܝ
ܗܘܐ ܐܒܓܪ ܡܠܟܐ: ܕܡܕܝܢܬܐ ܡܕܝܢܬܐ ܫܪܝܬ ܗܘܬ
ܒܡܠܦܢܘܬܗ. ܐܡܪ ܠܗ ܐܦ ܗܘ ܐܒܓܪ ܡܠܟܐ ܠܐܕܝ
ܫܠܝܚܐ: ܡܛܠ ܟܠ ܐܝܟܢܐ ܕܒܥܐ ܐܢܬ. ܠܟܠ ܒܢܝܐ ܒܥܬ
ܙܒܢܐ ܕܐܝܟ ܕܡܫܝܚܐ ܘܡܫܡܫܢܘܬܐ ܠܫܠܝܚܐ. ܘܐܦ ܟܠ ܕܩܕܡ
ܒܗ ܡܢ ܩܕܡ. ܘܗܘܐ ܡܫܡܫ ܐܢܬ ܒܫܝܢܐ ܠܟܠܗܘܢ. ܘܐܝܟ
ܕܗܘܝܢ ܒܟܠ ܡܠܟܘܬܐ ܒܡܕܝܢܬܐ ܗܕܐ: ܕܫܠܡܐ ܕܪܘܚܐ ܡܫܡܫ
ܐܢܐ ܕܐܬܠ ܠܗܘܢ. ܕܩܕܡ ܟܠ ܡܫܡܫܢܘܬܐ ܠܐ ܢܗܘܐ ܠܗܘܢ
ܠܟܠܗܘܢ ܐܢܫܐ. ܘܡܛܠ ܩܕܡ ܕܡܬܟܬܒ ܒܟ ܠܫܠܡܘܬܗ ܕܝܠܗ
ܐܢܐ ܢܗܘܐ ܐܢܐ ܒܟ ܕܠܐ ܢܫܬܒܩ. ܟܕ ܗܘܐ ܡܠܬܐ ܫܠܝܚܐ
ܘܡܫܡܫܢܐ ܒܫܝܢܐ ܗܢܐ. ܘܠܐ ܐܝܟ ܐܢܫܐ ܕܗܘܐ ܒܟܠܗ ܐܢܬ
ܠܗ ܡܫܡܫܢܘܬܐ ܠܐܦܝܐ ܕܐܝܬܝܗ ܕܡܠܟܘܬܐ. ܘܡܢ ܒܬܪ ܗܘܐ
ܐܝܟ ܡܠܟܐ. ܠܐܦܝܐ ܕܡܠܟܘܬܐ ܗܢܐ ܗܘܐ ܗܘ ܘܡܕܝܢܬܗ
ܒܟܠܗ ܘܒܫܝܢܐ ܕܒܟܠܗܘܢ ܡܫܡܫܝܢ ܗܘܘ ܐܦ ܗܢܘܢ ܠܐܒܓܪ:
ܘܐܚܝ̈ ܗܘܐ ܕܟܠܗܘܢ ܠܗܘܢ: ܟܕ ܡܫܡܫ ܗܘܘ ܒܫܝܢܐ
ܕܡܠܟܘܬ ܗܘܘ ܟܗ̈ܢܐ: ܘܡܫܡܫ ܗܘܘ ܒܫܝܢܗ ܕܡܕܝܢܬܐ. ܘܡܢ

ܒܬܪ ܗܕܐ ܐܦ ܒܝܬܐ: ܡܬܩܪܒ ܗܘܐ ܒܗ ܢܘܪܐ ܘܩܘܪܒܢܐ: ܗܢܘܢ ܘܐܢܫܐ ܕܡܕܝܢܬܐ. ܘܐܦ ܡܫܡܫܝܢ ܗܘܘ ܟܠ ܝܘܡܝܢ ܢܫܝܗܘܢ. ܫܘܝܕܐ ܕܝܢ ܘܥܒܕ ܢܒܘ ܪܝܫܐ ܕܟܘܡܪܐ ܕܒܝܬܐ ܗܢܐ: ܟܕ ܚܙܘ ܗܘܘ ܐܬܘܬܐ ܕܥܒܕ ܗܘܐ ܐܕܝ: ܪܗܛܘ ܗܘܘ ܘܬܒܪܘ ܗܘܘ ܠܒܝܬܐ: ܕܒܗܝܢ ܡܬܢܟܦܝܢ ܗܘܘ ܡܢܗ ܢܒܘ ܘܒܝܠ ܐܠܗܝܗܘܢ ܠܒܪ ܡܢ ܒܝܬܐ ܕܢܚܫܐ ܕܡܪܝܒ ܒܝܬܐ. ܘܩܪܝܢ ܗܘܘ ܘܐܡܪܝܢ. ܕܫܝܕܐ ܗܢܘܢ ܠܐܠܗܘܬܐ ܕܗܘ ܥܒܕ ܡܫܝܚܐ ܘܡܫܝܚܐ. ܕܡܫܬܒܚ ܗܘܐ ܟܠ ܐܝܟ ܕܥܒܕ ܗܘܐ ܒܐܬܘܬܐ ܘܒܚܝܠܐ. ܘܟܠ ܐܝܟ ܕܡܗܝܡܢܝܢ ܗܘܘ ܒܡܫܝܚܐ: ܡܩܒܠ ܗܘܐ ܠܗܘܢ ܐܕܝ ܘܡܥܡܕ ܗܘܐ ܠܗܘܢ ܒܫܡ ܐܒܐ ܘܒܪܐ ܘܪܘܚܐ ܕܩܘܕܫܐ. ܐܦ ܗܢܘܢ ܕܗܘܘ ܣܓܕܝܢ ܠܩܝܣܐ ܘܠܟܐܦܐ ܐܝܟ ܕܩܝܣܐ ܡܬܢܟܦܝܢ ܗܘܘ: ܐܦ ܗܢܘܢ ܐܬܛܦܝܣܘ ܗܘܘ ܘܐܬܘ ܠܘܬܗ ܘܐܘܕܝܘ ܗܘܘ ܒܡܫܝܚܐ ܕܒܪܗ ܗܘ ܕܐܠܗܐ ܚܝܐ. ܠܐ ܕܝܢ ܐܢܫܐ ܒܠܚܘܕ ܘܠܐ ܐܦ ܡܕܝܢܬܐ ܚܙܐ ܗܘܐ ܠܐܢܫ ܕܐܬܛܦܝܣ ܢܗܝܡܢ ܗܘܐ ܒܗ ܒܡܫܝܚܐ. ܐܠܐ ܕܝܢ ܒܢܝ ܓܙܪܬܐ ܘܢܘܟܪܝܐ ܕܡܕܝܢܬܐ ܘܡܕܒܪܐ ܘܒܝܬ ܥܒܕܐ ܘܒܢ ܩܘܪܝܐ ܒܟܠ ܦܢܝܬܐ ܕܐܬܪܘܬܐ ܕܢܚܙܘܢ ܢܦܩܘ ܗܘܘ ܠܘܬ ܡܕܝܢܬܐ. ܘܡܩܒܠ ܗܘܐ ܐܢܘܢ ܘܡܫܘܐ ܐܢܘܢ ܒܝܕܗ ܕܡܫܝܚܐ: ܟܕ ܦܪܝܫ ܗܘܘ ܒܬܒܝܠ ܕܐܠܗܐ ܘܥܢܘܝܐ ܘܒܚܝܠܐ ܕܒܡܗܝܡܢܘܬܗܘܢ ܕܡܫܝܚܐ ܦܠܚܝܢ ܠܗܘܢ ܡܫܬܥܒܕܝܢ ܗܘܘ܀

ܘܡܢ ܒܬܪ ܫܢܝܐ ܕܒܢܐ ܗܘܐ ܐܕܝ ܥܕܬܐ ܒܝܬܐ ܠܥܕܬܗܘܢ ܘܐܬܡܠܝܬ ܗܘܬ ܒܟܠ ܡܕܝܢܬܐ ܕܐܬܪܗ ܗܘܬ ܒܗ: ܘܐܬܚܒܒ ܗܘܬ ܠܥܘܠܐ) ܘܐܢܫܐ ܕܡܕܝܢܬܐ ܘܐܦ ܒܟܘܪܝܐ ܐܚܪܢܝܬܐ ܕܚܕܪܝܗ ܘܕܡܬܪܒܝ ܒܗ ܗܘܐ ܒܝܬܐ ܘܟܠܗ ܘܪܒܐ ܕܡܫܡܫܢܐ ܘܡܩܪܝܢܐ ܐܩܝܡ ܗܘܐ ܒܗܘܢ. ܘܕܡܢܝܢ ܗܘܘ ܒܚܕܐ ܐܝܟ ܗܘܐ ܒܗܘܢ.

ܢܬܐ ܠܟܠܗ ܘܠܒܢ ܐܒܘܗܝ ܗܘܐ. ܟܕ ܕܝܢ ܗܘܐ ܥܠܝܡ
ܗܘܐ ܦܘܪܫܢܐ ܕܢܦܫ ܗܘܐ ܒܗ ܡܢ ܛܠܝܘܬܐ
ܘܦܪܫܗ ܕܒܢܝܐ ܟܢܫܐ ܩܕܡܘܗܝ ܡܕܡ ܠܐܚܪܢ
ܗܘܐ ܡܕܒܪܢܐ ܘܦܩܘܕܐ ܕܝܘܦܠܬܗ. ܘܒܥܒܕܘܗܝ
ܒܢܝܗ ܗܘܐ ܡܩܒܠܐ. ܘܠܟܢܫܢܫܐ ܕܡܣܟܢܐ
ܗܘܐ ܡܫܡܫܢܐ.|| ܘܡܢ ܒܬܪ ܠܐܒܗܬܐ ܢܘܡܣ ܐܝܪܝܢ
ܥܠ ܫܘܪܬܐ ܕܡܠܟܘܬܐ ܕܦܪܘܣܬܗ ܡܢ
ܡܕܡ ܕܬܠܐ ܩܕܡܘܗܝ ܢܦܩ ܗܘܐ ܒܗ ܡܢ
ܒܬܪܗܘܢ ܗܘܐ ܝܘܡܐ ܢܡܘܣܐ ܒܡܥܒܕܐ. ܠܐܚܪܬܟܡܬܐ
ܐܟܠܐ ܪܟܐ ܘܒܫܩܠܐ ܡܝܪܝܐ ܗܘܬ ܠܟܠܗܘܢ ܩܕܡܗ
ܗܘܐ ܕܝܢ ܡܢܗܝܢܐ ܒܠܚܘܕ ܡܫܩܝ ܗܘܘ
ܒ ܬܫܘܪܬܐ ܘܢܩܠܐ ܪܐܓ ܗܘܐ ܒܗ ܒܟܬܒܐ
ܡ ܡܟܠܐ ܢܚܝܪ ܡܢ ܟܠ ܐܢܫ ܡܕܡ ܗܘܐ
ܘܙܘܕܩܐ ܕܡܠܟܘܬܗ. ܘܒܬܪܢܘܬܐ ܕܪܚܡܘܗܝ
ܒܪܗ ܠܐܠܗܐ ܕܡܠܟܘܬܗ ܒܗܘ ܝܘܡܐ. ܘܒܪܡܫܐ
ܗܘܐ ܒܗ ܒܝܡ ܟܠ ܐܢܫ. ܘܒܠܠܝܐ ܩܕܡܘ
ܗܘܐ ܒܗ: ܡܬܪܥܐ ܗܘܐ ܒܗ ܕܒܠܐ ܢܐܠܦ
ܘܕܐܠܦܢܐ ܪܟܐ ܘܡܬܟܪܝܐ ܪܝܫ ܗܘܐ ܘܡܒܢܗ
ܒܢܝܐ (ܡܠܐ ܕܡܠܬܐ ܗܘܐ) ܘܫܡܫܗ ܗܘܐ ܒܡܒܢܐ
ܪܟܐ ܗܘ ܐܝܟܐ ܕܫܡܫܝܢ ܗܘܘ ܒܗ ܕܟܝܐ
ܒܝܘܡ ܕܐܒܝܢ ܡܟܬܒܐ. ܐܦ ܫܡܫܗ ܗܘܐ
ܬܐ ܘܒܥܒܕܐ ܪܟܐ. ܘܒܠܐ ܡܦܩܗ ܕܒܢܬܐ
ܓܢܐ ܠܒܢܝܐ ܘܡܬܠܐ ܗܘܐ ܐܦ ܢܩܫܘܫܬܐ
ܝܗ ܒܟܢܫ ܗܘܘ (ܡܢ ܥܠ ܒܥܠܐ) ܐܝܟ ܦܘܡܝܐ
ܟܠ ܗܘܐ ܒܗܘܢ ܡܢ ܐܝܟ ܡܣܟܢܐ ܘܐܝܟ

ܡܟܠܒܗ ܕܐܠܗܢ: ܕܗܘ ܗܘܐ ܡܫܡܫܢܐ ܘܡܣܦܪܐ ܘܡܚܘܝܢܐ ܕܟܘܪܗܢܗ
ܡܢ ܫܘܒܚܐ ܫܡܝܐ ܕܡܫܠܡܢܘܬܐ ܘܡܫܠܛ ܗܘܐ ܥܠܝܗ ܡܢ ܩܕܡ ܟܠ ܐܢܫ܀

III.

Martyrium des Barsamjà, Bischofs von Edessa.

ܬܘܒ ܣܗܕܘܬܐ ܕܒܪ ܫܡܝܐ
ܐܦܝܣܩܘܦܐ ܕܐܘܪܗܝ ܡܕܝܢܬܐ ܡܒܪܟܬܐ.

ܒܫܢܬ ܐܪܒܥܡܐ ܘܐܫܬܥܣܪܐ ܕܡܠܟܘܬܐ ܕܝܘܢܝܐ: ܘܫܢܬ
ܚܡܫ ܥܣܪܐ ܕܡܠܟܘܬܗ ܕܐܘܛܘܩܪܛܘܪ ܩܣܪ ܛܪܝܢܘܣ
ܩܕܡ. ܒܗܘܦܛܝܐ ܕܣܘܪܝܘܣ ܘܕܩܘܐܕܪܛܘܣ ܥܠܝܗܝܢ ܐܝܟܘܠ:
ܚܘܡ ܢܬܥܒܕܐ ܒܗ: ܦܩܕ ܛܪܝܢܘܣ ܕܢܣܓܘܢ ܗܘܐ ܠܟܘܡܪܝܗܘܢ
ܕܝܢܐ ܕܐܬܪܐ ܠܦܬܓܡܐ ܩܘܡܪܐ: ܟܕ ܢܦܩ ܗܘܐ ܗܘ ܕܝܢܐ
ܒܡܫܦܛܪܝܢ ܕܒܗ: ܟܠܗ ܗܘܬ ܡܬܟܢܫܐ ܟܪܟܐ ܘܡܕܝܢܬܐ
ܘܐܡܪܝܢ ܠܗ. ܕܡܣܬܪܗܒܝܢ ܡܢ ܩܕܡܝܟ: ܟܠ ܕܝܢ ܟܗܢܐ
ܡܫܡܫܢܐ ܕܒܥܠܕܒܒܐ ܕܗܘ ܫܡܥ ܗܘܐ ܙܢܝ ܦܬܓܡܐ ܩܘܡܪܐ:
ܟܕ ܩܐܡ ܗܘܐ ܘܡܫܡܫ ܗܘܐ ܩܕܡ ܐܠܗܐ ܣܓܝܐܐ. ܘܡܩܪܒ
ܗܘܐ ܘܡܢܣܟ ܗܘܐ ܠܟܠܗܘܢ ܒܫܡܗܝܢ: ܘܡܫܬܒܚ ܗܘܐ ܒܦܘܡܗ
ܥܠ ܟܠܗܝܢ: ܕܦܬܐ ܠܗܘܢ ܒܟܪܝܬܐ ܕܟܠ ܦܢܝܬܗܘܢ. ܘܐܬܐ
ܗܘܐ ܠܗ ܠܦܢܝܬܗܘܢ ܕܡܫܡܫܢܐ: ܘܐܡܪ ܗܘܐ ܠܗ. ܕܠܐ
ܙܕܩ ܠܟ ܕܬܫܒܘܩ ܠܐܠܗܐ ܣܓܝܐܐ. ܐܠܐ ܠܝ ܠܚܕ ܐܠܗܐ
ܘܟܕ ܥܒܕܘ ܢܩܘܫ ܡܫܝܚܐ: ܠܒܪܐ ܕܐܠܗܝܢ ܗܘܐ: ܘܟܕ ܥܒܕܘ
ܗܘܐ ܕܢܫܦܪ ܕܐܠܗܐ ܕܫܡܝܐ ܗܘܐ ܠܗܘܢ ܡܢ ܩܕܝܡ.
ܘܟܕ ܠܒܗ ܕܐܢܫ ܕܢܣܒܠ ܐܦ ܣܓܝܐܐ ܐܠܗܐ ܕܥܒܕܘ ܗܘܘ

ܘܢܚܬܘܗ ܠܓܒܐ ܗܘܐ ܝܘܡܢܐ ܡܘܕܐ ܒܡܣܩܢܐ. ܘܐܦ ܠܩܒܪܐ
ܘܝܗܒ ܘܟܕ ܒܟܠܗ ܘܢܫܩܗ: ܡܝܡܪܐ ܘܪܝܫܐ ܕܡܕܒܪܢܘܬܐ
ܥܡܗ ܗܘܘ ܒܗ ܒܫܪܒܐ ܒܗܘܢ. ܘܚܙܐ ܐܝܟ ܐܢܫܐ ܫܪܝܪܐ
ܕܡܕܒܪܢܘܬܐ. ܡܬܒܪܟܝܢ ܡܢܗ ܕܟܐܒܝ. ܕܠܐ ܢܫܬܟܚ ܡܫܡܫ
ܒܢܦܫܐ ܐܝܟ ܡܫܡܫܢܐ: ܕܠܐ ܠܚܒܝܒ ܡܢܗ ܕܟܐܒܝ: ܐܠܐ
ܕܐܬܦܪܣ ܒܫܡܝܐ ܒܗ ܫܪܒܐ: ܗܘ ܕܝܢ ܫܡܥܘܢ ܡܬܒܪܟܐ
ܕܒܓܒܐ܀ ܗܦܟ ܕܟܐܒܝ ܢܒܥܐ: ܐܢܫܐ ܙܕܩ ܕܐܬܚܙܝ
ܗܕܝܒܘܬܐ ܕܗܘܐ. ܘܟܕ ܒܥܕܬܐ ܕܫܡܫ ܗܘܐ ܕܝܠܐ ܗܘܝܢ:
ܫܪܝ ܗܘܐ ܐܝܟ ܠܫܪܪܐ ܕܡܕܒܪܢܘܬܐ: ܘܥܡ ܒܢܝ ܐܘܡܢܐ
ܒܫܡܗ: ܕܢܣܒܘܢ ܗܘܘ ܒܓܒܐ ܘܢܫܡܥܘܢ ܒܕܫܡܥܘܢ ܡܢ
ܓܒܐ. ܘܪܕܘܗܝ ܗܘܘ ܘܫܟܚܘܗ ܠܡܫܡܫܢܐ ܕܟܠܗ
ܕܪܝܢܐ. ܘܫܟܚܘܗ ܗܘܘ ܒܓܘܗ ܒܕܫܡܥܘܢ ܫܪܝܪܐ. ܟܕ ܐܡܪܝܢ
ܗܘܘ. ܕܐܦ ܚܕ ܡܢܗܘܢ ܒܓܘܗ ܕܒܪ ܫܡܥܘܢ. ܡܚܠܐ ܕܐܦ
ܚܕ ܡܢܗܘܢ ܗܘ ܒܓܘܗ: ܟܠܗܘܢ ܕܐܬܟܢܫܘ ܗܘܐ
ܠܡܫܡܫܢܐ. ܘܒܟܠܐ ܡܢܗ ܕܡܝܬܐ ܗܘܐ ܒܓܘܗ. ܘܟܠܗ ܟܠܐ
ܡܢܗ ܕܡܟܠܐ ܗܘܐ ܡܢܗ. ܘܐܬܦܫܛ ܗܘܐ ܒܗ: ܘܩܒܠ
ܗܘܐ ܚܒܠ ܡܢܗ ܕܥܡܣ ܗܘܐ ܡܢܗ. ܘܒܟܠܗ ܗܘܘ ܫܪܝܪܐ
ܕܡܕܒܪܢܘܬܐ. ܘܐܡܪܘ ܗܘܘ ܠܕܝܢܐ ܕܒܪ ܫܡܥܘܢ ܕܫܪܝܐ ܕܟܐܒܝ:
ܗܘܐ ܦܩܕ ܒܠܐ ܝܬܒܐ ܕܒܓܘ ܕܝܢܐ ܕܡܫܡܫܢܝ. ܘܪܝܫܐ ܡܝܡܪܐ
ܕܡܕܒܪܢܘܬܐ ܕܐܬܐ ܠܒܓܘܗ ܗܘܘ ܒܗ ܫܪܒܐ: ܗܘܐ ܡܩܝܡ ܒܟܐܒܗ
ܕܒܪ ܫܡܥܘܢ ܘܡܚܝ ܕܚܝ ܡܬܢܝܚ ܒܓܘܗ ܕܒܪ ܫܡܥܘܢ.
ܕܐܬܒܘܩ ܡܬܒܝܢ ܘܡܕܒܪܢܐ܀ ܘܟܕ ܫܡܥ ܗܘܐ ܕܝܠܐ: ܗܘܒܝ
ܘܐܡܪܘ ܗܘܘ ܒܗ ܫܪܝܪܐ ܕܡܕܒܪܢܘܬܐ. ܦܩܕ ܗܘܐ ܠܗܘܢ ܕܢܦܩܘܢ
ܗܘܘ. ܘܢܒܥܘܢܝܗܝ ܫܡܥܘܢ ܕܐܢܫܐ ܕܡܚܝ ܗܘܐ: ܕܟܕ ܒܪ ܫܡܥܘܢ
ܡܬܢܝܚ. ܘܟܕ ܢܫܡܥ ܗܘܘ ܕܢܒܥܘܢ ܐܝܟ ܠܐܢܫܐ ܗܘܒܝ:

ܫܬܩܘ ܗܘܘ ܠܗܘܢ ܐܝܟܢ ܕܦܩܝܕ ܗܘܘ ܗܕܝܐ: ܘܠܐ ܡܡܠܠܝܢ
ܗܘܘ ܠܡܠܠܘ ܐܦ ܒܡܫܡܫܢܘܬܗܘܢ. ܘܫܬܩܘ ܗܘܘ ܠܗܘܢ.
ܘܟܕ ܡܢ ܟܠ ܫܥܝ̈ܢ ܐܬܬ ܗܘܬ ܠܗܘܢ: ܕܢܦܩܘܢ ܗܘܘ
ܟܠܗ ܡܩܝܡܐ ܥܡ ܒܪ ܫܡܫܢܐ. ܘܟܕ ܫܬܩ ܗܘܐ ܒܗ
ܕܥܠ ܕܐܬܟܘܬܐ. ܦܬܚ ܗܘܘ ܬܪܥܐ ܕܡܕܒܪܝܬܐ. ܘܥܠܘ ܗܘܘ
ܠܗܘܢ ܠܒܝܬ ܐܚܐ ܘܐܡܪܝܢ ܠܗ. ܠܐ ܡܡܠܠܝܢ ܕܢܠܘܟ ܐܦ
ܒܡܫܡܫܢܘܬܐ ܕܐܝܟܐ ܕܦܩܝܕ ܠܟܘܢ. ܡܠܬܐ ܕܫܬܩܐ ܐܦ ܕܠܐ
ܡܕܝܢܬܐ܀ ܘܩܡ ܗܘܐ ܚܕ ܕܫܡܗ ܗܘܐ ܒܪ ܫܡܫܢܐ ܠܡܒܥܐ
ܐܡܝܢܐ. ܐܝܟ ܕܐܬܐܡܪ ܗܘܐ ܐܬܟܘܬܐ ܕܡܬܢܐ ܗܘܐ ܙܒܢܘܗܝ.
ܕܟܕ ܠܟܠܗ ܕܥܕܬܐ ܕܫܬܩܬܐ ܐܝܬܝܗ ܗܘܬ ܒܟܠܗ ܡܢ ܡܕܒܪܝܬܐ.
ܘܟܕ ܫܡܥ ܗܘܐ ܠܡܠܬܐ ܕܡܫܬܠܚܢܐ. ܦܩܕ ܗܘܘ ܠܟܠܗ
ܐܝܟ ܕܟܠ ܡܪܕܘܬܐ ܕܐܬܚܙܝܘ ܗܘܘ. ܘܡܢ ܩܕܡ ܕܢܗܘܐ ܗܘܐ
ܡܬܘܬܐ ܫܬܩܬܐ: ܩܡ ܗܘܐ ܚܕ ܠܒܪܝܐ ܘܐܬܐ ܠܒܪ ܫܡܫܢܐ
ܘܐܡܪ: ܐܝܟ ܕܢܦܩܘܢ ܗܘܐ ܠܒܪ ܫܡܫܢܐ. ܘܩܡ ܗܘܐ ܚܕ
ܘܐܬܟܢܫܘ ܡܢ ܟܠ ܐܬܪܐ: ܘܟܠ ܗܘܐ ܘܩܡ ܡܬܟܢܫܝܢ.
ܠܫܒܝܠ ܐܡܪ ܗܘ ܩܝܡ ܩܕܡ ܦܪܘܩܢ. ܘܟܕ ܐܡܪ. ܐܢܬ ܗܘ
ܒܪ ܫܡܫܢܐ ܕܠܟܘܢ ܐܢܐ ܡܫܕܪ ܘܡܬܦܢܝܢ ܠܟܠܗ ܕܒܪ ܫܡܫܢܐ:
ܘܐܬܟܢܫܘ ܠܡܕܒܪܝܬܐ ܩܘܪܝܐ ܕܟܠ ܕܐܬܘ ܕܫܬܩܝܢ ܗܘܐ
ܠܗܘܢ܀ ܒܪ ܫܡܫܢܐ ܐܡܪ. ܐܢܐ ܐܢܐ ܕܟܬܒܬ ܗܕܐ ܘܠܐ ܦܩܕ ܐܢܐ
ܘܡܫܬܐܠ ܐܢܐ ܕܐܡܪܬ ܟܠܗ ܐܝܟ ܫܪܒܐ ܕܗܕܐ܀ ܕܐܡܪ ܐܡܪ. ܐܝܟܢܐ
ܠܐ ܕܢܬܟܠ ܡܢ ܦܘܩܕܢܐ ܕܡܠܟܐ. ܕܟܕ ܦܬܟܡܐ ܩܕܡ ܕܬܒܥ
ܦܬܚܘ: ܐܝܟ ܕܡܕܒܪܝܬܐ ܩܘܪܝܐ ܕܝ ܩܝܡ ܗܘܐ ܘܡܬܒܥ
ܗܘܐ ܠܐܚܘܬܐ: ܘܫܩܝܡ ܗܘܐ ܠܗܘܢ ܒܫܬܩܐ: ܠܟܢܫܘܗܝ
ܕܢܦܩܘܢ ܠܗܘܢ ܡܢ ܕܢܗܘܐ ܗܘܐ ܒܗ: ܘܕܢܗܘܐ ܒܡܩܝܡܐ
ܕܦܩܕ ܗܘܐ ܒܗ܀ ܒܪ ܫܡܫܢܐ ܐܡܪ. ܦܩܘܕ ܕܟܠܗ ܐܢܐ ܕܟܠܗ

ܕܒܝܬܢܝܐ. ܠܐ ܗܘܐ ܡܛܠ ܐܝܟ ܕܡܫܬܚܠܦ ܒܟܝܢܗ: ܐܠܐ ܐܦ
ܡܛܠ ܐܝܟ ܕܛܒܝܢ ܡܢ ܛܒܥܐ ܕܦܘܫܩܐ. ܕܒܟܣܝܐ ܡܬܦܘܠܚܢܐ
ܠܐܦܐ ܕܢܟܦܘܬܐ. ܘܐܦܠܘ ܠܐ ܕܐܬܚܙܝܬ ܗܘܬ ܒܡܫܒܠܐ
ܟܠܢܫܐ ܗܘܐ ܕܐܝܟ ܡܠܐܟܐ ܗܘܐ ܕܚܙܝܗ. ܘܐܦܠܘ ܠܐ ܡܣܒܪܝܢ
ܗܘܘ. ܡܫܬܡܥܝܢ ܗܘܐ ܡܢ ܕܚܙܝܗ܀ ܕܝܠܗ ܐܡܪ. ܗܟܢܐ ܕܝܢ
ܘܐܘܪܚܐ ܕܐܬܐ ܗܘܐ ܠܡܕܝܢܬܐ ܗܘ̈ܝ ܒܡܫܒܠܐ: ܟܠܢܫܐ ܗܘܐ
ܕܐܝܟ ܡܠܐܟܐ ܐܢܐ ܚܙܝܬܗ ܠܡܠܐܟܐ. ܘܡܛܠ ܗܢܐ ܐܪܦ ܗܘܐ ܕܢܐܡܪ
ܡܢܗ ܠܐܘܪܚ ܡܚܕܐ: ܕܟܕ ܐܬܚܙܝ ܡܢܗ ܗܘܐ ܡܟܬܒܐ ܟܬ̈ܒܐ
ܕܝܬ̈ܪܐ ܡܢܝܢܐ. ܕܡܠܟ ܗܘܐ ܦܘܡܪܐ ܕܡܠܟܐ: ܘܐܬܚܙܝ ܗܘܐ
ܠܡܠܟ̈ܐ ܕܥܠܡ܀ ܒܪ ܫܡܥܘܢܐ ܐܡܪ. ܟܕ ܠܡܠܟܐ ܐܬܐ ܠܟܡ
ܗܘܐ ܒܡܫܒܠܐ. ܐܠܐ ܠܡܠܟܘܬܗ ܕܐܠܗܐ ܕܐܡܪ. ܕܠܐ ܐܫܬܘܕܝ
ܒܪܟܬܐ ܘܕܡܘܬܐ ܕܒܝܬܢܝܐ. ܘܠܐ ܗܘܐ ܐܢܐ ܒܟܝܢܗ ܡܢܝܢ
ܐܢܐ ܕܐܝܬܘܗ ܡܕܡ ܕܡܫܒܠܐ ܕܡܘܕܥܢܘܬܐ ܕܒܡܫܟܢܐ. ܐܠܐ ܐܦ
ܩܠܗܘܢ ܕܫܒܝܚܝܢ ܒܢܝ ܒܪܢܫܐ ܙܒܢ ܚܕ ܒܥܘܕܪܢܐ ܕܐܝܟ
ܕܢܝܚܘܢ ܡܫܡܫܝܢ ܡܢܗ ܐܠܗܐ ܠܥܘܕܪܢܐ܀ ܕܝܠܗ ܐܡܪ. ܠܐ ܐܬܝܐ
ܒܝ ܦܓܥܬܐ ܗܕܐ ܐܝܟ ܡܫܒܠܐ ܠܡܫܒܚܘ: ܕܠܐ ܗܘܘ
ܟܢܫܐ ܦܘܠܚܢܐ ܕܐܝܟ ܕܐܬܐ ܡܢ ܕܝܠܗ. ܐܠܐ ܐܬܚܙܝܘ ܕܡܬܒܪܝܢ
ܐܢܫ ܡܢܗ ܐܠܗܐ ܢܦܫܬܗܘܢ܀ ܒܪ ܫܡܥܘܢܐ ܐܡܪ. ܡܫܒܠܐ ܕܠܐ
ܢܛܪ ܗܘܐ ܠܐܠܗܐ ܐܠܗܘܬܗ ܕܢܛܪ: ܐܢܐ ܕܐܠܗܐ ܢܛܪ ܡܢ
ܫܡܝܐ: ܐܡܪܢܐ ܠܟ ܕܐܬܟܪܟ ܒܐܠܗܐ. ܢܦܫ ܠܟ ܡܢ
ܐܠܗܐ ܕܐܝܟ ܗܘܐ܀ ܕܝܠܗ ܐܡܪ. ܐܢܬܘܢ ܐܬܟܪܝܬܘܢ
ܠܟܠܗ ܒܪܢܫܐ ܒܬܘܟܝܗ ܕܡܫܝܚܐ. ܗܘܐ ܟܠܗܘܢ ܒܐܠܗܐ
ܡܫܝܚܐ. ܕܡܫܝܚܐ ܗܘܐ ܠܟܘܢ ܡܫܝܚܐ. ܟܠܗ ܡܢ ܗܢܐ
ܕܟܢܫܐ. ܕܠܐ ܐܬܟܠ ܟܘ ܡܢܓܠܐ ܕܢܦܫ ܟܘ ܒܡܫܒܠܐ: ܘܕܢܚܠܐ
ܕܡܫܒܚ ܦܘܠܚܢܐ ܕܢܝܚܘܢ܀ ܒܪ ܫܡܥܘܢܐ ܐܡܪ. ܐܝ ܐܠܗܐ

ܠܡܘܕܝܢܘܬܐ ܗܘܐ ܕܐܬܐ ܕܥܒܕܝܢ ܒܗ. ܡܢܗ ܫܡܥܘܢ ܡܕܡܐ ܠܗܘܢ: ܐܘ ܐܝܟܘ ܢܝܫܐ ܕܫܡܥܘܢ ܢܗܘܐ ܠܗܘܢ. ܐܘ ܠܡܫܝܚܝܘܬܗ ܕܐܝܟ ܡܢܐ ܟܢܫܝܢ ܠܗܘܢ: ܠܗܘܢ ܕܡܢܝܢ ܕܐܦܩܘ ܠܩܕܡܘܗܝ ܕܡܘܬܐ: ܗܟܢ ܗܘܐ ܡܫܬܐܠܝܢ ܡܢ ܒܢܝܢܫܐ: ܘܒܗ ܗܘܐ ܡܫܡܫ ܠܟܠܗܘܢ܀ ܕܝܢ ܐܡܪ. ܠܐ ܢܬܬܢܝ ܫܪܒܗ ܕܡܫܝܚܐ ܡܢ ܕܡܫܬܡܗܝܢ ܕܝܠܗ. ܐܠܐ ܚܕ ܗܘܐ. ܐܬܐܡܪ ܠܦܘܪܩܢܐ ܘܡܠܟܐ: ܕܦܪܩ ܒܬܫܒܚܬܗ ܠܐܒܗܘܗܝ܀ ܒܪ ܫܡܥܘܢ ܐܡܪ. ܐܦ ܟܕ ܠܐ ܢܕܥ ܫܪܒܗ ܕܡܫܝܚܐ ܡܢܕܡ: ܢܦܫܗ ܕܡܫܝܚܐ ܗܢܐ ܗܘܐ ܕܡܠܒܫ ܒܦܓܪܗ ܘܪܘܚܗ ܕܡܫܝܚܐ. ܘܐܢܐ ܡܢ ܟܠ ܕܦܢܝܢ ܐܢܬ ܠܦܘܪܩܢܗܘܢ ܕܡܠܟܐ. ܦܠܚܝܢ ܒܫܡܗܬܐ ܒܡܫܝܚܐ ܡܠܟܐ ܕܡܠܟܐ܀ ܕܝܢ ܐܡܪ. ܗܘ ܐܬܐܡܪܬ ܒܗ ܒܡܫܝܚܐ. ܘܡܬܩܪܐ ܒܗ ܒܫܡܐ ܒܡܘܗܒܬܐ. ܡܛܠ ܐܬܐܡܪ ܠܗܘܢ ܠܡܠܟܐ. ܘܡܫܝܚܐ ܠܐܒܗܘܗܝ ܕܡܫܝܚܐ ܠܗܘܢ ܡܠܟܐ܀ ܒܪ ܫܡܥܘܢ ܐܡܪ. ܐܝܟܢܐ ܐܡܪܬ ܟܕ ܕܐܬܦܩܕ ܒܫܡܗ ܕܡܫܝܚܐ ܐܢܐ ܒܗ: ܕܗܐ ܠܥܕܬܐ ܐܡܪܬ ܢܦܫܗ ܘܐܡܪܬ ܠܗ: ܕܟܠ ܡܢܐ ܡܫܪܝܐ ܠܡܫܘܚܬܐ ܕܐܝܟ ܐܢܬ ܠܗ: ܘܐܘܪܚܬ ܕܒܫܡܗܬܐ ܕܢܘܗܪܐ ܗܘܝܬ ܒܗ. ܗܘ ܥܒܕ ܐܦ ܡܢ ܡܢܝܢ ܕܐܒܗܬܐ ܡܢܗܘܢ. ܐܢܬ ܡܢܗ ܘܫܘܪܝܐ ܘܐܡܪܬ ܒܗ ܒܡܫܝܚܐ. ܕܒܫܡܗܬܐ ܕܐܬܒܪܝ ܘܐܬܚܙܝܘ. ܠܐ ܦܪܩܝܢ ܒܫܡܗ ܡܢܝܢ ܕܡܫܝܚܐ ܒܗ ܘܡܫܬܡܗܝܢ ܒܗ. ܗܘܐ ܗܘܝܐ ܙܒܢ ܡܫܝܚܐ ܕܐܡܪܬ ܗܘܝܬ܀ ܕܝܢ ܐܡܪ. ܒܟܐܝܢܐ ܒܪ ܫܡܥܘܢ. ܒܟܠ ܕܡܢܝ ܒܟܠ ܦܘܪܩܢܐ ܕܡܠܟܐ: ܘܐܡܪܝ ܒܫܡܗ ܘܐܦ ܠܐܒܐ ܕܦܠܚܝܢ ܗܘܘ ܠܗܘܢ ܒܡܠܟܐ. ܘܟܕ ܐܬܒܪܝ ܗܘܐ ܡܢ ܢܦܫܐ ܐܡܪ ܒܗ. ܠܐ ܐܬܚܙܝ ܦܘܪܩܢܐ ܕܡܠܟܐ. ܘܐܬܒܪܝ ܠܐܒܗܘܗܝ ܕܡܠܟܐ. ܒܪ ܫܡܥܘܢ ܐܡܪ. ܫܡܥܝܢ ܠܟܠܗ ܡܫܝܚܐ ܕܐܢܐ. ܐܦ ܕܡܠܟܐ ܕܢܦܩܘ ܒܗ ܦܘܪܩܢܐ. ܘܠܐ ܡܬܢܝܚ

ܠܟܘܢ ܐܡܪ ܕܬܬܚܢܢ. ܘܠܐ ܡܬܬܝܒܝܢ ܐܢܬܘܢ. ܕܟܕ ܡܢܘ ܒܪܢܫܐ
ܗܘ ܡܫܝܚܐ ܠܗ ܠܡܫܝܚܐ. ܘܠܝ ܐܡܪܬ ܠܝ. ܕܠܐ ܐܬܡܫܚܬ
ܠܗ. ܐܝܟ ܗܘ ܕܐܢܐ ܗܘ ܠܡܫܝܚ ܡܫܚܬ ܐܢܐ ܠܗ. ܠܗܘ ܕܠܒܪܐ
ܠܒܢܝܐ ܡܫܚܬ ܠܗ ܒܪܘܚܐ܀ ܕܝܠܐ ܐܡܪ. ܘܐܝ ܠܒܢܝܢܫܐ
ܐܠܒܫܬܘܢ ܐܝܟ ܕܗܘܘ ܡܫܝܚܝܢ ܠܗ ܠܡܫܝܚܐ. ܠܒܢܝܢܐ
ܡܢܘ ܐܦܝܣ ܐܝܟ ܕܗܘܘ ܡܫܝܚܝܢ ܠܗ ܠܡܫܝܚܐ܀ ܒܪ ܫܡܥܢܐ
ܐܡܪ. ܗܟܢ ܐܝܟ ܠܒܢܝܐ: ܡܫܚܘ ܘܐܠܒܫܘ ܐܝܟ ܠܟܗܢܝܐ:
ܠܗ ܕܝܢܐ ܡܫܝܚܘܬܗ ܕܡܠܟܐ ܡܫܝܚܐ: ܕܡܫܝܚ ܠܗ
ܘܠܐܠܒܫܘܗܝ ܒܗ ܕܘܝܕ ܕܐܠܒܫܘܗܝ܀ ܕܝܠܐ ܐܡܪ. ܡܛܠ ܡܢܐ ܗܟܝܢ
ܕܒܐܬܪܝܢ ܠܟܘܢ: ܘܡܠܟܝܢ ܐܢܬܘܢ ܐܦ ܠܐܚܪܢܐ. ܘܐܬܟܢܫܘ
ܠܐܚܝܢ ܕܢܡܫܚܘ ܡܠܟܐ ܘܠܐ ܡܠܟܝܢ ܠܡܠܟܘܬܗܘܢ. ܕܠܐ ܡܡܠܟܝܢ
ܟܕ ܡܫܝܚܐ ܡܢ ܠܘܬܗ ܕܡܫܝܚܐ ܗܘܐ ܡܡܠܟܐ܀ ܒܪ ܫܡܥܢܐ ܐܡܪ.
ܢܗܘܐ ܕܒܪ ܘܠܐ ܡܡܠܐ. ܠܐ ܗܘܐ ܢܗܘܐ ܒܪܢܫܐ. ܐܠܐ ܕܗܘܝܘ
ܗܘ ܕܗܘ ܢܗܘܐ ܒܪܢܫܐ. ܕܠܐ ܡܢ ܩܫܝܐ ܠܗܐ ܡܠܟܘܬܗܘܢ:
ܕܠܡܐ ܘܡܢܗ ܠܡܫܝܚܘܬܗܘܢ ܒܪܢܫܐ ܕܡܫܝܚܐ܀ ܕܝܠܐ ܐܡܪ.
ܠܐ ܠܐܡܪ ܡܪܝܡ ܩܕܡ ܣܓܝ ܩܕܡ ܕܐܬܚܙܝ. ܕܠܐ ܡܢ ܫܢܝܐ
ܠܡܘܬܐ ܡܫܝܚܐ ܐܢܐ ܠܟ: ܠܟܠ ܕܒܥܝܬܐ ܒܢܘܗܪܐ ܗܘܐ ܕܡܬܚܙܐ
ܘܡܫܘܕܐ ܐܢܬ ܒܐܦܝܐ ܕܠܐ ܡܬܚܙܐ܀ ܒܪ ܫܡܥܢܐ ܐܡܪ. ܠܐ ܡܫܟܚ
ܐܢܐ ܕܐܬܦܠ ܗܘ ܩܕܡ ܕܡܫܝܚܐ ܐܢܬ ܠܝ. ܐܢܬ ܗܘ ܐܡܪܬ ܠܝ
ܡܛܠ ܢܘܗܪܗ ܕܡܫܝܚܐ. ܘܐܡܪܬ ܡܪܝܡ. ܕܐܝܟ ܗܘ ܢܘܗܪܐ
ܒܪܘܚܐ ܕܡܬܚܙܐ ܒܢܘܗܪܗ ܡܢ ܗܢܐ ܕܡܫܝܚܐ ܕܡܫܚ ܐܢܬ
ܘܡܫܪܐ ܐܢܬ ܠܗ. ܡܬܐܡܪܐ ܚܢܢ ܣܓܝ ܗܘܐ: ܕܡܫܝܚܐ
ܠܒܢܝܐ ܣܓܝ ܐܝܟܘܬ ܟܢܘܫܝܐ܀ ܕܝܠܐ ܐܡܪ. ܠܐ ܠܬܒܥܐ ܘܐܦ
ܠܡܫܝܚܐ ܕܗܘܐ ܕܒܪܢܫܐ: ܘܐܬܚܙܝ ܦܘܪܫܐ ܕܡܠܟܐ:
ܘܐܦܘܩ ܠܒܪܢܝܐ ܠܟܘܡܪܐ ܡܢ ܗܘܢ ܕܐܬܐ: ܕܗܟܢ ܡܫܝܚܝܢ

ܒܗ܀ ܚܕ ܚܟܝܡܐ ܐܡܪ. ܡܢܐ ܡܥܕܪ ܠܗܘܢܗ ܕܚܟܝܡܐ: ܠܚܟܝܡܐ
ܕܠܐ ܡܥܕܪ ܚܙܐ ܒܗ. ܘܕܠܐ ܒܢܝܐ ܕܩܝܪܐ. ܠܐ ܡܥܕܪܢܐ
ܕܝܠܗܘܢ ܠܒܢܝܢܫܐ. ܕܚܘܒܘܗܝ ܠܐܘܬ ܕܡܒܪܐ ܗܘ ܕܐܒܗܬܐ: ܕܠܐ
ܡܥܕܪ ܕܝܢܗ ܠܗܘܢܗ ܒܚܘܒܐ܀ ܐܚܪܢ ܐܡܪ. ܡܢܐ ܕܡܬܐܡܪܐ
ܥܠ ܐܡܬܐ ܕܒܥܘܬܐ. ܟܕ ܗܘ ܥܒܕ ܐܢܐ ܠܒܢܝܐ ܠܡܠܟܘܬܐ
ܐܝܟ ܕܥܒܪܐ ܠܒܪܐ ܠܐܒܗܬܐ: ܕܐܠܨܐ ܠܡܙܒܢ ܦܘܪܩܢܐ
ܡܢ ܡܪܝܗܘܢ ܕܐܒܗܬܐ: ܘܕܦܠܚܝܢ ܐܢܘܢ ܠܡܫܡܫܘܬܗܘܢ ܕܡܠܟܐ:
ܘܕܠܐ ܢܫܒܩܘܢ ܐܢܘܢ ܠܒܢܝܐ ܕܐܠܨܘܬܐ: ܘܐܝܟ ܒܪܢܫܐ ܚܐܪܐ
ܐܢܘܢ ܒܡܘܠܟܢܐ ܕܦܝܠܣܘܦܐ܀ ܚܕ ܚܟܝܡܐ ܐܡܪ. ܠܐ ܡܬܒܥܐ ܐܢܬ
ܒܗ ܒܗܢܘܢ ܕܐܡܪ ܐܢܬ. ܐܦ ܒܡܠܟܐ ܠܐ ܡܬܒܥ ܐܢܐ ܝܘܩܪܐ.
ܐܠܐ ܡܢ ܡܘܠܟܢܐ ܕܝܗܒ ܠܝ ܡܠܟܐ. ܗܐ ܩܐܡ ܐܢܐ ܗܫܐ
ܘܡܬܠܐܡ ܐܢܐ. ܥܠ ܕܐܡܪܬ ܕܠܐ ܫܦܝܪ ܐܢܐ ܠܐܒܗܬܐ ܕܡܢܗܘܢ
ܚܟܡܬܐ ܘܐܘܪܚܐ: ܘܥܒܕܘ ܢܦܫܗ ܡܫܡܫܢܐ ܠܡܠܟܐ ܘܥܒܕܗ ܐܘܪܚܐ܀
ܐܚܪܢܐ ܐܡܪ. ܐܝ ܗܘ ܕܡܬܪܐ ܒܪ ܗܘܐ: ܘܡܢ ܡܘܠܟܢܐ ܕܡܠܟܐ
ܩܐܡ ܐܢܬ ܘܡܬܠܐܡ: ܐܬܛܦܝܘ ܠܦܘܩܕܢܝܗܘܢ ܘܠܐ ܬܥܒܪ ܥܠ
ܡܫܡܫܢܘܬܗܘܢ. ܕܠܐ ܐܝܟ ܥܒܕܐ ܡܬܚܫܒ ܐܢܬ ܡܫܡܫ ܒܪܫܐ
ܕܡܠܟܐ܀ ܚܕ ܚܟܝܡܐ ܐܡܪ. ܕܐܝ ܐܝܟ ܕܡܬܚܙܝܢ ܥܠ ܡܠܟܐ:
ܒܪ ܢܐܬܐ ܡܬܚܙܝܢ: ܡܠܟܐ ܢܣܒܢ ܐܝܟ ܕܐܡܪ ܐܢܬ: ܐܝܟܢ
ܕܥܠ ܐܒܗܬܐ ܡܠܟܐ ܘܥܒܕܐ ܡܬܚܙܝܢ: ܐܟܘܬ ܗܘ ܠܗܘܢ.
ܘܐܦ ܡܫܡܫ ܒܪܫܐ ܕܡܠܟܐ ܕܚܟܝܡܐ܀ ܐܚܪܢܐ ܐܡܪ. ܠܐ ܗܘܐ
ܕܐܬܪܥܝ ܒܡܫܡܫܢܘܬܐ ܐܝܟ ܒܥܒܕܐ ܡܢܝܢ. ܢܬܚܫܒ ܕܐܢܫܐ
ܕܩܐܡ ܐܢܬ ܒܗ. ܐܢܫ ܗܘ ܡܢ ܐܘܪܚܐ: ܘܡܢ ܒܡܫܡܫ
ܒܪܫܐ ܕܡܠܟܐ: ܠܐܝܟ ܕܡܬܒܥܝܢ ܒܡܠܟܐ ܘܠܐ ܡܬܚܫܒܝܢ
ܠܡܫܡܫܢܘܬܗܘܢ܀ ܚܕ ܚܟܝܡܐ ܐܡܪ. ܡܛܠ ܕܒܟܠ ܐܒܗܬܐ ܡܢ
ܒܢܝܗܘܢ. ܘܐܦ ܠܐ ܩܕܡ ܐܒܗܬܐ ܪܚܡܝܢ ܐܢܘܢ ܠܚܟܝܡܐ.

ܘܠܐ ܒܗܘܢ ܐܝܟ ܕܦܘܩܕܢܐ: ܢܦܫܗ ܒܗܘܢ ܕܒܢܬ ܘܒܟܬܒܐ
ܡܫܡܠܝܢ: ܐܝܟ ܗܘ ܕܡܫܡܠܝܢ ܢܩܦܝܢ ܠܗܘܢ. ܡܛܠ
ܕܒܥܝܢ ܗܘܘ ܡܕܒܪܢܘܢ ܒܫܘܦܪܐ ܕܢܦܫܘܬܐ ܘܦܩܕܝܢ ܐܢܘܢ
ܠܗܘܢ: ܕܝܠܐ ܐܡܪ. ܡܛܠ ܐܝܟܢ ܕܐܡܪܬ ܕܠܐ ܡܬܒܥܝ ܠܟ
ܡܢܝ. ܘܡܫܟܚ ܠܐܚܪܢܐ: ܟܕ ܠܐ ܐܝܬ ܠܟܠܢ ܡܫܡܠܝܐ ܡܢܗ
ܘܡܬܢܐ ܡܫܬܐ: ܟܕ ܡܫܡܠܐ ܐܡܪ. ܡܛܠ ܐܝܬ ܩܘܐܠܐ ܡܫܬܠܐ
ܕܗܘ ܡܫܠܡܠ ܐܝܬ ܠܟ. ܘܡܫܡܠ ܟܠ ܢܫܬܐ ܘܡܫܡܠ ܕܚܫܡ
ܐܝܬ ܠܗܘܢ ܠܟܝ. ܠܐ ܚܫܐ ܡܬܒܥܐ ܟܕ ܡܟܫܝܘ ܐܝܟ ܡܠ
ܕܡܟܪܝܢ ܠܟ ܐܘܟܪܝܢܘ: ܕܝܠܐ ܐܡܪ. ܢܬܠܐ ܟܕ ܡܫܡܠܐ ܘܢܫܬܠܡ.
ܘܟܕ ܟܬܒܐ ܗܘ ܐܝܬ ܗܘܝ ܟܗ ܐܚܪܬܐ ܡܢ ܙܒܢ ܐܟܣܢܝܐ
ܗܘܦܪܟܐ ܕܟܠ ܐܟܠ ܕܡܟܠܟܠܐ: ܘܫܡܥ ܗܘܐ ܘܐܬܒܩܝ ܗܘܘ
ܠܟܪ ܡܫܡܠܐ. ܘܠܐ ܐܫܬܠܡ ܗܘܐ. ܘܐܦܩܘܗܝ ܗܘܘ ܠܟܪ ܡܢ
ܟܠ ܕܝܠܐ. ܘܫܡܥ ܗܘܐ ܗܘ ܕܝܠܐ. ܕܢܟܠܗ ܗܘܘ ܡܩܡܘܗܝ
ܢܛܘܪܐ ܘܕܫܡܐ ܘܙܘܓܐ ܘܡܫܡܫܢܐ ܕܡܬܬܟܠܢ: ܕܢܫܡܫ ܗܘܐ ܡܢܐ
ܦܘܡܐ ܐܬܩܢ ܗܘܐ ܡܢ ܡܟܠܐ: ܟܕ ܗܘܦܪܟܐ ܡܕܒܪܢܐ
ܕܐܬܪܘܬܐ ܕܦܘܠܚܢܐ ܕܬܘܦܣܐ: ܘܐܬܟܢܫܘ ܕܟܠܟܘ ܗܘܘ
ܡܟܠܐ ܟܕ ܗܘܦܪܟܐ ܠܟܪܢܐ ܕܐܬܪܘܬܐ: ܕܡܢ ܕܩܡܝܐ ܡܫܬܘܬܐ
ܕܗܘܐ ܕܘܦܢܐ ܟܠ ܟܡܐ ܕܦܘܠܚܢܐ: ܡܫܡܠܝܢ ܘܟܢܫܝܢ ܡܢ
ܡܕܝܢܬܐ ܕܐܟ ܟܕ ܟܐܬܪܘܬܐ ܕܐܘܪܚܬܐ ܕܡܫܬܘܬܐ: ܕܟܠܐ
ܕܦܘܠܚܢܐ. ܐܝܟܐ ܐܝܟ ܕܟܪܟܝܢ ܡܢ ܡܕܝܢܬܐ. ܘܡܢ ܥܒܪܐ. ܘܡܢ
ܛܘܪܐ. ܘܡܢ ܡܕܒܪܐ. ܘܡܢ ܩܘܪܝܐ ܘܕܝܠܐ. ܘܐܟܢ ܕܐܦ
ܢܦܫܬܐ ܕܡܫܬܘܬܐ ܐܟܢ ܡܢܗܘܢ ܒܢܝܫܐ ܡܢ ܐܟܢ ܕܡܟܪܝܢ
ܠܟܘܢ. ܚܝܠ ܕܝܢ ܒܟܠܗܘܢ ܕܐܬܪܘܬܐ ܘܩܘܕܫܐ. ܕܡܛܠ
ܗܟܝܢ ܢܫܠܐ ܡܢܗܘܢ ܕܘܦܢܐ ܕܡܫܟܐ. ܘܢܗܘܐ ܢܦܫܐ ܘܡܟܠܐ
ܠܟܠܗ ܐܘܪܚܐ. ܟܕ ܗܘܝܢ ܡܫܡܫܝܢ ܟܠܢܫܗܘܢ ܘܠܐ ܐܦ ܢܟܠܐ

ܐܢܘܢ. ܠܐ ܗܘܐ ܕܝܢ ܒܠܚܘܕܝܗܘܢ ܒܒܢ̈ܝܢ ܕܟܪ̈ܐ. ܐܠܐ ܥܠ
ܢܨܚܢܘܗܝ ܐܝܟ ܕܦܠܚܝܢ ܠܢܨܚܢܐ ܕܡܠܟܘܬܐ. ܘܐܦ ܐܢܫ
ܟܠܐ ܠܗܘܢ ܡܢ ܟܠܗ ܗܕܐ ܦܘܩܕܢܐ: ܗܘ ܚܣܕܐ ܕܥܩܒ ܗܘܐ
ܟܕ ܕܒܥܝܢ ܥܠ ܐܝܠܝܢ ܕܦܠܚܝܢ ܦܘܩܕܢܝ. ܗܘ ܗܘ ܦܩܕ
ܕܒܥܝܢ ܥܠ ܐܝܠܝܢ ܕܡܠܟܝܢ ܠܗܢܐ ܦܘܩܕܢܐ ܕܡܪܫܥܢܘܬܐ܀
ܘܟܕ ܐܬܡܪܝ ܗܘܐ ܗܢܐ ܦܘܩܕܢܐ ܕܡܪܫܥܢܘܬܐ ܕܡܠܟܐ: ܫܡܥܗ
ܟܠܗ ܡܕܝܢܬܐ. ܘܗܘܐ ܗܘܐ ܥܡܠܐ ܘܐܘܠܨܢܐ ܥܠ ܟܠܢܫ.
ܘܩܡ ܗܘܐ ܕܝܢܐ ܘܡܪܕܘܬܗܘܢ ܗܘܘ ܠܒܢܝ ܥܡܡܐ ܕܝܫܘܥ ܗܘܐ
ܠܩܘܒܠܗ. ܘܫܡܥܘ ܗܘܘ ܡܢ ܗܝܡܢܘܬܐ ܡܫܝܚܝܬܐ ܠܟܢܫܐ ܕܝܠܗ.
ܘܗܦܟܘܗ ܕܝܠ ܕܐܢܬܘܬܐ ܕܡܕܝܢܬܐ. ܘܡܫܬܟܚܝܢ ܗܘܘ
ܠܒܢܝ ܥܡܡܐ: ܟܠܫܢܝܐ ܕܟܠ ܘܡܕܒܪܢܐ. ܟܕ ܐܡܪܝܢ ܗܘܘ ܡܬܩܕܡܘܢ
ܡܕܒܪܢܐ ܐܝܟ ܠܒܝܬܗܘܢ. ܘܢܦܠܐ ܕܪܡܫܐ ܕܫܒܝܚܬܐ. ܘܫܚܪܝܢ ܗܘܘ
ܘܡܘܕܝܢ ܗܘܘ ܠܗ ܡܫܒܚܐ. ܘܦܪܫܝܢ ܗܘܘ ܠܗ ܡܥܘܕܢܐ ܕܪܡܫܐ.
ܫܒܪܗ ܕܩܕܝܫܐ ܗܡܘܢܐ. ܘܐܡܪ ܗܘܐ ܠܗܘܢ. ܕܪܡܫܐ ܐܠܗܐ
ܐܠܗܐܝܬ. ܡܢ ܥܕܢܐ ܕܝܢ ܕܗܕܐ ܕܩܕܝܫܐ ܘܫܒܪܘܗܝ
ܕܝܢܝܩ ܐܢܐ. ܐܡܪܝܢ ܗܘܘ ܠܗ. ܕܡܫܒܚܐ ܗܘ ܠܟ ܡܪܝ:
ܕܐܡܪ ܡܫܒܚܢܐ ܕܟܪܐ. ܕܪܟܝܢܐ ܐܝܟ ܡܠ ܕܐܠܗܘܬܐ ܗܘܝܐ
ܡܫܬܡܠܝܐ܀ ܘܟܕ ܥܠ ܗܘܐ ܠܟܪܟܐ ܗܘ ܘܟܬܒܗ ܟܬܒܐ ܕܐܠܗ
ܗܘܐ ܟܬܒܗ. ܩܡ ܗܘܐ ܘܪܟܒ ܘܐܬܐ ܗܘܐ ܘܥܢܐ ܐܢܘܢ
ܕܢܐܬܘܢ ܠܟܠܗܘܢ. ܟܕ ܚܙܝܢ ܘܡܫܬܒܚܝܢ ܠܐܠܗܐ: ܠܩܘܪܒܐ
ܕܩܕܡ ܗܘܐ ܠܗܘܢ ܘܟܬܒܐ. ܘܡܢ ܟܕܘ ܝܘܡܐ ܕܐܬܩܒܠ ܗܘܐ
ܐܚܐ ܠܟܘܪܗܢܐ ܕܝܠܐ ܕܐܠܗܐ ܒܐܦܝܣܩܘܦܘܬܐ ܗܘܢ: ܐܬܩܪܝ
ܗܘܐ ܠܗ ܡܢ ܬܘܠܡܝܕܘܗܝ. ܐܢܐ ܕܝܢ ܕܐܘܪܚܝܘܬܐ ܘܦܠܓܘܬܗ
ܐܦܝܣܩܘܦܘܬܐ ܕܒܢܝܢ ܐܦܝܣܩܘܦܘܬܐ ܗܘܝܢ: ܟܕ ܡܫܘܚ

ܒܟܠ ܒܠܕܘܗܝ ܐܬܪܐ. ܘܣܒܪܘܗ ܠܐܘܢܓܠܝܘܢ ܚܕܬܐ ܕܡܫܝܚܐ.
ܐܝܟ ܕܦܩܕ ܢܡܘܣܐ ܩܕܝܫܐ ܕܡܫܒܚܐ ܩܕܝܫܐ ܀

IV.

Das Leben des hl. Ephraem des Syrers.

ܬܘܒ ܬܫܥܝܬܐ ܕܩܕܝܫܐ ܡܪܝ ܐܦܪܝܡ ܣܘܪܝܝܐ.

ܗܢܐ ܕܝܢ ܩܕܝܫܐ ܡܪܝ ܐܦܪܝܡ ܐܝܬܘܗܝ ܗܘܐ ܒܓܢܣܗ ܣܘܪܝܝܐ. ܐܒܘܗܝ ܕܝܢ ܐܝܬܘܗܝ ܗܘܐ ܡܢ ܢܨܝܒܝܢ ܕܒܝܬ ܐܪܒܝܐ. ܟܘܡܪܐ ܓܝܪ ܠܐ ܡܫܬܠܝܐ ܗܘܐ ܠܦܬܟܪܐ. ܐܡܗ ܕܝܢ ܐܝܬܝܗ ܗܘܬ ܡܢ ܐܡܝܕ ܡܕܝܢܬܐ. ܘܐܝܬܝܗܘܢ ܗܘܘ ܐܒܗܘܗܝ ܟܘܡܪܐ ܟܕ ܒܢܨܝܒܝܢ ܕܦܬܟܪܐ ܚܕ ܕܡܬܩܪܐ ܗܘܐ ܐܒܢܠ: ܗܢܘ ܕܒܥܠ ܙܒܢܐ ܫܡܥܗ ܗܘ ܢܦܝܫܝܢܘܗ ܡܢܟܠ ܙܒܢܐ. ܒܬܘܡܝܗ ܕܝܢ ܡܢܟܠ ܙܒܢܐ ܡܫܬܡܠܝܢܘܗ ܡܫܡܥܢܐ ܚܕܬܐ ܐܬܝܠܕ ܩܕܝܫܐ ܡܪܝ ܐܦܪܝܡ ܠܐܒܗܘܗܝ: ܗܢܘ ܕܒܝܘܡܘܗܝ ܗܘܐ ܩܘܣܛܢܛܝܢ. ܟܕ ܕܝܢ ܒܛܠܘܗܝ ܐܒܘܗܝ ܡܢ ܟܪܣ ܐܡܗ ܐܝܟ ܐܡܪܐ ܕܢܦܫ ܒܗ ܠܫܒܗ ܒܥܒܕܘܬܐ ܕܐܬܝܩܘܢ: ܐܦ ܕܢܗܘܐ ܠܫܒܗ ܬܐܒܠܐ ܡܢ ܙܢܝܘܬܐ ܕܦܠܚܢܘܬܗ: ܘܟܕ ܗܘ ܕܝܢ ܩܪܒܐ ܗܘܐ: ܡܢ ܛܠܝܘܬܐ ܐܬܟܬܒܬ ܡܠܬܗ ܗܘܐ: ܕܠܐ ܢܬܚܠܛ ܒܒܢܝܐ ܛܥܝܐ ܘܒܢܝ ܡܫܐ ܘܢܫܐ ܕܦܬܟܪܘܗܝ ܕܐܒܘܗܝ.

ܟܕ ܕܝܢ ܡܢ ܝܘܡܝ ܒܝ ܚܙܘܗܝ ܐܒܘܗܝ ܕܡܫܬܠܐ ܒܗ ܒܬܗܝܡܢܘܬܐ ܟܕ ܒܡܫܝܚܐ: ܘܚܒܠܐ ܕܟܠ ܐܠܗܝܢ ܗܘܐ ܠܦܬܟܪܘܗܝ ܘܪܢܘܬܗ ܘܠܐ ܕܚܠܐ. ܠܟܢܫܐ ܕܝܢ ܐܡܪ ܒܗ ܐܒܘܗܝ: ܕܡܫܬܠܐ ܒܝܠܐ ܐܢܐ ܘܡܨܠܐ ܐܢܐ ܕܒܥܐ ܠܐܠܗܐ

ܦܠܛܓܪ ܕܢܬܪܥܐ ܠܒܪ. ܟܕ ܟܠܗ ܘܥܕܡܐ ܕܒܢܝܐ ܐܝܟ ܕܒܢܝܗ ܡܢܗ ܦܓܪܝܗܘܢ: ܚܙܝ ܒܝܬܐ ܗܘ ܗܝܟܠܐ ܕܢܡܛܠܗ ܟܕ ܐܡܪ ܠܗ ܠܒܥܘܪܐ: ܡܢ ܚܢܢܐ ܦܬܓܡܐ ܢܦܩ ܐܢܐ ܠܟܘ ܕܐܬܓܠܝ ܕܪܘܦܐ ܕܗܘܟܠܐ ܗܢܐ. ܘܦܢܝܬܝ ܕܠܘܬܐ ܠܒܪ ܠܐ ܡܥܟܒ ܐܢܐ ܠܡܥܒܕܗ: ܡܛܠ ܕܐܚܪܢܐ ܕܠܐ ܡܕܡ ܥܡܝܢܐ ܕܢܗܘܐ ܐܪܓܐ: ܗܟܢܐ ܐܦ ܠܐ ܠܟ ܡܕܡ ܕܢܗܘܐ ܠܟ ܠܗ ܡܢܟܐ ܘܢܣܒܐ. ܐܠܐ ܐܢ ܪܓܐ ܐܢܬ ܕܬܫܬܡܠܐ ܢܝܫܐ ܕܡܠܟ: ܛܪܘܕܝܗܝ ܐܙܠ ܡܢ ܠܡܠܟ ܘܕܪܘܦܝܗܝ ܡܢ ܡܠܟܘܬܟ. ܗܢܐ ܓܝܪ ܠܒܪ ܢܦܠ ܐܢܐ: ܕܪܘܦܐ ܕܐܠܗܐ ܠܟܠܢ ܕܝܗܘܐ. ܘܟܕ ܠܟܪܝܐ ܢܦܩ ܐܒܘܗܝ ܘܐܡܪ ܠܗ: ܩܘܡ ܙܠ ܠܡܠܟܐ ܕܪܓܐ ܐܢܬ: ܘܒܠܒܬܟ ܠܐ ܬܬܦܠܐ ܠܒܢܝܐ ܠܟܠܟܘܢ: ܡܛܠ ܕܡܫܬܟܚܐ ܐܢܬ ܕܐܠܗܐ. ܘܠܗܘܐ ܡܢ ܛܠܝܐ ܢܦܘܠܐ ܕܠܒܐ: ܦܛܠܗ ܘܡܢ ܪܓܠܐ ܡܫܬܩܠܐ ܠܗ ܠܗܘܐ. ܘܢܦܩ ܘܫܩܠ ܡܢ ܠܒܐ ܐܒܘܗܝ: ܟܕ ܢܦܩ ܡܢ ܠܐ ܢܦܩ ܠܦܬܗ: ܡܛܠ ܕܠܐ ܢܦܠ ܗܘܐ ܠܡܠܟܐ ܒܐܪܥܐ܀

ܘܛܠܝܐ ܐܒܘܢܐ ܡܠܘܐ ܗܘܐ ܠܗ ܘܐܠܟܬܗ ܠܟܠܒܐ ܕܦܢܛܝܢܐ ܠܘܬ ܪܝܫܐ ܘܡܣܟܢܐ ܡܢ ܫܟܐ ܡܢ ܒܥܘܦ ܐܦܣܩܘܦܐ ܕܠܗ ܘܡܕܝܢܬܐ ܢܪܟܢ ܗܘ ܕܐܠܟܝܗ ܠܦܠܚܢܐ ܐܒܘܢܐ ܘܐܩܝܡܗ ܠܛܒܝܬܐ ܕܦܐܢܛܐ. ܘܐܬܦܢܝ ܡܢܗ ܕܪܓܐ ܥܕܪܐ ܘܡܣܟܢܐ ܡܢ ܒܥܘܦ ܐܘ ܡܢ ܦܠܗ ܠܟܠ ܕܬܪܝܗܘܢ ܕܡܬܪܥܐ ܒܥܘܕܪܐ ܕܦܫܝܛܐ ܘܠܒܝܬܐ ܘܡܠܟܗ ܕܢܬܠ ܐܒܘܢܐ ܘܡܢ ܗܟܢܐ ܡܠܟܐ ܪܓܐ: ܟܕ ܐܢܬܘܢ ܗܘ ܕܟܠ ܒܪܐ ܘܪܘܚܐ ܢܦܩ ܘܟܠ ܒܥܘܦܗ ܠܦܫܗ ܠܗܝܒ: ܡܫܝܚܐ ܠܒܥܘܢܝ ܡܠܐ ܗܘܐ: ܡܦܣܩܢܣܩܘܦ ܡܛܠ ܪܓܐ ܠܐܦܣܩܘܦܐ ܠܗܘ ܪܓܐ ܟܝܢ ܗܘܐ ܠܦܫܝܛܐ ܡܕܝܢܬܐ. ܘܟܕ ܐܬܡܪ ܗܢܐ ܠܦܫܝܛܐ ܕܐܒܘܢܐ ܕܢܦܠ ܠܟܘܢ ܠܥܕܪܘܗܝ: ܕܒܪܗ

ܠܡܘܬܒܐ ܡܪܝ ܐܦܪܝܡ ܘܐܣܡܟܗ ܒܝܕܗ ܠܡܫܡܫܢܘܬܐ
ܡܪܝܡܬܐ. ܘܐܥܡܕܗ ܘܐܪܟܗ ܗܘܐ ܘܫܡܫܐ ܕܐܟܢܐ: ܐܝܟ ܕܢܬܦܫܛ
ܥܠ ܐܦܝ ܗܝܡܢܘܬܐ ܕܡܪܝܐ: ܐܝܟ ܕܡܢ ܚܝܠܐ ܕܢܘܪܐ ܕܡܫܝܚܝܘܬܐ
ܘܟܠܗ ܡܘܠܕܢܐ ܕܐܘܪܗܝ. ܘܡܢ ܟܠܗ ܕܐܬܚܙܝ ܘܐܫܬܡܥ ܗܘܐ
ܘܐܝܬܝܗ ܕܟܝܢܗ ܘܡܟܝܠ ܡܫܡܫ ܠܪܫܐ ܐܝܟ ܕܫܦܝܪ ܗܘܐ:
ܘܟܠܐ ܟܠܗܝ ܠܐܠܗܐ: ܐܦ ܗܘ ܡܫܡܫܐ ܡܪܝ ܒܣܝܠܝܘܣ ܐܝܟ ܕܢܫ
ܚܝܠܐ ܪܒܐ (ܟܕ ܚܙܐ ܠܚܙܘܬܗ) ܗܢܐ. ܘܐܦ ܗܘ ܛܘܒܢܐ ܡܪܝ
ܐܦܪܝܡ ܠܡܫܡܫܢܘܬܐ ܐܬܐ ܗܘܐ ܒܪܚܡܬܗ ܐܠܗܐ: ܘܒܟܝܢܐ
ܘܟܠܗ ܡܫܬܡܫ ܐܦܝ ܗܘܐ: ܘܡܥܠܝܢ ܗܘܐ ܒܬܫܒܚܬܐ ܕܐܠܗܐ
ܒܟܠ ܥܠ ܕܩܝܡ ܗܘܐ ܒܗ. ܟܠܗ ܕܝܢ ܡܢ ܟܠܗ ܒܝܢܝ ܕܥܠ
ܘܕܪܫܐ ܡܘܫܠܡܢܘܬܗ ܡܢܗ ܪܒܐ: ܘܡܫܬܡܠܝܐ ܒܝܢܬܗܘܢ
ܕܗܝܡܢܘܬܐ ܡܢ ܟܠܗܘܢ. ܗܢܐ ܕܝܢ ܟܠܗ ܡܩܝܡ ܕܩܕܫܐ ܐܦܝܣܩܘܦܐ
ܡܟܬܒ: ܒܝܘܡ ܕܒܫܢܝ ܥܠ ܬܫܒܘܚܬܗ ܕܒܝܢܬܗܘܢ
ܕܡܫܬܡܫܢܘܬܐ: ܐܬܐ ܥܠ ܡܚܒ ܒܚܝܠܐ ܫܦܝܪܐ ܘܒܪܥܝܢܐ
ܘܒܩܢܝܢܐ ܕܠܐ ܡܬܦܠܓ. ܘܟܠܗ ܚܝܠܗ ܘܐܬܩܪܝܗ ܘܐܬܒܝܗ
ܥܠ ܡܪܝܬܐ ܒܡܪܟܒ. ܘܟܕ ܗܘܐ ܒܚܙܘ ܦܩܕܬܐ ܟܣܝܐ:
ܒܚܝܠܐ ܟܣܝܗ ܗܘܐ ܒܪܘܚܐ ܕܩܘܕܫܐ: ܗܘ ܕܐܬܐ ܘܟܠܗ
ܒܟܘܪܟܗ ܡܕܝܢܬܐ: ܡܢ ܢܘܚܡܐ ܘܐܬܦܢܝܗ. ܘܟܕ ܟܠܗ ܫܘܪܐ
ܘܢܦܠ: ܒܠܐ ܐܣܒ ܒܡܫܡ ܠܡܩܒܠ ܚܝܠܐ ܕܡܢܐ ܫܦܝܪܐ:
ܐܫܒܪ ܒܗ ܫܒܒܪ: ܕܡܩܒܠ ܕܠܐ ܚܫܟܐ ܕܒܥ ܒܗ
ܒܡܕܝܢܬܐ. ܡܪܝ ܒܣܝܠܝܘܣ ܕܝܢ ܐܦܝܣܩܘܦܐ ܘܛܘܒܢܐ ܡܪܝ
ܐܦܪܝܡ ܟܕ ܫܡܥܘ ܕܟܠܗ ܒܝܬܐ ܠܐܠܗܐ ܡܫܬܒܚܝܢ ܗܘܘ
ܟܠܗ ܪܒܐ ܕܡܪܟܒ. ܘܒܚܙܬܐ ܡܠܠ ܐܢܦ ܗܘ ܐܦܝܣܩܘܦܐ
ܠܒܢܝܐ ܚܝܠܐ ܘܠܡܫܒܚܐ ܘܠܡܪܟܒܗ ܕܡܕܝܢܬܐ. ܘܒܟܠ ܗܘܐ
ܠܫܘܪܐ ܘܐܩܝܡ ܒܒܝܬܗ ܒܪܐ ܘܒܣܝܡܘܬܐ. ܘܟܠܐ ܗܘܐ

ܘܡܪܢܫ ܠܐܝܠܝܢ ܕܡܬܡܪܢܝܢ ܗܘܘ ܒܗ. ܘܟܕ ܚܙܐ ܗܘܐ:
ܟܕ ܠܐ ܡܙܥ ܒܗ ܠܙܡܪܐ: ܐܠܐ ܕܒܗ ܒܡܘܫܚܬܐ ܐܟܘܬܗ ܠܟܢܪܐ
ܟܠ ܡܬܟܢܫ ܗܘܐ. ܗܝܕܝܢ ܐܦܪܝܡ ܡܠܦܢܐ ܗܢܐ ܕܐܡܪܢ
ܒܓܘܗܝ ܡܢ ܒܒܠ: ܠܐܚܐ ܩܢܝܗ ܕܦܢܐ ܒܡܫܘܒ ܕܢܦܩ
ܒܗ ܕܢܦܫ ܠܩܘܠܐ ܘܚܕܐ ܠܒܪܕܝܨܢ ܘܒܝܫܐ ܒܒܝܬܗܘܢ
ܠܟܠܐ ܕܒܘܠܛܐ. ܟܕ ܕܝܢ ܒܫܒܥܗ ܠܓܒܪܐ ܗܘ ܡܟܣܢܐ: ܟܕ
ܠܡܠܐ ܗܘܐ ܟܠܗ ܠܡܕܝܢܬܐ ܗܘ ܕܒܘܠ ܗܘܐ ܒܗ: ܐܦܩ
ܒܗ ܕܢܦܩ. ܘܫܟܚ ܠܒܢܝ ܡܢ ܩܘܢܝܐ ܕܫܘܪܐ: ܘܟܕ ܚܙܐ
ܫܘܓܢܐ ܕܙܡܪܐ: ܐܠܐ ܣܢܝܘ ܒܟܠܗ ܐܢܬܬܐ ܘܫܠܗ ܡܢܗ:
ܕܢܦܩ ܒܝܬܗܘܢ ܢܓܗܬܐ ܘܫܡܫܐ: ܐܟܢܫ ܕܝܢ ܒܢܬܐ ܗܟܝܠ
ܠܥܘܒܕܐ ܒܝܫܐ ܠܡܫܡܫܘ ܕܝܢܗܘܢ: ܘܗܝܕܝܢ ܒܥܘܠܐܒܝܢ
ܢܟܝܢ ܕܐܒܐ. ܢܦܩ ܕܝܢ ܒܟܠ ܠܥܠܝܡܘ ܕܗܠܝܢ ܠܒܢܬܐ
ܕܢܟܠܬܐ ܘܕܓܠܐ. ܗܝܕܝܢ ܐܬܡܪܘ ܩܢܝܐ: ܩܛܠܐ ܗܘ
ܕܡܘܬܗܘܢ ܒܟܝܪ ܗܘܐ ܘܡܢܟܝ ܒܗ ܫܦܝܪܐ: ܘܒܬܪܝܗ ܘܙܪܥܐ
ܕܦܘܠܐ ܘܕܢܟܠܬܐ ܐܣܛܢܬܐ ܕܡܢܗ: ܗܟܢ ܕܟܕ ܠܐ ܐܫܡܥܘ
ܡܫܦܩ ܠܩܘܡܐ ܢܒܝܗ ܕܡܫܝܚ ܕܪܫܐ ܗܢܐ: ܦܫܩܘ
ܦܘܪܫܢܗܘܢ ܘܫܪܪܗ ܒܪܫܝܡܘܬܗܘܢ ܘܒܚܟܡܬܗܘܢ ܠܗܝܡܢܘܬܗܘܢ
ܘܡܝܬܘ ܒܡܫܪܬܐ ܘܒܪܘܚܐ ܠܐܓܘܢܐ. ܟܕ ܕܝܢ ܫܡܥ
ܡܬܓܠܐ ܕܘܠܐ ܠܫܡܗ ܕܐܒܐ ܡܫܝܚܐ ܕܡܘܬܡܢܐ ܟܕ
ܡܪܕܘܬܐ ܠܒܣܝܠܝܘܣ: ܐܫܬܠܡ ܡܢ ܬܡܢ: ܟܕ ܒܥܘܬܐ ܫܩܠ ܙܒܢܐ
ܡܛܠ ܒܥܠܡܐ. ܘܗܘܐ ܟܕ ܒܩܘܪܒܗ ܕܗܢܐ ܠܩܣܪܝܐ ܡܪܝ
ܐܦܪܝܡ ܗܘܐ ܩܘܪܒܐ ܒܥܕܬܐ ܗܘ ܗܝܕܝܢ ܚܙܐ ܡܬܚܙܐ
ܪܒܐ ܒܕܡܘܬ ܢܫܪܐ ܗܘ ܢܘܪܐ ܕܐܒܐ ܡܢܗ ܒܡܦܩ
ܐܦܣܩܘܦܐ ܘܐܢܫܝܢ ܘܚܙܐ ܐܒܐ ܗܢܘ: ܟܕ ܡܫܬܡܥ ܒܩܠܐ

ܩܘܦܪܝܢ ܕܡܕܝܢܬܐ. ܛܘܒܢܐ ܕܝܢ ܡܪܝ ܐܦܪܝܡ ܐܬܬܢܝܚ ܒܫܝܢܐ ܘܫܟܒ ܠܘܬ ܐܒܗ̈ܘܗܝ ܒܫܝܢܐ܀

ܘܒܗ ܒܗܘ ܙܒܢܐ ܗܘܐ ܡܠܟ ܒܪܗ ܕܩܘܣܛܢܛܝܢܘܣ ܡܠܟܐ: ܕܐܬܟܢܝ ܗܘܐ ܒܫܘܡܗ ܡܠܟܐ ܙܟܝܐ. ܘܩܡ ܚܠܦܘܗܝ ܩܘܣܛܢܛܝܢܘܣ. ܘܒܝܘܡܝ ܒܢܘܗܝ ܐܬܓܠܝ ܝܘܠܝܢܘܣ ܗܘ ܛܥܝܐ: ܘܗܘܐ ܡܪܕܐ ܘܡܣܛܥܢܐ ܒܥܠܡܐ ܗܘ ܒܟܠܗܘܢ ܡܕܝܢܬܐ. ܘܟܕ ܡܠܟ ܒܬܪܗ ܕܩܘܣܛܢܛܝܢܘܣ ܐܡܪܝ ܗܘ ܛܥܝܐ. ܘܗܘܐ ܒܢܫܩܬܐ ܠܘܬ ܦܪܣܐ ܕܥܠ ܒܪܒܪܐ ܗܘ ܕܙܪܘܦܝܗ ܦܢܝܐ ܕܐܬܪܐ. ܘܩܡ ܢܦܩ ܠܐܬܪܐ ܕܦܪܣܝܐ ܘܥܡܗ ܡܫܪܝܬܗ ܐܝܟ ܕܢܦܠ ܗܘܐ ܒܐܬܪܐ ܕܟܠܕܝ̈ܐ. ܘܐܡܟܢ ܚܠܦܘܗܝ ܝܘܒܝܢܘܣ ܘܫܒܩܗ ܠܗܘܢ ܕܦܪܣܝܐ ܐܝܟ ܛܒܥܐ ܕܡܠܟܐ ܘܐܫܠܡܗ ܒܥܒܕܗ ܘܡܕܝܢܬܐ ܟܠܗ ܠܢܨܝܒܝܢ. ܘܥܡܗ ܒܥܕܢܐ ܠܒܢܝ̈ܗ ܕܢܦܩܘܢ ܡܢܗ: ܘܥܠ ܕܢܦܩܘ ܐܬܡܠܟܘ ܠܡܕܝܢܬܐ ܐܝܟ ܐܝܠܝܢ ܗܘ ܕܐܡܪܬ܀

ܗܝܕܝܢ ܗܘ ܛܘܒܢܐ ܐܦܪܝܡ ܩܡ ܘܐܬܐ ܠܐܘܪܗܝ ܕܢܫܟܚ ܘܚܠ ܕܘܟܬܐ ܕܢܗܘܐ ܒܫܘܠܡܗ. ܗܘܐ ܕܝܢ ܒܡܕܝܢܬܐ ܗܘ ܛܘܒܢܐ ܒܝܘܡܐ ܒܥܕܢܐ ܗܘ ܕܐܬܚܠܨ ܠܡܕܝܢܬܐ ܒܝܬ ܡܠܟܘܬܗ ܕܡܠܟܐ ܙܟܝܐ ܩܘܣܛܢܛܝܢܘܣ. ܗܘ ܕܝܢ ܢܦܩ ܡܢ ܢܨܝܒܝܢ ܘܐܬܐ ܠܐܘܪܗܝ ܕܡܬܩܪܝܐ ܒܝܬ ܢܗܪܝܢ. ܘܐܝܟ ܡܠܟܐ ܗܘܐ ܡܬܕܒܪ ܡܕܝܢܬܐ: ܟܕ ܐܬܚܙܝ ܒܗ ܣܓܝ̈ܐ ܠܡܫܡܫܘܬܐ: ܘܢܦܩ ܗܘܐ ܡܢ ܡܕܝܢܬܐ ܘܐܬܕܒܩ ܗܘܐ ܒܛܘܪܐ ܕܩܕܝܫܐ ܒܗ ܗܘ ܕܐܘܪܗܝ܀

ܘܟܕ ܫܪܐ ܗܘܐ ܒܛܘܪܐ ܬܘܒ ܗܘܐ ܕܝܢ ܠܘܬ ܒܪܐ: ܘܒܥܝܢ ܡܢ ܐܢܫ ܠܡܕܝܢܬܐ ܘܐܡܪ ܗܘܐ ܙܒܢܐ ܕܟܘܪܗ. ܘܥܡ ܕܥܒܪܬ ܥܠܡܐ ܗܘ ܐܝܬܐ ܠܐܘܪܗܝ ܕܥܡܗ ܢܗܘܐ. ܘܟܕ ܒܬܪܗ ܡܢ ܡܕܝܢܬܐ

ܫܘܒܚ ܠܡܘܠܟܢܗ. ܘܣܡܟ ܠܫܘܡܠܝܗ ܕܐܝܬܘܗܝ ܠܗ ܠܟܠ
ܡܫܡܫܢܐ ܟܠܗܘܢ ܢܡܘܣܐ ܕܟܗܢܘܬܗ܀

ܘܟܕ ܐܬܐ ܕܢܥܘܠ ܠܥܕܬܐ: ܡܛܠ ܠܒܘܫܐ ܐܝܟܐ ܕܦܛܠܡܝܐ
ܪܡܝ: ܐܝܟܐ ܕܢܩܪܘܢ ܠܗ ܠܥܕܬܐ. ܘܐܪܡܝ ܚܕܐ ܡܢܗ ܠܡܣ̈ܟܢܐ
ܩܛܝܢܐ. ܘܟܕ ܚܙܐ ܫܡܫܝܗ ܕܝܗܒ ܗܘܐ ܢܦܩ ܠܗܘܢ. ܐܢܬܬܐ
ܐܝܟ ܚܕܐ ܡܣܟܢܬܐ ܠܐܚܪܢܐ ܫܡܫܝܗ ܠܘܬܗ ܘܡܫܬܟܚܐ ܡܬܟܫܦܐ ܠܗ
ܠܡܘܪܐ ܡܫܟܢܐ. ܗܘ ܕܝܢ ܐܬܐܠܨ ܠܗ ܟܕ ܐܡܪ: ܐܢܬܬܐ ܠܐ
ܠܗܘܬܐ ܐܢܬܝ. ܗܝ ܕܝܢ ܒܟܬ ܘܐܡܪܐ ܠܗ: ܪܚܡ ܐܠܗܐ
ܕܐܬܒܪܗ ܒܐܬܪܐ ܡܛܠ ܕܡܪܢܘ ܐܠܗܐ: ܕܟܕ ܗܘ ܕܝܢ ܕܐܬܦܘܗ
ܠܟ: ܡܛܠ ܕܡܪܢ ܗܘ ܕܡܫܟܚܐ ܐܢܐ. ܗܘ ܕܝܢ ܐܝܟ ܐܡܪܗ ܒܡܨܠܝܬܐ
ܩܪܝܒ ܠܫܡܫܝܗ ܕܐܢܬܬܐ ܘܐܙܠ ܡܢ ܬܡܢ. ܘܐܡܪ ܗܘܐ
ܠܫܘܡܠܝܗ: ܕܠܐ ܢܫܡܥ ܠܡܕܝܢܬܐ ܗܢܝܢ ܕܚܙܝܬܘܢ: ܠܟܠܢܫ
ܐܦ ܠܥܒܕܐ ܕܡܛܠ ܡܫܪܬܐ܀

ܘܐܬܐ ܘܟܠ ܠܥܕܬܐ ܘܣܡ ܠܫܘܡܠܝܗ ܕܢܬܠܘܢ
ܠܡܣ̈ܟܢܐ ܘܐܬܦܠܓ ܠܒܢܝܐ: ܡܛܠ ܕܐܘܪܚܬܐ ܠܐ ܝܕܥ ܗܘܐ.
ܘܐܙܠ ܠܗܠ ܠܒܝܬܐ ܚܕ ܘܩܒܠ ܠܥܡܗ. ܠܗܘ ܕܟܠܐ ܐܦܘܗܝ
ܫܦܝܪܐ ܢܦܫܐ ܗܘܬ: ܘܡܪܐ ܗܘܬ ܘܪܕܐ ܗܘܬ ܠܥܡܗܘܢ
ܡܢ ܩܠܝܠ: ܟܠ ܐܝܠܝܢ ܕܗܘܐ ܗܘܬ ܠܗ ܫܩܩܘܬܐ܀

ܠܒܪ ܕܝܢ ܡܢ ܢܘܩܡ ܦܓܪܐ ܠܗ ܠܩܘܡܐ ܕܡܕܝܢܬܐ ܚܕ
ܠܚܟܝܡܐ ܘܫܐܠܗ ܘܐܡܪ ܠܗ: ܡܢ ܐܬܚܙܝܬ ܐܝܟܢܐ ܠܟܢܫܐ.
ܘܐܬܚܙܝ ܡܕܡ ܡܢ ܟܠܗ ܫܘܒܚܢܝܗ. ܘܟܕ ܐܡܪ ܠܗ ܕܡܕܝܢܐ
ܗܘ: ܐܬܚܙܝ ܐܝܟܢܐ ܡܬܬܐܟܢܐ ܘܟܕ ܢܦܫܐ ܡܬܟܬܒ ܐܢܬ:
ܙܒܢܐ ܐܢܬ ܕܒܟܬܒܐ ܬܗܘܐ. ܐܡܪ ܠܗ ܡܪܝ ܐܦܝܣܩ: ܠܐ ܡܪܝ.
ܐܡܪ ܠܗ ܗܘ ܕܝܢܐ: ܡܪܝ ܐܝܟ ܡܕܡ ܐܢܐ ܠܟ: ܕܐܙܠ
ܠܟܠ ܚܕ ܡܢ ܐܣܟܝܡܐ ܕܐܘܪܚܐ ܕܗܘܐ ܐܢܬ ܠܗܘܢ ܘܗܘ ܐܬܪ

ܒܗܿܝ ܫܘܐܪܢܐ ܕܢܦܩ. ܘܟܕ ܗܟܢ ܡܨܐ ܢܦܩܗ ܘܢܦܩ
ܒܒܪ ܡܢ ܡܕܝܢܬܐ ܠܒܪ ܠܛܘܪܐ ܕܒܠܐ ܥܬܝܕ ܐܘܪܚܐ ܒܡܕܒܪܐ
ܡܠܬܗ: ܕܡܫܝܚܐ ܕܝܢ ܠܡܥܒܪ ܗܘܘ ܒܗ. ܘܟܕ ܥܒܪ ܗܘܐ ܐܡܪ
ܗܘ ܡܫܝܚܐ ܡܪܝ ܐܦܪܝܡ ܠܕܘܟܬܐ ܕܐܚܝܢܐ ܘܒܝܬ ܥܕܬܐ ܐܡܪܝܢܬܐ:
ܟܕ ܐܡܪܝܢܗ ܒܥܒܕܐ ܡܕܝܢܬܐ ܡܠܘܪܫ ܗܘܐ. ܡܠܐܡܪܐ ܕܝܢ
ܠܟܠܗܘܢ ܕܡܫܝܚܐ ܡܪܝ ܐܦܪܝܡ ܠܡܕܒܪܐ. ܕܟܕ ܗܘ ܛܠܝܐ
ܒܠܒܘܬܐ: ܕܚܙܐ ܚܠܡܐ ܐܘܟܝܬ ܚܙܘܐ ܐܝܟܢܐ ܕܐܝܬ ܠܐܠܦܝܢ ܘܐܦ
ܡܠܟ ܒܝܬ ܐܠܗܐ ܕܝܠܗ. ܕܥܒܕ ܡܠܟܘܬܐ ܒܟܢܫܗ ܘܐܚܕ
ܘܡܠܟ ܡܢܗ ܦܬܗ ܐܢܫܐ ܡܨܢܐ. ܘܚܙܐ ܫܦܝܪܘܬܐ ܒܥܕܬܐ:
ܘܐܬܐ ܗܘܐ ܥܡ ܦܪܝܫܘܬܐ ܕܥܠܝܐ ܘܐܠܦ ܗܘܐ ܘܡܬܬܪܐܡ ܫܦܝܪ
ܗܘܐ ܫܦܝܪܘܬܗ܀

ܟܕ ܕܝܢ ܡܢ ܝܘܡܝ ܛܠܝܘܬܗ ܢܦܩ ܗܘ ܡܬܚܒܒܢܐ
ܘܐܙܠ ܠܘܬ ܛܘܒܢܐ ܡܪܝ ܐܦܪܝܡ ܠܒܪ ܕܡܢܟܣ ܗܘܐ ܘܐܬܚܙܝܗ
ܕܝܠܗ ܘܥܠܝܗ ܦܘܫܩܐ ܕܟܬܒܐ ܩܕܝܫܐ ܕܡܘܫܐ. ܘܐܬܡܪ ܒܠܐ
ܕܝܘܠܦܢܗ ܕܟܬܒܐ: ܕܐܢܫܐ ܩܘܪܒܢܐ ܕܫܒܩܬܐ ܘܕܫܘܒܚܐ
ܐܬܝܗܒ ܒܗ ܡܢ ܐܠܗܐ. ܟܕ ܕܝܢ ܩܠܝܠܐ ܒܟܬܒܐ ܩܕܝܫܐ
ܘܩܪܐ ܒܟܬܒܐ ܕܐܝܟ ܗܢܝܢ ܩܕܝܫܐ ܗܘ ܡܬܚܒܢܐ ܠܘܬܗ ܡܠܟܐ
ܘܐܝܬܝܗ ܒܡܕܝܢܬܐ ܘܐܘܒܠܗ ܠܐܣܟܘܠܐ ܕܐܝܬ ܗܘܐ ܒܡܕܝܢܬܐ:
ܘܩܪܝܗ ܠܟܬܒܐ ܘܠܫܒܝܚܐ ܘܠܫܪܟܐ ܕܡܕܝܢܬܐ. ܘܟܕ
ܡܠܝܘܗܝ ܠܪܒܘ ܘܐܬܒܢܝ ܒܗܘܢ ܕܡܬܚܒܢܐ ܐܬܠܒܫ ܒܟܠܟܠ
ܗܘ ܘܐܬܚܫܒ ܒܟܠܗܘܢ ܐܢܫܐ. ܗܘ ܕܝܢ ܒܩܠܐ ܪܡܐ ܩܥܐ ܗܘܐ:
ܕܒܗ ܐܢܐ ܐܝܬܝ ܡܬܒܠܥܝܢ ܐܠܐ ܐܦܪܝܡ ܒܪܬܢܢܐ. ܡܫܡܫܢܐ ܕܝܢ
ܗܘ ܕܐܡܪ: ܕܠܐ ܡܕܝܢ ܕܐܬܛܥܝ ܡܕܝܢܬܐ ܕܒܠܐ ܛܘܪܐ ܒܝܬܐ:
ܐܘܪܚ ܗܘܐ ܒܒܝܬܗܘܢ ܕܡܬܢܚܡܝܢ ܕܡܕܝܢܬܐ ܘܫܒܩܘ ܠܟܠܗܘܢ

ܠܒܢ ܕܒܡܢ ܗܘܐ. ܘܟܕ ܐܬܚܙܝ ܠܗܘܢ: ܒܪܡ ܡܫܬܘܕܥ ܘܐܬܢܚ
ܡܢ ܩܕܡ ܒܢܝܗܘܢ܀

3 ܘܟܕ ܢܦܩ ܠܚܩܠܐ ܚܕ: ܐܬܚܙܝ ܠܗ ܡܠܐܟܐ ܕܡܪܝܐ
ܘܐܡܪ ܠܗ: ܐܦܝܩ ܠܐܒܠܐ ܒܪܗ ܐܢܬ. ܗܘ ܕܝܢ ܐܡܪ: ܡܪܝ
ܕܐܢܬ ܒܡܚܠܐ ܘܐܒܪܘܗܝ ܡܢ ܚܣܝܢܘܬܗ ܕܒܥܠܕܒܒܐ. ܐܡܪ ܠܗ
ܡܠܐܟܐ: ܚܙܝ ܠܐ ܬܕܚܠ ܠܟܐܢܐ ܗܘ ܕܐܡܪܬ: ܐܦܝܩ ܒܪܗ
ܚܝܘ ܐܝܟ ܒܥܒܕܐ ܕܚܙܝܐ ܘܐܦܩܗ ܡܢ ܬܢܢܐ. ܗܘ ܕܝܢ ܟܕ
ܚܙܐ ܐܡܪ: ܡܪܝ ܡܫܬܡܠܐ ܐܝܟܢ ܘܠܐ ܥܒܪ ܐܢܐ. ܐܡܪ ܠܗ ܗܘ
ܡܠܐܟܐ: ܒܥܝܪܐ ܠܐ ܐܢܬ ܡܕܒܪ ܥܢܝܢܐ ܘܫܠܝܡ ܠܗ ܠܐܢܫܐ
ܗܠܝܢ: ܐܠܐ ܟܠ ܡܢܝܢܐ ܕܦܠܚܝܢ ܢܗܘܪܘ. ܘܟܕ ܗܢܬܐ
ܡܟܠ ܟܠܗܘܢ: ܗܘܝܢ ܠܐ ܡܬܚܙܝܢܐ ܗܘܐ ܡܢ ܩܕܡܘܗܝ.
ܘܒܐܗ ܗܘ ܒܪܫܐ ܕܚܘܝܘ ܠܐܒܪܗܡ. ܗܘܝܢ ܕܝܢ ܕܐܝܟ ܟܕܐ
ܟܕ ܠܐ ܐܬܚܙܝܘ ܗܘܝܘ ܒܡܕܝܢܬܐ. ܘܟܕ ܡܛܐ ܗܘܐ
ܠܬܪܥܗ ܕܡܕܝܢܬܐ ܗܘ ܡܪܢܐ ܐܬܚܙܝ ܘܐܬܐ ܘܟܕ ܟܠܐ
ܐܡܪ ܗܘܐ: ܡܪܝܐ ܗܘ ܕܝܗܒ ܫܘܠܛܢܐ ܒܥܠܡܝܢ ܡܢܝܢܐ
ܟܠ ܗܝܠܐ ܘܟܠ ܢܝܫܘܬܐ ܕܐܢܫܘܬܘܢ: ܐܢܬ ܗܘ ܢܣܠܐ
ܡܢ ܥܠܡܐ ܘܡܫܬܘܩ ܡܢ ܩܕܡ ܥܠܡܝܢ ܐܘܠܨܢܐ ܕܩܕܡ
ܥܒܕܐ ܕܐܬܒܣܬܐ. ܘܟܕ ܗܟܢ ܐܡܪ: ܟܠ ܠܒܢܘܗܝ ܡܢ
ܬܪܥܐ ܕܡܕܝܢܬܐ ܘܟܕ ܢܦܩܘ ܚܕ ܡܢ ܦܘܪܢܣܐ ܕܗܘܐ ܒܡܕܝܢܬܐ.
ܘܟܕ ܗܟܢ ܒܥܝܐ ܪܘܚܐ ܒܗܘܢ ܡܕܝܢܬܐ: ܚܙܐܘܗܝ ܗܟܢ
ܢܦܩܘ ܟܠܗܘܢ ܘܐܬܟܢܫܘ. ܘܩܡܝܢ ܗܘܘ ܘܡܫܬܒܚܝܢ ܗܘܘ
ܒܗ ܘܐܡܪܝܢ ܒܚܕܐ: ܝܐ ܚܙܘ ܒܢܘܗܝ ܐܫܬܒܚ ܬܫܒܘܚܬܐ: ܢܦܩܝܢ
ܟܠܗܘܢ ܘܒܪܗ ܚܕܝ. ܘܡܫܒܚܝܢ ܦܪܝܩ ܦܘܪܩܢܐ ܫܪܝܪܐ
ܘܐܢܫܘ ܐܬܟܢܫܘ ܗܘܘ ܒܫܥܬܗ ܡܕܝܢܬܐ ܐܝܟܢܐ ܕܐܬܚܙܝ ܡܢ
ܦܓܪܗ. ܗܘ ܕܝܢ ܠܐ ܐܬܒܥܝ: ܐܠܐ ܟܕ ܡܫܒܚܬܐ ܗܘܢܐ.

ܐܝܕ̈ܘܗܝ ܡܪܝܡܘܗܝ ܘܐܡܪ: ܫܡܥܘ ܟܢ ܐܚ̈ܝ: ܐܢܐ ܚܛܝܐ ܡܣܟܢܐ ܐܡܪܬ. ܗܠܝܢ ܕܝܢ ܡܠܟܬܐ ܫܡܥܝܢ ܗܘܘ: ܘܟܕ ܚܙܘ ܥܢܝܐ ܘܫܦܠܐ. ܗܘ ܕܝܢ ܒܟܢ ܗܘܐ ܒܫܘܐܠܐ ܕܡܠܟܬܐ ܘܡܬܦܢܐ ܘܡܫܪܐ ܠܡܫܝܚܐ܀ ܒܬܪ ܕܝܢ ܡܢ ܝܘܡܬܐ ܣܓܝܐܬܐ ܬܢܝܢ ܕܚܙܐ ܚܠܡܐ ܚܙܐ ܗܘܐ ܡܠܟܬܐ ܕܬܬܦܢܐ ܡܢ ܥܠܡܐ. ܘܚܙܐ ܠܐܦܝܣܩܘܦܐ ܐܦܪܝܡ ܕܡܬܦܢܐ ܠܡܠܟܬܐ ܘܐܙܠܐ ܥܡܗ ܘܡܬܒܥܐ ܗܘܐ ܘܐܡܪ: ܗܢܐ ܐܠܗܘܗܝ ܕܫܡܝܐ ܘܕܐܪܥܐ ܘܕܝܡܐ: ܘܟܠ ܡܕܡ ܕܒܗܘܢ ܒܪܐ ܘܐܬܩܢܐ ܘܐܫܬܥܝ: ܗܘܝܘ ܐܠܗܐ ܢܗܘܐ ܘܐܡܪ ܡܠܟܐ: ܕܢܗܘܐ ܐܠܗܟ ܘܐܠܗܐ ܕܒܢܝܟ. ܗܠܝܢ ܕܝܢ ܕܡܠܟܬܐ ܟܕ ܫܡܥܬ ܐܬܬܥܝܪܬ ܐܬܪܓܫܬ ܘܢܦܩܬ ܘܢܗܘܐ ܘܟܬܒܘܗܝ ܠܐܦܝܣܩܘܦܐ ܡܪܝ ܐܦܪܝܡ ܘܐܦܩܘܗܝ ܠܒܪ ܡܢ ܡܕܝܢܬܐ ܘܙܒܢܘܗܝ ܒܟܣܦܐ ܘܫܒܩܘܗܝ ܟܕ ܡܣܟܢܐ ܡܠܟܐ ܟܕ ܢܦܩ. ܘܟܕ ܗܘ ܙܥܘܪܐ ܩܡ ܘܟܪܟ ܠܥܠܡܐ ܘܢܚܬ ܢܦܩܘ ܐܝܟ ܕܐܣܝܪܝܢ ܗܘܘ ܡܬܪܢܝܢ܀

ܟܕ ܕܝܢ ܒܐܪܚܐ ܗܘ ܡܢ ܡܕܝܢܬܐ ܠܓܒܝܗܘܢ ܫܡܥܘܢ ܘܡܩܘܝܢ ܠܡܠܟܘܬܐ ܕܡܕܝܢܬܐ ܕܐܣܦܐܢܝܐ ܐܦܝܣܩܦܐ ܕܐܪܡܢܝܐ ܘܕܐܦܪܘܩܝܐ: ܟܠ ܡܢܗܘܢ ܡܠܟܐ ܗܘܐ ܠܡܫܝܚܐ ܘܡܬܢܦܩ ܗܘܐ: ܕܡܬܪܡܪܡܢܘܬܐ ܕܡܢ ܐܘܪܚܐ ܡܕܝܢܬܐ ܢܬܒܪܟ ܥܠ ܐܦܝ ܕܐܦܝܣܩܘܦܘܬܐ. ܘܟܕ ܫܡܥ ܡܠܟܐ ܡܬܚܝܠܐ ܡܠܟܘܬܐ ܗܘܐ ܠܐܒܘܗܝ ܕܢܦܩ ܟܕ ܐܝܟܢܐ ܐܠܗܘܗܝ ܕܥܠ ܐܦܝܣܩܘܦܘܬܐ. ܒܬܪ ܕܝܢ ܡܢ ܝܘܡܬܐ ܐܡܪܬ ܒܟܠܗܘܢ ܐܡܪܘܗܝ ܘܐܘܡܝܬܐ: ܘܐܬܢܝܘ ܟܕ ܒܟܪܘܙܐ ܕܢܗܘܐ ܕܐܦܩ ܡܢ ܦܠܘܪܐ ܡܠܟܐ: ܗܘ ܕܐܬܒܥܝ ܡܠܟܐ ܒܪܝܫܐ ܒܥܡܐ. ܘܐܡܪ ܗܘܐ ܡܢ ܥܡܐ ܘܐܡܪ: ܐܦܪܝܡ ܐܦܪܝܡ ܐܝܟܢܐ ܕܚܙܝܬ ܒܟܪܘܙܐ ܗܢܐ ܕܢܗܘܐ: ܢܗܘܐ ܐܠܗܘܗܝ ܕܥܠ ܐܦܝܣܩܘܦܘܬܐ܀

ܘܡܫܝܚܐ ܕܗܘܐ ܗܪܟܐ: ܕܟܕ ܒܫܡܗ ܗܘ ܡܬܝܕܥܐ ܡܪܝ ܐܦܪܝܡ
ܡܠܦܢܐ ܣܘܪܝܝܐ: ܡܛܠ ܕܠܐ ܝܕܥ ܗܘܐ ܕܢܡܠܠ ܝܘܢܐܝܬ. ܘܕܪܫܐ
ܘܐܙܠ ܠܩܣܪܝܐ ܒܝܬܐ. ܘܚܙܐ ܐܢܫܐ ܕܐܬܐ ܠܩܘܕܡ ܐܒܘܗ
ܟܕ ܘܕܪܫ ܒܥܕܬܐ ܒܝܘܡܐ. ܘܥܠܠ ܗܘܐ ܠܩܘܕܡ ܒܥܕܬܐ
ܘܒܬܫܒܘܚܬܐ ܐܝܟ ܡܠܠ ܐܡܪ ܕܐܝܟ ܢܦܩ ܐܝܟ ܠܥܕܬܐ
ܠܗܘܢ ܢܟܦܝܢ ܕܫܡܥܝܢ. ܘܟܕ ܐܙܠ ܐܦܪܝܡ ܡܕܒܪܐ ܗܘܐ
ܘܥܡܗ ܬܠܡܝܕܐ. ܘܥܠܠ ܒܗ ܗܘ ܘܗܘ ܡܠܦܢܐ ܣܘܪܝܝܐ
ܕܐܡܪ ܗܘܐ ܒܫܡܗ ܕܡܪܝܐ ܢܘܗܪܐ ܫܠܝܚܐ: ܗܘܐ ܕܝܢ ܒܥܕܬܐ
ܡܕܝܢܬܐ ܐܠܗܝܐ: ܟܕ ܚܙܐ ܗܘܐ ܠܒܣܝܠܝܘܣ ܕܫܒܚ ܐܠܗܐ. ܫܠܝܚ
ܗܘܐ ܕܢܘܪܐ ܐܝܟ ܡܢ ܦܘܡܗ ܐܘ ܥܠܬܐ ܐܚܪܬܐ. ܫܠܝܚܐ
ܕܝܢ ܡܢ ܢܦܫܗ ܕܐܝܟ ܕܐܬܚܙܝ ܡܢ ܐܦܝܘܗܝ ܘܐܬܦܫܩ ܐܦܪܝܡ
ܗܘܐ ܠܡܬܦܫܩܘܬܐ ܐܬܪܐ: ܡܛܠ ܕܐܬܪܥܝ ܗܘܐ ܒܟܬܒܐ
ܐܝܟܢܐ ܕܝܢ ܡܫܬܒܚܐ ܕܐܬܪܐ ܡܬܝܕܥܐ ܗܘܐ ܒܝܘܡܘܗܝ
ܐܘ ܡܠܦܢܘܬܐ. ܟܕ ܕܝܢ ܦܠܛ ܫܠܝܚܐ ܡܠܟ ܗܘܐ ܗܘ
ܡܬܝܕܥܐ ܡܪܝ ܐܦܪܝܡ ܒܣܝܠܝܘܣ: ܫܪܝ ܡܬܦܫܩ ܡܢ ܐܝܢܝܢ܀
ܗܪܝܢ ܠܐ ܐܦܪܝܡ ܢܬܒܥ ܐܡܪ ܕܢܦܩ ܐܙܠ ܠܘܬ ܡܢ
ܠܩܕܝܫܐ ܕܒܝܬ ܠܐܠܗܐ ܕܚܙܐ ܐܚܪܢܐ ܡܢ ܐܬܪܐ ܕܡܬܦܫܩܐ:
ܕܢܬܚܙܐ ܠܡܬܝܕܥܐ ܒܣܝܠܝܘܣ. ܘܕܒܪܗ ܡܬܝܕܥܐ ܕܫܡܗ
ܕܝܢ: ܕܒܗ ܗܘܐ ܕܒܪܝܗ ܕܡܬܝܕܥܐ ܡܪܝ ܦܛܪܘܢܐ: ܡܛܠ
ܠܡܬܦܫܩܘܬܐ ܡܕܝܢܬܐ. ܘܟܕ ܥܠ ܠܘܬܗ: ܫܐܠܗ ܡܛܠ
ܒܣܝܠܝܘܣ ܘܐܬܐܡܪ ܠܗ ܕܒܥܝܢ ܚܙܐ ܐܝܟ ܠܗ ܠܒܪܐ.
ܘܡܛܠ ܗܘܘ ܒܩܘܡܐ ܕܡܕܝܢܬܐ ܘܐܝܟ ܠܐ ܡܬܠ ܐܝܟ
ܘܥܡܗ ܒܟܬܒܐ ܗܘ ܒܢܝ ܡܢ ܩܘܡܐ ܕܡܕܝܢܬܐ. ܠܘܩܒܠܗ ܕܝܢ
ܕܝܘܡܐ ܥܠ ܗܘܐ ܡܬܦܫܩܐ ܠܒܪܐ ܘܫܠܚ ܠܡܬܝܕܥܐ
ܒܣܝܠܝܘܣ ܠܒܪܐ: ܘܐܡܪ ܠܡܠܦܢܐ ܣܘܪܝܝܐ ܗܘ ܕܒܥܝܢ ܠܡܚܙܐ

ܐܢܐ ܐܘ ܐܚܝ ܕܡܫܬܡܠܝܢܐ ܗܘܐ ܒܡܠܟ ܠܥܘܡܪܐ: ܗܢܐ ܣܒܐ
ܕܐܬܐ ܠܟܬܒܐ ܗܢܐ ܡܫܬܡܠܝܢܘܬܗ ܩܠܝܠܐ ܠܐ ܐܠܐ ܕܢܗܘܐ
ܐܝܟܘܬܟ ܐܡܬܐ ܕܚܝܒܘܗܝ: ܗܢܐ ܠܟܠܗܘܢ ܐܣܬܟܠ ܢܘܗܪܐ
ܘܡܦܠܓܢܘܬܐ ܕܡܘܕܥܢܘܬܐ: ܟܕ ܠܘܬ ܟܗ ܒܢܘܗܪܐ ܟܝܢܐ ܕܡܟܝܟܘܬܐ
ܘܥܬܪܐ ܡܕܒܪܢܐ: ܗܘܝܘ ܕܡܬܪܚܡ ܟܗ ܟܡ ܕܠܝܬܐ. ܘܗܘܐ
ܠܐܘܠܨܢܐ ܪܒܐ: ܟܕ ܩܐܡ ܒܛܘܦܣܐ ܡܕܡ ܐܝܟ ܕܐܝܬܝܐ ܡܫܬܡܠܝܢܘܬܐ.
ܘܟܕ ܠܐ ܝܕܥ ܗܘܐ ܒܡܘܟܟܐ: ܐܡܪ ܠܡܟܬܒ ܩܠܝܠܐ ܗܘ:
ܕܚܝܪ ܐܘ ܐܚܝ: ܕܚܘܫܒܗ ܕܝܘܡܐ ܡܫܟܚ: ܐܝܠܐ ܚܕ ܚܘܬܪܐ
ܐܬܡܪܝܪ ܒܡܣܟܢܐ. ܘܐܬܠܝܐ ܗܢܐ ܒܠܒܗ ܐܦܪܝܡ ܘܪܘܚܐ ܗܢܐ
ܩܕܝܫܐ ܕܢܗܘܐ ܒܡܕܝܢܬܐ ܕܢܘܪܐ ܐܡܬܐ ܕܚܝܒܘܗܝ. ܘܩܠܝܠ ܕܢܐܡܪ
ܗܘܐ ܗܘ ܡܪܝ ܐܦܪܝܡ. ܘܟܕ ܗܟܢ ܡܫܬܥܐ ܗܘܐ: ܗܘ
ܢܨܝܒܝܢ ܕܐܬܒܢܝܬ ܒܐܩܛܠܘܢ ܗܟܢ ܒܗ ܒܒܐܬܪܐ: ܕܫܒܘܪ
ܒܒܢܝܐ ܩܛܠܐ ܕܗܘܢܢܐ. ܘܚܙܐ ܠܡܕܝܢܬܐ ܐܦܪܝܡ ܠܢܘܪܐ ܡܨܥܬܐ
ܕܡܬܟܠܠܐ ܗܘܐ ܟܕ ܦܘܪܫܗ ܘܐܡܪܗ. ܘܟܕ ܩܠܝܠܐ
ܠܩܠܝܠܐ ܛܠܐ ܗܘܐ ܒܩܛܠܝܢܘܬܐ: ܘܡܬܟܠܠ ܗܘܐ ܟܠܝܘܗܝ
ܒܩܠܐ ܚܕܐ ܪܒܐ. ܠܡܕܝܢܬܐ ܕܝܢ ܡܪܝ ܐܦܪܝܡ ܚܠܐ ܗܘܐ ܟܠܝܘܗܝ
ܠܐܬܪܐ ܕܟܠܗ ܐܝܟ ܐܝܟ. ܘܗܘ ܡܢܗܠ ܒܩܛܠܝܢܘܬܐ ܡܟܐܦܐ
ܗܘܐ ܘܢܛܪ ܟܗ ܘܡܢܪ ܠܟܐܦܐ ܠܢܝܫܐ ܕܝܫܘܥ ܕܟܗ ܘܐܡܪ
ܟܗ: ܐܠܐ ܠܛܘܦܣܐ ܦܟܝܪܐ ܘܗܘܐ ܡܫܟܚ ܐܢܐ ܕܐܝܬܐ ܕܡܟܫܦ
ܡܦܩܬܐ ܘܠܟܠܗ ܕܘܡܝܐ ܟܡ ܐܢܐ ܐܢܫ ܟܪ ܠܩܠܬܗ ܘܐܡܪ
ܟܗ: ܦܩܘܕ ܡܪܝ ܘܠܟܠ ܠܐܝܙܓܕܐ: ܢܝܫ ܐܦܝܣܩܘܦܐ ܦܪܐ
ܟܗ. ܗܘ ܕܝܢ ܐܦܝܣܩܘܦܐ ܒܟܠܐ ܩܫܝܫܐ ܪܥܝܢܐ ܠܟܠܐ
ܘܐܬܠܐ ܡܣܬܒܪܢܘܬܗ ܠܐܬܪ ܕܐܬܒܢܝܬ ܗܘܐ ܗܘ ܡܪܝ ܐܦܪܝܡ
ܘܐܡܪ ܟܗ: ܦܩܘܕ ܡܪܝ ܘܠܟܠ ܠܐܝܙܓܕܐ: ܐܝܟ ܣܒܪ ܕܝܬܒ
ܢܝܫ ܐܦܝܣܩܘܦܐ ܦܪܐ ܟܗ. ܟܕ ܗܘܢܐ ܬܟܒ ܠܒܝ ܡܫܬܡܠܝܢܘܬܐ

ܠܗܘܪܐ ܕܐܣܛܘܪܐ: ܦܢܝ ܘܐܡܪ ܠܐܪܟܕܝܩܘܢ: ܚܙܝ ܡܪܝ ܐܒܘܢ
ܠܗܕܐ ܟܕ: ܚܣܝܐ ܩܕܝܫܐ ܬܡܝܗ ܐܣܛܘܢܐ: ܘܠܐ ܫܪܝܪ ܠܟ
ܙܝܢ ܐܣܛܘܠܐ. ܘܗܘܝܘ ܐܪܟܕܝܩܘܢ ܘܐܘܕܥ ܠܗܘܢ ܠܩܕܝܫܐ
ܕܒܐܣܝܠܝܘܣ. ܘܫܕܪܗ ܠܘܬ ܟܠܗ ܕܩܐܡ ܡܪܝ ܐܦܪܝܡ ܥܡ
ܕܥܡܗ ܗܘ ܕܩܐܡ ܗܘܐ ܠܗ ܠܬܘܪܓܡܢܐ ܐܚܪܢܐ. ܘܗܘܝܘ ܩܕܝܫܐ
ܒܐܣܝܠܝܘܣ ܘܐܡܪ ܠܐܪܟܕܝܩܘܢ: ܙܠ ܠܬܘܪܓܡܢܐ ܦܫܝܛܐ
ܘܩܕܡܝܢ ܐܢܘܢ ܠܗܘܢ ܩܕܡ ܕܦܬܚܝܢ: ܗܘܝܘ ܐܡܪ ܠܗ: ܡܪܝ
ܐܦܪܝܡ ܩܪܝܗ ܠܥܕܬܐ ܕܒܐܝܬ ܩܕܝܫܬܐ: ܗܐ ܙܝܢ ܐܣܛܘܠܐ
ܦܪܐ ܠܟ. ܘܟܕ ܐܙܠ ܐܪܟܕܝܩܘܢ ܘܐܡܪ ܠܬܘܪܓܡܢܐ ܗܘ: ܝܫܘܥ
ܠܡܩܕܡܘܬܝ ܕܩܕܝܫܐ ܡܪܝ ܐܦܪܝܡ ܘܐܡܪ ܠܗ ܗܘܝܘ: ܡܪܝ
ܐܦܪܝܡ ܐܒܘܢ ܙܝܢ ܐܣܛܘܠܐ ܦܪܐ ܠܟ: ܦܩܘܕ ܘܥܘܠ ܪܒ
ܒܐܬܪܐ ܩܕܝܫܬܐ. ܘܐܙܠ ܗܘ ܡܪܝ ܐܦܪܝܡ ܥܠ ܗܘܝܘ ܘܩܡܝܢ
ܠܐܒܗܐ ܘܟܠܒ ܡܐܘܢܐ ܘܩܪܝ ܠܒܐܣܝܠܝܘܣ: ܙܟܐ ܗܘܐ ܒܫܪܪܐ:
ܙܟܐ ܗܘܐ ܒܫܪܪܐ: ܥܡܘܕܐ ܗܘܐ ܕܢܘܪܐ ܒܐܣܝܠܝܘܣ: ܡܫܪܪܐ
ܘܢܝܐ ܩܕܝܫܐ ܡܫܟܚܐ ܠܡܘܫܗ. ܟܕ ܕܝܢ ܥܡ ܐܪܟܕܝܩܘܢ
ܕܠܗ ܠܡܩܕܡܘܬܗ ܠܗ ܒܐܝܕܝܗ: ܕܟܠܗ ܩܘܪܒܐ ܡܪܝ ܩܕܝܫܐ
ܠܟܠܗ ܓܕܫܐ ܚܕܐ ܟܠܗ ܐܢܐ ܡܬܚܙܐ. ܗܘܝܘ ܐܫܬܥܝܘ ܐܝܟܐ ܐܬܬܥܝܢܐ:
ܡܪܝ ܗܘܐ ܠܡܘܢܝܗܘ ܘܦܩܕ ܕܢܬܩܪܒܘܢ ܠܘܬܗ ܠܩܕܝܫܐ
ܡܪܝ ܐܦܪܝܡ. ܘܐܡܪ ܠܗ ܡܪܘܒ ܡܫܡܫܢܘܗ ܘܡܬܩܢܢܐ: ܐܬܦܢܝ
ܕܬܬܒܣܡ ܠܡܘܫܗ. ܟܕ ܕܝܢ ܥܠ ܗܘ ܠܥܕܬܐ ܠܘܬܗ: ܚܙܐ
ܗܘܐ ܠܗ ܩܕܝܫܐ ܒܐܣܝܠܝܘܣ: ܕܟܒܫ ܦܪܘܦܘܗ ܘܠܟܦܘ
ܗܘܐ ܪܘܡܐ ܘܫܠܐ ܗܘܐ. ܘܟܕ ܒܐܣܝܠܝܘܣ ܘܐܚܕ ܕܢܝܗܘ
ܡܬܕܡܪܝܢ ܘܐܡܪ ܠܗ: ܡܠܘܟ ܠܝ ܡܪܝ ܠܡܬܡܠܝܘ
ܘܡܠܐܟܐ. ܘܕܠܐ ܡܬܕܡܪܝܢ ܐܦ ܗܘ ܥܠ ܐܬܪܐ. ܗܘܝܘ ܩܕܡ
ܘܝܗܒܗ ܡܫܟܢܐ ܠܟܘܪܐ. ܘܐܡܪ ܠܗ ܩܕܝܫܐ ܒܐܣܝܠܝܘܣ:

ܫܦܝܪ ܐܝܬܝܗ̇ ܐܦ ܕܚܙܘܐ ܕܪܦܩܐ ܠܒ̈ܢܝܐ: ܢܬܠ ܡܢܐ ܗܘܐ ܠܒܟܪܟ ܐܘ ܐܒܘܢ: ܠܡܢܐ ܐܝܬܝܗ̇ ܠܡܚܣܪܐ ܠܒܝܬ ܐܢܫܐ ܢܘܟܪܝܐ: ܢܬܠ ܠܗ̇ ܡܪܝ ܐܟܙܢܐ ܕܡܚܒܒܝܢ. ܗܘ ܕܝܢ ܥܒܕܐ ܕܡܪܗ ܐܒܪܗܡ ܐܟܡܐ ܕܦܩܕܗ ܘܐܡܪ ܠܗܘܢ ܦܬܓܡܐ ܕܡܪܗ ܗܘ̈ܝ ܠܒܢܘܗܝ. ܘܡܚܘܝܐ ܐܚܘܗ̇ ܠܥܙܪܐ ܡܢܝܬܐ ܡܢ ܐܢܫ̈ܐ ܢܫ̈ܝܗܝ܀

ܘܟܕ ܠܒܢ ܢܘܟܪܐ: ܐܡܪ ܠܗ ܢܫܡܐ ܕܐܒܘܗ̇ ܕܟܠ ܠܒܬܘܐܝܠ: ܐܡܪ ܠܝ ܐܘ ܐܒܝ: ܐܝܟܢܐ ܐܢܬ ܐܠܝܥܙܪ ܡܘܕܝܐ: ܘܡܢܐ ܡܬܚܫܒܝܢ ܗܘ̈ܝ ܠܐ ܢܦܩ ܗܘ̈ܝ: ܡܛܠ ܗܘ̈ܝ ܕܝ ܡܬܩܝܡ ܠܒܢܝܟ. ܘܗܘ ܥܒܕܐ ܐܒܪܗܡ ܐܡܪ ܠܗ: ܐܝ ܐܒܝ: ܠܥܘܠܐ ܡܪܝܐ ܡܬܚܫܒ ܗܘ̈ܝ: ܗܘ ܕܡܬܚܫܒܠ ܗܘܐ ܠܝ ܠܒܝ ܦܘܩܕܝ. ܘܩܡ ܒܬܘܐܝܠ ܘܢܦܠ ܡܬܚܫܒ ܘܐܡܪ: ܠܘܬ ܐܢܬ ܐܠܝܥܙܪ ܗܘ̈ܝ ܒܬܘܐܝܠ ܘܐܢܐ ܐܦܝܣ: ܘܐܫܬܘܝ ܠܡܫܘܕܥܘ ܗܕܐ ܕܫܦܪ ܠܝ ܡܪܝܐ. ܘܟܕ ܐܡܪ ܒܬܘܐܝܠ ܐܝܟ ܠܐ ܐܬܠܐ ܡܢ ܡܫܘܕܥܬܐ ܕܐܒܘܗ̇ ܕܫܦܠ ܐܢܐ ܡܢܝ ܘܐܦ ܒܬܘܐܝܠ ܠܡܬܚܫܒܘܬܐ ܗܘ̈ܝ ܘܡܢ ܐܒܘܗ̇ ܐܬܡܚܝܬ ܠܝ. ܗܘ ܕܝܢ ܥܒܕܐ ܐܒܪܗܡ ܠܟܠ ܘܐܡܪ ܠܗ: ܐܘ ܐܒܝ ܡܪܝܐ ܐܦ ܐܢܐ ܟܬܒܬܐ ܚܕܐ ܐܝܟ ܟܠ ܠܟܬܒ: ܙܒܢ ܡܢ ܟܠܗܘܢ ܕܐܬܠܒܫܘ. ܐܡܪ ܠܗ ܕܟܠ ܒܬܘܐܝܠ: ܘܡܢ ܕܝܢ ܡܬܝܠܕܬܐ ܠܝܬ ܐܢܐ ܠܝ: ܡܬܚܫܒܐ ܢܦܫܐ ܒܟܠܐ ܘܠܐܘܠܐ ܕܡܬܝܠܕ ܠܟܘܬ. ܐܡܪ ܠܗ ܕܪܫܢܐ ܐܒܪܗܡ. ܢܦܩ ܐܢܐ ܐܘ ܡܪܝܐ ܕܡܪܝ: ܕܟܠ ܕܐܬܠܐ ܠܐܒܘܗ̇ ܢܦܩ ܠܝ: ܙܒܢ ܗܘܒܠ ܘܒܟܝ ܡܢ ܐܒܘܗ̇: ܘܐܡܪܬܠ ܠܟܡܐ ܝܘܡܐ. ܘܟܕ ܗܘܐ ܫܡܥ ܡܪܝܐ ܒܬܘܐܝܠ: ܐܡܪ ܠܗ: ܐܘ ܐܒܝ ܘܪܚܡ ܟܘܡܪܐ ܕܢܘܟܪܐ: ܫܠܐ ܡܢ ܡܪܝܐ ܕܡܪܐ ܗܘ ܠܡܥܒܕ

ܙܠܝܩܝ: ܡܛܠ ܡܪܢ ܕܚܒܒ ܙܠܝܩܐ ܕܢܘܗܪܗ ܘܦܩܕ
ܟܠܗܘܢ ܘܦܪܫ ܠܗܘܢ: ܠܐ ܡܪܢ ܒܠܚܘܕ ܗܘ ܒܗ ܡܢܝ.
ܘܟܕ ܚܙܐ ܙܠܝܩܐ ܕܢܘܪܐ ܫܦܝܪܐ ܘܢܦܩܘ ܡܢ ܙܠܝܩܝܗܘܢ:
ܐܡܪ ܠܗ ܢܗܝܪܐ ܕܐܠܗܐ ܒܐܬܩܒܠܘܬܗ: ܠܡܪܐ ܡܪܝ ܐܦܪܝܡ
ܠܐ ܢܗܘܐ ܐܠܐ ܒܪܘܚܢܘܬܐ ܕܩܕܝܫܘܬܐ: ܒܬܪܝܢ ܗܘܘ ܒܗ ܡܪܢ.
ܘܩܪܐ ܠܗ ܒܝܕ ܡܬܪܓܡܢܐ ܘܐܡܪ: ܢܗܝܪܐ ܐܢܐ ܐܘ ܐܚܝ.
ܘܥܢܐ ܘܐܡܪ ܠܗ: ܐܬܡܠܟ ܕܐܢܐ ܣܗܕܘܬܝ ܐܝܬ ܗܘܐ ܠܟ:
ܒܝܕ ܡܬܪܓܡܢܐ. ܘܟܕ ܒܝܕ ܡܬܪܓܡܢܐ ܟܠ ܐܘܪܚܐ: ܗܟܢ ܢܗܝܪܐ
ܕܐܠܗܐ ܐܚܕܗ ܒܐܝܕܘܗܝ ܕܡܪܝ ܐܦܪܝܡ ܘܐܡܪ ܒܐܝܕܘܗܝ ܙܠܝܩܐ
ܕܡܫܡܫܢܘܬܐ ܘܡܣܪܐ ܐܡܪ ܠܡܪܝ ܐܦܪܝܡ: ܩܘܡ ܘܐܩܝܡ
ܠܝ. ܘܩܪܒ ܐܡܪ ܡܪܝ ܐܦܪܝܡ ܒܠܫܢܐ ܝܘܢܝܐ: ܦܪܘܩ
ܘܐܬܚܝܣ ܐܠܗܐ ܠܡܫܟܢܟ. ܘܐܬܚܘܐ ܗܘܐ ܒܟܠܗܘܢ. ܘܟܕ
ܙܟܐ ܕܢܬܠ ܠܗ ܒܪܘܚܢܘܬܐ ܕܩܕܝܫܘܬܐ: ܫܦܝܪܬܐ ܐܬܟܪܟ
ܠܗ ܡܪܝ ܐܦܪܝܡ ܕܗܘܐ ܠܐ ܝܕܥ: ܡܛܠ ܕܠܐ ܫܘܐ ܗܘܐ ܠܗ
ܠܐܠܗܐ. ܘܡܛܠ ܕܒܠܫܢܐ ܝܘܢܝܐ ܠܐ ܡܬܦܫܩܐ ܠܗ ܒܗ ܒܡܠܬܐ
ܘܡܒܥ ܠܐܠܗܐ ܗܘ ܕܡܢܐ ܗܘܐ ܡܠܘܗܝ ܐܝܟ ܕܐܬܚܙܝ ܠܐ
ܡܬܡܨܝܢܘܬܐ ܒܚܝܠ ܢܦܫ. ܐܝܬܘ ܕܝܢ ܒܟܬܒܐ ܕܐܘܪܗܝ ܡܬܢܝܢ
ܘܚܕ ܗܘܐ ܒܗ ܢܘܚܡܐ. ܘܐܝܬ ܗܟܢ ܐܝܟ ܕܡܫܡܫܢܘܬܐ
ܐܦ ܕܩܫܝܫܘܬܐ ܒܡܬܪܓܡܢܐ ܗܘ ܕܒܝܕܗ. ܟܬܒܘܢ ܕܝܢ
ܡܬܚܫܒܝܢ ܗܘܘ ܒܡܫܡܫܢܘܬܐ ܘܢܘܚܡܐ: ܘܫܦܝܪܐܝܬ ܡܫܠܡ
ܡܢܗ ܗܘ ܢܗܝܪܐ ܕܐܠܗܐ ܀

ܟܬܒܝܢ ܐܦ ܒܗ ܒܬܫܥܝܬܐ ܕܐܢܫܝܢ ܐܘܪܗܝ ܡܛܠ ܕܒܝܘܡܝ
ܗܘ ܠܒܐ ܐܪܡܝܐ. ܘܐܬܟܢܫܘ ܗܘܘ ܠܐܘܪܗܝ ܡܢ ܢܗܝܪܐ
ܕܐܠܗܐ: ܐܝܟ ܕܢܩܦܘܢ ܠܟܘܪܝܐ. ܘܢܗܘܘܢ ܠܗ ܬܠܡܝܕܐ ܘܢܗܘܐ
ܗܘ ܕܒܝܕܗ. ܕܐܬܐ ܠܐܘܪܗܝ ܡܕܝܢܬܐ. ܘܟܕ ܡܛܠ ܒܣܝܣܬܐ

ܦܠܩܝܕܐ ܒܗ ܕܫܡܐ ܚܕ ܐܪܬܡܝܐ ܘܒܫܡܗ ܫܘܠܐ ܕܛܒܝܐ.
ܘܝܗܒ ܒܝܬܗܘܢ ܛܘܒܐ ܐܝܟ ܦܘܩܕܢܐ ܕܡܪܗ. ܚܕ ܕܝܢ ܡܢ
ܛܒܝܐ ܡܢܗܘܢ ܠܛܘܪܐ ܒܠܠ ܦܓܪܗ: ܗܘ ܕܝܢ ܠܐ ܫܒܩܗ.
ܟܕ ܕܝܢ ܒܬܪ ܩܠܝܠ ܐܬܚܙܝ ܠܗ ܒܝܬ ܬܚܘܡܐ ܒܥܠܡܐ ܘܡܬܒܢܝܐ
ܗܘܐ ܒܗ ܠܛܘܪܐ. ܛܒܝܐ ܕܝܢ ܗܘ ܕܡܬܛܥܐ ܝܗܒ ܗܘܐ
ܩܠܐ ܟܐܦܐ ܚܕܐ. ܘܐܬܚܙܝ ܐܝܟ ܡܢ ܐܣܛܝܡܐ ܕܡܠܐܟܐ
ܘܢܦܩ ܒܩܠܐ. ܗܘ ܕܝܢ ܦܩܕ ܠܗܘܢ ܕܢܛܪܘܢ ܠܛܒܝܐ ܘܐܬܚܢܢ
ܠܘܬܗ ܡܢ ܐܦܝܐ ܕܡܫܝܚܐ ܒܫܡܐ ܚܕ ܕܢܒܪ ܒܥܡܐ ܗܘ
ܘܡܫܬܒܚ ܗܘ ܕܒܥܡܗ. ܘܢܦܠܘ ܗܘܘ ܟܠܗܘܢ ܒܠܐ ܪܘܚܐ
ܕܛܒܝܐ ܘܡܬܩܝܡܝܢ ܗܘܘ ܒܗ ܕܢܦܘܩܘܢ ܒܫܡܗܘܢ. ܘܗܕܐ
ܕܡܠܟ ܘܚܙܐ. ܠܡܫܝܚܐ ܩܒܠ ܘܦܠܚ ܠܗܘܢ ܕܢܦܫܗܘܢ ܡܢ
ܠܥܠܡܐ. ܘܗܕܐ ܕܐܬܚܙܝ ܐܝܟ ܠܟܠ ܫܒܩܗ ܘܢܦܠ ܘܒܟܐ
ܩܕܡܘܗܝ ܘܐܫܟܚܗ. ܘܡܢ ܗܝܕܝܢ ܩܒܠܘܗܝ ܡܕܥܡ ܡܫܝܚܝܘܬܐ
ܘܥܡܕܐ ܗܘܐ ܡܢ ܐܦܝܣܩܘܦܐ ܘܫܡܗ ܐܬܩܪܝ ܠܐܘܣܛܐܬܝ
ܡܫܝܚܝܐ:·

ܘܟܕ ܒܠܗ ܒܚܠܡܐ ܐܝܟܢܐ ܕܝܢ ܠܡܠܟܐ ܐܘܣܛܐܬܝܘܣ. ܘܟܕ ܚܙܝܗ
ܕܡܪܝ ܠܟܠܗܘܢ ܥܒܕܐ ܗܘܐ: ܕܢܬܚܙܐ ܠܗ ܕܝܢ ܕܡܪܝ:
ܐܡܪܐ ܕܗܘ ܐܡܪ: ܘܗܘ ܐܘܣܛܐܬܝܘܣ ܕܐܬܚܙܝ ܘܕܡܠܟܐ ܘܡܪܩܠܐ
ܘܡܪܝܐ ܕܐܬܚܙܝ. ܗܢܝܢ ܗܘ ܠܛܘܪܐ: ܟܕ ܚܙܐ ܐܝܟ ܠܐܘܣܛܐܬܝܘܣ
ܗܘܝܢ ܘܛܥܝܗ ܠܟܠܗ ܡܠܟܘܬܐ ܕܟܠܗܘܢ ܛܒܝܐ: ܕܢܦܠܘ
ܕܟܠܗ ܐܬܚܙܝ ܒܝܬܐ ܒܚܠܡܐ ܟܢܫܐ ܒܢܝܐ ܩܠܝܠ ܕܟܠܗܘܢ
ܡܫܝܚܝܘܬܐ. ܘܐܬܪܝܡ ܠܡܫܝܚܘܬܗܘܢ ܟܕ ܒܪܢܫܐ ܕܐܘܣܛܐܬܝܘܣ
ܡܬܚܙܐ ܗܘܐ. ܚܙܐ ܗܘܐ ܒܗ ܠܟܠܡܐ ܕܡܫܝܚܐ ܗܘܐ ܒܗܘܢ
ܒܝܬ ܩܠܝܠ ܕܫܘܒܚܐ ܕܟܠܗܘܢ ܕܡܬܚܙܝ ܘܡܠܐ. ܦܠܛܘܢ
ܕܐܘܣܛܐܬܝܘܣ ܒܪܗ ܕܒܪ ܕܡܪܝ ܗܘܐ ܦܠܝܛ ܠܡܫܝܚܝܘܬܐ

ܕܝܢ ܡܠܟܘܗܝ ܠܪܗܘܡܝܐ ܘܐܚܘܗܝ ܠܦܘܢܝܐ ܗܘܬܢܝܬܐ. ܥܡܠܝܢܐ ܗܘܐ ܠܩܘܣܛܢܛܝܢ ܘܢܨܚ ܗܘܐ ܠܗܘܢ ܠܐܓܘܢܐ. ܗܘ ܕܝܢ ܩܣܛܘܢܐ ܕܝܢ ܚܕܐ ܕܫܢܐ ܒܐܬܪܐ ܠܡܚܢܘܬܐ ܒܥܒܕܐ ܩܠܝܠ ܗܘܝܢ: ܗܘܝܢ ܢܗܘܐ ܒܗ ܗܘ ܡܚܝܠܘܬܐ ܕܩܠܝܠ ܘܩܫܝܬܐ ܘܢܝܚܘ ܒܗܘܢ ܕܝܥܒܐ ܐܒܗܬܐ ܘܡܪܕ ܠܩܘܣܛܢܛܝܢܘܣ ܐܚܘܗܝ ܚܝܠܐ ܗܘܬܢܐ ܘܡܚܝܠܘܬܐ. ܗܘܝܘ ܕܝܢ ܗܘܐ ܡܕܡܝܐ ܗܘܐ ܡܫܪܝܢ ܠܗܘܢ ܐܦ ܗܘܐ ܠܒܐܬܪܐ ܕܫܘܪܐ ܕܝܪܬܐ. ܟܕ ܕܝܢ ܒܪܘܚܛܘܢܐܝܬ ܠܟܘܠܗ ܢܨܚܬܐ ܕܝܘܢܝܐ ✠

ܘܥܡ ܫܪܟܐ ܐܪܒܥ ܫܢܝܢ ܡܠܟܐ ܠܩܘܣܛܢܛܝܢܘܣ ܫܠܛܘ ܐܘܦ ܡܩܒܠܢܐ ܕܡܢܗ: ܐܚܝܐ ܕܝܠܗ ܦܘܠܘܣ ܐܦܝܣܩܘܦܐ ܘܐܡܪ ܠܗܘܢ. ܒܪܗ ܕܝܢ ܕܡܠܟܐ ܐܢܬܘܢ ܠܐܒܘܗܘܢ: ܩܣܛܢܛܝܢ ܐܢܬܘܢ ܠܡܣܝܒܪܐ ܡܫܪܝܢܐ ܕܒܥܝܬ ܘܩܝܡܬܐ. ܘܐܦ ܠܡܫܪܐ ܕܐܠܗܐ ܐܡܪ ܠܗܘܢ. ܠܡܠܟܘܬܗ ܕܩܣܛܢܛܝܢ: ܘܐܦ ܟܕ ܢܦܩܘ ܦܠܛܐ: ܐܢܬܘܢ ܠܐ ܐܫܬܡܥܬܘܢ. ܘܟܕ ܐܙܠܘ ܠܘܬܗ ܠܡܕܝܢܬܐ: ܫܡܥ ܗܘ ܡܫܪܝܐ. ܘܟܕ ܚܙܐ ܐܢܘܢ ܕܡܬܚܝܠܝܢ ܩܘܡܬܗ: ܟܕ ܒܥܐ ܗܘܐ ܠܡܫܪܝܘ ܗܢܝܢ ܟܢܘܫܝܐ. ܘܟܕ ܗܘܐ ܠܩܘܡܐ ܘܐܝܟ ܗܘܐ ܒܚܝܠܐ: ܘܠܗܠ ܗܘܐ ܢܦܩܘ. ܗܘܐ ܟܕ ܗܘܐ ܩܛܠ ܕܢܦܠ ܗܘܐ ܡܢ ܩܘܡܬܐ. ܘܟܕ ܫܡܥ ܒܢܘܗܝ: ܐܬܐܡܪ ܠܗܘܢ ܕܗܘܝܘ ܐܦܝܣܩ. ܗܘܝܘ ܕܝܢ ܢܦܩܘܗܝ ܦܠܛܐ ܕܒܢܝܗ ܠܗܐ ܒܩܘܣܛܢܛܝܢܘܣ. ܘܟܕ ܚܙܐ ܐܢܘܢ: ܐܬܟܢܫ ܘܐܡܪ ܠܗܘܢ. ܡܛܠ ܡܢܐ ܡܬܟܢܫܝܢ. ܗܘܝܘ ܕܝܢ ܐܡܪܘ: ܐܘ ܐܒܘܢ ܡܛܠ ܕܐܬܚܙܝܬܘܢ ܠܡܕܝܢܬܐ ܕܦܠܛܐ ܗܘ: ܐܬܩܛܠ ܩܛܠܗ. ܗܘ ܕܝܢ ܐܡܪ ܠܗܘܢ: ܐܘ ܠܡܕܝܢܬܐ ܗܝܕܝܢ ܕܡܝܐ ܕܡܫܝܚܐ: ܘܒܠܚܘܕ ܠܐ ܫܡܥ ܒܗ: ܐܢܬܘܢ ܚܝܢ ܐܬܟܢܫܘ ܦܠܛܐ. ܗܘ ܕܝܢ ܚܙܝܐ ܗܘܐ ✠

ܗܘܐ ܒܗ ܕܝܢ ܒܠܗܘܒܐ ܡܫܒܚܢܐ ܐܝܟܐ ܠܥܢܘ̈ܝܐ ܘܡܣ̈ܟܢܐ:
ܡܢܗܘܢ ܚܕ ܒܥܠܐ ܢܚܬ̈ܝܐ: ܠܡܣ̈ܟܢܐ ܕܡܬܒܥܝܢ ܗܘܘ ܒܒܥܬܗ
ܕܐܝܬ ܐܢܫܐ. ܘܟܕ ܒܬܪ ܫܡܥ ܒܒܢ̈ܝ ܡܕܝܢܬܐ: ܟܕ ܫܒܪ
ܒܗܘܢ ܥܠܝܗܘܢ ܕܢܣܒܘܢ: ܡܛܠ ܕܐܬܐ ܡܦܩ ܗܘܐ ܒܗ
ܠܡܣ̈ܟܢܐ. ܐܦ ܐܦܝܣܩܘܦܐ ܩܫ̈ܝܫܐ ܘܐܢ̈ܫܐ ܙܕ̈ܝܩܐ ܕܐܬܐܡܪܘܢ
ܗܘܘ ܒܙܒܢܗ: ܐܦ ܒܒܢ̈ܝܗܘܢ ܩܕܡ ܡܕܝܢܬܐ. ܢܬܒܥ ܕܝܢ
ܒܙܒܢܗ ܐܦ ܢܩܦܘܬܐ: ܘܐܫܬܪܝ ܒܒܢ̈ܝܗ. ܘܐܫܬܪܝ ܠܘܬ ܥܠ
ܢܓܕܘܢ ܡܕܝܢܬܐ: ܐܦ ܥܠ ܚܕܐ ܢܩܦܘܗ ܐܦܝܣܩܘܦܐ
ܕܒܗ: ܐܝܟ ܕܗܘܐ ܒܗ ܡܬܕܒܪܢܐ. ܒܟܠ ܕܝܢ ܥܠ
ܡܩܕܫܢܘܬܗ ܡܒܥܠܐ ܙܒܢܐ ܐܦ ܥܠ ܩܫ̈ܝܫܐ ܐܚ̈ܪܢܐ.
ܩܫܝܫ ܕܝܢ ܒܥܠܡܐ ܕܢܦܩܐ. ܢܦܩ ܕܝܢ ܕܐܬܐ ܒܙܒܢܗ ܢܟܠܗ
ܩܫ̈ܝܫܐ ܘܐܫܬܪܝ ܒܒܢ̈ܝܗܘܢ. ܠܘܬ ܒܟܠ ܡܕܝܢܬܐ ܥܠ ܥܡܘܕܐ
ܘܢܣܒܐ ܕܐܬܩܒܠܗ ܗܘܐ ܒܠܦܘܬܗ܀

ܒܙܒܢܗ ܕܝܢ ܕܐܒܐ ܒܥܠܐ ܕܗܘܝܢܐ ܠܦܘܬܗ ܘܐܬܐܡܪܐ ܡܕܝܢܬܐ.
ܘܠܐ ܐܢܫ ܢܩܫ ܗܘܐ ܠܡܫܬܡܠܝܘ: ܕܫܒܩ ܘܐܬܚܙܝ ܠܡܫܒܩ
ܒܪܘܚܐ ܕܡܕܝܢܬܐ. ܘܫܒܩܗ ܒܠܚܘܕ ܕܐܬܐ ܗܘܐ ܒܥܠ ܡܢ
ܡܕܝܢܬܐ: ܕܐܬܐ ܗܘܐ ܒܗ ܠܡܣܟܢܐ ܩܫ̈ܝܫܐ ܕܒܝܬ ܡܠܟܐ
ܕܟܪ̈ܝܗܐ ܘܕܝܢ̈ܐ. ܕܪܫܗ ܕܝܢ ܠܡܣ̈ܟܢܐ ܕܒܗܘܢ: ܘܡܫܒܩܘܢ
ܒܪܫܗ: ܘܡܫܒܩܘܢ ܕܒܪܗ ܒܫܒܪܐ. ܟܠܗ ܕܝܢ ܥܠ ܗܘܒܝܢ
ܒܢܝ ܡܠܟܐ ܘܢܒܥܘܗ ܠܡܣܟܢܘܬܗܘܢ ܕܒܟܘܬܗ ܕܪܫܗ: ܐܢܫ ܗܘܘܢ
ܡܢܗܘܢ ܕܡܬܒܥܝܢ ܗܘܘ ܒܟܠܗ. ܘܠܐ ܫܒܩܗ ܩܕܡ ܒܒܪ ܡܢ
ܡܕܝܢܬܐ ܕܠܐ ܢܫܬܟܚܘܢ. ܗܢܘܢ ܗܘܐ ܡܢܚܐ ܚܕܐ ܐܦܝܢ
ܐܫܬܪܝ ܥܠ ܟܠ ܚܕܐ ܕܫܒܩܗ ܗܘܝܢ ܢܣܚܬܐ܀

ܦܢܐ ܕܝܢ ܒܢܝܢܐ ܗܘܐ ܡܢܫܐ ܒܝܬܐ ܠܒܢܝܗ ܕܟܠܗܘܢ
ܕܡܠܟܐ. ܘܒܗ ܠܒܢܝܗ ܕܡܢܫܐ ܐܬܐ ܗܘܐ ܗܘܐ ܕܡܠܟܐ. ܘܡܢ

ܥܠܬ ܕܪܕܦ ܠܥܠܡܘܗܝ ܐ̈ܢܫ ܒܡܘܬܐ ܣܓܝܐܐ ܘܥܠܡܘܗܝ
ܡܬܚܒܠܗܘܢ: ܐܠܐ ܗܘܐ ܠܐܘܪܗܝ ܗܘ ܗܘܐ ܦܢܝܬܐ ܣܘܡܝܬ
ܒܪܗܐ ܐܦܝܣܩܘܦܐ ܕܝܠܗ ܕܡܕܝܢܬܐ ܘܫܪܐ ܒܒܪ ܡܢ ܡܕܝܢܬܐ
ܕܚܝܠܐ ܚܝ. ܘܐܠܨ ܒܗܘܢ ܒܒܢ̈ܝ ܡܕܝܢܬܐ: ܕܢܦܩܘܢ ܒܬܪܗ
ܘܢܦܩܘ ܥܡܗ ܟܠܗܘܢ. ܗܠܝܢ ܕܝܢ ܕܒܢ̈ܝ ܡܕܝܢܬܐ ܦܚܠܝܢ
ܗ̈ܘܘ ܒܡܘܬܢܐ ܐܦܠ ܕܠܐܘܪܚܐ ܡܚܝܠܐ ܘܒܗ ܐܒܕܝܢ ܗܘܘ
ܕܟܘܬܐ ܡܢ ܐܦܠ ܕܒܟܘܢ. ܘܟܕ ܐܘܚܪܘ ܘܠܐ ܢܦܩܘ: ܦܩܕ
ܚܕ ܡܢ ܐ̈ܢܫ ܚܝܠܐ ܕܒܗ: ܕܢܟܘܠ ܘܢܩܛܘܠ ܐܢܘܢ. ܗܘ
ܕܝܢ ܡܩܛܠܐ ܕܡܬܚܝܠ ܗܘܐ: ܐܠܨ ܒܗܘܢ ܕܢܦܩܘܢ. ܗܢܘܢ
ܕܝܢ ܩܛܠܘܗܝ: ܟܕ ܒܝܬܘܬܐ ܡܣܡܝܢ ܗܘܘ ܣܝܦܬܐ
ܡܠܚܝܬܐ. ܘܥܠܬܐ ܗܘܬ ܫܪܪܐ ܒܥܠܡܘܗܝ. ܘܟܕ ܒܬܪ
ܗܘܐ ܚܕ ܡܢ ܫܘ̈ܩܐ ܕܡܕܝܢܬܐ: ܗܐ ܐܢܬܬܐ ܚܕܐ ܡܗܝܡܢܬܐ
ܕܒܪܐ ܗܘܬ ܥܠܬܝܢ ܒܢ̈ܝܗ ܘܪܗܛܐ ܗܘܬ ܒܥܘܒܠܐ. ܘܟܕ
ܐܬܠܗ ܠܗܝܠ: ܦܩܕܗ ܒܬܪܗ ܕܢܣܒܘܗ ܘܒܒܪܬܐ ܕܠܐ
ܡܕܡ. ܗܘ ܕܝܢ ܟܕ ܚܙܐ ܠܗܘܢ ܘܦܩܕ ܕܢܠܐܘܢ. ܘܟܕ ܐܬܐ
ܐܡܪ ܠܗ̇: ܠܐܝܟܐ ܐܙܠܐ ܐܢܬܝ. ܗܝ ܕܝܢ ܐܡܪܐ ܠܗ: ܕܢܦܩܬ
ܠܗ ܥܠܐ ܡܛܠ ܘܢܚܠ ܕܐܬܟܪܝ ܥܠܐ ܕܢܦܩܘܢ ܕܐܬܘܬ:
ܘܐܙܠܐ ܐܢܐ ܕܐܬܩܛܠ ܥܡܗܘܢ. ܗܘ ܕܝܢ ܐܡܪ ܠܗ̇: ܘܗܘܝܢ
ܛܠܝ̈ܐ ܕܐܝܟ ܒܥܘܒܝ ܒܟܢ̈ܦܝ ܐܝܢ. ܗܝ ܕܝܢ ܐܡܪܐ ܒܢ̈ܝ ܐܝܢ:
ܘܐܦ ܗܢܘܢ ܢܦܩܝܢ ܕܢܗܘܐ ܡܘܬܐ ܒܚܪܒܐ. ܗܘ ܕܝܢ ܠܡܘܬܗ
ܥܠ ܢܦܫܗ ܣܘܦܗ ܕܥܡܐ ܕܡܘܬܐ ܘܡܠܟ ܐܘܪܚ
ܗܘܐ ܒܡܥܠܝܐ: ܘܐܦ ܗܘ ܐܬܪܟܢ. ܘܡܢ ܥܠܬܐ ܢܦܩܘ ܥܡ
ܦܩܕ ܕܢܚܘܘܢ: ܘܟܕ ܚܙܐ ܐܦܝܣܩܘܦܐ: ܫܪܝܘ ܒܢܝܚܐ ܛܝܒܐ
ܘܒܫܘܒܚܐ ܕܝܠܗ ܘܐܫܬܠܛܘ ܘܐܬܘ ܒܫܠܡܐ. ܘܗܘܘ ܟܕ
ܗܝܡܢܘܬܗ ܕܡܕܝܢܬܐ ܐܬܦܪܩܬ ܡܢ ܡܘܬܐ܀

ܗܘ ܕܝܢ ܛܘܒܢܐ ܟܕ ܚܙܐ ܗܠܝܢ: ܐܡܠܟ ܒܠܒܗ ܟܕ
ܐܡܪ:[1] ܒܐܘܪܚܐ ܕܟܐܢܐ ܕܦܬܝܚܝܢ: ܢܦܩܬ ܐܘܪܚܬܟ ܟܕ ܢܦܩܬ:
ܟܡ ܕܚܝܠ ܠܢܦܫܐ ܕܐܬܛܘܒܬ: ܘܠܐ ܐܬܢܟܦ ܗܝܡܢܘܬܗ܀
ܡܕܝܢܬܐ ܩܘܪܝܐ ܘܒܝܫܬܐ: ܘܥܕܬܐ ܒܡܕܒܪܐ ܢܛܝܪܘܬܟܘܢ: ܡܕܝܢܬܐ
ܘܡܘܬܐ ܢܥܒܕܘܢ: ܘܠܐ ܢܬܢܟܦ ܗܝܡܢܘܬܝ܀ ܐܘܪܚܬܟ ܡܕܝܢܬܐ
ܢܪܕܘܦܢܝ: ܡܕܝܢܬܐ ܗܘܬ ܘܟܘܡܪܐ: ܠܡܫܡܫܘ ܠܟܠܗ ܕܪܚܡܬܐ܀
ܐܝܣܪ[2] ܢܬܪܝܡ ܗܝܡܢܘܬܐ: ܐܦܢ ܩܘܡܬܐ ܐܝܟ ܟܠܐ: ܘܬܩܦܗ
ܢܘܟܪܐ ܡܘܬܪ ܟܠܐ܀ ܡܫܝܚܐ ܢܛܪ ܒܡܫܬܘܕܥܘܬܗ: ܐܘܪܚܬܟ
ܪܥܝܢܗ ܩܘܒܠܘܬܗ: ܘܥܡ ܦܘܪܥܢܗ ܡܘܒܕܢܗ܀ ܡܕܝܢܬܐ ܡܪܝܐ
ܢܚܬܝܗ: ܡܕܝܢܬܐ ܕܐܬܬܢܝܗ ܠܒܝܬܐ: ܕܗܘ ܐܘܪܚܬܟ ܕܢܚܡܬܐ܀

ܟܕ ܕܝܢ ܚܙܐ ܠܡܕܝܢܬܐ ܕܡܫܝܚܐ: ܕܕܝܠܗ ܡܢܗ ܠܟܠܗܘܢ ܐܪ̈ܐܬܡܐ: ܘܚܙܐ ܗܘܐ ܗܝܡܢܘܬܐ ܥܝܪܬܐ: ܢܦܩ ܒܛܘܪܐ ܘܫܒܩ ܢܦܫܗ ܐܝܟ ܕܐܝܬ ܗܘܐ ܡܛܝܒ܀

ܗܘ ܕܝܢ ܡܪܝܐ ܡܪܢ ܐܠܗܢ: ܡܢ ܟܕ ܥܒܕ ܗܘܐ ܟܪܝܗܘܬܐ ܟܪܝܐ ܠܡܬܠܒܢܐ ܕܢܦܘܩ: ܠܐ ܐܡܠܟ ܠܡܫܪܐ ܐܠܐ ܠܝ ܕܡܥܢܝܐ ܘܡܪܐ ܟܪܝܗ ܙܒܢ ܘܬܪܬܝܢ. ܡܫܚ ܕܝܢ ܐܠܗܘܬܗ ܗܘܬ ܡܢܢ. ܫܡܥ ܗܘܐ ܕܝܢ ܦܫܝܬܐ ܟܠܐ ܕܡܘܕܥܢܘܬܗ ܐܝܟ ܚܪܫܐ ܕܦܫܝܬܐ. ܘܡܠܐܟܐ ܐܬܚܙܝ ܗܘܐ ܡܢ ܫܡܝܐ ܡܟܪܝܬܐ ܚܕܐ ܕܡܡܠܠܐ. ܟܡܘܡܠܝܗ ܕܝܢ ܐܠܗܘܬܗ ܗܘܐ ܟܕ ܗܘܐ: ܚܙܘܗ ܕܝܢ ܡܫܡܫ ܗܘܐ ܟܠܗܘܢ: ܘܠܐ ܡܬܠܒܢܐ ܗܘܐ ܠܦܘܠܚܢܐ ܟܠ ܟܠܗ. ܘܐܬܠܗܘܬܗ ܡܪܚܐ ܘܫܡܥܐ܀

ܟܕ ܚܙܐ ܗܘܐ ܗܘܐ ܡܪܝܐ ܚܝܠܐ ܢܦܫܐ: ܘܟܠܗ ܕܪܚܡ ܗܘܐ ܠܗܘܢ ܡܟܝܠ ܗܘܐ: ܠܥܠܝܡܐ ܟܕ ܢܦܩܘ ܠܡܫܡܫ ܡܢ

[1]) Strophen von 44 33 33 Versen zu je 7 Silben. [2]) l. 'sâr.

ܡܛܠܬܗ ܡܛܠܠ ܗܘܐ ܠܟܠܬܐ. ܟܕ ܓܝܪ ܚܡܝܡܐ ܫܡܫܐ
ܗܘܐ ܥܠ ܐܘܪܚܐ. ܘܟܕ ܢܦܩ ܥܠ ܟܢܫܐ ܕܐܢܫܘܬܐ ܕܐܟܝܢ ܗܘܐ:
ܐܡܪ ܠܘܬ ܗܢܘܢ ܕܐܝܟ ܗܘܐ ܒܗܘܢ ܒܟܘܪܐ ܒܥܘܪܬܐ: ܘܚܙܐ
ܗܘܐ ܕܐܬܚܙܝܘ ܗܢܘܢ ܕܠܐ ܣܘܟܠܬܢܘܬܐ: ܒܥܡܠܐ ܠܐܠܗܐ ܠܐ
ܡܬܝܢ ܐܢܬܘܢ ܥܠ ܒܒܟܘܢ ܡܪܚܡܢܘܬܗ ܕܐܠܗܐ: ܐܠܐ
ܒܐܘܪܚܟܘܢ ܡܬܬܪܘܢ ܒܡܣܬܟܠܢܘܬܐ ܘܒܚܘܒܐ ܕܢܦܫܟܘܢ.
ܘܗܢܘܢ ܕܝܢ ܫܡܥܘ ܐܬܡܟܟܘ ܘܐܡܪܘ ܠܗ: ܠܟܬ ܠܡ ܐܝܟ
ܕܢܫܬܡܥܘܢ ܥܠ ܦܘܪܫܢܐ ܕܐܠܗܐ ܕܗܘܐ ܡܢܟܝ ܡܢ
ܥܒܕܐ: ܡܛܠܗܘܢ ܓܝܪ ܒܢܝܢܫܐ ܢܟܠܝܢ ܘܡܬܢܟܠܝܢ ܥܠ
ܫܘܒܩܢܐ ܗܢܐ. ܘܟܕ ܫܡܥ ܡܕܡ ܐܡܪ ܠܗܘܢ: ܕܗܐ
ܡܬܬܠܟܝܢ ܦܪܫ ܐܢܐ ܢܦܫܝ ܠܒܠܗܘܢ ܐܫܬܘܕܥܬܐ.
ܗܘܐ ܠܗ ܕܝܢ ܒܥܠܬܐ ܘܡܥܒܕܢܐ ܘܢܘܚܐ ܠܗ ܒܫܦܐ
ܫܦܝܪܐ. ܘܫܪܝ ܗܘܐ ܠܡܫܟܢ ܕܘܟܬܐ ܐܝܟ ܕܬܬܒܢܐ
ܒܫܦܝܐ. ܘܙܕܩ ܘܒܥܐ ܒܪܫܢܬܐ ܐܠܗܐ ܩܠܐ: ܡܢܗܘܢ
ܠܡܫܦܪ ܐܝܟ ܕܒܢܝ: ܡܢܗܘܢ ܠܒܢܝܐ ܕܐܝܟ ܕܡܫܚ
ܗܘܐ ܒܗܘܢ ܫܦܪܐ ܕܢܬܐ. ܘܐܝܟ ܗܢܘܢ ܕܐܬܐ ܠܒܪ ܒܫܘܪܐ
ܘܐܬܩܪܝ ܗܘܘ ܒܓܘܒܐ ܐܝܟ ܦܪܫܐ ܐܢܘܢ. ܘܒܬܪܗܘܢ
ܐܫܬܡܠܝܬ ܫܘܬܦܘܬܐ ܡܫܬܠܐ ܗܘܐ ܠܘܬܗܘܢ ܡܢ ܟܠ
ܕܡܬܚܙܐ ܗܘܐ ܠܗ ܒܝ ܙܘܓ ܒܝܬ ܐܢܫܐ ܐܝܟ ܕܗܘܐ
ܡܫܡܫܘܢ ܥܠ ܫܘܒܩܢܐ. ܟܕ ܕܝܢ ܐܫܬܡܠܝܬ ܫܢܬܐ ܗܢܐ
ܕܫܒܐ: ܒܬܪܗ ܗܘܬ ܐܣܬܟܠܬ ܕܫܒܩܐ: ܘܒܠܝܟ ܡܫܒܐ ܗܘܐ
ܠܒܝܬܗ: ܗܢܝܢ ܗܘ ܛܘܒܐ ܕܐܟܙܢܐ ܠܟܠܟܠܗ ܘܒܬܪ
ܙܒܢܐ ܚܕ ܗܠܝܢ ܫܬܘܗܝ: ܟܕ ܚܘܪ ܠܗ ܐܠܗܐ ܟܠܒܐ
ܗܘܐ ܕܒܢܐ ܢܬܒܠܠ ܒܫܘܠܡܐ ܕܫܢܘܩܐ. ܟܕ ܕܝܢ ܒܫܘܡܠ
ܕܒܘܠܝܗ ܐܬܦܫܛ ܒܠܝܗ ܡܢ ܕܢܝܐ ܘܐܦ ܡܢ ܕܘܟܝܬܐ ܐܫܬܢܝܬ:

ܐܬܠܘܝ ܒܐܝܩܪܐ ܪܒܐ ܘܒܚܘܒܐ ܣܓܝܐܐ. ܐܬܬܣܝܡ ܕܝܢ
ܒܩܘܡܝܛܪܝܘܢ: ܐܝܟ ܕܡܬܬܣܝܡܝܢ ܐܟܣܢܝ̈ܐ. ܗܘܝܐ ܓܝܪ
ܩܕܡ: ܕܡܢ ܡܢ ܒܢܝ̈ܢܫܐ ܠܐ ܢܬܬܣܝܡ ܒܓܘܗ ܫܦܝܪ ܡܢ
ܩܘܠܣܗ: ܐܠܐ ܐܝܟ ܕܡܬܬܣܝܡܝܢ ܐܟܣܢܝ̈ܐ ܢܬܬܣܝܡ. ܘܡܢ
ܕܐܬܬܣܝܡ ܡܟܝܠ ܙܒܢܐ: ܐܦܩܘܗܝ ܒܢ̈ܝ ܡܕܝܢܬܐ ܘܣܡܘܗܝ
ܒܡܩܒܪܬܐ: ܐܝܟ ܕܐܦܣܩܘ̈ܦܐ ܕܡܕܝܢܬܐ ܣܡܝܢ ܗܘܘ. ܘܗܘܐ
ܡܬܝܩܪ ܘܡܫܬܒܚ ܡܢ ܟܠܗܘܢ ܒܢ̈ܝܢܫܐ ܕܐܬܪܐ܀

ܫܠܡܬ ܬܫܥܝܬܐ ܕܡܪܝ ܐܦܪܝܡ
ܢܗܘܐ ܙܟܘܬܗ ܥܡܢ.

V.

Aus der Geschichte der Märtyrer von Karchâ de Bêṯ Sᵉlôch.

ܬܘܒ ܡܢ ܬܫܥܝܬܐ ܕܟܪܟܐ ܕܒܝܬ ܣܠܘܟ
ܘܕܣܗ̈ܕܐ ܕܒܗ.

ܗܘ ܗܢܐ ܟܪܟܐ ܪܒܐ ܒܫܘܦܬܐ ܡܢ ܕܐܬܒܢܝ: ܒܝ̈ܘܡܝ ܠܡܠܟܘܬܐ ܕܐܬܘܪܝܐ ܩܕ̈ܡܝܐ: ܐܕܪ, ܘܡܟܐܪ, ܗܘܠܝܢ ܕܐܫܬܕܪܘ ܡܢ ܪܘܚܐ ܕܩܘܕܫܐ ܠܒܪܘܪܘܬܐ ܕܐܬ̈ܪܝܢ. ܘܟܕ ܟܠܗ ܠܟܪܟܐ: ܐܬܩܒܠ ܡܢ ܒܒܪܐ ܕܫܡܗ ܝܘܣܦ. ܘܟܕ ܐܬܬܠܒܕ ܘܒܛܠ ܡܠܟܘܬܗܘܢ: ܒܬܪ ܚܪܒܬܐ ܗ̇ܝ ܕܗܘܬ ܕܡܕܝܢܬܐ ܕܒܝܬ ܣܠܘܟ ܡܬܩܪܝܐ. ܘܡܢ ܗܝܕܝܢ ܫܘܚ ܙܒܢܐ ܕܡܣܚܢܘܬܐ ܕܡܫܝܚܐ ܒܟܪܟܐ. ܘܣܓܝ̈ܐܐ ܡܢܗܘܢ ܡܟܠܗ ܡܬܒܥܕܝܢܘܬܐ. ܘܗܘܘ ܒܬܫܠܝܚܐ ܫܪܝܪܐ. ܘܡܢ ܒܝܘܡܝ ܕܟܠܝ ܡܠܟܐ ܘܒܗ ܠܚܡܝܢ ܫܢܝܢ ܕܫܘܪ ܒܪ ܐܪܕܫܝܪ. ܕܗ̈ܘܝܢ ܫܢ̈ܝܐ ܬܫܥܝܢ. ܫܠܝܐ ܗܘܬ

D*

ܒܪܚܬܐ ܒܪܒܐ ܘܠܝܬ ܒܗ ܙܢܝܐ. ܘܒܝܬ ܒܢܝܗ
ܕܫܐܒܘܪ: ܡܐܢ ܡܐܢܐ ܕܠܗ ܒܫܢܬܐ: ܫܢܐ
ܡܪܬܗ ܗܦܟܬܐ. ܘܐܬܒܢܝܬ ܙܢܝܐ ܬܪ̈ܝܢ ܕܫܡܗܝܗܘܢ
ܐܕܝ، ܘܒܒܢܝܢܐ ܒܢܘܗܝ، ܕܒܢܝܐ. ܒܢܝܢܗ ܕܝܢ ܕܐܪܕܘܢ
ܡܠܟܐ ܕܐܪ̈ܡܢܝܐ ܘܒܡܠܟܘܬܗ ܕܗܕܪܝܢܘܣ ܩܝܣܪ.
ܒܗ ܙܒܢܐ ܚܕܝܢ ܟܠ ܚ̈ܕܬܐ ܒܦܢܝܬܐ ܕܡܕܝܢܬܐ:
ܕܒ̈ܝܬܐ ܘܡܕܒܪ̈ܢܐ ܕܗܘܢ ܒܪܘܡܝܐ ܠܐܬܪܐ
ܕܡܕܝܢܬܐ ܐܬܘ. ܘܠܒܪܟܐ ܪܒܐ ܘܡܕܒܪܢܐ ܡܢܝ
ܗܘܐ ܒܪܒܐ ܐܠܗܐ. ܕܫܡܗ ܗܘܐ ܐܦܝܣܩܘܦܐ.
ܐܦܝܣܩܘܦܐ ܒܪܒܐ ܗܘܐ ܘܬܪܝܢܐ ܠܗ ܐܬܝܗܒ:
ܡܛܠ ܕܡܦܪܣܠܛܘܬܐ ܡܢ ܥܠ̈ܝܡܐ ܡܢ ܒܪܘܫܐ
ܕܐܦܝܣܩܘܦܐ ܠܫܡܪܝܐ ܕܐܬܝܗܒܬ. ܘܬܪܝܢܐ ܐܦܝܣܩܘܦܐ.
ܘܬܠܬܝܐ ܕܠܫܡܗ. ܘܪܒܝܥܝܐ ܕܚܪܬ ܡܛܠ ܘܡܫܡܫܢܐ
ܕܕܪܐ. ܐܦܝܣܩܘܦܐ ܕܝܢ ܗܘ ܒܢܐ ܒܝܬܐ ܠܒܪܟܐ.
ܘܦܠܛ ܘܡܫܚ ܒܗ ܩܘܢܝܐ ܘܦܠܛܐ ܥܠ̈ܝܡܐ. ܗܢܘܢ
ܕܫܡܗܘܢ ܙܒܢܐ ܬܫܡܫܬܐ ܕܠܥܠܡ ܕܒܪܟܐ ܒܕܡܐ
ܠܗܫܐ. ܘܒܕܡܬܐ ܕܒܢܐ ܐܦܝܣܩܘܦܐ ܗ، ܗ، : ܕܢܚܬ
ܬܡܢ ܡܘܫܠ ܙܒܢܐ ܒܫܢܬܐ ܘܒܗܢܐ ܙܢܝܐ.
ܘܡܢ ܒܬܪ ܒܢܝܢܗ ܕܐܦܝܣܩܘܦܐ ܡܛܠ ܒܪܘܫܗ
ܒܒܢ ܫܢܝ. ܘܡܢܗ ܐܦܝܣܩܘܦܐ ܚܕ ܒܬܪ ܚܕ:
ܒܕܡܐ ܠܒܝܬܗ ܕܡܕܝܢܐ ܐܦܝܣܩܘܦܐ ܘܫܡܗܕܐ

ܚܝܠܐ. ܘܒܝܘܡܬܗ ܕܗܢܝܐ: ܗܘܐ ܪܘܓܙܐ ܥܠ
ܪ̈ܗܘܡܝܐ: ܘܐܬܬܒܪܬ ܒܝܬܐ. ܒܗ ܒܗܘܢ ܗܘܐ ܒܒ̈ܢܝ
ܪ̈ܒܢܐ ܐܬܚܙܝܬ ܡ̈ܪܕܘܬܐ. ܘܡܬܚܫܒܘܢ ܗܘܘ ܒܡܘܬ̈ܢܐ
ܕܒܝܬܐ ܕܡܫܝܚܝܘܬܗܘܢ. ܘܗܘܐ ܒܗ ܪܘܓܙܐ
ܡܪܝܐ: ܠܐ ܒܠܚܘܕ ܒܡܠܟܐ. ܐܠܐ ܒܒܝܬܐ ܕܡܠ̈ܟܐ.
ܘܒܐܘܪ̈ܚܐ ܘܒܫ̈ܘܩܐ ܕܡ̈ܕܝܢܬܐ. ܐܡܬܝ ܕܐܦ ܢ̈ܫܐ
ܒ̈ܢܬ ܚܐܪ̈ܐ: ܕܡܫܬܘܕܪ̈ܢ ܗܘ̈ܝ ܒܬܘܠܘܬܐ: ܕܐܬ̈ܝ
ܗܘ̈ܝ ܡܢ ܡܕܝܢܬ ܡܠܟܘܬܐ: ܡܛܠ ܒܠܬ ܪܘܓܙܐ
ܕܗܘܬ ܒܒܝܬܐ ܘܒܡ̈ܠܟܐ ܒܡܕܝܢܬ. ܐܬܐܟܠ
ܡ̈ܐܢܝܗܘܢ ܡܢ ܦܝܚ ܥܠܬ. ܡܢ ܐܢܫܐ ܡ̈ܫܝܚܝܐ ܕܐܝܬ
ܗܘܘ ܒܗ ܒܡܕܝܢܬܐ ܘܦܢܝ ܗܘ ܚܙܘܢܐ ܕܠܒܪ
ܡܢ ܡܕܝܢܬܐ ܒܪ̈ܚܘܒܬܐ ܕܡܬܦܪܫܐ ܚܘܪܐ ܠܡܩܛܠ.
ܘܟܬܪ ܒܥܠܠܗܝܢ ܕܡܣܬܟܠܢܐ: ܒܪ̈ܚܘܒܬܐ ܗܝ، ܕܒܗ
ܐܬܥܠܠܬ. ܡܢ ܕܗܘܝܢ ܡܚܬ ܬܐܬܝܢ. ܘܗܘܬ
ܠܐܘܦܬܐ ܠܟܠܗܝܢ ܕܒܗ ܐܬܚܙܝܬ. ܡ̈ܫܝܚܝܐ ܕܝܢ
ܒܪ ܚܘ ܬܕܡܘܪܬܐ ܕܐܬܚܙܝܬ ܠܗ ܠܐܬܬܐ
ܦܪܨܘܦܗ. ܘܠܒܘܫܗ ܗܘ، ܐܟܡܢܐ ܕܝܪܐ. ܐܠܐ
ܕܝܢ ܕܠܬܚܬܝܗ، ܠܐ ܫܒܩ ܕܢܬܬܚܙܐ ܡܢ
ܒܠܒ̈ܒܐ. ܐܦܠܐ ܒܗܘܢ ܒܟܠܐ ܕܐܘܪܚܐ ܕܡܫܝܚ
ܗܘܐ ܠܗܘܢ. ܒܙܒܢܐ ܕܫܘܦ ܘܫܘܪܒ ܡܢ ܡܕܝܢܬܐ
ܘܠܗ ܠܒܘܬܐ ܗܝ، ܕܐܬܚܙܝ ܒܗ ܡܕܝܢܬܐ:

ܐܬܘܗܝ، ܥܡܗ̇ ܒܝܬ ܬܐܬܐ ܒܕܡܐ ܠܝܘܒܠܐ.
ܘܗܡܢܐ ܒܒܝܬܐ ܒܝܬ ܒܘܣܡܐ ܠܟܠܗܘܢ ܡܗܝܡܢܐ.
ܘܟܕ ܥܢܐ ܠܥܢܐ ܡܢܐ ܕܡܫܬܟܠܝܢ ܒܗܘܕܝܐ ܕܗܘܡܐ
ܪܒܐ ܕܝܠܒܘܬܐ. ܘܫܠܡܝܢ ܠܒܝܬ ܫܡ̈ܪܐ ܪܒܐ
ܐܝܟ ܒܝܕܐ ܕܡܒܝܬܐ ܒܘܥܢܐ ܒܠܗ ܒܕܬܝܐ.
ܪܒܝܐ ܘܡܪܒܝܬܗ ܒܟܠ ܬܪ̈ܒܝܬܗ̇ ܘܝܠܒܐ
ܒܪܐܫܗܘܢ ܘܡܕܒܪܢܗܘܢ ܫܠܝܢ ܠܒܝܬ ܬܐܬܐ
ܒܘܝܐ ܫܒܐܝܐ ܒܡ ܬܫܒ̈ܘܚܬܐ ܘܩܠܝܐ ܡܕ̈ܢܚܐ
ܘܬܘܕ̈ܝܬܐ ܕܦܐܝܢ ܠܐܠܗܐ ܡܪܐ ܕܟܠ. ܠܒܗܬܬܐ
ܕܦܘܪ̈ܐ ܘܠܥܒܕܘܪܐ ܕܡܗ̈ܝܡܢܐ ܘܒܠܝܢ ܢܦܫ̈ܐ
ܢܫ̈ܡܐ ܘܢܘܢܐ ܘܦܘܪܘܢܐ ܐܡܝܢ܀ ܗܠܝܢ ܗܒܝܐ.
ܡܛܠ ܒܥܘܬܐ ܕܝܢ ܕܪ̈ܘܦܝܐ: ܐܢܫܐ ܘܒܘ̈ܪܝ،
ܒܡܒܝܢܐ ܡܢ ܒܪܟܐ ܒܡ ܪܒܝܐ ܒܝܪܐ ܘܟܬܒܪ ܣܠܩܐ
ܒܝܪܬܐ. ܕܟܠ ܟܬܒ ܒܪܟܐ: ܒܘܒܕܐ ܕܐܟܘܪܣܐ
ܣܝ ܕܣܝܓܐ ܡܬܡܪܐ. ܒܝܢܝܐ ܘܒܘܪܐ ܐܝܟ ܕܠܒܕܬܐ
ܒܕܪܘ ܘܦܘܕܢܐ ܡܠܟܝܐܝܬ ܬܘܡ ܥܠܝܢ ܗܘܘ. ܘܒܕ
ܐܪܟܒܘ ܗܘܘ ܫܦܝܐ ܠܒܢܝܐ ܒܐܬܠܝܠܝܐ ܘܪܝܐ:
ܠܬܘܡ ܐܘܠܐ ܒܠܗܘܢ، ܘܐܝܟ ܫܦܝܬܐ ܦܘܪܫܬܐ
ܕܠܐ ܪ̈ܫܡܐ ܐܫܬܢܝܘ ܒܗ. ܘܟܕ ܚܙܘ ܕܠܝ ܒܝܬܘܢ
ܠܐ ܥܠܡ ܘܠܐ ܡܫܠܡ ܥܕܪܐ ܒܒܕܘܒܬܐ:
ܪ̈ܒܗܘܢ، ܒܡܫܘܬܐ ܕܟܠ ܡܢ ܣܝܓܐ: ܘܫܒܩ

ܟܠܝܠܐ ܕܣܗܕܘܬܐ ܒܪܓܘܡܝܐ ܕܟܐ̈ܦܐ. ܘܒܬܪܟܢ
ܡܢ ܥܠܡܐ. ܗܢܐ ܕܝܢ ܛܘܒܢܐ ܟܕ ܐܝܬܘܗܝ،
ܐܝܟ ܒܪ ܫܢ̈ܝܢ ܫܒܥܣܪ̈ܐ: ܫܪܝ، ܒܥܡ̈ܠܐ
ܕܢܙܝܪܘܬܐ. ܘܙܕܩܬܐ ܒܥܐ ܗܘܐ. ܗܟܢܐ ܕܐܦ
ܕܗܒܐ ܡܦܠܓ ܗܘܐ. ܘܫܐܒܐ ܘܠܒܘܫ̈ܐ
ܟܣܝܐܝܬ ܥܡܠ ܗܘܐ ܡܢ ܐܒܗ̈ܘܗܝ: ܘܠܐܟܣ̈ܢܝܐ
ܝܗܒ ܗܘܐ. ܘܟܕ ܫܡܥܘ ܐܒܗ̈ܘܗܝ، ܕܐܝܬܘܗܝ، ܗܘܐ
ܒܬܪܥܝܬܐ ܕܡܠܟܐ: ܐܝܟ ܕܢܬܦܪܫ ܠܡܠܟܐ: ܟܦܪ
ܒܡܫܝܚܐ ܘܣܓܕ ܠܢܘܪܐ. ܗܘ ܕܝܢ ܛܘܒܢܐ ܐܦ
ܫܒܩ ܐܒܗ̈ܘܗܝ: ܘܢܦܩ ܠܡܕܒܪܐ. ܘܡܛܠ
ܕܡܠܘ̈ܗܝ، ܕܘܒܪ̈ܐ ܘܢܨܚܢ̈ܘܗܝ، ܫܡ̈ܝܥܐ ܐܬܓܒ
ܕܢܦܩ ܒܡܕܒܪܢܘܬܐ ܕܒܪܬܐ ܕܩܠܗ ܕܒܪܐ.
ܘܟܕ ܢܦܩ ܒܗ ܠܒܪܝܬܐ ܕܐܬܒܣܪܬ ܒܢܘܗܪܗ
ܕܡܫܝܚܐ. ܘܢܫܝܠ ܕܕܗܒܐ ܘܣܐܡܐ ܡܢ ܫܐܪܝܐ
ܘܫܐܒܐ ܡܦܪ̈ܟܐ ܠܡܠܘܠ ܬܫܒܚܬܐ ܢܣܒ ܠܗ.
ܘܡܢ ܒܬܪ ܕܫܠܡܘ ܐܟܣ̈ܢܝܘܗܝ، ܥܠܘ ܚܝܐ ܕܐܬܩܝܢ
ܠܗܘܢ ܗܢܘܢ ܡܢܟܘܢ ܠܒܪܬܐ. ܘܬܠܬܒ ܘܐܒܚܪ ܗܘܐ
ܠܫܡܝܢܐ. ܘܡܛܠ ܐܬܘ̈ܬܐ ܘܬܕܡܪ̈ܬܐ ܕܥܒܕ ܗܘܐ
ܙܒܢܐ ܫܦܝܪܐ ܒܐܝܕ̈ܘܗܝ، ܦܪܫ ܗܘܐ ܛܒܐ
ܕܢܨܚܢ̈ܘܗܝ، ܠܟܠܗܘܢ ܒܢܝ ܥܡܪܐ ܡܠܟܐ ܕܦܪܣ. ܕܐܝܬ
ܗܘܐ ܠܗ ܒܪܬܐ ܘܡܬܟܫܦܐ ܗܘܬ ܡܢ ܫܐܕܐ.

ܦܠܘܣܐ. ܘܟܕ ܐܬܬܚܕ ܒܡܠܟܘܬܐ ܠܬܠܬܝܢ: ܣܡ ܒܠܒܗ
ܕܦܠܛܝܢ ܐܚܪܐ ܘܐܬܬܫܠܡܬ. ܘܐܦܝܣܗ ܠܡܠܟܐ
ܕܠܐ ܢܬܒܥܘܢ ܒܪ̈ܬܗ. ܘܐܠܨܗ ܕܐܬܒܥܪ ܢܬܒܥܝܢ.
ܘܫܒܩܗ ܡܠܟܐ ܘܗܘܐ ܐܝܟ ܝܚܝܕܝܗ. ܘܡܢ
ܕܐܬܒܥܝ ܒܡܠܟܐ ܠܘܬ ܡܪܗ ܡܢ ܠܗ ܒܬܪܗ
ܐܬܛܠܠܐ ܝܚܝܕܝܐ: ܒܗܢܐ ܢܦܩܐ ܘܫܘܝܐ ܕܚܕܝܘܬܐ
ܡܪܝ، ܗܘܝܢ. ܗܘ ܕܐܫܬܡܠܝ ܒܡܬܪ̈ܬܘܢ. ܗܢܘ ܕܝܢ
ܒܗܝܡܢܘܬܐ ܘܒܣܗܕܘܬܐ. ܒܙܒܢܗ ܕܝܢ ܕܗܢܐ
ܡܙܒܪ. ܗܘ ܕܐܫܬܡܗ، ܣܓܝܐܐ ܠܡܛܘܪ ܡܠܟܝ
ܗܘܐ ܒܐܪܥܐ ܕܦܪܣ. ܘܒܙܒܢܗ ܥܒܕܘ ܐܦ ܗܘ
ܐܠܨܢ ܪ̈ܕܘܦܝܐ ܥܠ ܥܕܬܗ ܕܐܠܗܐ. ܟܕ ܥܒܕܐ
ܠܒܢ̈ܝܐ ܥܒܕ. ܒܡܘܬܢܘܬ ܡܬܕܪ̈ܐ ܗܘܐ. ܘܒܥܕܬܐ
ܕܬܒܢܝܐ ܡܛܠ ܒܪܬܗ ܕܐܢܬܬܗ ܗܘܬ ܐܢܬܬܗ.
ܘܠܩܘܪ̈ܒܢܐ ܕܡܠܟܘܬܗ. ܘܐܙܠ ܠܐܬܪܐ ܕܦܠܛܘܠ
ܘܫܒܩ ܠܡܠܟܘܬܐ ܕܬܡܢ. ܘܒܢܐ ܬܡܢ ܡܕܝܢܬܐ.
ܘܩܪܗ̇ ܥܠ ܫܡܗ ܫܒܘܪܬ ܡܙܒܪ. ܘܟܕ ܬܡܢ
ܗܘܐ ܦܪܝ ܠܒܪܫܠܝܢܐ ܡܢ ܡܕܝܢܬܗ. ܫܡܥ ܠܗ
ܕܒܢܐ ܕܡܛܠ ܒܪܫܠܝܢܐ ܕܐܝܬ ܠܗ ܬܠܡܝ̈ܕܐ. ܘܫܠܚ
ܒܢ̈ܝܐ ܡܫ̈ܝܚܝܐ ܬܡܢܝܐ ܐܠܦܐ ܘܩܛܠ ܡܢܗܘܢ
ܒܪ̈ܘܬܗܘܢ ܘܐܘܣܦ ܐܢܘܢ ܥܠ ܬܫܥܝܬܗ.
ܘܣܓ̈ܝܐܐ ܡܢܗܘܢ ܒܗܢܐ ܒܪ ܕܢܝܐ. ܘܠܦܠܘܣܐ ܗ̇ܘ

ܕܐܝܬ ܗܘܐ ܒܡ̈ܠܟܝ ܦܪܣ܆ ܕܟܠ ܐܪܫ ܪ̈ܫܢܐ ܒܥܒܕܐ
ܕܢܗܡܢ ܒܠܝܠܐ ܚܕ ܡܢ ܡ̈ܕܝܢܬܐ ܢܗܘܐ ܘܢܐܡܪ ܕܢܪܐ
ܕܠܡ̈ܕܝܢܬܐ܆ ܘܥܠ ܗܘܢ̈ܝܐ ܐܝܠܝܢ ܕܠܘ ܠܡܠܟܘܬ
ܡܬܦܪܢܣܝܢ ܢܘܕܥ ܡܢܗ ܡܠܟܐ. ܠܗܢܐ ܠܗܘܢܐ ܠܡܣܟܢܐ
ܐܒܪܗ ܗܘ ܗܢܐ ܙܒܢܐ. ܘܟܕ ܫܡܥ ܡܢ ܠܡܫܠ
ܘܐܬܐ ܠܚܝܬ ܡܠܟܘܬܐ. ܟܬܒ ܠܗܓܡܘܢܐ ܕܒܗ.
ܡܗܓܡܢܘܬܐ ܕܐܢܛܘܟܝܐ، ܗܘܐ ܒܝܘܡܝܢ ܕܡܬܦܫܩ
ܡܠܟܘܬܐ ܕܡܟܣܘܬܐ. ܕܢܐܙܠܘܢ ܒܟܠܗ
ܦܪܘܣܐܘܪܝ ܙܝ ܕܐܬܪܐ ܕܐܪܘܢ ܕܫܡܗ ܗܘܐ
ܐܕܘܪ ܦܪܘܟܝܙ ܘܕܡܬܟܪܗ ܙܪ ܕܚܕܢ ܘܕܟܝܬ ܟܪ̈ܡܐ
ܕܫܡܗ ܗܘܐ ܗܘܪܡ. ܕܢܐܙܠܘܢ ܠܒܪܟܐ ܕܠܐܬܝ̈ܗܘܢ.
ܘܟ̈ܪܡܐ ܘܟܡܗܘܡ̈ܬܐ ܕܐܠܝܘܢ ܠܒ̈ܪܡܦܢܝܐ
ܕܗܠܝܢ ܐܪܒܥܐ ܐܬܪ̈ܘܬܐ ܒܕܡܐ ܕܟܦܪ̈ܝܢ ܒܝܡܝܢܐ
ܘܡܟܕܡ ܠܒܢܪܐ. ܘܐܢܫܘ ܕܠܡܫܟܐ ܠܗ ܡܟܕܡ
ܘܠܒܢܪܐ ܘܠܡܬܢܐ ܠܗ ܡܕܒܚܝܢ: ܠܬܟܕܐ ܘܠܡ̈ܪܘܡܐ
ܘܠܡܘܬܐ ܕܡܦܩ ܢܬܠܡܘܢ. ܘܐܬܐ ܘܥܠ ܠܒܪܟܐ
ܠܗܓܡܘܢܐ ܕܒܗ. ܘܕܟܡܗ: ܒܝܡܝܬܟܡܪ ܡܬܟܡܘܢ
ܢܝܫܐ. ܘܠ̈ܡܟܐ ܘܠܝܐܪܐ ܘܡܪܟܐ ܕܬ̈ܡܢܐ ܕܟܪܟܐ
ܢܟܕܘ ܘܐܪܟܘܗ ܒܝܬ ܐܝܣܪ̈ܐ ܘܡܕܪܘ ܦ̈ܬܟܐ ܕܠܐ
ܪ̈ܫܟܐ ܠܐܬܪ̈ܘܬܐ ܪ̈ܫܡܐ. ܘܟܡܕܘ ܐܝܟܢ ܕܟܠ
ܕܡܟܡܝܢ ܐܝܬܘܢ ܡܢ ܒܪ̈ܡܦܢܝܐ: ܒܐܡܘܪܐ

ܡܫܝ̈ܚܐ ܢܬܠܘܢ ܠܡܪܒܐ. ܕܐܝܟ ܠܐ ܒܦܘܡ
ܒܗܝܡܢܘܬܗܘܢ: ܒܡܫ̈ܡܥܬܐ ܕܡܫ̈ܠܡܢܘܬܐ ܢܟܒܘܢ.
ܘܫܡܥ ܕܝܢ ܐܦܣܩܘܦܐ ܕܐܬܪܐ: ܟܕ ܫܡܥ ܐܡܪܐ
ܕܗܘܬ ܠܦܘܠܝܩܪܦܐ ܕܐܬܚܫܒ ܥܠܬ: ܕܢܦܠܘܢ
ܟܠܗܘܢ، ܘܟܠ ܟܢܫܬܗ ܕܥܡܐ ܐܠܗܐ. ܘܪܓܙܘ
ܐܝܟ ܕܒܥܘܬܐ ܡܢ ܐܠܗܐ ܗܘܐ ܕܠܗ ܐܬܚܙܝܘ.
ܗܘ ܕܝܢ ܡܕܒܚܐ ܡܪܝ، ܘܫܡܥ: ܡܢ ܫܡܝܐ ܕܒܠ
ܦܘܠܝܩܪܦܘܣ ܠܡܪܝܐ: ܡܢ ܫܡܥܬܗܘܢ ܒܗܬܐ
ܘܟܕܐ ܠܚܝܘܬ ܒܐܒ ܡܚܐ: ܡܢ ܫܡܝܐ ܠܐ
ܢܗܐ ܐܝܟ ܗܘ ܒܗ ܡܙܒܢܘܬܗ ܒܟܘܬܐ ܒܚܝܡ
ܗܘܘ ܘܩܪܝܢ ܗܘܘ ܠܐܠܗܐ ܒܫܒ̈ܚܬܐ ܕܢܨܚܬܐ
ܠܟܕܪܝܗܘܢ. ܘܒܗܘܢ ܒܢ̈ܝܘܢ ܡ̈ܢܬܐ ܦܠܓ
ܦܘܠܝܩܪܦܘܣ ܘܦܪܣܘܗܝ، ܠܪܘܚܐ ܡܢ ܡܙܢܘܬܗ:
ܘܐܪܡܝܘܗܝ، ܒܝܬ ܐܫܝ̈ܐ: ܒܗ ܫܘܠܛܐ
ܕܡ̈ܫܠܡܢܐ ܕܐܫܬܪܝ ܬܡܢ. ܘܐܬܠܝܡ ܗܘܘ ܠܗ
ܕܢܫܠܡܘܢ ܠܡܫܒܚܐ. ܘܟܕ ܢܦܩ ܡܢ ܒܝܬܗ ܕܡܪܝܐ
ܕܢܐܙܠ ܘܢܫܐ ܠܪܘܚܐ. ܒܟܠܐ ܪܘܚܐ ܐܡܪ ܠܗ
ܠܦܘܠܝܩܪܦܘܣ. ܫܠܡ ܠܟ ܕܚܝܐ ܘܡܬܬܕܝܢܐ.
ܫܠܡ ܠܟ ܪܕܘܦܐ ܘܡܬܪܕܝܢܐ. ܫܠܡ ܠܟ ܡܟܣܢܐ
ܘܡܕܝܢܐ ܘܫܡܕܐ. ܐܫܟܚܐ ܠܟ ܦܘܠܝܩܪܦܘܣ.
ܐܫܟܚܐ ܒܟܕ ܠܟ ܫܡܥܬܐ ܕܒܟܢܝ ܬܐܪܘܒ ܐܦ̈ܐ

ܫܬܝܐ ܕܐܚܪܢ ܠܚܠܡܘܬܗ. ܗܐ ܓܝܪ ܫܢܐ ܐܚܐ ܠܝ
ܕܒܥܡܗܬ ܫܡܫܘܢ ܒܐܦܝܐ ܐܦ ܐܢܬ: ܟܬܪ ܕܫܢ
ܬܬܠܐ ܒܪܘܚܐ ܣܠܩ ܫܡܗ ܕܡܫܝܚܐ. ܐܘܣܛܝܢ
ܗܘܘ ܕܝܢ ܒܗ ܡܘܣܝ ܦܠܘܣܘܦܐ: ܐܢܫܐ ܝܘܢܝܐ ܡܢ
ܫܪܒܬܐ ܡܕܝܢܬܐ ܕܒܗ ܒܪܒܐ. ܕܡܢܗܘܢ ܫܡܥܘܢ
ܒܪܝܫܗܘܢ. ܘܡܢܗܘܢ ܒܦܪܘ. ܐܢܫܝܢ ܕܝܢ ܒܪ
ܗܘܪܡܝܙܕܪ. ܚܕ ܡܢܗܘܢ: ܒܪ ܐܢܫܘܗܝ، ܒܐܘܪ̈ܗܝܐ
ܕܣܠܩ ܕܣܠܬ ܐܠܗܐ. ܦܬܚ ܦܘܡܗ ܗܘ ܦܠܘܢܐ
ܘܐܡܪ ܠܗ ܠܗܘܪܡܝܙܕܪ. ܕܬܬܟܠܠ ܒܣܗܕܘܬܐ
ܠܒܬܐ ܕܣܠܩ ܡܫܝܚܐ ܡܪܢ ܘܣܠܩ ܕܐܒܐ ܗܘܐ
ܐܢܬ ܐܡܪܬ. ܘܢܗܒ ܐܢܬ ܦܓܪܟ ܕܒܫܘܬܐ ܫܬܐ
ܘܡܫܬܐ ܘܡܫܡܠܝܘܬܐ: ܕܫܦܝܪܐ ܠܐܠܗܐ.
ܠܗܘܪܡܝܙܕܪ. ܟܪ ܫܡܥܗ ܕܝܢ ܦܩܕ. ܘܐܬܟܪܙܘ ܡܠ̈ܟܐ
ܘܡܪܗܘܢܝܐ ܕܒܢ̈ܝ ܢܦܫܐ ܡܢ ܫ̈ܒܝܐ ܘܡܫܚܝܐ.
ܗܘܘ ܕܝܢ ܕܦܩܕܝܢ ܗܘܘ ܠܡܫܒܩ ܘܠܡܫܬܘ
ܒܦ̈ܠܘܛܝܐ ܡܢ ܐܬܪ ܐܬܪ: ܢܦܩܘ ܒܫܐܦܐ
ܒܫܢܝܐ. ܘܒܫܐ ܘܐܬܘ ܠܗ ܒܫܘܪ ܠܡܒܪܐ ܘܠܒܝܬܐ
ܒܢ̈ܝ ܒܠܒܐ. ܐܠܐ ܐܦ ܠܐܦܣܩܘܦܐ ܘܩܫܝܫܐ
ܘܡܫܡܫܢܐ. ܗܢܘ ܕܝܢ ܕܦܪܘܦܠܛܝܐ ܕܐܪܒܠ.
ܘܐܦܣܩܘܦܐ ܕܢܗܪܐ. ܘܐܦܣܩܘܦܐ ܕܒܝܠܬܐ.
ܘܒܟܠܗܘܢ ܡܦܪܘܦܠܛܝܐ ܕܗܘܪܡܝܙܕܪ. ܘܬܪܘܢܗ

ܘܣܡ ܕܟܪܟܐ. ܘܣܓܝܐܐ ܕܐܫܬܟܠܠ. ܘܫܬܬܐ
ܕܕܘܪܐ ܩܪܝܬܐ ܕܟܠ ܒܢ̈ܝ ܟܪܟܐ ܘܕܒܪܐ. ܗܠܝܢ
ܕܒ̈ܝܬܐ ܡܢ ܩܠܝܪܘܣ ܕܠܗܘܢ ܘܗܘܟܢܐ
ܕܒܪܢܫܘܬܗܘܢ: ܐܬܘ ܠܟܪܟܐ ܦܪܣܝܐܝܬ. ܕܢܩܒܠܘܢ
ܟܠܠܐ ܕܗܕܘܬܐ ܡܢ ܚܕܘܬܐ ܪܒܬܐ. ܘܟܕ ܟܠܗ
ܗܘܐ: ܠܡܕܒܪܐ ܫܒܩܘܗܝ ܐܬܐ ܗܘܐ ܒܪܫܗܘܢ.
ܟܕ ܡܚܣܢ ܠܗ ܒܬܫܒܚܬܐ ܘܢܨܚܬܐ ܘܩ̈ܘܠܠܐ.
ܘܗ̈ܘܝܢ ܗܘܘ ܒܡܢܝܢܐ ܐܝܟ ܕܐܡܪܐ ܬܠܬܐ ܡܐܐ
ܘܬܠܬܝܢ ܘܬܠܬ ܐܠܦܝܢ ܠܒܪ ܡܢ ܒܢ̈ܝ ܟܪܟܐ
ܕܐܫܬܩܠܘ ܗܘܘ ܒܝܬ ܐܣܝ̈ܪܐ: ܕܗܘܘ ܗܘܘ ܒܫܩܪ
ܐܠܦܝܢ. ܘܟܕ ܥܒܕܘ ܗܘܘ ܗܠܝܢ ܕܒܝܬ ܐܣܝ̈ܪܐ
ܥܠ ܪܒܘܬܐ ܕܬܫܒܘܚܬܐ ܕܗܘܝܢ ܕܐܬܘ: ܟ̈ܢܫܐ
ܟܠܗܘܢ ܡܪܕ̈ܘܬܐ ܠܡܠܟܘܬܐ: ܫܪܘ ܫܪܘܬܐ ܪܒܬܐ
ܕܠܟ. ܕܒܝܬ ܠܓܠܘܢ ܡܪܙܒܢܐ ܕܝܢ ܟܕ ܫܪܘ ܪ̈ܒܘܬܐ
ܘܐܠܦܐ ܕܟܢ̈ܫܐ. ܘܡܠܟ ܪܒܐ ܕܬܫܒܘܚܬܗܘܢ.
ܗܟܢ ܐܬܬܝܩܒ ܗܘܐ ܟܕ ܗܕܪܘ ܠܗܘܢ: ܕܪܘܒܐ
ܗܘܐ. ܘܗܠܡ ܠܓܠܘܢ ܡܪܙܒܢܐ ܠܕܘܟܬܐ ܗ̇ܝ، ܕܡܬܩܪܝܐ
ܕܒܝܬ ܬܐܬܐ: ܗ̇ܝ، ܕܐܬܩܛܠܠ ܒܗ̇ ܩܘܕܫܐ ܒܢ̈ܘܗܝ
ܥܒܘܪ ܡܠܟܐ. ܘܐܬܒ ܒܠ ܒܘܪܣܝܐ ܕܕܝܢܘܬܐ.
ܘܫܕܪ ܩܕܡ ܩܢܫܐ ܗܘܢ. ܒܠ ܡܐܢ̈ܝ ܬ̈ܓܪܐ ܕܙܒ̈ܢܝ
ܙܒ̈ܢ. ܘܐܡܪ ܠܗܘܢ: ܕܢܙܒܢܘܢ ܡܠܟܐ ܗܘܡ ܩܡܚ.

ܕܐܢ ܠܡܠܟܘܬܗ ܘܠܫܘܒܩܢܗ܆ ܠܐ ܫܒܩܝܢ
ܐܢܬܘܢ: ܘܡܚܝܢܗ ܠܐ ܚܒܝܒܝܢ ܐܢܬܘܢ: ܘܠܫܒܩܢܐ
ܐܠܗܐ ܪܒܐ ܠܐ ܦܠܚܝܢ ܐܢܬܘܢ: ܘܠܒܘܪܐ ܘܡܪ̈ܝܐ
ܒܢ̈ܘܗܝ، ܕܗܘܪܡܙܕ ܠܐ ܡܗܝܡܢܝܢ ܐܢܬܘܢ: ܫܢܝܬܘܢ
ܒܗܠܝܢ ܡܬܛܠܡܝܢ. ܟܕ ܗܘ ܫ̈ܒܝܐ ܐܝܬ ܗܘܐ
ܒܗܘܢ ܐܦ ܦ̈ܠܚܐ ܡܫܬܬܒܥܝܢ: ܕܐܬܬܘ ܐܢܘܢ.
ܐܝܟ ܕܫܘܥܒܕܘ ܠܟܠܗܘܢ ܐܝܠܝܢ ܕܠܐ ܒܦܪܝܢ
ܒܡܫܝܚܐ. ܒܪܗܒܐ ܕܝܢ ܐܬܟܢܫܘ ܫܡܠ ܐܢܘܢ
ܠܡܐܢ̈ܝ ܫ̈ܒܝܐ ܘܢܩܦ ܐܢܘܢ ܘܣܡ ܐܢܘܢ ܒܠ
ܚ̈ܝܠܘܗܝ، ܘܐܡܪ: ܫܠܡ ܠܗܘܢ ܠܗܠܝܢ ܦ̈ܪܝܫܐ
ܕܒܗܘܢ ܒܐܠܝܢ ܠܗ̇، ܦܠܚܝܢ ܕܡܠܟܘܬ ܪܘܡܝܐ.
ܘܡܬܟܬܒܝܢ ܒܦܬ̈ܓܡܐ ܢܗܘܪܐ ܕܐܬܦܠܓܘ ܠܗ
ܡܢ ܡܪ̈ܢ ܡܫܝܚܐ: ܡܢ ܩܕܡ ܬܪ̈ܥܝܬܗ
ܕܒܠܥܐ. ܘܦܬܚ. ܦܘܡܗ ܘܐܡܪ ܠܕܝܢܐ. ܩܪܘܒ
ܡܚܝܠ ܘܒܕܝܢ ܡܕܡ ܕܫܩܝܠ ܐܝܬ. ܡܛܠ ܕܚܝ
ܒܠܝ ܗܢܐ ܡܛܠܒܝܢ ܕܝܠܗܘܬ ܚܕܐܝܬ ܚܠܦ ܫܡܗ
ܕܡܪܢ ܝܫܘܥ ܡܫܝܚܐ. ܕܝܢܐ ܕܝܢ ܟܕ ܫܡܥ ܗܠܝܢ:
ܦܩܕ ܘܡܬܚܘܗܝ، ܠܩܕܝܫܐ ܐܘܣܩܦܐ ܒܠ ܐܪܒܥܐ
ܒܐܪ̈ܒܥܐ ܣ̈ܕܪܘܗܝ، ܘܢܩܫܘ ܩ̈ܝܣܐ ܒܐܦ̈ܘܗܝ،
ܘܒܪ̈ܟܘܗܝ، ܘܥܪ̈ܩܘܗܝ، ܠܓܪܡܗ ܒܡܫܪ̈ܩܐ ܕܦܪܙܠܐ
ܚܕܐ ܕܐܟܠܝ ܒܣܪܗ ܡܢ ܓܪ̈ܡܘܗܝ. ܘܟܕ ܡܬܢܚ

ܗܘܐ ܟܠ ܫܘܒܐ ܕܒܝܬ ܬܬܐ: ܘܦܪܩܝܢ ܗܘܘ ܠܗ
ܙ̈ܫܒܐ. ܕܒܗ ܪܕܐ ܗܘܐ ܘܢܣܒ ܠܦܩܥܐ ܕܐܝܬ
ܒܝܬ ܬܬܐ. ܘܟܕ ܗܘ ܡܕܝܢܐ ܡܬܒܢܝܐ ܗܘܐ: ܦܩܕ
ܠܟܘܡܪ̈ܐ ܕܢܐܬܘܢ ܟܠܗܘܢ ܐܝܠܝܢ ܕܐܦܪܩܝܢ
ܡܛܠ ܡܥܡܪܐ ܠܒܝܬ ܕܝܢܐ ܕܥܠ ܚܢܢ ܒܝܬ ܬܬܐ
ܘܢܬܐܠܘܢ. ܘܐܢܫܘ ܕܠܐ ܚܦܪܝܢ ܒܥܡܩܗ ܕܡܥܡܪܐ:
ܐܟܘܬܗ ܕܐܬܚܫܒ ܢܬܒܢܘܢ. ܒܟܠܗ ܕܟܘ̈ܪܦܠܝܐ
ܡܕ̈ܝܢܐ ܘܟܪ̈ܟܐ ܟܕ ܝܕܥܘ ܕܡܪܢ ܠܗ ܘܟܢܫܐ
ܕܗܘ ܡܬܟܠܠܝܢ: ܐܬܟܢܫܘ ܠܒܝܬܐ ܕ̈ܟܘܬܐ ܒܗ
ܕ̈ܟܬܒܢܘܬܗܘܢ. ܘܒܟܕܝ ܡܕܝܢܐ ܘܐܫܬܘܬܦܘ
ܒܐܬܪ̈ܐ ܡܕ̈ܝܢܐ ܘܡܚܘ̈ܙܐ ܘܟܦܪ̈ܘ ܘܢܫܡܘ ܠܫܪ̈ܟܐ
ܒܥܘܡܪܐ ܡܕܝܢܬܐ. ܘܢܟܦܘ ܟܕ ܠܚܡܝܢ ܝܠܕܐ
ܘܐܙܠܝܢ ܒܬܫܡܫܬܐ: ܕܒܟܐ ܠܒܝܬ ܬܬܐ. ܘܟܕ
ܚܙܘܗ، ܠܡܕܝܢܐ ܐܢܫܘܬ ܕܡܬܚܝܢ ܘܦܪܩܝܢ ܠܗ
ܠܟܫܡܫܗ ܐܪ̈ܟܝܢ ܟܠܗܘܢ ܘܡܫܡܫܝܢ ܬܫܡܫܬܐ
ܠܐܠܗܐ. ܘܣܠܩܘܗ، ܠܛܘܪܐ ܘܠܟܠܗܘܢ، ܕܠܐ
ܬܬܡܛܐ ܠܗ ܒܐܘ̈ܠܨܢܐ ܗܠܝܢ. ܕܝܢܐ ܕܝܢ ܦܩܕ
ܘܐܬܬܘ ܢܦܠܐ ܘܡܥܡܕܝܢ ܚܕܪ̈ܘܗܝ، ܕܡܕܝܢܐ
ܘܐܘܕܝܘ ܒܗܘܢ ܢܘܪܐ. ܘܟܕ ܚܙܐ ܟܠܗ ܠܐ ܫܠܡܒܝܬܐ
ܕܢܘܪܐ ܒܟܪ̈ܡܘܗܝ، ܕܢܝܫܐ. ܘܦܩܕ ܗܘܐ ܕܢܬܥܐ
ܠܗ ܟܪܡܗ. ܐܢܫ ܟܠܗ ܠܡܫܘܕܥܘܬܐ ܕܐܫܬܪܝ

ܕܐܠܗܐ: ܘܐܬܟܠܠ ܒܫܘܕܥܬܐ ܠܓܒܬܐ. ܘܦܩܕ
ܕܢܐܐ ܕܢܬܠܘܢ ܡܢ ܟܬܒܗ ܠܟܗܢܐ ܘܗܢܐ ܢܘܚܡ
ܐܦܣܩܘܦܐ ܕܠܗ ܕܪܒܐ. ܘܩܪܒܘܗܝ ܠܗܝ ܕܩܕܫܬܐ
ܕܒܗ ܡܬܚܣܢܗܝ، ܠܚܝܠܐ ܐܠܗܝܐ ܘܦܫܛܘ ܐܝܕܝܗܘܢ،
ܘܪܕܐ ܕܡܢܗ ܘܢܣܒ ܠܗ ܠܒܪܗ ܦܬܟܪܐ ܕܢܗܘܐ ܬܬܐ.
ܘܡܢ ܐܡܬܝ ܐܝܟܢ ܠܗ ܘܠܥܠܡ ܐܣܬܪܐ ܕܒܗܘ
ܠܢܝܫܐ ܕܒܢܝܢܫܐ ܕܒܢܬ ܬܬܐ. ܗܢܘܢ ܕܝܢ ܡܕܝܢܬܐ
ܒܙ ܙܗܝܪܝܢ ܗܘܘ ܘܠܐܠܝܬ ܘܡܗܠܠܝܢ ܒܪܡܙܝܬܗ
ܕܪܘܚ: ܐܝܟ ܕܠܡܕܥܬܐ ܗܝ، ܕܗܠܝܢ ܗܘܬ ܠܡܝܢܗ
ܕܡܫܠܝܐ ܘܕܡܗܝܡܢܘܬܐ. ܘܦܩܕ ܕܢܐܐ ܘܢܦܩܘܢ ܡܕܒܪܢܘܗܝ
ܒܬܒܐ ܕܡܠܟܐ. ܕܐܝܬ ܗܘܐ ܒܗ ܕܙܕܩܐ
ܘܡܬܦܬܚܬܐ ܘܫܘܠܛܢܐ ܠܟܠ ܕܦܩܕ ܒܡܫܝܚܐ. ܘܠܟܠ
ܕܠܐ ܡܬܛܦܫ ܘܦܩܕ. ܫܦܝܐ ܢܘܪܐ ܢܚܬܐ ܫܪܝܐ.
ܒܗܘ ܕܝܢ ܡܕܝܢܬܐ ܡܢ ܚܕ ܦܘܡ ܘܐܡܪܘ. ܕܡܗܝܡܢܘܬܐ
ܕܡܠܟܐ ܠܗ ܢܣܒܘܢ. ܘܫܘܠܛܢܐ ܘܙܕܩܐ ܠܐܣܝܪܐ
ܢܦܠ. ܠܝ ܕܝܢ ܐܝܬ ܫܡܥܬܐ ܒܡܫܝܚܐ: ܕܠܐ ܓܒܝܐ
ܠܟܠܗ. ܘܡܢ ܬܡܢ ܡܫܡܫܝܢ ܠܡܣܝܢ ܠܡܪܢ ܫܘܒ
ܡܫܝܚܐ: ܕܗܘ ܢܫܠܛ ܦܓܪܐ ܕܡܫܡܫܝܢ ܕܢܗܘܐ
ܒܪ ܕܡܘܬܐ ܕܦܓܪܐ ܕܫܘܒܚܗ. ܘܒܙ ܫܡܫ ܕܢܐ
ܦܩܕ ܟܠ ܚܝܠܘܬܐ. ܘܐܝܬ ܕܢܦܩܘܢ ܠܥܠܡ. ܘܐܝܬ
ܕܚܝܘ ܚܝܠܘܗܝ، ܘܐܝܬ ܕܢܦܩܘ. ܡܫܝܚܐ ܕܪܫܗ.

ܘܠܫܘܠܡ ܐܟܣܢܝܘܬܗܘܢ ܦܩܕ ܕܢܝܚܐ ܘܐܬܝܘ ܡܢ̈ܪܐ
ܘܫ̈ܪܓܬܐ. ܘܒܗ ܒܠܠܝܐ ܕܢܘܚܡܗܘܢ ܡܢ̈ܗܪܐ.
ܘܒܠܠܝܐ ܒܐܬܪܢ ܠܐ ܐܫܒܚܘ. ܘܡܫܒܚܘ ܐܢܘܢ
ܢܦܠܐ ܘܐܘܬܒܘ ܐܢܘܢ ܠܡܕ̈ܢܚܐ ܒܥܒܪܬܐ:
ܘܠܗܘܢ ܐܦܣܩܘܦܐ ܒܪܫܗܘܢ. ܘܐܘܩܕܘ ܢܘܪܐ
ܒܡ̈ܕܒܚܐ: ܘܐܘܩܕܘ ܦܓ̈ܪܝܗܘܢ ܕܐܬܛܠ̈ܦܠܐ.
ܘܗܟܢܐ ܐܫܬܡܠܝܘ ܒܣܗܕܘܬܐ ܕܝܠܗ ܡܫܝܚܐ.
ܗ̇ܢܘܢ ܗܘܘ ܕܝܢ ܒܡܢܝܢܐ ܐܦܣܩܘܦܐ: ܘܕܕܝܩܘܣ:
ܘܫܒܝܠܝܫܘܣ. ܘܒܫܒܬܫܘܣ ܡܫܝܚܐ ܕܒܡܗ ܘܒܫܘܪܝ
ܘܬܡܢܝܐ ܡܕ̈ܢܚܐ ܘܡܗܝܡ̈ܢܐ ܡܢܗ ܕܒܢܬܐ. ܗܠܝܢ
ܐܬܩܛܠܘ ܒܝܘܡܐ ܚܕܢܐ. ܒܥܕܪܢ ܘܐܪܒܥܐ
ܒܐܒ ܢ̇ܝܣܢ: ܒܝܘܡ ܥܪܘܒܬܐ ܕܐܬܛܥܢ ܫܒܬܐ
ܕܫܢܬ ܕܒܬܪ ܡܠܟܘ ܕܫܠܝܢܐ. ܘܒܬܫܪܝܢ ܘܫܒܥܐ
ܕܗܘܐ ܕܐܒ ܒܝܘܡ ܥܪܘܒܬܐ. ܐܦܩܘ ܠܗ ܠܕܘܟܬܐ
ܗ̇، ܕܒܗ̇ ܐܬܩܛܠܬ ܫܒܥܬܐ ܡܕܢܚܬܐ ܡܢ ܒܢ̈ܝ ܩܝܡܗ،
ܕܒܪܬܐ: ܐܠܦܐ ܬܠܬܐ. ܗܢܘܢ ܕܐܫܬܡܠܝܘܢ
ܬܫܥܝܢ ܒܬܫܥܐ ܕܢܝܣܢ: ܘܦܩܕ ܠܡܬܒܥܘ ܟܠܗܘܢ:
ܘܒܗ ܒܠܬܐ: ܘܐܠܦ ܐܢܘܢ ܠܦܪ̈ܣܝܐ ܕܢܩܛܠܘܢ.
ܘܡܢܗ ܫܬܠܬܝ ܒܐܠܗܘܢ ܘܐܡܪܘ: ܚܘܣ ܠܝ
ܕܢܟܦܘܪ ܠܡܫܝܚܐ ܕܗܘܐ ܚܠܦܝ ܕܒܥܬܐ: ܘܢܕܒܚ
ܠܫ̈ܐܕܐ ܡܪ̈ܘܕܐ. ܘܟܕ ܐܟܪܝܗ ܟܠܗܘܢ ܐܩ̈ܠܝܪܐ

ܙܪܘܥܐ: ܗܠܝܢ ܬܪܐܬ ܡܫܬܠܛ ܗܘܐ ܒܡܫܝܚܐ.
ܘܠܒܢ̈ܝ ܬܫܡܫܬܐ ܕܠܘܩܝܪܘܣ ܕܐܝܬ ܗܘܐ ܒܗܘܢ:
ܦܩܕ ܟܠܗܘܢ ܘܐܬܪܟܒܘ ܒܟܐ̈ܦܐ ܒܡܫܘܚܬܐ
ܕܠܟܠ ܚܕ ܒܢܝ ܡܢܬܐ. ܘܫܪܟܐ ܕܟܘܪܐ ܡܒܪܟܬܐ
ܕܬܠܬ ܐܠܦ̈ܝܢ. ܐܬܟܠܠ ܒܕܘܟܬܐ ܗ̇ܝ ܕܡܕܘ ܒܗ̇
ܕܒܝܬ ܢܘܚܢ ܒܢܘܚܐ ܡܕܡܝܐ. ܘܒܢܘܚܐ ܕܚܝ
ܒܥܒܐ ܢܘܚܐ ܕܬܠܬܐ: ܠܒܘܠܗܘܢ ܕܢ̈ܝܫܐ: ܦܩܕ
ܠܡܥܒܕܢܐ ܘܐܬܦܘ ܠܗ ܠܒܘܟܬܐ ܗ̇ܝ ܕܒܝܬ
ܕܢܟܐ ܬܡܢܝܐ ܐܠܦ̈ܝܢ ܘܬܫܥܡܐܐ ܘܐܪܒܥܝܢ ܢܦ̈ܫܢ.
ܗ̇ܢܘܢ ܕܐܝܬܝܗܘܢ ܡܢ ܡܘܪ̈ܝܐ ܘܡܒܪ̈ܝܬܐ: ܕܢ̈ܫܝܢ
ܘܕܡ̈ܝܢ. ܒܕ ܐܝܬ ܒܗܘܢ ܡܦܠܪܦܠܝܐ
ܕܡܫܪ̈ܟܢ. ܘܐܦܝܣܩܘܦܐ ܕܠܡܫܘܗ. ܘܕܒܪܘܫܐ.
ܘܕܪܥܘܬܟܠܠ. ܘܐܦܝܣܩܘܦܐ ܕܕܪܐ ܡܢܬܐ. ܘܒܕ
ܐܬܒܝܢܘ: ܠܐܦܝܣܩܘܦܐ ܐܢܬܘܢ ܐܢܘܢ
ܠܝܫܘܥ ܕܗܘܢ: ܒܕ ܦܩܕܢܝ. ܘܠܦܠܚܐ ܗ̇ܝ ܕܡܫܪ̈ܝܐ
ܐܟܠܘ ܐܢܘܢ ܗܟܢ ܗܟܢ ܠܥܘܐܠܐ. ܘܡܢ ܕܐܘܕܝܘ
ܟܠܗܘܢ ܩܠܐ ܒܦܘܡ: ܘܐܫܬܒܘ ܐܢܘܢ ܫܢ̈ܝܐ
ܕܟܠܗܘܢ ܚܕܐ ܢܦܫ ܘܚܕܐ ܬܪܒܝܬܐ ܐܝܬ ܠܗܘܢ.
ܐܦܩ ܟܠܗܘܢ ܕܢܟܐ ܐܢܫܐ ܡܫܪ̈ܝܐ ܘܕܠܐ
ܙ̈ܟܝܐ: ܡܟܕܫܢܐ ܐܝܟ ܬܠܬ ܐܠܦ̈ܝܢ ܘܠܡܠܟܘܬܗܘܢ
ܕܡܫܪ̈ܝܐ ܢܦܩܘ ܒܫܠܡܐ. ܘܠܡܠܟܘܬܗܘܢ ܐܫܠܡܘ

ܠܓܗܢܐ ܕܢܘܪܐ. ܘܐܚܪ̈ܢܐ ܐܬܚܣܪܘ. ܐܚܪ̈ܢܐ
ܐܬܪܡܝܘ. ܐܚܪ̈ܢܐ ܐܪܡܝܘ ܠܗܘܢ ܫܠܝܐ ܘܟܪ
ܒܢܘܬܐ ܕܐܝܬܘܗܝ ܫܪܪܐ ܒܦܘܡܗܘܢ
ܘܒܚܪ̈ܝܢܗܘܢ. ܒܕܡܐ ܕܣܗܕܘ. ܘܒܡܫܝ̈ܚܘܬܐ
ܠܡܫܒܪ: ܒܢ̈ܝܢܐ ܘܒܥܘ̈ܬܐ ܡܫ̈ܠܦܐ ܫܪܝܘ ܐܢܘܢ
ܠܢܝ̈ܚܐ ܡܢ ܥܠܡܐ ܗܢܐ: ܕܢܒܪܘܢ ܠܐܬܪܗܘܢ
ܘܢܐܙܠܘܢ ܠܬܪܬܗܘܢ. ܕܐܝܬܝܗ̇ ܢܗܘܪܐ ܘܚܝ̈ܐ
ܘܫܠܡܐ. ܘܗܕܝܢ ܐܫܬܕܪ ܚܕ ܡܢ ܫܠܝ̈ܚܐ ܕܒܡ
ܦܠܡܫܝܕܟܪܕܪ: ܠܘܬ ܐܦܣܩܘܦܐ ܗܠܝܢ ܕܒܗ ܠܟܠ
ܪܫܝܥܝܢ. ܘܐܬܐ ܘܫܐܠ ܐܢܘܢ ܕܡܢܘ ܪܫܥܘܢ.
ܘܟܕ ܐܫܬܥܝܘ ܟܠܗܘܢ: ܐܡܪ ܗܘܐ ܬܘܒ ܦܠܢܐ
ܚܕ ܡܢܗܘܢ ܕܒܪܝܐ: ܒܪ ܐܪܡܠܬܐ: ܕܥܡܗ ܗܘܐ
ܕܝܢܘ. ܒܟܠܬܗ ܕܝܢ ܕܗܢܐ ܕܝܢܘ. ܐܬܬܬ
ܡܬܦܪܢܣܢܘܬܐ ܠܒܪܬܐ. ܡܢ ܒܬܪ ܕܐܬܪܗܬ
ܘܐܡܪ ܠܗܘܢ ܠܐܣܝܘܬܐ. ܐܬܚܝܠܘ ܐܣܝ̈ܐ ܥܒܕ̈
ܘܠܐ ܬܕܚܠܘܢ ܘܗܘܐ ܡܬܒܪܟܐ ܠܟܠܢܬܐ: ܘܐܢ
ܠܐ: ܗܘܐ ܥܠܝܡܬܐ ܠܬܫܡܫܬܐ ܕܒܪܬܐ: ܘܩܡ
ܡܗܝܡܢ ܫܠܝܚܐ ܬܠܬܐ ܕܪܘܚܐ. ܗܕܝܢ
ܒܗ ܒܥܕܢܐ ܡܬܦܪܢܣܢܘܬܐ ܕܥܡܪ̈ܝܢ
ܘܐܦܣܩܘܦܐ ܕܒܡܗ: ܥܠܝܗ ܘܡܛܠܗ ܘܦܠܓܗ
ܒܒܬܐ ܘܐܡܪܝܢ. ܕܠܝ ܕܝܢܐ ܡܬܦܪܢܣܢܘܬܐ

ܐܘ ܠܐܠܗܐ: ܕܗܘܐ ܐܠܗܐ ܬܪܝܢܐ ܘܕܘܫ ܠܐܠܗܐ
ܒܥܒܕܬܐ ܗܕܐ ܕܐܘܠܨܢܐ. ܘܡܢ ܗܘ ܕܐܫܬܪܪܬ
ܒܒܪܒܐ ܪܫܝܡܬܐ ܕܐܦܝܣܩܘܦܘܬܐ. ܫܡܗ ܐܢܐ
ܟܠܗܘܢ، ܘܒܪܒܘܗܝ، ܒܗܘܢ ܒܐܣܛܪ̈ܛܝܘܬܗܘܢ. ܘܟܕ
ܣܘ ܕ̈ܢܦܩܐ ܕܒܗܡܢܘܬܗܘܢ ܡܢܗܘܢ ܒܪ̈ܫܝܢܐ
ܘܒܡܘ̈ܬܢܗܘܢ ܕܕܡ ܕܠܐ ܕܝܠܐ: ܣܓܝ ܐܢܘܢ
ܒܫ̈ܢܝܐ. ܘܡܬܕܒܪܬ ܡܠܠܐ ܠܥܡܡܝܢ ܕܢܚܘܢ، ܘܗܘܕܝܢ
ܠܐܦ̈ܣܩܘܦܐ. ܘܠܐܣܝܪ̈ܐ ܒܒܝܬܗܘܢ. ܕܒܝܬܗܘܢ
ܡܢ ܒܪܒܐ ܘܒܝܬܗܘܢ ܡܢ ܕܘܒܐ ܕܘܟܐ. ܐܬܬܝܬܐ ܕܝܢ
ܚܕܐ ܡܢ ܥܒܒܘܬܐ ܕܒܬܪܘܗܝ: ܕܥܡܗ ܗܘܐ
ܥܢܝܢ. ܗܕܐ ܠܡܚܐ ܐܦܝܐ ܗܘܐ ܒܒܝܬܗ. ܘܟܕ
ܥܒܕܬ ܕܐܬܟܠܠ ܡܪ̈ܢܐ: ܥܒܕܬ ܠܠܡܚܘܗ
ܘܠܠܥܢܗ ܒܐܘܪ̈ܚܬܐ ܘܕܒܪܬ ܠܬܪܝܢ ܒܢ̈ܘܗ ܒܒܗ.
ܣܝ ܒܠ ܒܬܦܗ ܘܚܕ ܒܐܚܪܗ. ܘܪܗܛܬ. ܘܐܬܥܒܝܬܗ
ܠܕܝܢܐ ܠܡܥܒܕܢܘܬܐ: ܠܬܝܒܘܬ ܡܢ ܣܘܪܐ. ܘܟܕ
ܠܒܝܥܐ ܒܦܓܪܕܬܗ ܕܣܘܣܝܐ ܕܪܟܝܒ ܗܘܐ:
ܐܘܒܕܬܗ ܦܪܣܝܢܬ. ܕܠܐ ܢܚܠܝܢܗ ܡܢ ܐܘܪܚܐ
ܕܒܗ ܐܫܬܪܪ ܩܘܕܐ ܡܪ̈ܢܐ. ܘܚܠܦ ܕܢܚܐ ܒܕ
ܬܗܪ ܒܗ ܒܝܒܘܬܐ. ܘܡܢ ܕܐܦܣܩܗ ܠܐܬܬܝܬܐ
ܕܦܘܬܫ ܡܢ ܪܚܡܗ ܘܗܘ ܕܒܗ ܡܢܟܐ ܗܘܬ ܘܠܐ
ܐܬܦܣܩܬ: ܦܣܕ ܟܠܗ ܘܐܬܥܒܠ ܪܫܗ ܒܣܦܣܐ

ܘܕܒܝܬܗ̇ ܗܘ ܡܫܝܚܐ. ܗܘ ܕܝܢ ܒܪܐ ܠܒܘܪܐ: ܢܦܠ
ܗܘܐ ܥܠ ܫ̈ܠܡܐ ܕܐܚܘܗܝ ܘܕܐܒܘܗܝ، ܟܕ ܒܥܐ.
ܘܫܦܠ ܗܘܐ ܡܢ ܕܚܣܕܗܘܢ: ܘܫܐܦ ܗܘܐ
ܒܚܝܘܗ̈ܝ، ܘܒܫܘܥܒܕܗ. ܘܒܥܒܕܐ ܕܕܝܢܐ ܘܡ̈ܪܦܐ
ܥܦܠܝܢ ܗܘܘ ܠܗ ܠܡܬܗܘܢ ܘܡܫܬܒܠܝܢ ܗܘܘ
ܒܬ̈ܗܘܒܬܐ ܘܒܬܟ̈ܠܬܐ: ܗܘ ܠܘܬ ܫ̈ܠܡܐ ܕܐܚܘܗܝ
ܘܕܐܒܘܗܝ، ܪܗܛ ܗܘܐ. ܘܢܦܠ ܗܘܐ ܒܝܕܝܗܘܢ
ܘܚܫܒܘ ܗܘܐ ܠܗܘܢ ܒܪ ܚܒܐ. ܘܗܘܝܢ ܩܛܠܘܗܝ،
ܣܢ̈ܝܐ ܘܐܦ ܠܗ. ܘܡܢ ܒܬܪ ܕܐܬܩܛܠ ܗܠܝܢ.
ܦܬܚ ܡܪܝܐ ܒܝܬܗ̇، ܕܦܘܛܝܦܪ: ܘܚܙܐ
ܗܒܠܬܐ ܕܡܫܝܚܐ ܒܐܪܒܐ. ܘܪܫܗ̇ ܒܟܠܐ
ܠܫܒܝܐ. ܘܩܠܝܬ ܒܗ ܟܠܗܘܢ ܕܐܬܡܩܠܠ ܒܢܝܗ:
ܘܒܪܢܫܐ ܡܢܗ ܠܟܠ ܒܢܝܗ. ܘܦܩܕ ܠܗܘܢ ܒܠܒܐ
ܗܕ̈ܝܐ ܘܡܫܒܚܝܢ. ܘܡܣܝܒܐ ܐܫܬܘܕܥ ܕܚܒܘܗ
ܕܕܝܢܐ ܠܡܫܒܘܬܐ. ܘܡܫܝܐ ܘܐܡܪ ܒܡܠܐ ܕܡܪܝܐ.
ܕܐܢܐ ܒܦܘܩܕܢܐ ܐܝܬ، ܐܝܟ ܕܒܪܘܬܐ ܕܒܠܗܘܢ،
ܘܐܠܐ ܗܘܐ ܠܢܦܫܗ ܘܒܝܬܐ ܘܡܬܬܒܥܐ ܗܘܐ
ܠܡܫܝܚܐ: ܕܢܣܒܐ ܠܗ ܕܡܪܐ ܕܦܘܕܐ ܕܐܬܐܫܕ
ܒܢܝܗ. ܘܒܪ ܫܒܥ ܣܘܪܕܝܐ ܡܠܟܐ ܕܐܪܦ
ܠܡܣܝܒܘܬܐ ܠܡܫܒܚܘܬܐ. ܘܐܢܘܕ، ܒܡܫܝܚܐ:
ܦܩܕ ܟܠܗܘܢ، ܕܒܢܝܢܐ ܢܬܐܠ. ܘܡܢ ܕܐܟܠܗܘܢ،

ܠܝܬ̈ܡܐ ܘܠܐܣܝܪ̈ܐ ܘܠܡܣܟܢ̈ܐ ܘܠܡܣܟܢܘܬܐ
ܘܠܐܪ̈ܡܠܬܐ: ܘܫܐܗܘܢ، ܕܠܐ ܐܢܫ ܒܐܓܘܢ:
ܦܩܕ. ܟܠܗܘܢ، ܡܠܟܐ ܕܒܝܘܡܬܐ ܟܬܒ ܩܪܒ ܗܘܐ ܢܬܬܠܐ.
ܘܗܟܢܐ ܐܬܟܠܠ ܒܣܗܕܘܬܐ ܛܒܬܐ ܛܘܒܢܐ
ܛܗܡܝܙܓܪܕ.. ܒܬܫܪܝܢ ܘܚܡܫܐ ܒܐܝܠܘܠ ܢܓܗ
ܚܡܫ ܬܪܝܢܒܫܒܐ. ܘܐܦ ܒܝܘܡܐ ܗ̇ܘ ܘܥܕܡܐ ܡܢ
ܐܠܗܐ: ܕܟܠ ܐܢܫ ܕܡܬܕܟܪ ܥܒܕܗ ܕܛܗܡܝܙܓܪܕ.
ܟܠ ܐܘܠܨܢܐ ܘܒܘܪܗܢܐ ܐܝܢܐ ܕܗܘ ܢܬܒܪ
ܡܢ ܐܠܗܐ. ܗܘܐ ܡܩܒܠ ܙܢܝܐ ܕܟܠܠܗܘܢ
ܕܗܠܝܢ ܬܪ̈ܥܡܝ ܡ̈ܠܟܐ. ܘܗܘܝܢ ܐܬܒܣܡܬܘܢ
ܒܚܠܝܠܐ ܕܪܒܘܬܐ. ܘܠܚܠܝܢ ܢܥܒܕ ܐܘܩܪ ܡܢ
ܒܓܠ̈ܬܗܘܢ: ܠܡܥܒܪܗܘܢ ܥܪ̈ܝܪܐ ܘܠܡܫܡܫܗܘܢ
ܥܒܝܕܐ ܐܡܝܢ ܀

VI.

Leben des Rabbûlâ, Bischofs von Edessa.

ܬܘܒ ܬܫ̈ܥܝܬܗ ܕܡܪܝ ܪܒܘܠܐ ܐܦܝܣܩܘܦܐ ܕܐܘܪܗܝ
ܡܕܝܢܬܐ ܒܪܝܟܬܐ.

ܐܚ̈ܝ. ܒܠܚܘܕܝܐ ܕܫܘܒܚܗ ܕܡܫܝܚܐ ܙ̈ܕܩܝܢ ܚܢܢ ܕܢܬܠ ܫܘܒܚܐ ܒܝܕ ܡܬܕ̈ܟܪܢܘܬܐ. ܘܢܚܘܐ ܕܕܘܒ̈ܪܘܗܝ ܡܝܬܪ̈ܐ. ܕܡܪܝ ܪܒܘܠܐ ܐܦܝܣܩܘܦܐ ܕܒܡܗܝܪܐ ܕܒܡܕܝܢܬܢ. ܐܝܟ ܕܢܗܘܐ ܐܬܘܬܗ، ܠܢ ܘܠܟܠ ܕܕ̈ܪܝܢ: ܢܫܐ ܡܝܬܪ̈ܐ ܕܒܠܒ̈ܘܬܗ ܢܗܪܐ܆ ܐܬܘܬܗ، ܗܘܐ ܕܝܢ ܠܒܘܒܠܐ ܗܢܐ ܪܒܘܠܐ ܡܢ ܠܒܘܬܗ ܚܦܝܐ. ܡܛܠ ܕܐܦ ܗܘ ܐܒܘܗܝ، ܚܦܝܐ ܗܘܐ ܘܒܡܗܝܪܐ. ܘܪܚܡܐ ܢܠܝܨܘ. ܒܐܒ̈ܘܗܝ، ܕܠܗ ܕܗܢܐ ܕܟܕ ܠܡ ܢܦܫܗ ܠܐܬܪ̈ܐ. ܟܕ ܢܦܩ ܠܡܪܥܝܐ ܕܩ̈ܘܪܝܐ. ܐܡܗ ܕܝܢ ܡܗܝܡܢܬܐ ܗܘܬ. ܘܡܪܥܝܐ ܥܡ ܒܥܠܗ̇ ܕܬܦܢܐ ܠܕܚܠܬܗ ܕܡܫܝܚܐ. ܐܡܝܢܐܝܬ ܒܒܥܐ ܗܘܬ. ܘܚܠܦ ܝܚܝܕܗ ܦܓܪܢܝܐ ܕܬܩܝܦܘܬܗ، ܠܘܬ ܫܪܪܐ

ܠܐ ܐܬܬܙܝܥܬ. ܘܟܕ ܚܙܐ ܐܦ ܗܘ ܠܡܗܝܡܢܘܬܐ
ܟܠ ܐܘܣܝܐ: ܘܫܐܠ ܫܪܒܬܗ ܕܒܝܫܘܬܗ ܕܢܦܫܗ.
ܠܫܠܝܛܘܬܐ ܠܐ ܫܒܩ. ܘܗܦܟ ܕܝܢ ܚܕ ܚܕ ܡܢܗܘܢ
ܒܕܝܠܗ. ܘܐܬܬܠܝ ܡܢܗܘܢ ܢܦܫ ܟܠ ܙܘܒܠܐ
ܠܒܢܝܐ. ܘܫܒܝܐ ܬܒܝܢܐ. ܐܦ ܗܫܘܡܐ ܗܕܐ ܕܡܘܬܐ
ܕܢܝܪܐ ܠܫܘܒܪܗ ܕܡܕܢܚܐ. ܐܬܟܠܬܗ ܕܝܢ ܐܡܪܗ
ܠܡܪܢܝܬܐ ܕܡܗܝܡܢܘܬܐ ܕܬܠܝܬܝܘܬܗ. ܘܟܕ ܙܒܢܐ
ܐܬܝܕܥ، ܒܡܦܪܢܐ ܕܫܘܒܚܐ. ܐܝܟ ܕܐܡܪ ܒܬܘܪܐ ܙܘܪܒܐ
ܕܡܕܢܚܬܗܘܢ ܡܢܗܪ. ܘܡܕܡܬ ܢܦܩܬ ܠܗ ܠܗ ܐܡܗ
ܐܢܬܬܐ ܡܗܝܡܢܬܐ. ܟܕ ܢܦܩܬܗ ܘܥܒܕܬܗ ܘܐܝܟ ܐܡܗ
ܐܡܪܝܢܢܬܝ ܬܫܒܘܚܬ ܗܘܬ ܠܗ. ܕܢܬܬܠܝܛ. ܡܢ ܚܛܗܝܬܐ
ܕܐܒܘܗ، ܠܡܗܝܡܢܘܬܗ ܕܡܫܝܚܐ. ܘܠܗܘܢ ܠܐ
ܐܬܦܠܣܦܘ ܗܘܐ. ܡܬܒܪܝܢ ܗܘܐ ܕܝܢ ܒܦܘܠܚܢܐ
ܡܫܒܚܐ ܕܐܝܣܪܐ ܕܡܢ ܡܠܟܐ ܐܬܦܠܓ ܠܗ.
ܡܢܬܗ ܕܝܢ ܚܠܬܐ ܥܦܪܬܐ ܕܢܣܒܘ ܗܘܐ ܠܦܘܪܩܢ
ܕܝܠܗ. ܠܐܦܐ ܡܕܒܪܐ ܕܡܨܪܝܢ. ܘܟܬܘܫܐ ܕܫܐܕܐ
ܡܢ ܐܪܟܘܬܗ. ܐܝܟ ܗܘܐ ܕܢܗܪ ܚܕ ܐܝܟ ܡܫܝܚܘܬܐ.
ܕܦܠܓܐ ܐܒܪܗܡ ܚܒܝܒܐ. ܘܡܬܬܢܝܚ ܗܘܐ ܒܕܡܘܬܗ،
ܒܕܘܟܬܗ، ܘܒܬܘܗܪܗܘܢ، ܕܐܬܪܐ ܗܘ. ܕܐܢܫܐ ܠܗ
ܐܦܘܣܝܐ ܒܥܕܢ ܒܦܘܪܣܐ ܗܕܐ. ܘܦܩܕ ܬܘܒܥܗܐ
ܕܐܘܣܬܐ ܡܣܬܒܪܝܢ ܒܐܬܪܘܬܗܘܢ. ܡܢ ܡܫܝܚܐ

ܐܠܗܘܗܘܢ ܕܒܪܘܦ̈ܛܢܐ܀ ܘܟܕ ܫܡܥ.. ܐܬܘܗܘܗ̇
ܠܡܫܡܫܘܬܗ ܦܓܥܐ ܕܐܬ̈ܘܬܗ ܘܒܛܠ. ܐܝܟ ܐܘܩ̈ܝܢܘܣ
ܒܢܦܫܗ ܫܡܥܐ ܕܢܣܝܢ̈ܘܗܝ. ܘܟܕ ܪܓܫܬ ܠܗ̇ ܒܠܒܗ
ܗܘܐ ܕܪܫܡܬܗ ܕܗܢܐ ܫܡܥܐ ܦܩܕܐ ܕܢܫܘܒ.
ܫܪܝ ܬܘܒ ܬܫܒ̈ܘܚܬܗ ܡܬܦܠܓܐ ܥܠ ܣܘܦܬܗ. ܘܒܟܠ
ܘܡܫܪܗܒܐܝܬ ܒܡܕܒܪܢܘܬܐ ܕܐܠܗܐ. ܠܘܬ ܚܕܬܗ
ܕܦܘܠܚܢܐ ܗܢܐ ܐܘܟܠܬܗ. ܕܢܚܐ ܒܚܝ̈ܘܗܝ، ܫܠܝܐ
ܕܬܕܡܪ̈ܬܗ ܕܫܘܒ ܕܟܠܗܘܢ، ܗܢܐ ܗܘܐ. ܒܗ̇،
ܕܡܘܬܐ ܕܦܘܠܘܣ ܡܛܠܗ̇ ܪ̈ܕܦ ܗܘܐ ܒܫܘܪܝܗ:
ܘܒܫܘܬܦܘܬܐ ܕܟܠܗ ܫܠܝܚܐ: ܥܠ ܓܒ̈ ܒܢܝܢܗ
ܕܥܠܡܐ ܟܕ ܗܘܐ.. ܘܢܦܩܗ ܡܢ ܡܗܝܡܢܘܬܐ ܠܒܪܗ.
ܐܝܟ ܕܐܦ ܠܥܘܠܐ ܡܢ ܣܘܦܬܐ ܠܬܪܝܨܘܬܐ.
ܘܡܛܠ ܕܐܬ̈ܘܬܐ ܠܫܠܝܚ ܕܠܐ ܡܗܝܡܢܝܢ ܐܠܝܨܐܝܬ
ܡܬܒ̈ܥܝܢ: ܦܩܕ ܬܘܒ ܗܘ ܡܪܐ ܦܓܪܐ ܕܢܦܠ ܠܗ
ܥܠ ܓܒ̈ܘܗܝ. ܠܡܦܠ ܕܢܒܐ ܐܝܟ ܕܠܡܪܢܘܬܐ
ܘܠܬܘܬܒܠ. ܒܐܬܐ ܘܒܘܪܬܐ ܕܒܗ̇ ܐܬܝܗܒ ܠܫ̈ܢܐ.
ܘܫܩܠ ܐܬܘܬܐ ܚܕܐ ܠܘܬ ܢܝܫܐ ܐܟܪܙܝܗ: ܕܡܢ
ܒܘܪܗܢܐ ܦܩܕܐ ܕܟܒܢܐ ܒܟܢܫܐ. ܡܬܝܕܥ ܗܘܐ
ܒܫܪܗ ܘܡܚܙܩ ܗܘܐ ܗ̈ܘܪܡܝܗ̇. ܘܟܕ ܫܘܐ ܦܓܥܐ
ܕܟܠܗ ܠܬܕܡܘܪܬܐ ܗܕܐ. ܐܦܠ ܟܕ ܡܬܕܡܪ
ܒܢܦܫܗ ܥܠ ܡܕܡ ܕܗܘܐ. ܘܫܪܝ ܡܬܦܠܓ ܥܠ

ܫܦܘܬܗ ܒܝܕܠܐ ܕܡܫܝܚܐ. ܘܒܠܒܗ ܠܡܘܫܗ ܐܡܪ
ܗܘ̇ܐ. ܐܝܟ ܕܗܘܘ ܠܗ ܡܛܠܝܐ ܗܘܐ. ܕܐܦ ܒܝܫܐ
ܗܘ ܠܟ ܕܐܬܟܬܒ ܒܐܠܗܘܬܗ̈ ܩܢܘܡܝܬܐ ܕܐܒܝܐ:
ܘܬܘܕܝܐ ܒܐܠܗܐ ܐܘܩܪܐ. ܣܝ ܡܚܒܐ ܫܒܪ ܒܡܗܕܝܐ
ܕܝܠܝܕܗ ܒܐܦܝܟ. ܒܐܫܘܬܗ ܕܐܬܝܬܐ ܗܝ. ܘܐܡܪ
ܐܢܬ ܠܡܘܪܝܟ. ܘܟܕ ܚܙܬܗ ܐܡܗ ܕܡܚܝܕ ܠܗܘܢ:
ܘܡܚܒܬܗ ܠܡܘܪܝܐ ܐܠܗܐ ܕܐܬܬܥܝܪ ܠܒܢܘܗܝ:
ܡܢ ܐܟܠܝ ܕܒܡܗ ܐܬܬܣܝܡܘ ܗܘܘ. ܐܣܬܪܗܒܬ
ܡܢ ܣܪܘܬܗ. ܘܠܘܬ ܠܒܢܝܐ ܐܘܣܒܝܣ ܐܦܝܣܩܘܦܐ
ܕܡܕܝܢܬܗ ܐܙܠܬ. ܘܐܠܦܬܗ ܣܘܒܪܗ ܕܒܪܗ ܘܣܝ..
ܘܟܕ ܫܡܥ ܐܬܬܡܗ ܘܫܬܒܚܬܐ ܡܢ ܒܬܪܟܐ ܦܩܕ ܠܗ
ܒܠ ܡܫܝܚܐ. ܐܬܪܒܝ ܕܒܪܐ ܕܡܢ ܐܫܪܝܐ ܢܗܘܐ
ܣܘܥܪܐ ܠܒܠܬܗ. ܘܡܛܠ ܗܢܐ ܡܢ ܕܒܪܗ ܫܦܝܪܐܝܬ.
ܘܐܬܬܚܝܗ ܠܘܬ ܐܣܝܐ ܐܘܣܒܝܣ ܐܦܝܣܩܘܦܐ ܕܢܒܠ
ܡܕܝܢܬܐ. ܐܬܬܚܝܗ ܗܘܐ ܓܒܪ ܐܝܟ ܒܡܫܝܚܐ.
ܘܐܚܕܝܐ ܐܬܬܠܡܕ ܗܘܐ ܒܡܗܝܪܐ ܡܢܪܐ
ܕܕܝܪܐ ܀ ܘܟܕ ܥܡܕ ܐܘܣܒܝܣ ܒܠܬ ܡܐܬܬܗܘܢ.
ܣܝ ܠܟ. ܘܒܠܗ ܐܣܓܗܘܢ ܒܠܗܘܢ ܕܐܒܘܠܐ ܘܥܪ
ܕܝܠܦܘܗܝ. ܘܟܕ ܐܫܬܢܝܬ ܒܝܫܬܗܘܢ ܒܠ ܐܚܪ̈ܢ
ܡܫܝܚܘܬܐ ܐܬܡܠܠ. ܥܕ ܕܐܬܐܠ ܠܝܠܝܐ. ܒܝܬ ܩܘܕܫܐ
ܠܝܬܝܐ ܕܡܘܢܟܐ ܘܕܝܪܝܐ. ܘܕܘܕܘܗܝ ܒܝܠܘܬܐ

ܘܥܕܪܘܗܝ، ܟܕ ܢܕܥܝܢ. ܘܟܕ ܩܐܡ ܒܗܝܟܠܐ. ܚܙܐ
ܓܒܪܐ ܚܕ ܡܥܕܒܠܗ ܕܫܡܫܐ ܗܘܐ ܘܚܙܐ.
ܘܐܬܕܟܪ ܒܚܝܠܗ ܕܡܫܝܚܐ. ܬܒܥܗ ܕܝܢ ܡܬܪܐܝܬ
ܠܬܕܡܘܪܬܐ ܕܥܒܕ ܒܗ ܐܠܗܐ ܒܗ ܒܝܕܘܗܝ.
ܕܓܒܝܣ ܡܕܝܢܐ ܗܦܟܬܗ ܘܡܩܕܡ ܬܫܒܘܚܬܐ ܚܕܬܐ
ܠܐܠܗܐ: ܠܐܒܐ ܘܠܒܪܐ ܘܠܪܘܚ ܩܘܕܫܐ. ܘܡܩܪܒ
ܬܘܕܝ ܘܕܘܩܬܐ. ܟܕ ܡܬܒܣܪܪ ܒܐܝܠܝܢ ܕܚܙܐ ܘܫܡܥ.
ܘܗܦܟ ܠܐܘܪܚܗ. ܟܕ ܒܥܐ ܡܢ ܢܦܫܗ ܟܠ ܦܘܠܚܢܗ
ܕܒܕܒܪܐ ܠܗܢܐ. ܐܬܐ ܕܝܢ ܠܘܬ ܐܘܣܒܝ. ܘܓܠܐ
ܠܗ ܕܐܝܟ ܟܕ ܩܐܡ ܒܗܝܟܠܐ ܐܚܙܝ ܐܠܗܐ ܒܦܘܩܕܢܗ
ܬܫܒܘܚܬܐ. ܘܐܘܕܝ، ܡܫܝܚܘܬܗ ܕܝܫܘܥ ܡܫܝܚܐ،
ܘܟܕ ܥܡܕ ܐܘܣܒܝܘܣ ܠܗ، ܒܡܫܝܚܘܬܗ. ܘܐܡܪ ܠܗ.
ܕܝ. ܟܠ ܐܢܫܐ ܕܗܘܐ ܕܡܫܝܚܐ ܐܠܗܐ ܪܚܡܬ
ܠܟܠܗ. ܒܟܠ ܬܚܠܬ ܒܗ ܟܠ ܡܕܡ ܕܫܠܝܛܬܐ.
ܡܬܚܪܝܢ ܒܗ ܘܡܙܕܝܢ. ܘܟܕ ܚܙܐ ܒܥܒܕܐ ܡܬܪܕܝܐ
ܒܗܘ ܘܡܬܚܢܢ. ܐܘܟܠܘܗܝ، ܠܘܬ ܐܩܩܝܘܣ
ܘܐܘܣܒܝܘܣ ܐܦܝܣܩܘܦܐ: ܠܐܬܪܗ ܕܡܪܥܝܬܐ ܕܩܢܫܪܝܢ
ܢܣܒܐ. ܘܠܘܬ ܦܠܓܐ ܐܒܪܗܡ ܗܘ ܕܒܗܕܢܐ،
ܡܢ ܠܟܠ. ܘܒܟܠܬܐ ܚܠܘܗܝ ܒܬܪܬܐ ܚܠܘܗܝ، ܠܒܢܝܗ.
ܘܐܦܝܣܩܘܗܝ، ܕܒܥܒܪ. ܘܐܥܡܕܘܗ، ܠܗܘ ܕܒܠܐ
ܘܐܡܪ. ܡܟܠ ܕܪܬܪܐܝܬ ܗܒܪܬ ܒܒܪܐ ܘܡܗܝܡܢܘܬ

ܒܒܪܗ ܕܐܠܗܐ. ܢܕܪܬ ܢܦܫ ܟܠܗ̇ ܠܐܠܗܐ. ܘܡܠܝܐܝܬ
ܠܥܠܡܐ ܐܫܒܩܘ. ܘܠܐܠܗܐ ܐܣܩ ܓܡܝܪܐܝܬ.
ܘܒܕܝܪܐ ܐܬܚܙܝ ܒܕܡܘܬܗܘܢ. ܘܗܕܐ ܪܟܬܒ
ܕܐܙܠ ܠܐܘܪܫܠܡ. ܘܐܚܘܐ ܠܐܬܪܐ ܗܢܐ. ܘܐܟܚܕܐ
ܒܝܘܪܕܢ ܐܝܟܐ ܕܥܡܕ ܗ̇ܘ ܡܥܡܕܢܐ ܠܛܘܦܣܗ.
ܘܟܕ ܥܡܕܘ ܐܒ̈ܗܘܬܐ ܗܠܝܢ ܒܝܕܗ. ܘܩܪܒܘܗܝ,
ܡܠܘܬܐ ܘܫܕܪܘܗܝ, ܘܟܕ ܟܠ ܠܐܘܪܫܠܡ ܠܛܘܒܢܐ
ܡܪܝ, ܪܒܘܠܐ: ܘܢܦܠ ܡܢܗ ܒܓܘܠܬܐ ܒܕ̈ܘܟܐ
ܩܕ̈ܝܫܬܐ ܘܢܚܬ: ܘܟܠ ܠܡܕܝܢܬܗ ܕܡܪܢ ܘܠܡܕܝܢܬܐ
ܕܐܬܝܠܕ ܒܗ̇: ܘܫܠܡ ܠܒܝܬ ܫܘܠܡܐ. ܢܦܩ ܕܕ̈ܘܬܐ
ܠܡܣ̈ܟܢܐ. ܘܙܒܢܬ ܡܢ ܬܘܕܡ ܠܒܢ̈ܝܢܐ. ܘܡܚܘܝܐ ܐܦܝܣ
ܠܩ̈ܘܡܝܐ ܘܬܘܬܐ ܡܕܡܝܗܘܢ ܗܡܢܘܬܐ. ܘܡܚܘܝܢܘܗܝ,
ܘܐܚܕܝܢܘܗܝ, ܘܡܚܘܝܐ ܕܫܠܡ ܡܢ ܡ̈ܢܝܐ. ܗ̇ܘ ܒܬܪܐ
ܕܟܠ ܦܓܪܗ ܒܢܝܢ ܗܘܐ: ܐܝܟ ܟܕܐ ܕܩ̈ܒܬܐ
ܕ̈ܚܘܬܐ ܕܡܫܝܚܐ. ܐܬܚܝ, ܟܠܗ ܟܕ ܡܠܟ ܡܢ
ܟܠܗܝܢ ܦܬ̈ܓܡܘܗܝ ܗܟܢܐ ܚܣܝܪܐ ܕܕܡܐ ܕܡܫܝܚܐ
ܟܘܫܦܐ ܕܝܠܗ̇ܘܢ. ܘܟܠܗܘܢ ܕܗܘܢ ܒܗ. ܚܘܒ
ܬܕܡܘܪܬܐ ܗܕܐ ܪܗܛܐ. ܗܢܘܢ ܚܘܒ ܘܬܫܡܫܬܗ
ܘܪܘܚ ܘܪܬܐܬܐ ܐܣܝ ܐܢܘܢ. ܘܡܛܘܪܗܘܢ
ܢܛܠ ܘܩܪܒ ܡܢ ܠܘܬܐ ܡܢ ܐܠܗܐ. ܘܟܠ ܡܠܐ ܪܚܡܐ
ܡܫܚܢ ܗܘܐ ܠܐܠܗܐ ܥܠ ܟܠ ܚܝܠܐ ܕܚܝܘ. ܟܕ

ܕܝܢ ܐܫܬܘܬܦ ܒܐܪ̈ܙܐ ܡܪ̈ܢܝܐ ܕܦܓܪܗ ܘܕܕܡܗ
ܕܡܪܢ܆ ܘܒܬܪܗ ܐܪ̈ܙܐ ܐܠܗܝܐ ܐܫܬܡܠܝ. ܗܟܢ
ܠܡܕܒܪܢܘܬܗ ܒܗ̇ ܫܢܬܐ ܒܗ̇ ܡܫܡܠܝܘܬܗ ܘܕܐܢ ܒܫܘܪܗ܆
ܘܐܦ ܒܝܘܡܗ ܘܫܢܬܐ ܕܢܨܚܢܘܬܗ܆ ܘܡܫܡܠܝ ܠܡܢܘܬܐ
ܕܐܠܗܐ܀ ܡܫܝܚܐ ܕܝܢ ܕܒܚܒܪ ܠܦܘܠܚܢܐ ܪܒܘܠܐ
ܘܢܝܚ ܠܡܕܒܪܢܘܬܗ ܘܟܠ ܠܒܢܘܬܗ. ܐܝܟ ܠܦܘܢܝܐ
ܕܢܛܪܗ ܒܒܝܬ. ܘܐܝܟ ܬܓܪܐ ܚܟܝܡܐ ܕܒܬܪ
ܡܪ̈ܓܢܝܬܐ ܠܦܘܬܐ ܢܦܩ. ܒܗ̇ ܐܫܟܚܗ̇ ܠܡܪܓܢܝܬܐ
ܕܡܟܪܙܗ. ܐܙܠ ܙܒܢ ܟܠܡܕܡ ܕܐܝܬ ܠܗ ܘܙܒܢܗ̇.
ܕܗܟܢ ܒܪ ܘܡܫܐܟܗ ܘܟܠ ܕܡܛܐ ܗܘܐ ܦܪܘܣ
ܠܡܣ̈ܟܢܐ. ܒܕܡܘܬܐ ܕܐܦ ܠܡܪ̈ܢܝܐ ܘܡܩܦܠܝܐ ܕܐܘܪܗ،
ܐܬܡܬܚ ܙܕܩܘܬܗ. ܬܘܒ ܕܝܢ ܐܦ ܒܩܘ̈ܪܣܐ ܕܠܗ ܙܟܝ.
ܘܦܪ̈ܢܣܝܗܘܢ ܒܦܘܠܓܘܬܐ ܠܡܣ̈ܟܢܐ ܦܠܓ ܗܘܐ.
ܒܟܪ̈ܝܗܘܢ، ܬܘܒ ܡܠܟ̈ܐ، ܒܝܬܗ ܘܝܬܡ̈ܐ ܒܡܣܒܗ.
ܠܟܠܗܘܢ ܫܪܪ. ܘܠܟܘܠ ܚܕ ܚܕ ܡܢܗܘܢ ܙܕܩܗ ܘܡܫܪܬܗ،
ܒܥܠܡܐ. ܘܠܡܢܗܘܢ ܐܪܬ، ܘܛܠܝ̈ܐ ܘܐܪ̈ܡܠܬܐ.
ܘܠܐܡܗ ܡܟܪ̈ܟܬܐ ܥܡܠ ܟܠ ܕܡܝܐ ܗܘܬ ܒܗ̇
ܫܢ̈ܝܐ. ܘܢܦܩܬ ܫܢܬܗ ܕܡܫܝܚܐ. ܗܟܢܐ ܗܕܪ ܐܦ
ܚܝ̈ܐ ܫܘܬܦܘܬܗ. ܠܟܢܘܫܗ، ܕܝܢ ܒܗ ܫܒ̈ܬܝܢ. ܬܠܓܐ
ܘܐܬܟܠܠ ܒܙܟ̈ܘܬܐ. ܐܣܬܪܝ ܗܟܝܠ ܡܢ ܟܠ ܕܡܢܐ
ܗܘܐ. ܕܠܗܘ ܡܪܝܐ ܟܠ ܩܢܝܢ ܢܩܢܐ܀ ܒܗ ܕܝܢ

ܐܫܬܘܕܝ܆ ܐܝܟ ܦܘܩܕܢܗ ܕܡܪܢ܆ ܡܢ ܐܒܗܘܗܝ ܡܢ
ܐܢܬܬܗ: ܘܡܢ ܒܢܘܗܝ، ܘܡܢ ܒܢ̈ܬܗ: ܘܡܢ ܩܘܪ̈ܝܘ
ܕܝܠܗ ܘܡܢ ܟܠܗ ܩܢܝܢܗ: ܘܡܢ ܬ̈ܐܟܠܬܗ ܘܡܢ
ܓܢ̈ܒܘܗܝ: ܘܡܢ ܬ̈ܫܒܚܘܗܝ، ܘܡܢ ܟܠ ܕܩܢܐ ܒܥܠܡܐ.
ܥܒܠ ܐܝܟ ܦܘܩܕܢܗ ܕܡܪܢ܆ ܠܡܟܐܒܗ ܒܩܫܝܐܝܬ.
ܘܢܦܩ ܒܬܪܗ ܒܚܪܝܦܘܬ. ܘܡܚܝܗ ܕܫܠܡܗ ܠܟܠܗ
ܒܣܢ̈ܘܗܝ، ܘܠܟܠ ܕܐܝܬ ܒܗ: ܒܪܓܠܬܐ ܫܚܝܩܬܐ
ܕܫܡܥܬܗ ܥܢܝܢܬܐ ܕܡܫܝܚܐ. ܢܦܩ ܡܫܡܫܐܝܬ
ܠܡܕܒܪܐ. ܕܢܬܢܣܐ ܐܦ ܗܘ ܡܢ ܐܟܠ ܩܪ̈ܨܐ ܐܝܟ
ܥܡܗ ܕܐܕܡ܆. ܘܕܢܐܪܘܕ ܩܐܪ̈ܣܐ ܥܡ ܚ̈ܝܘܬܐ
ܒܪ̈ܝܬܐ ܐܝܟ ܚ̈ܝܘܬܐ ܒܪ̈ܝܬܐ. ܘܕܢܐܬܘܕ ܪ̈ܒܐ
ܥܡ ܚܝܘܬܐ ܘܒܢ̈ܝܘܗܝ، ܘܢܬܟܬܫ ܐܝܟ ܐܬܠܝܛܐ
ܪ̈ܘܚܢܐ ܥܡ ܐܪ̈ܟܘܢ ܘܥܡ ܫܠܝ̈ܛܢܐ. ܘܥܡ ܪ̈ܘܚܢܐ
ܒܝ̈ܫܬܐ ܡܢ ܠܥܠ ܘܡܢ ܠܬܚܬ. ܐܝܟ ܕܝܢ ܘܟܕ ܒܕܝܪܗ
ܕܒܡܕܒܪܐ ܕܛܘܒܢܐ ܐܒܘܗܘܢ. ܕܡܢ ܠܟܠ ܐܕܒܪܝܗܝ،
ܗܘ ܕܒܝ ܡܫܝܚܐ ܟܗܢܐ ܕܫܒܐ ܡܢ ܐܬܬܘܬܗ:
ܐܬܥܛܪ ܗܘܐ ܛܘܒܢܐ ܪܒܘܠܐ ܒܬܘܪܗ: ܕܢܦܩ
ܡܢ ܫܘܒܚܐ ܕܫܦܝܪܘܬܐ ܠܡܗܘܪܐ ܕܡܕܪܐ. ܘܟܕ
ܪܒܢܐ ܡܢܟܐ ܒܕܘܟܬܐ ܪܘܪܒܐ ܒܟܢܝ ܒܟܠܗܘܢ.
ܐܠܝܗ ܕܢܦܩ ܠܗ ܟܠ ܒܢܝܗ ܒܡܟܪܐ ܪܒܘܪܐ.
ܘܢܦܩ ܒܗ ܐܝܟ ܕܟܬܝܒ. ܐܫܬܡܠܝ ܕܝܢ ܠܒܘܫܗ

ܘܠܒܟ ܕܢܘܪܐ. ܘܚܒܪ ܒܚܝܠܗ ܐܝܩܪܗ̇, ܘܐܣܝܪܘܬܐ.
ܒܗ̇ ܐܘܣܒܝܣ ܛܘܒܢܐ. ܗ̇ܘ ܕܒܒܝܬܗ ܗܘܐ ܡܕܝܢܐ
ܪܒܠܐ ܐܦܣܩܘܦܐ ܒܬܠܐ ܡܕܝܢܬܐ. ܒܥܘܕܪܢܗܘܢ
ܕܝܢ ܐܝܟ ܕܢܛܪܬܐ ܒܠܒܗܘܢ. ܕܡܬܒܥܝܐ ܗܘܐ ܕܒܕܪܬܐ
ܕܫܠܝܚܐ. ܕܠܥܒܕܘܗܝ ܕܐܝܬ ܗܘܐ ܠܗܘܢ ܕܢܗܘܐ
ܗܘܐ. ܘܫܢܝܬܐ ܒܬܪ ܣܓܝܐܬܐ ܡܢ ܟܠ ܣܒܪܬܐ.
ܟܕ ܫܢܝܢ ܒܡܬܐ ܢܦܩܝܢ ܗܘܘ. ܟܠܗ ܕܝܢ ܐܝܟ ܚܕܐ
ܠܫܒܥܐ ܡܢ ܕܢܗܘܢ ܒܝܕ ܡܢ ܬܘܡܢܝܢ. ܘܟܕ
ܗ̇ܘ ܡܕܝܢܐ ܠܡܪܗ ܕܐܘܣܒܝܣ ܕܛܒܝܢ ܕܐܝܟ ܗܠܝܢ
ܫܢܝܐ ܒܪ ܙܘܪ. ܦܠܚܘܬܐ ܡܕܪ̈ܝܢ ܫܡܫܐ ܫܪܝܪܬ
ܠܗܘܢ ܠܫܒܥܐ ܕܦܘܢܝܗܘܢ. ܬܒܥ ܕܝܢ ܘܐܬܬܕܪܪ
ܒܫܠܝܘܬܐ ܕܪܒܢܘܗܝ ܕܦܠܚܘܬܐ ܪܒܠܐ. ܫܪܝ
ܒܪ ܠܦܠܚܘܬܐ ܗܕܐ ܘܐܬܒܪ. ܡܛܠ ܠܗ ܕܐܪܒܥ
ܐܠܗܐ ܒܡܫܠܡܘܬ, ܕܠܐ ܡܫܬܡܥ ܐܢܐ ܒܐܘܠܨܢܐ
ܚܙܐ ܗܕܐ ܕܢܦܫܗ. ܘܒܗܢܐ ܕܒܝܐ ܫܒܩ ܢܗܒܗ̇
ܠܦܠܚܘܬܐ ܗ̇ܝ, ܠܐܝܬ̈ܝܗ ܡܢ ܪܫܥܐ ܘܕܡܒܝܗ ܦܝܫܘܢ
ܒܪ ܚܒܫܝܢ܀ ܚܙܐ ܕܝܢ ܕܝܕܥܬ ܐܝܫܘܬܐ ܪܚܡܐ
ܠܗܘܬܗ: ܐܝܟ ܕܢܦܫ ܒܪܢܐ ܕܫܒܩ ܒܠܚܘܕܐ ܘܐܙܠ
ܫܘܪܒܐ: ܘܦܢܐ ܢܦܫܗ ܘܐܬܚܒ ܠܐܠܗܐ: ܕܠܐ
ܢܬܚܫܟ ܒܚܝܠܗܘܢ ܡܢ ܪܗܛܐ ܐܚܝܢܐ ܕܕܡܝܢܘܬܗ̇.
ܚܒܪ ܢܦܫܗ ܡܢܝܗܘܢ ܘܥܪܩ ܠܡܕܒܪܐ ܒܗܘܐ. ܐܝܟ

ܕܒܬܪ ܐܦ ܛܘܒܢܐ ܐܬܢܐܣܝܘܣ. ܘܐܫܬܡܥ ܦܪܘܐ
ܕܗܘܪܐ ܒܐܪܒܥܐ. ܘܥܠ ܒܒܗ ܪܓܝܓܐ ܕܢܚ̈ܙܐ
ܕܥܢܝܕ ܡܣܬܟܠ ܗܘ.. ܟܕܐܡܪ ܕܝܢ ܬܘܒ ܗܢܐ ܟܠܣܘܕ
ܐܬܘܗܝ، ܗܘܐ. ܓܠܝܬܐ ܐܡܝܢܬܐ. ܘܬܫܡܫܬܐ
ܕܡܙܡܘܪ̈ܐ ܘܩܪܝܢܐ ܕܟܬ̈ܒܐ. ܗܠܝܢ ܐܝܟ ܚܢܢ ܡܢ̈ܗܝܐ
ܘܕܢ̈ܩܦܐ ܕܥܠ ܕܡ̈ܬܐ ܕܟܐܢܐ ܠܗܘܢ: ܘܕܥܠ ܕܐܬܘܗܝ،
ܕܡܢ̈ܝ. ܐܦ ܡܛܠ ܗܕܐ ܚܢܢ ܗܘܝܬ ܡܫܐܠܬܗ
ܕܠܬܚܬ. ܕܐܝܢܐ ܕܐܠܗܐ ܡܢ ܢܦܫܗ ܠܐ ܢܬܦܣܣ
ܗܘ. ܐܟܚܕ ܚܢܢ ܟܠܗܘܢ، ܟܢܫܐ ܬܘܒ: ܟܠܗܘܢ
ܬܫ̈ܡܫܬܗܘܢ، ܡܫ̈ܡܠܝܐ ܘܡܫܒ̈ܚܢܐ ܐܝܟ ܕܒܗ ܘ
ܛܘܒܢܐ ܐܡܪ̈ܬܢ. ܘܪܫܡܐ ܕܣܓܠܐ ܘܣܟܪ ܕܡܫ̈ܬܒ.
ܒܟܡ ܟܠܐܝܬ ܡܫܪܐ ܗܘܐ. ܐܪܫ ܚܢܢ ܚܪ̈ܘܗܝ،
ܘܥܠ ܡܢܗ. ܬܫ̈ܘܒܚܬܐ ܘܡܫ̈ܪܒܐ ܠܪܘܚܗ. ܘܚ̈ܪܡܢܐ
ܘܓ̈ܙܡܐ ܠܣܘܪܕܗ. ܘܐܙܕܒܢ ܟܠܗܘܢ ܟܚܕ
ܫܬܡܗ ܕܝܠܕܐ. ܘܒܪ ܠܐ ܐܬܡܢܝ، ܫܠܝܐ ܟܚܕܢܝ.
ܡܘܬܐ ܕܡ̈ܚܙܐ ܦܫܐ ܗܘܐ. ܕܡܣܬ ܣܘܢܝܩܗ
ܟܠܗܕ ܪܓܝܓܐ ܘܗ̇ ܕܗܘܪܐ ܓܠܠ ܗܘܐ ܠܗ. ܗܠܝܢ
ܕܝܢ ܕܫܠܝܐ ܟܡܝܢ ܒܒܗ ܡܫܐܠܬ ܡܫܪܐ ܗܘܐ
ܕܢܚܙܐ. ܟܠܗܐܐ ܫܠܝܐܐ ܠܕܡܘܬܗ ܪܟܝܢܐ ܗ̈ܘܘܢ
ܗܘ̈ܝ. ܕܫܠܝܐܝܬ ܢܬܒܪܪ ܗܘܐ ܒܓܠܝܬܗ. ܘܢܬܒܪܦ
ܘܢܒܥܐ ܚܣܝܐ ܠܘܬ ܐܠܗܐ ܕܢܦܪܘܩܝܗ ܡܢ ܟܠ

ܒ̈ܢܝܢ. ܒܡܫܡܫܢܘܬܐ ܒܪ ܕܝܢ ܠܓܘ ܘܗܢ ܠܒܪ:
ܫܠܝܛܐܝܬ ܠܡܘܒܠ ܒܝܫܐ ܡܟܪܐ ܗܘܐ. ܘܠܟܠ
ܘܚ̈ܬܢ ܒ̈ܝܫܝܢ. ܒܟܠ ܝܘ̈ܡܝܢ ܠܒ̈ܢܝܢ ܕܐܬܘܪ ܡܬܠܒܒ
ܗܘܐ. ܘܢܣܩܘܢ. ܘܟܕ ܒܝܠܘܬܐ ܦܐܫ ܕܒܝܫܘܗ
ܡܢ ܐܠܗܐ ܠܐ ܢܫܬܡܥ ܗܘܐ. ܟܕ ܕܝܢ ܗܘܐ ܒܝܫܐ
ܕܠܒ̈ܢܝܐ ܐܚܘܗܝ، ܠܗ ܕܐܬܐ. ܘܚܙܐ. ܕܡܛܐ ܕܒܛܠܐ
ܡܢ ܒܝܬ ܒܢܝܐ ܕܒܠܠܗ. ܡܢܗܘܢ ܕܝܢ ܚܕ ܠܒܝܬܐ
ܚܕܐ ܒܝܘܡܐ ܡܘܡܝܐ. ܘܗܦܟܘ ܒܠܘܗܝ ܘܒܡܘܡܐ،
ܘܒܠܚܘܕ ܠܝܫܘܥ ܥܡܠܐ ܘܬܫܡܫܬܗ ܘܥܢܝܘ. ܗܘ ܕܝܢ
ܐܦ ܟܠ ܗܕܐ ܠܒܪܗ ܡܗܕܐ ܗܘܐ. ܬܟܫܗ ܕܝܢ
ܒܗܕܐ. ܕܦܠܓ ܒܗܘܢ ܐܝܟ ܕܐܬܐ ܗܘܐ ܕܢܣܬܐ
ܠܗ ܠܡܓܘܬܐ ܠܝܫܘܥ ܠܡܫܡܫܘܬܗ ܘܠܐ ܐܫܟܚܘܗ،
ܕܒܬ̈ܪܬܝܗܝܢ ܬܬܠܝܘ ܡܫܡܫܢܘܬܗ. ܘܟܕ ܒܗܠܝܢ
ܕܗܘܝܐ ܕܡ̈ܠܐܟܐ ܚܙ ܗܘܐ ܒܦܪܫܗ ܘܒܢܦܫܗ:
ܘܡܕܡ ܐܠܗܝܐ ܡܕܒܗ ܡܕܒܪ ܗܘܐ: ܐܝܟ
ܕܒܗܬܘܢ ܕܡ̈ܠܐܟܐ ܒܬܫܡܫܬܗܘܢ ܕܒܡܫܡܫ̈ܢܐ.
ܠܦܘ ܒܝܬ ܕܝܪܗ ܕܐܡܒܐ ܘܐܡܝܢ ܐܬܘܗܝ. ܘܐܬܐ
ܕܒܪܘܗܝ، ܠܬܘܗܘܢ ܒܦܫܐ. ܡܛܠ ܕܝܢ ܕܪܚܬܐ
ܕܒܗܕܝܢܘܬܐ ܟܠܒܗ ܐܝܟ ܢܘܪܐ ܫܒܝܒܐ ܗܘܬ.
ܡܢ ܗܘܐ ܕܒܪܗ ܠܬܘܒܝܢܐ ܐܘܫܒܝܢ. ܘܪܕܘ ܬܪ̈ܝܢܘܢ
ܠܟܠܟܝܢ ܒܕܝܢܬܐ ܕܢ̈ܫܐ. ܘܟܠܗ ܠܒܝܬ ܦܬܟܪ̈ܝܗܘܢ

ܒܚܝܠܗܘܢ ܐܠܗܐ. ܕܢܬܒܪܘܢ ܐܢܘܢ ܘܢܫܬܦܘܢ
ܠܣܓܕܘܬܐ. ܠܘ ܒܪ ܒܬܘܠܬܐ ܕܦܢܝܢ ܠܒܢ̈ܝܐ ܐܝܠܘ
ܠܬܡܢ. ܐܠܐ ܥܠ ܗܒܪܐ ܕܡܫܬܘܕܝܢ ܒܗܘܢ
ܘܦܠܚܝܢ ܠܗܘܢ. ܘܡܫܬܥܒܕܝܢ ܒܦܘܠܚܢܗܘܢ ܗܒܘ ܕܗܕܐ
ܢܣܒܪܘܢ. ܫܡܥܘܗܝ ܕܝܢ ܡܢ ܣܗܕܘܬܐ ܠܐ ܒܨܝܪܝܢ
ܗܘܘ. ܐܫܬܘܕܝܘ ܕܝܢ ܡܛܠ ܒܬܘܪ̈ܬܐ ܕܡܢ ܐܠܗܐ
ܠܗܘܢ ܡܛܝ̈ܒܝܢ ܗܘܝ. ܕܢܣܒܘܢ ܒܐܦܣܩܘܦܘܬܐ.
ܡܢܗ ܐܢܘܢ ܕܝܢ ܕܠܐ ܣܘܦ. ܒܕܡܐ ܕܣܒܪܘ ܕܡܛܠ
ܠܗܘܢ. ܒܬܪܟܢ ܕܝܢ ܚܕܘ ܐܢܘܢ ܐܝܟ ܕܠܓ̈ܠܕܐ.
ܡܢ ܙܘܥܐ ܡܟܠܝܐ ܕܪ̈ܓܝܐ ܗܟܢܝ̈ܐ. ܘܒܗܘܢ
ܐܬܢܨܚܘ ܗ̈ܕܡܝܗܘܢ. ܟܕ ܡܚܠܝܢ ܠܗܘܢ ܠܫܢ̈ܕܐ.
ܘܥܕ ܥܠ ܚܕܪܗ ܢܦܠ ܗܘܐ ܓܕܐ ܠܗܘܢ ܕܟܠܗܘܢ
ܬܬܒܪܘܢ ܟܕ ܢܣܬܒܝܢ ܒܕܡܐ ܕܡܬܠܐ ܐܪܒܥܐ. ܘܦܝܣ
ܠܒܡܪܝܗܘܢ ܟܕ ܫܕܝܢ ܕܥܡܘ ܡܛܠ ܐܠܗܐ.
ܕܥܡܡܬܐ ܕܥܡܗ، ܕܡܫܝܚܐ ܒܦܓܪܗܘܢ ܢܫܠܘܢ.
ܫܒܪܘ ܕܝܢ ܐܘܠܨܢܐ ܕܡܘܬܐ ܐܝܟ ܕܒܚܝܢ ܗܘܘ.
ܠܐ ܕܝܢ ܡܛܘ ܒܣܗܕܘܬܐ ܐܝܟ ܕܡܣܒܝܢ ܗܘܘ.
ܦܗܕܐ ܕܡܢ ܢܝܚܘܬܗܘܢ ܗܘܘ ܐܝܟ ܕܐܒܝܠܝܢ
ܗܘܘ. ܠܐ ܕܝܢ ܐܬܒܛܪܘ ܒܚܠܠܐ ܠܣܘܕܝܗܘܢ.
ܡܛܠ ܕܠܡܟܠܠܘ ܒܗܘܢ ܠܣܛܢ̈ܐ ܐܬܟܬܪܘ ܗܘܘ܀
ܕܐܝܟ ܗܘܐ ܠܦܠܚܐ ܙܒܠܐ ܐܦܣܩܘܦܐ ܒܐܘܪܗܝ،

ܡܕܝܢܬܐ ܀ ܒܗ ܒܙܒܢ ܕܝܢ ܗܕܐ، ܕܩܡ ܐܦܝܣܩܘܦܐ
ܕܐܘܪܗܝ܇ ܐܬܟܢܫܘ ܐܦܝܣܩܘܦܐ ܠܐܢܛܝܘܟܝܐ: ܘܐܘܣܦܘ
ܐܦܝܣܩܘܦܐ ܕܚܠܒ: ܠܘܬ ܐܠܟܣܢܕܪܘܣ ܦܛܪܝܪܟܐ.
ܕܢܬܟܢܫܘܢ ܕܢܩܒܘ ܢܬܟܒܘܢ ܐܦܝܣܩܘܦܐ ܒܐܘܪܗܝ،
ܘܐܦܩܘܬ ܒܠܒܗܘܢ ܗܘܝܘ ܕܫܡܥ. ܕܢܟܘܠܐ ܙܕܩ
ܠܡܬܟܢܫܘ ܠܗܢܝܢ ܡܛܠ ܕܒܗ ܡܫܬܐ. ܘܪܘܚܐ ܐܝܟ
ܕܟܠ ܕܗܘܐ ܐܦ ܟܠ ܗܢܐ ܒܦܘܡ ܟ̈ܗܢܐ ܐܡ̈ܪܐ
ܗܘܬ. ܕܐܬܟܢܫܘ ܠܥܒܕܐ ܒܗܕ، ܕܢܚܫ ܠܡܬܟܢܫܘ،
ܡܫܝܚܐ ܕܗܘܕܝ ܐܡܫܝܚܗ. ܒܐܘ̈ܪܚܬܐ. ܐܝܟ،
ܬܫܪܘܬܗ ܐܦ ܕܪܒ ܚܝܠܗ. ܘܐܘܟܕ ܕܝܢ
ܡܕܒܪܢܘܬܗ، ܠܒܢܝ̈ ܥܕܬܐ ܕܢܣܒܪ. ܘܠܬܐܘ̈ܪܝܐ،
ܐܬܟܢܫ. ܐܝܟ ܕܐܦ ܐܣܬܒܪܬ ܒܥܕܬܐ. ܕܥܒܕ
ܒܒܪܢܫܘܬܐ ܕܗܝܡܢܘܬܐ. ܗܝܡܢܘܬܐ، ܘܫܒܥܝܢ،
ܒܢܝܢ. ܘܥܒܕ ܬܫܪܝܢ ܡܪܝܡ. ܐܝܟ ܕܒܗ ܗܕܐ
ܦ̈ܬܟܐ ܗܘܕܥܬܐ ܕܩܪ̈ܝܬܐ ܒܦ̈ܪܘܫܘ ܪܘܚܐ
ܕܫܒܥ. ܩܕܡ ܡܫܪܝܬܗܘܢ ܫܦܝܪܘܬܗ، ܒܗ ܕܥܪܗ.
ܘܐܒܠܗܘܢ، ܠܐܢܛܝܘܟ. ܘܒܥܕܗܘܢ، ܐܦܝܣܩܘܦܐ. ܠܐ
ܕܝܢ ܫܟܚܘܗܝ، ܕܢܐܡܪ ܐܝܟ ܫܪ̈ܝܐ ܒܐܝܣܩܦܘܬܐ
ܘܢܦܩ. ܕܠܐ ܡܫܟܚ ܐܢܫ ܢܦܩܪ ܕܫܠܛܢܐ
ܕܐܢܫ ܘܐܦܝܣܩ. ܐܦܠܐ ܒܪ ܗܘ ܐܬܪܟܢ ܕܢܬܚܫܒ
ܐܣܩܘܦܘܬܐ ܒܡܠܝ ܬ̈ܘܬ ܦ̈ܠܐ ܕܒܫܢ܀ ܒܗ

ܥܒܕܬ ܗܟܝܠ ܐܘܪܗܝ، ܟܠܝܠܐ ܕܗܝܡܢܘܬܗ ܕܪܝܫܗ̇
ܪܒܘܠܐ. ܐܣܬܪܗܒܘ ܢܦܩܘ ܠܐܘܪܥܗ ܒܚܕܘܬܐ
ܘܡܩܠܣܝܢ ܒܥܠܡܐ. ܘܡܚܕܐ ܕܥܠ ܘܝܬܒ ܥܠ
ܬܪܘܢܣ ܕܗܝܡܢܘܬܐ: ܒܩ̈ܘܠܣܐ ܣܓ̈ܝܐܐ ܕܥܡܐ
ܟܠܗ ܕܐܘܪ̈ܗܝܐ ܕܪܚܡܘܗܝ، ܒܩ̈ܠܝܗܘܢ ܫܦ، ܘܕܒܪܬ
ܟܠܝܠܬܗ ܡܢܗܪܬܐ. ܥܠ ܦܘ̈ܪܡܐ ܡܫܒ̈ܚܐ
ܕܬܫܡܫܬܐ ܕܥܕܬܐ. ܦܩܕ ܕܝܢ ܒܚܘܒܬ ܐܠܗܐ
ܕܒܗ̇. ܕܢܬܩܢܐ ܚܕܬܐ ܡܢ ܥܘܢܝܐ ܠܦܘܪܢܣܐ. ܡܛܠ
ܥܘܬ̈ܠܦܝܗ̇ ܫܬܝܐܝܬ. ܐܝܟ ܡܐ ܕܐܬܝܗܒ ܗܘܬ.
ܡܐܢ̈ܐ ܣܐܡܐ ܕܝܢ ܣܓ̈ܝܐܐ: ܕܠܬܫܡܫܬܐ
ܕܦܬܘܪ̈ܐ ܒܣܘܪܐ ܕܥܠܝ̈ܬܘܢ ܒܥܡܠ ܦܪܝܫܐ ܣܓܝܠܝܢ
ܗܘܘ. ܦܩܕ ܡܚܕܐ ܘܐܙܕܒܢܘ. ܘܦܠܓ̈ܗܘܢ ܠܡܣܟܢܘܬܐ
ܕܣܢܘ̈ܢܐ ܦܪܢܣ ܕܣܡܐܝܬ. ܘܐܦܝܣ ܐܢܘܢ ܒܡܣܟܢܘܬ̣.
ܕܡܐܢ̈ܐ ܦܫܪܐ ܢܬܦܫܚܘܢ. ܐܦܪܚ ܬܘܒ ܕܡܐܢ̈ܐ
ܬܫܡܫܬܐ ܕܕܗܒܐ ܘܕܣܐܡܐ ܢܦܩ ܗܘܐ ܠܒܪ̈ܬܐ.
ܘܢܬܠ ܦܠܓܗܘܢ ܠܡܣ̈ܟܢܐ ܟܕ ܐܡܪ. ܕܟܠܝܐ ܗܝ،
ܗܕܐ ܠܢ̈ܕܘܟܒ. ܕܠܐ ܡܕܡ ܢܬܪܐ ܢܚܫܝܢ ܠܐܝܩܪܗ
ܕܐܠܗܐ. ܡܐܢ̈ܐ ܬܫܡܫܬܐ ܗܕ̈ܝܪܐ ܕܕܗܒܐ
ܘܕܣܐܡܐ. ܐܠܐ ܟܠܗ̈ܘܬܐ ܕܟ̈ܢܝܐ ܡܬܚܣܝܢܐ ܪܘܚܐ
ܕܐܠܗܐ. ܘܡܣܬܒܪܢܘܬܗܘܢ ܬܘܒ ܡܬܥܛܠ
ܦܘܩܕܢܗ. ܐܬܟܠ ܕܝܢ ܒܒܥܘܬܐ ܕܡܗܝ̈ܡܢܐ ܡܢ

ܗܕܐ ܕܐܬܒܪܝܗ̇. ܒܗ ܡܪ̈ܒܝܢܝܗܘܢ ܐܝܟ ܕܒܢ̈ܝܐ
ܐܒ̈ܗܝܗܘܢ ܦܓܪ̈ܢܝܐ. ܕܢܠܦ ܦܘܪܫܢܐ ܕܪܘܚܗܘܢ
ܩܪܒ ܠܐܠܗܐ. ܘܠܒ̈ܢܝ ܡܠܝ̈ܘܗ̇ ܕܠܗ ܐܝܟ ܐܒܐ
ܠܒ̈ܢܘܗܝ، ܡܠܟ ܗܘܐ. ܘܐܝܟ ܪܫܐ ܠܒ̈ܢܝ ܕܒܝܬܗ، ܠܗܘܢ
ܡܪܬܐ ܗܘܐ. ܗ̇ܢܘܢ ܕܠܐ ܐܢܫ ܐܝܟ ܣܘܟܗ
ܒܡܣܟܢܘܬܐ. ܥܒܕܬ ܐܝܟ ܕܣܠܝܬܗ ܡܠܦܢܘܬܐ.
ܠܛ̈ܒܐ ܕܝܢ ܕܒܗܘܢ ܡܢ ܒܟܐܢܘܬܐ ܕܢܬܘܘܢ.
ܘܠܒ̈ܝܫܐ ܕܒܗܘܢ ܡܢ ܦܘܪܥܢܘܬܐ ܕܢܬܟܐܒܘܢ.
ܘܠܐܝܠܝܢ ܕܡܬܦܪܢܣܢܘܬܐ ܡܫܠܡܝܢ ܗܘܘ܆ ܘܟܠ
ܣܢ̈ܝܩܘܬܗܘܢ ܒܬܘܪ̈ܬܗܘܢ ܡܬܥܠܝܢ ܗܘܘ. ܐܝܟܢ
ܥܠ ܘܢܦܩ ܕܢܒܥܘܢ. ܘܠܐܝܠܝܢ ܕܒܥܝܐ ܕܪܒܝܢܐ
ܐܘ ܕܡܫܒܚܘܬܐ܆ ܢܝ̈ܫܗܘܢ ܒܠܚܘܕ ܬܘܩܢܬܐ
ܒܫܝܢܘܬܐ ܡܕܒܪܝܢ ܗܘܘ. ܐܝܟ ܕܐܘܪܒ ܐܦ ܐܚܝܒ.
ܘܫܡܥ ܪܫܝܥܘܬܐ ܕܒܕܬܐ. ܣܓܝ ܗܘܐ ܕܝܢ
ܒܪ̈ܫܝܥܘܬܗ ܘܒܢܐ ܦܬܟܪ̈ܐ. ܕܢܥܒܕ ܒܒܥܠܙܒܒ
ܦܓܪܐ ܕܡܣܝܒܪ ܒܐܢܫܐ ܣܪܝܪ̈ܐ. ܕܠܗܘܢ ܢܦܪܘܒ
ܠܫܥܒܕܘܬܗ ܕܡܫܝܚܐ. ܕܠܐ ܗܘܐ ܕܝܢ ܠܫܠܝܛܘܬܐ
ܕܪ̈ܚܡܘܗܝ: ܕܡܬܚܡܘ ܥܠ ܗܘܐ ܕܬܬܦܣܡ ܡܢܗ ܕܠܐ
ܣܘܦ ܠܚܝܒܘܬܐ. ܐܘ ܕܟܠ ܪܫܐ ܕܐܝܟ ܕܠܐ ܦܬܠ
ܠܗܘܢ، ܡܫܕܪܘܬܐ ܕܪ̈ܥܝܐ ܢܦܠܬܗ ܗܘܐ ܫܒܥܐܝܬ.
ܡܠܬܗ ܕܝܢ ܕܫܠܝܚܐ ܒܒܪ̈ܐ ܕܒܪ ܗܘܐ. ܕܢܫܒ

ܐܝܕܐ ܕܒܟܠ ܟܠ ܐܢܫ ܠܐ ܐܬܦܠܚܣ ܗܘܐ. ܕܠܐ
ܢܬܬܘܬܦ ܒܫܘܠܛܢܐ ܢܘܟܪ̈ܝܐ. ܐܠܐ ܗܘ ܕܐܦ ܡܢ
ܬ̈ܢܢܐ ܕܢܦܫܗ ܘܕܦܓܪܗ ܡܬܢܙܪ ܗܘܐ. ܢܦܪܘܩ ܗܘܐ
ܒܫܡܝܐ ܐܝܕܗ ܠܐܘ̈ܪܚܐ ܩ̈ܕܝܫܐ ܕܡܫܝܚܘܬܐ. ܒܡܠܐ
ܒܪ ܙܟܝܐ ܫܡ̈ܫܝܢܘܗܝ ܠܚܡ ܒܪܬܐ ܟܠܗ ܡܟܪܙ
ܗܘܐ. ܕܟܠ ܐܝܠܝܢ ܕܠܡܠܘܬܗ ܚܕܐ ܕܢܦܪܘܩ. ܟܕ ܡܫܡܫ̇ܕ
ܒܟܠܬܐ ܕܐܠܗܐ ܠܟܠܗܘܢ ܫܡ̈ܫܘܗܝ. ܕܐܝܟ ܡܕܒܪ
ܒܗܘܢ ܡܕܡ ܕܢܦܪ ܠܐܠܗܐ ܢܫܘܢ. ܘܒܡ ܗܕܐ
ܐܦ ܒܡܫܐܠܬܗ ܒܟܠ ܫܥ̈ܐܠܝܢ ܒܠܝܗܘܢ ܡܟܡܟ ܗܘܐ.
ܟܕ ܐܦ ܡܢܗܘܢ ܕܠܝܗܘܢ ܒܠܝܗܘܢ ܡܐܡ ܗܘܐ
ܕܕܡ ܒܫܢܝܢ ܒܡܕܡ. ܫܡܥ ܗܘܐ ܒܪ ܛܠܝܐ ܒܟܠ
ܐܫܡܝܢ ܫܪܝܪܐܝܬ. ܕܐܝܟ ܕܒܢܝܐ ܒܪܢܫܐ ܘܡܘܪܒܢܐ
ܡܦܟܠܐ ܕܗܒܠ ܒܗܢܐ ܡܕܡܟܐ. ܢܗܘܘܢ ܡܬܦܪܒܝܢ
ܒܐܝܕܗ ܠܐܠܗܐ ܒܫܢ̈ܝܐ ܕܠܐ ܡܘܡܐ. ܫܡܠܛܢܗ
ܒܪ ܗܒܠܐ ܐܝܬܘܗܝ ܗܘܐ. ܕܐܝܟ ܡܢܐ ܕܡܫܝܚ
ܚܝܐ ܐܢܫܝ. ܠܕܡܘܬܐ ܕܡܠܐܟ̈ܐ ܫܡܝܐ ܢܬܦܫܡܘܢ
ܒܫ̈ܢܝܐ ܒܬܫܡܫܬܗܘܢ. ܘܠܗܪܘܗܝ، ܕܝܢ ܐܡ̈ܝܢܐ
ܕܠܘܬ ܡܕܡܐ ܢܦܫܐ ܕܒܢ̈ܝܐ. ܡܢܗ ܡܫܡܫ ܠܡܛܘܠܐ.
ܒܠܗܘܢ ܒܪ ܫ̈ܒ ܫܢܘܗܝ، ܕܗܘܐ ܒܡܫܝܚܘܬܐ ܒܫ̈ܢܝܢ
ܘܐܪ̈ܒܥ ܫ̈ܢܝܢ. ܡܢ ܡܫܬܡܫܢܘܬܐ ܗܕܐ ܠܐ ܠܐ ܫܠܝ.
ܘܠܐ ܦܣܩܝܢ ܕܢܫܡܫ ܘܡܟܠ ܫܡܠ ܛܒܐ ܪܒܐ

ܕܘܗ̈ܘܗܝ، ܕܟܠܗܘܢ ܕܝܘܡ ܒܗܘܢܗ. ܕܐܬܒܪܘܢ
ܚܕ ܠܚܒܝܫܐ ܕܬܒܥܐ ܠܡܕܝܢܬܐ. ܐܦ ܠܗܘܢ ܡܣܬܪܝܢ.
ܗܘܐ ܘܡܬܚܠܡ. ܘܕܠܐ ܢܐܟܠܘܢ ܒܣܪܐ ܐܘ ܢܫܬܘܢ
ܟܕ ܚܠܝܡܝܢ:/ ܠܗܘܢ ܡܦܩܕ ܗܘܐ ܘܡܙܗܪ. ܘܕܠܐ
ܢܬܥܢܘܢ ܒܬܐܓܪܘܬܐ ܕܥܠܡܐ. ܠܗܘܢ ܦܩܕ
ܗܘܐ ܘܡܦܩܕ. ܘܕܒܪ̈ܝܬܐ ܐܘ ܒܩܘܪ̈ܝܐ ܒܡܦܩܐ ܠܐ
ܢܘܦܩܘܢ ܠܗܘܢ ܡܬܚܫܒ ܗܘܐ. ܘܡܬܒܥܐ ܗܘܐ
ܠܗܘܢ ܒܟܠܗܘܢ ܒܡܫܟܢܘܬܐ ܕܢܣܒܘܢ ܠܫܪ̈ܝܪܐ.
ܘܟܠܐ ܗܘܐ ܠܗܘܢ ܕܐܦ ܡܫܡܫܢܝܬܐ. ܢܡܦܩܢ ܣܪ̈ܝܩ
ܡܢܗܘܢ ܒܗ ܚܕܪܘܗܝ. ܘܡܬܪܬܐ ܗܘܐ ܠܗܘܢ
ܘܦܩܕ ܡܢܗܘܢ. ܕܢܗܘܘܢ ܚܒܝܫܝܢ ܒܥܘܡܪܐ ܘܐܡܝܢܝܢ
ܒܨܠܘܬܐ. ܘܡܬܒܥܐ ܗܘܐ ܠܗܘܢ. ܕܒܟܠܙܒܢ ܢܗܘܘܢ
ܢܫܡܫܘܢ ܒܡܪ̈ܕܐ ܘܒܫ̈ܩܠܐ. ܕܬܠܡܝ̈ܕܐ ܐܢܘܢ
ܕܡܫܝܚܐ. ܟܕ ܡܦܩܕ ܒܟܠܗܘܢ ܐܦ. ܕܠܐ ܠܒܘܫܐ
ܘܐܣܛܘܠܐ ܘܣܘܕܪܐ ܕܪ̈ܥܐ. ܕܠܐ ܠܐܝܠܠܐܢܬ
ܢܬܚܘܘܢ. ܘܠܟܠܗ ܡܣܟܢܐ ܕܥܢ̈ܝܐ ܡܙܗܪ ܗܘܐ ܠܗܘܢ
ܬܘܒ ܒܟܠܝܘܡ. ܕܠܡܣܒ ܐܦ̈ܐ. ܒܟܠܗܘܢ ܕܡܫܬܥܐ ܥܡ
ܬܫܡܫܬܐ ܕܢܫ̈ܐ ܠܒܢ̈ܝ ܩܝܡܐ ܒܥܘܡܪܐ ܠܐ
ܬܬܚܘܢ. ܘܐ̈ܢܬܬܐ ܕܒܬܘܠܘܬܐ ܒܠܚܘܕ ܡܢ ܐܚ̈ܝܗܝܢ ܠܐ
ܢܫܟܢܢ ܗܘܝ. ܘܫܕܪ ܡܢܗܘܢ ܠܒܢܫܐ ܐܘ ܠܒܢܬ ܩܝܡܬܐ
ܟܠܒ ܡܢ ܢܦܫܐ ܕܫܒ̈ܝܐܬܐ. ܠܐ ܬܐܙܠ ܗܘܝ.

ܘܦܪܫ ܗܘܐ ܕܟܠܗܘܢ ܟ̈ܬܒܘܗܝ ܕܥܠ ܡܫܡܫܢܘܬܐ.
ܒܡܢܗ̇ ܢܨܚ̈ܢ ܒܝܠܦܘܬܐ ܘܒܡܪ̈ܝܫܘܬܐ ܘܒܢܟܦܘܬܐ܀
ܡܛܠܗ̇ ܗܘܐ ܬܘܒ ܐܦ ܠܐܝܠܝܢ ܕܠܥܕܬܐ ܡܢܗܪܬܐ
ܘܡܦܪܫܢܘܬܐ ܕܪܘܚܐ ܒܬܐܠܦܪܘܢ ܘܒܡܪܘܣ.
ܕܢܣܒܘ ܒܢܚܬܐ ܡܬܘܪܓܡܢ ܗܘܘ. ܘܚܘܝܐ ܕܝܢ
ܡܫܪܬܐ ܕܢܘ̈ܢܬ ܝܘܢܐ ܕܡ̈ܫܦܩܢ ܕܡܢܐ ܕܐܝܟܢܐ
ܒܐܦܣܝܢ. ܒܒܝܬܐܝܬ ܒܦܘܫܝܗ ܡܫܠܡܐ ܡܫܠܠ
ܗܘܐ. ܟܕ ܡܬܠܒܫ ܒܐܝܟܢܐ ܘܐܡܪ ܗܘܐ. ܕܢܣ
ܠܝ ܕܬܗܘܐ ܗܕܐ ܒܒܕܝܬܐ ܕܡܫܡ̈ܫܢܐ. ܕܐܝܟܢܐ
ܕܐܟܠܝܢ ܦܓܪܗ ܕܐܠܗܐ ܒܡܫܡܫܢܘܬܗܘܢ ܘܫܬܝܢ
ܕܡܗ: ܕܢܣܒܘ ܒܦܘܪܫܐ ܕܐܝܟܢܐ ܕܡܬܐܡܪ
ܪ̈ܡܙܐܝܬ: ܡܢ ܢܘ̈ܗܪܐ ܒܫ̈ܡܝܐ. ܟܕ ܡܢܘܪܐ
ܗܘܐ ܠܗܘܢ ܒܥܠܬܗ ܕܫܡ̈ܫܬܐ ܕܢܦܫܐ. ܕܕܠܐ
ܪ̈ܚܡܬܐ ܒܦܪ̈ܨܘܦ ܦܘܪܥܢܐ ܒܢܦܫ̈ܬܗܘܢ ܫܠܝܛܝܢ
ܗܘܘ܀ ܒܟܠܗܘܢ ܕܝܢ ܕܫ̈ܢܝܐ ܕܫܢܘܗܝ. ܕܒܢܝܐ ܡܕܡ
ܒܐܪܒܥ ܠܐ ܐܬܦܢܝ. ܐܠܐ ܐܢ ܦܠܓܗ ܬܘܠܕ ܐܘܣܬܐ
ܒܪܚܡܬܐ ܕܗܡܠܐ ܕܒܕܬܐ ܕܡܕܢܚܗ ܒܠܚܘܕ.
ܡܛܠ ܕܐܬܒܚܪ ܡܢ ܦܠܢܗ ܕܒܢܝܐ ܕܐܝܬ ܗܘܐ
ܒܗ̇ ܘܐܬܬܘܬܗ̇ ܒܡܬܕܬܐ ܝܒܘܪܐ܀ ܐܬܥܢܝ ܕܝܢ
ܠܐܪܒܐ ܒܠܗ̇ ܕܒܢܬ ܐܘܪܗܝ. ܕܒܟܠ ܫܢܝܢ
ܕܐܠܝܬܐ ܒܫܢܝܐ ܗܘܬ. ܒܗ̇ ܗܘܐ ܗܘܐ ܒܗ̇ ܒܪ

ܒܐܘܪܗܝ، ܡܬܢܐܝܬ. ܘܠܦܠܓܐ ܕܒܫܢܐ ܕܒܪ ܕܝܢ.
ܕܒܙܒܢܐ ܕܐܬܚܫܒ ܡܢܗ ܘܐܙܕܒܢ.. ܦܩܕ ܗܘܐ ܓܝܪ
ܗܘ ܒܪ ܕܝܢ ܠܡܠܟܐ ܕܢܝܚܘܬܗ: ܘܒܫܠܝܘܬܐ
ܕܫܘܬܗ ܐܝܟ ܗܘܐ ܠܘܬܗ. ܠܟܠܗܘܢ ܕܘܪܒܢܐ
ܕܡܕܝܢܬܐ. ܕܟܠܗܘܢ ܣܠܩ ܫܘܪܐ ܣܓܝܐܐ ܕܡܬܬܪ
ܗܘܐ. ܡܟܝܪ ܗܘܐ ܓܝܪ ܡܠܟܐ ܒܪ ܐܠܦܐ ܘܡܠܟܐ
ܠܒܝܬܗ. ܕܒܫܠܝܐ ܬܫܡܫܐ ܕܒܝܬܐ. ܡܠܟ ܗܘܐ
ܡܢܗ ܠܒܢܝܢܗ ܡܠܟܘܬܐ: ܗܢܐ ܕܝܢ ܐܒܓܪ
ܡܠܟܐ ܕܐܬܟܬܒ ܕܠܟܝ. ܠܐ ܕܝܢ ܡܢ ܐܪܟܐ
ܐܢܫܐ ܡܟܬܒܢܐ ܘܠܒܟܘܢ ܫܠܝܐ ܕܝܠܝ ܐܬܬܚܪ
ܒܠܫܢ: ܗܕܐ ܓܝܪ ܦܫܝܛܐ ܗܘܬ. ܐܠܐ ܕܠܗܘܢ
ܠܢܒܝܐ ܕܢܬܠܐ ܗܘܐ ܠܫܠܝܐ ܐܬܝܗܒ ܒܡܕܝܢܬܗ.
ܗܕܐ ܗܝ ܓܝܪ ܗܝ، ܕܐܦ ܐܠܝܐ ܗܘܬ. ܣܠܩ ܗܘܝܠ
ܠܐ ܕܫܠܐ ܕܢܦܩܘܗܝ، ܕܫܒܒ ܘܕܡܢܗ ܕܕܝܢܘ
ܒܘܪ، ܐܢܫܘ ܘܐܬܗܦܟܬܗ: ܘܒܢܝܒ ܒܢܝܫܐ
ܘܐܒܢܝܡ ܡܫܝܚܘܢ ܠܡܠܟܐ. ܗܢܐ ܪܒ ܫܠܝܐ ܠܢܝܫܐ
ܕܫܘܒ ܡܫܝܚܐ. ܒܡܠܐ ܡܫܝܚܐ ܘܢܝܫܡܐ ܐܫܡܫ
ܒܫܠܐ ܕܐܠܗܝ. ܕܠܒܝܬ ܒܘܫܬܗܘܢ ܢܛܘܬܪ
ܫܠܐܝܬ. ܘܟܠܗ ܒܪܘ ܢܫܡܠ ܢܦܠ ܠܒܕܘܗ. ܒܕܒܪܐ
ܕܐܦ ܒܐܩܘ ܠܢܫܝܘܬܐ ܢܫܒ. ܠܗܘܢ ܕܝܢ ܠܒܢܝܫܐ
ܗܠܝܢ ܕܟܠܗܘܢ: ܟܠܗ ܒܠܒܠܘܬܗ ܐܬܬܘ ܗܘܬ.

ܐܦܘ ܒܡܫܝܚܐܝܬ ܘܫܒܒ̈ܝ ܒܢܝܫܘܬܐ. ܘܐܦܢ
ܠܫܪܪܗ ܫܪܝܪܐ ܕܒܪܬܐ ܕܫܠܝܚ̈ܐ. ܟܕ ܦܪܫܢ
ܘܡܫܪܝܢ ܠܟܝܢܘܬܗܘܢ. ܘܗܢܝܢ ܐܚܪ̈ܢܐ ܐܝܟ
ܒܡܫܝܚܐ ܘܫܬܘܦ ܐܝܟ ܠܡܫܝܚܘܬܗ. ܘܒܗܕܐ
ܕܒܗܬܐ ܢܦܩ ܒܫܘܠܛܢܗ ܦܩܘܕܐ ܕܕܝܠܝܬ̈ܐ. ܘܫܒܒ̈ܝ
ܐܝܟ ܠܫܪܪܐ. ܘܐܠܦܐ ܕܫܘܕܥܐ ܘܪ̈ܒܘܬܐ ܕܗܪ̈ܛܝܩܘ
ܐܚܪ̈ܢܐ ܒܡܫܝܚܐ ܒܟܠܗܝܢ ܫܢ̈ܝ ܒܗܢܘܬܗ. ܒܗ ܬܘܒ
ܕܝܢܐ ܕܪܘܫܐ ܕܡܓܠܫ ܗܘܐ. ܐܬܦܬܝ ܕܫܒܒ̈ܝ
ܠܫܪܪܐ ܕܬܠܝܬܝܘܬܐ ܡܪܝܡܬܐ ܐܦ ܠܐܪ̈ܝܢܐ.
ܒܝܬ ܝܠܕܬܗܘܢ ܚܢܪ ܓܗܪ. ܘܠܗܘܢ ܦܪܒ ܠܬܘܬܗ.
ܘܠܟܬܒܐ ܕܒܟܬܒܗܘܢ ܒܢܒܝ ܒܟܪ̈ܟܝܬܗ. ܟܕ ܢܗܟܝܢ
ܐܚܝܕ ܫܘܟܢܐ ܓܘܢܐ ܠܗ̇ ܒܝܢܐ ܬܠܬܐ ܩ̈ܢܘܡܝܢ
ܕܐܒܐ ܘܒܪܐ ܘܪܘܚܐ ܕܩܘܕܫܐ܀ ܟܠ ܕܒܝܬ
ܡܪ̈ܢܘܗܝ ܕܝܢ ܐܦܠܐ ܒܡܬܪ̈ܐܬܐ ܡܫܒܚ. ܐܝܟ
ܕܐܝܢܐ ܐܒܝܫܘܬܗ ܕܟܠܗܘܢ ܒܒܝܐ ܗܘܬ. ܠܗܢܐ
ܗܟܝܠ ܫܘܝܐ ܗܦܟܐ ܕܢܠܝܬܐ ܕܟܝܢܘܬܗܘܢ
ܕܡܪ̈ܢܘܝܐ. ܒܫܘܟܠܗ ܕܗܢܐ ܐܚܝܐ ܪܒܐ ܢܝܚܐ.
ܟܕ ܐܚܪ ܒܟܘܪ̈ܝܢ ܐܠܗܝ ܒܝܪܘܬ ܪܘܚܝ
ܕܟܬܒܘܢ. ܐܚܪ̈ܝ ܒܗܦ̈ܢ ܚܢܪ ܐܠܗܐ ܐܠܗܐ ܕܢܠܬܗ
ܕܗܕܝܐ ܪܒܠܝܐ. ܘܡܟܠܗ̇ ܠܫܪܪܗ ܡܒܗܡܢܐܝܬ
ܟܕ ܒܦܪܫ ܒܬܟܢܘܬܗܘܢ܀ ܗܟܢܐ ܬܘܒ ܟܢ

ܢܚܡܬܗ ܐܠܗܝܬܐ. ܕܐܦ ܠܡܫܝܚܐ ܫܡܥܘܢ ܚܙܐ
ܗܘܐ ܠܗܘܢܐ ܡܫܬܟܚܐ ܕܝܕܥܬܐ ܦܪܘܫܬܐ. ܐܘܕܝܘ
ܗܟܝܠ ܐܝܟ ܕܓܒܐ. ܘܗܝܡܢܘ ܒܡܪܝܐ ܘܥܡܕܘ
ܒܡܫܝܚܐ ܘܐܬܬܘܣܦܘ ܥܠ ܥܕܬܗ. ܠܫܠܝܚܘܬܐ ܕܝܢ ܬܘܒ
ܡܥܒܪܬܐ ܘܡܫܠܡܢܘܬܐ ܠܟܐܢܘܬܐ ܕܡܫܪܥܢܝܐ.
ܐܡܟܐ ܕܡܥܒܕ ܗܘܐ. ܠܕܝܠܬܐ ܫܒܐ ܗܘܐ ܟܠܗ
ܘܟܠܢܐ ܕܫܡܝܢܐ ܒܪ̈ܢܫܐ ܫܠܡܐ. ܫܠܡܐ
ܗܝ ܒܪ ܥܠܝܬܗܘܢ ܕܫܡܥܘ. ܘܥܕܟ ܗܘܐ
ܘܠܝܡܗܘܢ ܠܒܢܐ ܠܦܘܠܘܬܐ ܬܘܕܝܬܐ ܠܡܫܠܠܬܗ
ܒܐܪܥܐ ܕܒܝܬܐ. ܘܡܫܠܡܢܐ ܐܦ ܡܬܝܚܣ ܗܘܐ
ܠܗܘܢ: ܕܒܐܘܚܕܢܗ ܠܟܠܗ ܠܐ ܢܬܚܝܒܘܢ ܀ ܝܘܡܐ
ܒܥܕܢܐ ܕܝܢ ܘܕܘܩܝܐ ܕܗܦܟܘ: ܕܚܙܥܘ ܢܥܡܘܢ
ܡܢ ܣܘܠܩܢܐ ܕܒܕܬܐ ܐܝܟ ܡܢܗܪ ܡܢ ܥܘܪܐ:
ܘܐܘܠܕܘ ܠܡܢܘܡܗܘܢ ܒܗܢܘܬܐ ܥܦܪܬܐ ܒܕܓܘܬܐ
ܕܥܪܝܬܐ: ܒܕ ܓܚܡ ܒܗܪ ܓܕܢܐ ܕܟܠܝܢܐ ܘܫܓܡ
ܡܢ ܡܘܥܬܐ. ܒܕܐܝܟ ܗܠܝܢ ܐܬܥܫܝ ܠܗܬܗܘܢ
ܗܢܐ ܪܒܝ ܥܘܪܐ ܥܡܠ ܦܒܢܐ ܕܡܪܒܝܬܗ.
ܒܢܥܬܗܘܢ ܒܕܪ. ܘܠܡܫܠܡܘܢ ܕܢܟܬܘ ܗܘܘ
ܢܒܪ̈ܝܐ ܒܓܕ ܐܢܘܢ. ܘܦܪܕ ܐܢܘܢ ܡܢܗ. ܘܐܒܗܬܪ
ܫܠܦܗܘܢ ܐܢܫܐ ܒܢܫܐ ܐܪܥܐ. ܘܠܐܢܠܝܢ ܕܬܒܗ ܡܢܗܘܢ
ܥܗܬܦ ܒܕܪܗ. ܒܗ ܬܘܒ ܒܕܓܘܬܐ ܗܘ, ܐܒܥܘܬܗ

ܐܦ ܟܠ ܡ̈ܫܝܚܝܐ ܗܪ̈ܛܝܩܘ. ܠܗܠܝܢ ܗܟܝܠ ܦܩܕ
ܠܘܬܗ ܘܐܦܝܣ ܒܡܫܝܚܐ. ܘܡܟܠܘ ܣܓܝܐܬ ܒܗ ܕܝܢ ܒܦܘܪܝܢ
ܟܠܝܚܘܬܗܘܢ ܀ ܒܗ ܗܟܝܠ ܒܗܠܝܢ ܫܢܬܐ ܗܘܐ
ܘܪ̈ܕܐ: ܘܠܐܣ̈ܝܐ ܒܡܕ̈ܝܢܬܐ ܕܐܒܗܬܗܘܢ ܟܠܗ
ܗܘܐ ܒܟܢ̈ܫܐ ܘܒܥ̈ܠܡܐ. ܒܫܢܐ ܚܕ ܡܫܪܝܐ ܗܘ
ܕܐܝܟ ܕܐܡܪܝܢ ܣ̈ܦܪܐ ܕܠܦܘܗ: ܕܟܘܪܐ ܕܪܘܚܬܐ
ܐܟܠܬ ܒܗܦ̈ܐ ܠܡܫܘܬܗ. ܒܕܡܐ ܕܝܩܕ ܘܒܠܒ
ܘܐܬܚܫܠ ܒܡܘܬܐ. ܘܪܓܫ ܦܓܪܗ ܡܫܘܦܐ ܘܗܘܐ
ܘܟܠܐ ܒܐܪܒܐ. ܡܢܗ ܗܟܝܠ ܕܗܘܐ ܐܪܓܫܬ ܪܘܚܐ
ܕܡܘܪܐ ܢܚܒܐ ܚܕ ܠܝܠܝܐ. ܢܦܠܘܗ ܬܠܡܝܕܘܗܝ
ܒܝܫܐ ܕܗܘܐ ܬܐܕܪܘܣ. ܘܢܩܒ ܒܦܘܡܗ ܦܐܪ̈ܐ
ܡܠ̈ܐ ܡܣܩ̈ܢ ܒܡܘܬܐ ܒܦܘܫܐ. ܗܢܐ ܗܟܝܠ ܦܩܕ
ܗܘܐ ܡܟܠ ܕܪܚܐ ܠܢܝܠܐ ܡܢ ܡܠܦܢܗ ܕܗܘ ܘܡܢ ܚܢܢܐ
ܕܒܗܘܢ. ܘܒܗ܁ ܕܡܦܘܣ. ܗܘܐ ܠܕܘܠܬܐ ܐܢܫܬܐ.
ܚܝܘ ܗܘܐ ܒܐܪܒܐ ܕܠܗܘܢ ܒܝܫܐ ܘܡܬܦܩܪ ܀ ܒܗ
ܕܝܢ ܒܫܢܐ ܡܢ ܟܠܠ ܢܦܠܗ ܠܢܦܫܗ ܒܪܘܫܐ ܟܠܒܢܐ
ܕܪܒܘܬ ܒܡܘܬܐ ܒܡܕܝܢܬܐ ܪܒܬܐ ܕܡܠܟܘܬܐ.
ܐܡܪ ܠܗ ܫܡܠܐ ܒܗ ܦܠܚܐ ܒܪܡܘܬܗ: ܕܒܢܝܐ
ܡܫܐ ܕܫܘܠܛܢܐ: ܘܒܡܕܝܢܬܗܘܢ ܕܕܪܘܒܢܐ
ܕܡܠܟܘܬܐ. ܠܟܠܗ ܠܘܬ ܒܕܘܟ ܦܫܘܩܝܬ ܡܦܝܦܝܢ
ܗܘܐ. ܘܡܢ ܗܘܕܝܢ ܐܫܝܢ ܕܢܟܠܠ ܦܠܘܡܐ ܒܠ

ܡܪܝܢܐ. ܘܫܘܚܢܐ ܢܦܠ ܥܠ ܡܕܝܢܬܗ. ܐܡܪܝܢ
ܒܪ ܠܡܐܡܪ: ܕܡܪܝܡ ܠܟ ܦܘܠܚܢܬܐ ܠܘ ܠܗܕܬ
ܐܠܗܐ ܗ̇ܘ. ܐܠܐ ܠܗܕܬ ܡܨܪܝܐ. ܘܗܟܢܐ ܐܟܠ
ܥܠ ܚܛܗ̈ܘܗܝ، ܐܝܟ ܕܢܣܒ ܢܦܫܐ ܒܦܘܪܥܢܐ
ܕܣ̈ܟܠܘܬܗ، ܬܐ̈ܡܐ ܒܢ̈ܝܢ ܡܫܬ̈ܠܦܐ. ܚܕ ܕܢܦܫܐ ܘܚܕ
ܕܦܣܘܩܬܐ ÷ ܟܕ ܐܬܘ ܗܘܝܠ ܠܡܥܡܕܢܘܬܗ ܕܗܢܐ
ܫܦܝܐ: ܗܠܝܢ ܒܘ̈ܪܟܐ ܕܟܠܠ ܗܘܐ ܡܪ̈ܘܪܬܐ.
ܐܬܓܠܝ ܠܗܘܢ ܒܕܚܠܬܐ ܘܐܬܡܪܝܡ. ܦܩܕ ܒܪ ܐܕܪܝܟ
ܒܫܒܥܬ ܐܠܗܐ ܕܒܗ̇. ܕܐܢܫܐ ܢܦܫܐ ܚܡܫܐ ܐܟܠ
ܥܠ ܡܪܢܘܬܗ ܕܡܫܝܚܐ ܘܠܐܠܗܘܬܗ: ܒܝܕ ܗ̇ܘ ܟܠ̈ܝܐ
ܕܡܗܬܬܐ. ܘܡܢ ܗܝܕܝܢ ܐܡܪ ܗܘܐ ܗ̣ܘ ܠܡܫܠܠܘ:
ܥܠ ܦܠܚܘܬܗ ܕܗܘ̇. ܟܕ ܡܢܘܐ ܗܘܐ ܬܠܡ̈ܝܕܘܗܝ،
ܐܝܟ ܕܡܚܟ̈ܡܢ. ܡܢ ܗܘܕܝܘܬܐ ܫܪܝܪܬܐ ܕܬ̈ܠܡܝܕܐ
ܐ̈ܠܗܝܐ ܕܡܪܝܡ ܠܟ ܡܕܝܢܬܐ. ܠܗܕܬ ܐܠܗܐ ܗܘ،
ܫܪܝܪܐܝܬ. ܗܢܘ ܕܝܢ ܒܟܠܗ ܗܘ: ܡܪܬܗ ܗܘܬ
ܟܠܬܐ ܫܦܝܪܬܐ ܕܐܦ ܠܛܘܪ ܢܬܟܠܐ ܗܘܐ. ܘܐܟܚܕ
ܟܠܐܝܬ ܠܦܠܚܘܬܗ ܟܬܝܒܘܬܐ ܕܝܘܕܥܐ ܫܡܝܬܐ.
ܟܕ ܒܟܠ ܕܒܗܒ ܗܘܐ ܒܟܠܗܘܬܐ. ܗ̇ܘ ܘܗܢܐ
ܒܫܦܐ ܡܫܠܝܐ. ܘܟܕ ܒܟܠ ܢܦܫ ܗܘܐ ܠܫܘܬܪܐ
ܕܡܫܘܡܪܐ: ܘܢܬܒ ܥܠ ܟܘܪܣܝܐ ܪܫܐ ܕܡܫܠܦܢ̈ܐ.
ܐܩ̈ܝܡ ܠܗܘܒܠ ܐܩ̈ܝܡ ܠܥܡ ܒܕܬܐ ܕܘܠܬ ܒܝ ܒܢܫܐ.

ܒܡܠܐ ܪ̈ܒܐ ܕܠܐ ܟܡܫ ܐܒܪ̈ܝ ܬܘܪܓܐܝܬ ܡܠܬܐ
ܕܫܪ̈ܪܐ. ܒܗ ܡܬܬܪܓ ܡܟܡܫܚܬܐ ܕܝܘܠܦܢܗ ܒܕܒܐ
ܕܗܘ: ܒܬܘܕܝܬܐ ܫܪܝܪܬܐ ܕܗܝܡܢܘܬܗ ܕܠܗ. ܠܐ
ܕܝܢ ܐܝܟ ܗܘܐ ܡܢ ܕܝܠܗ ܠܛܝܒܘܬܗ ܕܗܘ:
ܘܗܘܕܒ ܫܪܪܗ ܕܠܗ ܐܦ ܠܡܠܟܐ ܡܗܝܡܢܐ
ܘܢܨܒ ܠܡܫܝܚܐ. ܘܠܬܘܪܒܐ ܒܠܗܘܢ ܕܡܠܟܐ
ܐܫܪ̈ܝ، ܫܘܠܛܢܐ. ܗܢܘܢ ܕܐܝܟ ܡ̈ܠܐܟܐ ܕܐܠܗܐ
ܘܐܝܟ ܐܫܝܪܐ ܕܫܠܝ̈ܚܐ. ܗܟܢܐ ܒܕܘܠܬܐ ܘܟܫܘܒܐ
ܡܟܠܗܘܢ. ܘܒܐܝܣܘܪܐ ܫܒܝܐ. ܘܡܢ ܪܬܚܐ
ܕܚܘܒܗܘܢ ܕܠܬܗ. ܡܚܝܦܝܢ ܗܘܘ ܫܒܝܐܝܬ
ܒܗܝܡܢܘܬܐ ܠܡܫܬܡܥܘ ܐܢܕܘܗܝ. ܐܝܟ ܕܢܬܒܪܟܘܢ
ܡܢܗ ܘܢܐܬܪܘܢ. ܗܘ ܒܪ ܛܒܐ ܫܦܝܪܐ
ܕܡܬܪܘܬܗ ܕܒܐܠܗܐ. ܐܦ ܡܢ ܪܘܚܐ ܩܕܝܫ
ܗܘܐ ܠܗܘܢ ܠܚܒܪܐ ܢܒ̈ܝܐ. ܐܝܟ ܕܐܦ ܒܢܝܐ
ܘܒܢܝ̈. ܗܢܘܢ ܘܗܘܒ ܡܢܗܘܢ ܡܒܕܪܝܢ ܒܡܠܟܘܬܐ
ܒܠܝܬܐ ܕܪܘܡܝܐ. ܐܠܦܐ ܫܒܝܐ ܕܗܘܒܐ ܫܪܘ
ܠܗ ܠܦܘܪܣܐ ܕܡܦܩܢܐ. ܒܒܐ ܬܪܐܝܬ. ܒܗ
ܦܪܟ ܠܗ ܗܢܘܢ ܒܡܘܡܝܗܘܢ ܡܠܟܐ ܘܡܗܝܡܢܐ:
ܕܗܒܐ ܫܒܝܐ ܒܢ ܫܠܝܬܐ ܘܠܒܘܫܐ: ܘܒܒܘ
ܡܢܗ ܕܢܦܠ ܡܘܪܒܢܘܢ. ܦܠܛ ܗܘܐ ܒܗ ܐܒܪ.
ܕܒܗ ܠܒ ܓܠܝܡ ܐܢܘܢ ܫܘܒܪܐ ܕܫܒܒܘܢ ܕܐܫܘܫ

ܠܗܪܟܐ. ܕܠܗܟܐ ܬܬܦܩܕ ܠܗܘܢ ܕܐܫܟܚܐ ܫܐܠܐ
ܒܥܝܬ ܠܝ ܕܒܗ ܐܬܒܥܐ ܠܗܘܢ. ܘܐܫܟܚ ܡܢܗܘܢ
ܡܗܝܡܢܘܬܐ. ܟܕ ܕܝܢ ܒܗܕܐ ܕܡܢ ܚܕ ܡܢܗܘܢ ܠܐ
ܐܬܦܢܝ ܒܡܕܡ: ܘܠܐ ܛܥܡ ܚܐܪܘܬܗ ܗܘܝ.
ܬܪܥܝܬ ܗܢܝ ܒܢ̈ܝܢܗܘܢ ܘܐܬܗܝܡܢ܀ ܒܗܠܝܢ
ܗܒܠ ܕܡܕܡ ܐܡܪܢ. ܐܚܕ ܠܢܦܫܗ ܘܦܢܐ
ܠܦܢܝܘܬܗ. ܦܩܕ ܠܒܝܬܐ ܡܢܗ. ܘܢܗ،
ܠܡܢܝܚܘܬܗ ܕܠܗ ܕܫܪܪܐ. ܘܐܦܝܣ ܠܚ̈ܠܫܐ ܘܢܗܪ
ܒܫܪܪܗ. ܘܟܕ ܠܬܪ̈ܥܝܢ ܘܫ̈ܪܪ ܒܝܘܠܦܢܗ. ܘܒܕܪ
ܫܦܝܪܐܝܬ ܒܡ̈ܠܐ ܘܒܟܬ̈ܒܐ. ܠܟܠܗܘܢ ܕܚܙܐܘܗܝ،
ܒܬ̈ܕܡܪܬܐ ܕܥܒܪ ܒܠܗܘܢ ܒܕ ܦܠܚ ܘܢܨܚ. ܒܕܡܐ
ܕܟ̈ܘܟܒܐ ܒܢ̈ܗܝܪܐ ܠܒܕܡܝܢܘܬܗ܀ ܗܘ، ܗܘܐ ܕܝܢ ܗܘ.
ܒܕ ܒܕܡܠ ܡܦܩܪ ܗܘܐ ܐܡܝܢܐܝܬ ܒܕܡܗ ܕܡܪܗ
ܪܘܫܡܥܐ ܫܪܘܝܐ ܒܕܡܐ ܕܡܪܗ ܙܒܢܐ ܠܦܬܐ ܕܚܝ
ܚܠܦ ܟ̈ܠܗ: ܐܬܬܥܝܪ ܟܠܗܘܢ، ܒܕܝܢܐ ܬܪܝܨܐ. ܒܕ
ܡܗܝܡܢܐ ܘܫ̈ܒܝܚܐ ܐܦܝܣܩܦܐ ܬܫܡܫܬܐ ܘܡܕܒ̈ܪܢܐ.
ܗܘܝ ܕܡܕܒܪܢܘܬܐ ܕܪܘܚܐ ܕܡܫܝܚܐ. ܦܣܩܘ
ܫܐܠܬܗ، ܡܢ ܕܪܓܐ ܕܡܗܝܡܢܘܬܐ. ܒܕ ܢܦܢ ܠܕܝܢܐ
ܟܐܢܐ ܕܐܠܗܐ. ܕܒܗ ܢܛܠ ܦܘܠܚܢܐ ܒܡ ܗܘܝ
ܐܠܝܢ ܕܫܠܡܝܢ ܠܗ܀

ܡܢܗ ܕܝܢ ܕܪܚܡܬ ܡܫܩܠܐ ܕܒܫܡܗ ܦܢܐ

ܗܘܐ. ܡܘܠܟܐ ܡܢܬܪܐ ܫܦܪ ܒܡܫܝܕܒܢ
ܕܡܕܝܢܬܗ. ܗܿܘ ܕܡܢ ܩܕܝܡ ܒܥܡܐ ܟܠܗ. ܐܢܬܬܗ̇
ܗܘܬ. ܘܠܐ ܒܟܕܒܐ. ܠܬܫܡܫܬܐ ܕܐܠܗܐ ܫܘܐ
ܫܦܝܪܐܝܬ. ܘܠܦܘܠܚܢܗ ܕܠܗ ܢܛܪ. ܘܠܐܝܬ. ܦܪܫ
ܠܗ̇ ܓܒܪ ܡܘܪܐ ܡܕܢܚܬܐ ܡܢ ܢܦܫܐ ܕܒܥܠܗ̇.
ܕܡܢ ܛܠܠܝܗܘܢ ܢܗܝܪܬܐ ܕܡܘܬܗ̇ ܡܬܬܓܠܝܐ ܗܘܬ.
ܘܐܬܦܬܚ ܬܪܥܐ ܠܡܣܟܢ̈ܐ ܕܢܛܘܪܘܬܗ̇ ܢܦܫܐ
ܘܡܣܢܝܐ. ܐܝܟ ܕܐܦ ܐܠܦܐ ܕܕܝܢܪ̈ܐ ܢܗܘܐ ܗܘ ܡܫܟܢܐ
ܕܛܠܠܝܗ̇ ܒܥܝܢܬܐ ܚܕܐ. ܕܡܢܗܘܢ ܢܣܒܐ ܠܒܪ̈ܢܫܐ
ܘܒܡܕܪ̈ܢܐ ܠܬܠܝܬܝ. ܒܦܘܪܣܐ ܕܡܠܬܗ ܗ̇ܘܐ
ܗܘܐ. ܟܕ ܓܒܪ ܡܢ ܐܝܠܝܢ ܕܦܫܝܢܐ ܬܐܪܬܗܘܢ ܕܠܐ
ܡܬܐܟܠ ܗܘܐ̇. ܕܢܫܬܡܒܪ ܡܢ ܓܒ̈ܝܗܐ ܡܫܬ̈ܠܦܐ.
ܕܠܒܪ̈ܢܫܐ ܒܥܡܠ ܓܒܝܐ ܕܒܘܢܕܝܢܗ ܗ̇ܘܢ ܗܘܘ.
ܕܐܝܟ ܓܒܪ ܡܢ ܒܦܫܝܢܐ ܚܕ ܗܘܐ: ܕܡܪ̈ܥܝܐ
ܘܒܠܒ̈ܬ ܒܣܒ̈ܪܬܐ ܪܕܝܢ ܗܘܘ ܬܒܥ ܠܗ ܠܐ ܡܫܡܥܢܐ
ܗܘܬ. ܡܛܠ ܐܡܝܢܘܬܐ ܘܢܨܝܕܘܬܐ ܕܐܝܬ ܗܘܬ
ܟܠܗܘܢ ܡܢ ܡܠܬܗ. ܐܪ̈ܟܝܢ ܗ̇ܘܘ، ܓܒܪ ܒܪ̈ܘܫܬܗܘܢ
ܒܬܫܡ̈ܫܬܐ ܪ̈ܒܘܬܐ ܕܟܠܗܝܢ ܪ̈ܓܝܢ ܗܘ̈ܝ.
ܘܡܣ̈ܟܢܐ ܪ̈ܓܐܐ ܐܘ ܢ̈ܦܫܐ ܠܐ ܟܗܝܢ ܘܠܐ ܟܠܗܝܢ
ܡܬܚܫܝܢ ܗܘܘ ܗܘ̈ܝ. ܠܢܫܐ ܓܒܪ ܕܡܫܡܫܬܗܘܢ
ܘܠܚܫܝܫܬܐ ܕܐܠܝ̈ܨܬܗܘܢ. ܡܒܪ̈ܟܢܐ ܡܫ̈ܡܫܢܝܬܐ

ܘܐܦ̈ܘܦܬܢܐ ܕܩܘܫܬܐ ܕܒܠܒܗܘܢ ܕܗܠܝܢ ܡܫ̈ܠܛܝܢ
ܗܘܘ ܠܗ. ܒܗ ܐ̈ܢܫܐ ܢܦ̈ܫܐ ܡܠܟ̈ܝ ܣܘܟܐ. ܕܡܕܒܪ
ܐܢܫܝܢ ܒܥܒ̈ܕܝܗܘܢ ܠܐ ܢܥܒܕܘܢ ܗܘܘ. ܗܟܢܐ ܬܘܒ
ܐܦ ܒܡܗܝܡܢܝܢ ܕܢ̈ܫܐ ܒܠܚܘܕ. ܗ̇ܝ ܕܐܦ ܠܐ ܐܢ̈ܬܬܐ
ܗܘܬ ܠܒܥܠ. ܐܠܐ ܒܡܘܩܕܢܗ ܐܬܬܨܝܕܬ ܗ̇ܘܬ
ܡܠܠܐܝܬ. ܡܢ ܟ̈ܐܦܐ ܕܒܝܬ ܦܬܘܪ̈ܐ ܐܪ̈ܡܠܐ.
ܕܐܣܬܬܪܘ ܒܡܕܒܪܢܘܬܗ ܡܢ ܡܠܬܗ ܡܫܠܡܐܝܬ.
ܐܝܟ ܗܘܐ ܒܗ̇ ܠܒܪ ܡܢܠ ܦܪ̈ܨܘܦܐܝܬ.
ܡܫܡܫܢܘܬܐ ܬܡܝܗܬܐ ܒܗ ܢ̈ܫܐ ܒܢ̈ܬ ܡܢܟܐ. ܕܗ̇ܢܝܢ
ܢܦܩܐܝܬ ܢܫ̈ܠܝܢ ܦܫܝܩܐܝܬ ܬܫܡܫܬܐ ܕܢܝܫܗܘܢ.
ܬܘܒ ܕܝܢ ܡܢ ܣܘܟܐ ܕܐܠܗܐ ܕܥܠ ܒ̈ܢܝ ܚܝܗ
ܡܫܒ̈ܚܐܝܬ. ܐܝܟ ܕܒܝܘܪܐ ܕܠܦ ܗܘܐ ܘܡܫܬܒܪ.
ܬܬܪܐܝܬ ܥܠ ܡܫܦܢܐ ܦ̈ܬܡܝܐ ܡܣܡܐ ܗܘܐ
ܐܦܝܣܩܘܦܗ ܢܟܠܐ. ܗܠܝܢ ܕܠܒܪ ܡܢ ܡܕܝܢܬܐ ܐܝܟ
ܦܘܠܐܐ ܘܡܩ̈ܠܝܬ ܡܫܘܕܥܐܝܬ ܒܒܢ̈ܝܢ ܗܘܘ.
ܡܫܡܫܢܐ ܒܪ ܫܪܪܐ ܒܠܒܗܘܢ ܢ̈ܦܫܗ ܗܘܐ. ܒܗ
ܢܒܪ ܒܠ ܒܒܗܘܢ ܒܗ ܐܢܫܐ ܬܘܩܢܐ.
ܕܠܬܫܡܫܬܗܘܢ ܦܢܝܢ ܗܘܘ. ܗܘܢܝܢܐ ܕܝܢ ܒܠܗ
ܕܫܡܫܘܬܗܘܢ ܡܢ ܒܝܬܐ ܕܠܒܪ ܐܬܡܢܥܐܝܬ ܢܦܩ
ܗܘܐ. ܟܕ ܐܦ ܗܘ ܬܘܒ ܒܒܘܠ ܪܒ. ܒܒܪܝܐ
ܘܒܚܠܬܗ ܢܦܫ̈ܬܗܘܢ ܡܚܒܝܢ ܗܘܐ. ܒܒܪܝܐ ܒܪ

ܕܡܘܗܒܬܗ ܚܙܐ ܕܒܐܪ̈ܡܠܬܗܘܢ ܡܐܣܝܐ ܗܘܐ.
ܘܒܡܠܬܐ ܕܐܠܗܐ ܠܡܬܪܥܝܢܘܬܗܘܢ ܕܠܐ ܬܬܒܝܫ
ܗܘܬ ܒܪܢܘܬܐ ܡܠܒܒ ܗܘܐ. ܘܒܚܟܡܐ ܕܒܢ̈ܝ ܐܢܫ
ܕܠܒܢܝܐܐ ܕܢܦ̈ܫܬܗܘܢ. ܥܠܡܐ ܕܢܫܡܘܬܐ ܘܕܫܝܢܬܐ
ܡܫܒ ܗܘܐ. ܚܠܝܡܝܢ ܥܠ ܦܩܘܕܘܬܗܘܢ ܕܡܫܝܚܐ
ܕܐܢܫܐ ܕܡܬܪܦܠ ܦܪܨܘܦܗܘܢ. ܘܕܠܐ ܬܬܡܠܟ ܠܗܘܢ
ܒܡܪܕܘܬܗ ܕܐܠܗܐ. ܕܠܬܗܘܢ. ܠܗܘܢ ܠܗܘܢ ܡܫܝܠ
ܗܘܐ. ܘܕܡܫܝܚܘܬܗܘܢ ܕܐܘܠܨܢܗܘܢ ܡܬܪܐܝܬ ܢܕܕܘܢ
ܗܘܘ ܠܡܪܢ. ܡܢܫܦܠ ܗܘܐ ܠܗܘܢ ܟܕ ܐܡܪ.
ܕܒܗܪܘ ܠܟ ܐܚ̈ܝ ܕܒܥܒܕ. ܕܠܒܪ ܥܠ ܕܫܡܝܪ
ܒ̈ܝܫܬܐ. ܒܥܘܒܗ ܕܐܒܪܗܡ. ܐܫܬܘܝ ܕܢܗܘܐ
ܒܐܬܪܐ ܕܡܠܟܘܬܐ. ܟܕ ܕܝܢ ܒܗܠܝܢ ܚܠܝܡܝܢ
ܘܒܫܦܝܪ̈ܬܐ ܕܦܘܩܕܢ ܐܡܪܢ: ܘܫܪܒܐ ܕܠܐ
ܦܣܩ ܚܕ ܠܡܦܪܥܐ ܒܡܢܝܢܗ ܫܪ̈ܝܪܬܐ ܕܪ̇ܘܢ
ܘܗܢܐ ܕܫܡ̈ܗܬܗ ܡܬܩܢܝܐ ܗܘܬ. ܟܕ ܒ̈ܢܫܐ ܘܡܪ̈ܢܝܐ
ܡܢ ܒܐܢܘܬܗ ܙܕܩܝܢ ܗܘܘ. ܘܡܣܟ̈ܢܐ ܘܡܫܒ̈ܩܢܐ ܡܢ
ܡܘܗܒܬܗ ܡܬܦܪܢܣܝܢ ܗܘܘ. ܟܕ ܠܟܠ̈ܢܫܐ ܐܟܘܬ
ܒܡܫܟܢܘܬ ܦܬܝܚ ܗܘܐ. ܘܬܒܥܬܐ ܕܡܠܟ̈ܐ
ܕܝܬܡ̈ܐ ܐܚܝܕܗ، ܗܘܐ. ܟܕ ܠܦܩܝܪ̈ܐ ܡܦܪܢܣܢܐ
ܒܡܠܬܗ ܘܒܥܒܕܗ ܚܒܝܒ ܗܘܐ. ܘܠܡܣܟ̈ܢܐ ܒܟܠ
ܐܝܟ ܠܡܪܚܡܢܘܬܗܘܢ ܐܝܕܐ ܢܣܒ ܗܘܐ. ܟܕ ܚܕ̈ܪܘܗܝ،

ܕܢܚܡܘܗܐ ܒܫܘܒܚܗ ܡܫܥܢ ܗܘܐ. ܘܡܬܟܪܝܐ
ܕܡܪܗ ܐܝܟ ܚܝܘܬܐ ܟܠ ܦܓܪܗ ܡܟܒܠ ܗܘܐ.
ܟܕ ܠܦܘܫܩܐ ܕܪ̈ܘܚܐ ܐܠܗܗ ܒܗ ܡܬܚܒܝܢ ܗܘܘ.
ܘܠܬܘܣܦܬܐ ܕܐܘܚܕܢܗ ܡܠܐܟܐܝܬ ܡܫܬܥܒܕ ܗܘܐ.
ܟܕ ܫܪ̈ܒܬܐ ܒܥܠܡܝܢ ܕܟܝܢܬ ܐܘܪ̈ܗܝܐ. ܒܗ
ܡܫܬܒܗܪ̈ܝܢ ܗܘܘ̈ ܘܡܬܬܣܝܡ̈ܝܢ: ܘܗܘܘ ܒܡܪܗ
ܡܫܬܒܗܪ ܗܘܐ ܘܡܬܚܝܠ. ܟܕ ܦܘ̈ܪܫܢܘܗܝ ܕܐܠܗܐ
ܒܝܢ ܟܠܗܝܢ ܚܙܐ ܗܘܐ. ܘܟܠ ܕܐܫܬܘܐ ܕܢܦܫܗ
ܗܘܝ ܠܗ ܡܬܬܟܠ ܗܘܐ܀ ܘܡܢ ܒܬܪ ܗܠܝܢ ܟܠܗܝܢ:
ܟܕ ܐܝܟ ܒܢܝ̈ܗ ܘܐܬܝܩܪ ܒܦܓܪܗ. ܒܫܘܡܠܝܐ
ܕܐܘܪܚܗ ܬܫܡܫܬܗ. ܠܝܘܡܐ ܬܠܬܐ ܢܚܬ ܒܠ ܚܫ̈ܝܢ
ܘܐܬܪܟܒ ܥܠ ܣܩܘܠܗ ܕܒܐܦܣܩܘܦܘܬܐ܀ ܢܬܒܢܐ ܕܝܢ
ܘܡܬܢܗܪ ܐܦ ܒܗܕܐ. ܐܬܪܐ ܕܬܕܡܘܪܬܐ ܕܐܝܫܘܥ ܒܪܬ
ܐܝܕܘܗܝ. ܕܟܪܝܐ ܕܒܥܠܡܘܢ ܢܬܡܗܘܢ ܒܥܘܗܕܢܐ
ܡܫܠܡܢܐ ܐܝܬܘܗܝ ܗܘܐ. ܒܫܘܡܠܝܐ ܕܩܪܐ ܠܟܠܗܘܢ
ܗܢܐ ܒܥܘܗܕܢܐ ܐܚܪܢܐ. ܡܛܠ ܕܐܬܦܠܓ ܠܗ ܘܐܬܚܪ
ܠܗܝܢ ܡܕ̈ܒܪܢܘܬܐ. ܕܟܢܫܐ ܕܢܫܩ ܡܢ ܟܠ. ܗܘ ܕܝܢ
ܐܦ ܒܢܫ̈ܐ. ܐܝܟ ܗܘ ܕܒܡܫܬܐ ܐܬܦܢܝ ܠܗ
ܒܪܘܚ. ܕܫܘܬܦܐ ܕܫܘܒܚܗ ܚܙܐ. ܡܢ ܗܕܐ
ܕܠܡܫܬܐ ܗܘ ܕܚܙܐ ܗܘܐ ܚܙܐ ܒܟܠ ܢܝܚ
ܒܢܝ̈. ܐܫܬܘܕܥ ܒܦܪܨܘܦܗ ܘܠܝܠܐܝܬ ܒܐܪܚ ܬܫܡܫܬܗ.

ܫܪܪ ܕܝܢ ܡܫܝܚܐ ܠܪܗܛܗ ܒܝܕ ܡܬܢܝܚܘܬܗ. ܠܛܒ̈ܬܐ
ܘܠܡܕܝܢܬܐ ܕܒܝܬ ܗܘܐ ܢܦܩ. ܘܒܠܥ ܐܣܘ̈ܬܐ
ܕܦܓܪܝܢ ܦܪܢܣܘܬܗ ܠܡܕ̈ܝܢܬܐ ܕܡܕܝܢܬܐ ܘܟܬܝܒܬܐ.
ܬܘܒ ܥܠ ܗܒܪܐ ܕܦܪܢܣܘܬܗ ܕܐܠܗܐ. ܒܕܡܘܬܐ
ܕܐܦ ܠܡܫܟ̈ܢܐ ܩ̈ܕܝܫܐ ܕܒܚ̈ܪܝܢ ܒܡܕ̈ܒܪܐ
ܕܐܘܪܫܠܡ. ܐܝܟ ܕܐܦ ܦܘܪܢܣܐ ܟܘܠܗ ܒܬܘܒ
ܕܟܠܢܐ ܗܘܐ ܠܗܘܢ ܦܪܢܣܘܬܐ. ܘܗܘܘ ܐܣܝ̈ܐ
ܠܟܘܪ̈ܗܢܐ ܕܟܪ̈ܝܗܘܬܐ ܒܟܠܗܝܢ ܕܐܣܝܬ ܐܝܕܗ.
ܘܦܠܓܗ ܐܣܝ̈ܬܐ ܠܚ̈ܫܐ ܘܠܡܟ̈ܐܒܐ ܕܓܘܫܡܐ ܘܕܢܦܫܐ
ܕܐܝܬ ܒܥܘܠܠܗ. ܘܝܗܒ ܠܐܒ̈ܝܠܐ ܘܕ̈ܘܝܐ ܕܐܝܬ
ܒܐܘܠܨܢܗ. ܘܦܪܣ ܠܡܫܟ̈ܢܐ ܕܐܝܬ ܒܡܥܪ̈ܐ ܒܟܠܗ
ܒܝܬ ܐܘܪܗܝ. ܟܕ ܦܫܠܝܢ ܗܘܘ ܬܘܒ ܒܡܕܝܢܬܗ
ܐܣܝ̈ܬܐ ܠܫܝ̈ܢܘܩܐ ܟܠܗܘܢ ܘܠܕ̈ܝܢܐ ܘܠܡܫܟ̈ܢܐ
ܕܒ̈ܬܐ ܘܕ̈ܝܪܐ. ܐܦ ܠܐܪ̈ܡܠܬܐ ܘܠܝܬܡ̈ܐ ܦܪܢܣ
ܐܝܟ ܕܝܢܐ. ܘܬܘܒ ܫܒܝ̈ܐ ܐܘܦܣ ܠܟܠܗܘܢ.
ܘܫܒܩ ܚܘ̈ܒܬܐ ܟܠܗܘܢ ܕܝܪܬ ܗܘܐ. ܘܦܪܕ ܫܠܝ̈ܛܐ
ܕܐܘܦ ܠܐܘܪ̈ܚܐ ܕܗܘܢܐ ܫܪܝܪܐ. ܘܝܗܒ ܡܢ
ܐܝܕܗ ܒܡܪܕܘܬܐ ܠܬܠܡ̈ܝܕܘܗܝ ܟܠܗܘܢ ܫܠܡܐܝܬ
ܘܡܢ ܕܫܠܡ ܟܠܗ ܙܒܢܗ ܒܛܒܬܐ: ܘܫܟܒ ܒܫܠܡ
ܢ̈ܚܬܗ ܫܦܝܪܬܐ: ܘܚܝܐ ܕܒܢܝܢ ܥܠ ܥܠܡܐ
ܘܒܥܘ̈ܬܗ: ܘܐܒܠ ܥܠ ܒܢܝܐ ܘܫܪܒܠܘܗܝ

ܘܒܦܪ̈ܘ ܐܦ ܒܠ ܦܓܪܐ ܘܡܣܬܬ̈ܘܗܝ. ܐܪܝܡ ܩܠܗ
ܬܓܠܐܝܬ: ܡܢ ܣܗܕܘܬܐ ܓܡܝܪܬܐ ܕܚ̈ܕܪܘܗܝ،
ܡܫܬܪ̈ܐ. ܟܕ ܡܫܬܒܗܪ ܒܒܪܢܫܐ ܐܝܟ ܕܐܡ̣ܪ
ܛܘܒܢܐ ܦܘܠܘܣ. ܕܐܓܘܢܐ ܫܦܝܪܐ ܐܬܟܬܫܬ.
ܘܪܗܛܐ ܫܠܡܬ. ܘܗܝܡܢܘܬܐ، ܢܛܪܬ.. ܘܡܢ ܗܫܐ
ܢܛܝܪ ܠܝ ܟܠܝܠܐ ܕܙܕܝܩܘܬܐ. ܕܢܦܪܥܝܘܗܝ، ܠܝ ܡܪܝ،
ܒܝܘܡܐ ܗܘ̇: ܕܗܘܝܘ ܕܝܢܐ ܟܐܢܐ. ܘܟܐܝܕܗ ܗܫܐ ܕ
ܐܢܐ ܠܗ̇ ܠܢܦܫ. ܘܗܠܝܢ ܐܡܪ ܟܕ ܡܩܠܐ ܒܝܫܐ
ܒܟܝܢܐ ܕܡܘܬܗ. ܘܫܠܡ ܦܪ̈ܘܣܗ ܒܫܠܡܐ.
ܘܠܐܠܗܐ ܕܡܫܡܫ ܗܘܐ ܡܕܒܪܢܘܗܝ، ܟܝܢܗ ܫܒܩ ܡܫܝܚܐܝܬ.
ܘܢܦܫܗ ܐܫܠܡ ܠܡܪܗ ܚܕܝܐܝܬ ܀

ܟܕ ܕܝܢ ܒܝܘܡ ܫܒܥܐ ܒܐܝܪܚ ܐܒ: ܥܢܕ ܡܢ
ܥܠ ܦܓܪܐ ܕܡܘܬܗ ܒܡܕܝܢܬܗ. ܒܪܡ ܐܦ ܫܘܪ̈ܝܗ
ܢܒܠܘ. ܘܐܬܬܣܝܡܘ ܡܕܢ̈ܚܝܗ ܡܢ ܥܠ ܚܒܘܫܬܐ
ܚܣܝܬܐ ܕܒܡܕܝܢ̈ܬܗ. ܕܒܫܐܐ ܕܠܠܗ̇ ܠܐ ܕܐܬܪ
ܒܕܘܟܬܗ ܐܫܦܪ ܗܘܐ ܘܐܬܪܐ. ܟܕ ܠܐ ܐܠ ܦܘܩ
ܒܐܟܣܢܝܘܬܗ. ܗܘܘܬ ܒܢ ܒܠܥܗ ܡܕܝܢܬܐ ܚܕܐ
ܡܪ̈ܘܕܬܐ. ܟܕ ܢܦܠܓܐ ܠܡܫܬܘܬܦܘ ܒܢ̈ܝܢ
ܕܡܫܬܥܝܬܐ ܒܓܘ ܕܪ̈ܬܐ ܕܒܝܬܐ. ܘܡܪ̈ܘܕܬܐ
ܕܡܬܥܕܪܐ ܠܒܪ. ܟܕ ܡܟܝܟܐ ܠܗ ܡܕܝܢܬܐ ܟܠܗ.
ܒܥܘܡܩܐ ܘܒܪܝܐ ܘܒܓܘ ܒܝܬܐ. ܒܐܘܠܨܢܐ ܚܫܝܟܬܐ

ܕܟܠܗܘܢ ܬܐܢ̈ܚܬܐ ܡܪ̈ܝܪܬܐ. ܘܕܡ̈ܥܐ ܣܓ̈ܝܐܬܐ. ܒܟ̈ܝܐ ܒܟܢ ܒܟܝܐ ܟܠܗ ܕܡܕܝܢܬܐ: ܘܟܠܗܢ̈ܐ ܒܗ ܡܗ̈ܕܪܢܐ. ܦܝܐ ܠܢܦܫܗܘܢ ܡܗܡܝܢ ܗܘܘ ÷ ܘܠܡܣܒܐ ܕܒܬܪܗ. ܫܪܗܒܘ ܫܬܪܘܗܝ، ܠܓܘܫܡܗ ܢܦܪܐ ܓܠܘܣܩܡܐ ܕܚܣܝܐ ܡܢܗ ܕܠܗ ܒܡܩܒܪܗ. ܐܝܟ ܕܠܐ ܢܬܬܫܝܡ ܦܓܪܗ ܡܕܫܝܐ ܡܢ ܐܢܫ، ܒܕܘܟܐ ܟܠܗ: ܕܢܒܥܐ ܗܘܐ ܒܚܘܒܗ ܠܡܫܒܩ ܡܢܗ ܚܝ̈ܐ ܒܡܣܟܢܘܬܗܘܢ. ܘܗܘܝ ܠܗܘܢ، ܒܡܟܐܒܘܬܐ ܘܒܡܟ̈ܐܒܐ. ܟܕ ܫܡܥܘ ܦܘܠܘܣ. ܒܕܡܐ ܠܠܡܟܐܢܐ ܕܡܕܪܐ ܕܒܡܟܠܢܐ: ܗܘ ܕܒܗ ܢܝܚܬ ܐܠܗܐ ܒܓܠܝܬܐ ܕܗܘܝܘܬܗ ܡܕܪܟܬܐ. ܟܕ ܚܙܝܢ ܒܐܘܪ ܡܬܩܠܐ ܕܓܢܐ ܗܘܐ ܕܡܝܬܐ. ܕܟܬܒ ܢܣܠܘܢ ܒܡܕܢܐ ܠܟܠܗܘܢ ܕܒܡܟܣܝܘܬܐ ܐܟܠܝܢ ܒܢܟܣܗ ܠܚܪܗ. ܕܢܗܘܐ ܠܗܘܢ ܟܕ ܒܟܪܗ ܫܪܪܐ. ܡܗܡܟܬܐ ܕܐܡܟܐ ܡܢ ܒܝܬ ܓܒܐ ܕܣܝܣܝܗ. ܗܐ ܓܪ ܒܪܝܟܐ ܬܒܥ ܘܡܬܐܣܝܢ. ܘܚܠܝܡܐ ܬܒܥ ܘܡܬܒܪܝܢ. ܕܗܘܐ ܬܘܒ ܬܒܥ ܘܡܬܬܩܢ. ܘܡܚܝܠܐ ܬܒܥ ܘܡܬܚܝܠܝܢ. ܬܘܒ ܡܫܟܢܐ ܬܒܥ ܘܡܬܦܪܢܣܝܢ. ܘܡܬܢܪܐ ܬܘܒ ܘܡܬܬܬܪܝܢ. ܡܚܝܠܐ ܗܘ ܓܪ ܕܐܬܪܘܢܐ ܐܦ ܫܪܘܝܗ ܩܪܝܪܐ. ܡܢ ܪܬܚܐ ܪܘܚܢܐ ܕܒܗ ܐܬܬܢܝܚܬ. ܘܡܬܟܠܐ ܗܘܐ ܗܘ ܡܢ ܡܦܩܘܬܐ

ܕܡܪܗ: ܥܠ ܡܠܘܐܐ ܕܦܢܝܢܘܗܝ. ܕܡܚܙܘܢ ܕܐܠܐܝܬ
ܢܦܪܫ ܠܓܠܬܐ. ܠܚܡܠܘܢ ܕܐܝܟ ܡܫܘܚܬܐ ܠܗܘܬܗ
ܡܬܦܪܢܝܢ. ܟܕ ܓܒܪ ܕܝܢ ܠܗܘܬܗ ܕܐܠܗ ܟܡܬܪܗ
ܡܠܐܟܘܬ: ܘܢܦܩܘ ܓܐܘܪܗܝ، ܡܫܠܡܢܝܬ ܟܠܗ
ܟܡܠܐ ܕܡܪܗܘܢܗܝ، ܟܕ ܡܬܢܚܡ ܦܓܪܗ
ܘܡܬܚܝܬ: ܘܡܬܚܝܬܐ ܟܗ ܢܦܫܗ ܘܡܪܓܪܓܐ.
ܕܡܫܝܚܘܢ ܟܕ ܒܡܪܢ ܢܦܩܠ ܒܬܫܒܘܚܬܐ. ܒܗܘܢ
ܟܠܗܘܢ ܫܒܝܚܐ ܕܒܪܐ ܕܐܠܗܐ ܦܪܩ ܟܠ. ܗܘ
ܕܒܡܗܡܢܘܬܐ ܕܚܘܒܗ، ܢܥܒܐ ܠܟܠܢ ܒܚܝܘܗܝ.
ܕܒܦܬܓܡܗ ܡܫܝܚܐ ܕܐܟܒܘܢ ܢܚܝܚܐ ܢܦܩܢ ܡܢ
ܡܥܝܢܗ. ܘܐܡܠܟܪ ܒܗ ܚܠܦܝܢ ܠܗܬ ܡܪܗ ܒܚܠܝܘܬ
ܐܩܒܐ. ܘܠܐ ܢܬܚܒܫ ܡܢ. ܕܗܐ ܐܢܐ ܡܬܪ، ܘܒܢܝܢܐ
ܕܡܩܪܒܬ ܠܟ. ܠܟ ܡܫܒܚܝܢ ܚܢ ܘܠܐܒܘܟ ܡܘܕܝܢ ܚܢ
ܘܠܪܘܚ ܩܘܕܫܟ ܡܣܓܕܝܢ ܚܢ: ܐܦ ܗܫܐ ܘܠܥܠܡ
ܥܠܡܝܢ ܐܡܝܢ܀

VII.

Lobrede des Jakob von Sarūg über Simeon den Säulenheiligen.

ܡܐܡܪܐ ܕܡܪܝ ܝܥܩܘܒ ܡܠܦܢܐ :
ܥܠ ܩܕܝܫܐ ܡܪܝ ܫܡܥܘܢ ܐܣܛܘܢܐ

ܗܒ ܠܝ ܡܪܝ : ܕܐܐܡܪ ܬܫܒܘܚܬܐ : ܕܐܝܟ ܫܘܦܪܗ :
ܠܩܕܝܫܐ ܓܢܒܪܐ : ܕܪܡܝܢ ܫܘܦܪܘܗܝ ܡܢ ܐܚܪ̈ܢܐ ܀
ܟܝ ܕܡܠܠ ܥܠ ܐܝܣܚܪܘܗܝ : ܓܝܪ ܐܬܪ ܗܢܐ :
ܕܢܠܐ ܠܝ ܟܝ ܫܘܦܪܗ ܕܓܒܪܐ : ܠܐ ܡܬܡܠܠ ܀
ܡܛܠܬܗ ܡܠܠ ܒܝ ܡܪܝ ܐܡܝܢܐܝܬ :
ܠܡܡܠܠܘ ܥܠܘܗܝ ܕܐܬܠܒܫܬ ܡܠܬܐ ܕܪܘܚܐ ܀
ܕܫܘܦܪܗ ܢܬܐ : ܦܘܫ ܒܝ ܪܘܚܟ ܒܪ ܕܐܠܗܐ :
ܢܬܠ ܩܠܐ ܡܠܝܐ ܬܘܕܝܬܐ ܥܠ ܫܦܝܪܬܐ ܀
ܘܢܫܒܚ ܚܝܠܟ ܕܝܗܒܬ ܠܦܓܪܐ ܪܘܚܢܐ :
ܘܡܫܬܡܠܠܐ ܒܗ ܘܡܕܪܐ ܢܨܚܢܐ ܒܩܠܐ ܪܡܐ ܀
ܠܐ ܓܝܪ ܠܦܓܪܐ ܐܝܬ ܠܗ ܩܠܐ ܡܠܝܐ ܩܕܝܫܐ :

ܒܪܘܚܐ ܡܬܬܙܝܥ ܘܡܙܝܥ ܩܠܐܘܗܝ ܥܡ ܫܡܝܐ ܀

ܘܟܠܐ ܐܡܦܪܐ ܐܝܟ ܠܗ ܡܠܟܐ ܠܡܫܡܠܠܘ ܇

ܘܐܠܗ ܡܠܟܐ ܠܐ ܡܘܒܠܐ ܠܗ ܠܐ ܡܫܬܠܠ ܗܘܐ ܀

ܟܕ ܡܪܝ ܢܬܬܙܝܥ ܩܘܡܐ ܕܢܦܫܐ ܩܠܐ ܢܒܥܐ ܇

ܕܫܠܡ ܐܘܪܚܐ ܘܫܪܝ ܥܘܒܕܐ ܕܟܠ ܕܘܟܝܐ ܀

ܗܐ ܫܡܝܐ ܡܬܦܬܚܘ ܢܚܘܬܐ ܡܢ ܡܠܦܢܐ ܇

ܕܐܪܒܥܐ ܢܚܬܬ ܕܡܪܘܬ ܢܦܫܐ ܒܫܬܡܫܬܗ ܀

ܗܐ ܐܬܦܫܛܘ ܡܢ ܐܬܒܝܬܗ ܕܡܢ ܫܒܝܬܐ ܇

ܕܡܢ ܗܘ ܫܪܝܗ ܡܢ ܡܫܬܘܠܠ ܕܢܦܫܐ ܕܝܢܐ ܀

ܗܐ ܥܘܬܗ ܘܫܘܫܛܗ ܥܠ ܐܝܣܘܢܩܘܗܝ ܐܠܗܐ ܇

ܕܫܡܝܢ ܐܝܟܢ ܡܢ ܕܠܝܬܐ ܫܦܝܠܠ ܐܝܟܢ ܀

ܗܐ ܒܗܠܗ ܘܠܝܬܗ ܥܠ ܦܬܘܪܐ ܕܡܠܟܐ ܒܥܘܒܐ ܇

ܕܡܬܡܨܐ ܡܬܬܒܝ ܐܝܟ ܫܪܘܬܐ ܕܝܫܘܡܫܟܘܢ ܀

ܗܐ ܠܗܡܢܐ ܕܠܝܬ ܐܦܘܗܝ ܠܫܡܫܗ ܇

ܐܦܠܐ ܬܡܪܐ ܢܦܫܐ ܕܫܡܫܐ ܡܢ ܗܘܦܟܐܘܗܝ ܀

ܗܐ ܗܝܡ ܡܢܐ ܒܘܪܟܐ ܕܟܠ ܡܬܗܠܠ ܇

ܡܢ ܒܝܬ ܠܘܬܐ ܕܠܐ ܡܬܡܫܡܫ ܡܢ ܫܡܘܐܠ ܀

ܗܐ ܦܪܘܫܐ ܘܫܘܒܗ ܠܝ ܥܘܠܐ ܒܝܠܕܐ ܕܝܢܐ ܇

ܘܐܢܐ ܐܬܠ ܡܠܟܗ ܢܒܝܐ ܒܫܠܡܐ ܕܡܢܐ ܀

ܥܪܝܬܗ ܕܝܫܡܫܟܘܢ ܝܗܘܐ ܒܝܠܕܐ ܕܒܠ ܡܬܬܕܪܝܢ ܇

ܐܦ ܠܝ ܘܠܟܘܢ ܡܬܬܕܪܢܐ ܗܘ ܓܒܪܐ ܠܕܡܫܡܫ ܠܗ ܀

ܦܬܠܐ ܫܒܬܐ ܕܒܪܐ ܘܫܠܡ ܕܥܒܕܬܗ :
ܘܠܐ ܡܬܬܢܝܚ ܠܗ ܡܢ ܦܘܠܚܢܐ ܕܐܠܗܘܬܐ ⁘
ܒܪܐ ܫܒܬܐ ܠܢܫܠܡܘܬܗ ܘܩܡ ܢܝܚ :
ܘܦܬܚ ܦܘܡܗ ܐܝܟ ܕܒ ܚܝܠܐ ܘܦܩܕ ܢܦܠ ⁘
ܐܡܪ ܒܪܐ ܠܢܫܠܡܘܬܗ ܗܐ ܒܪܝܬܐ :
ܫܘܪ ܠܡܪܢܐ ܘܠܐ ܢܬܕܪܟ ܕܠܡܐ ܢܣܘܕ ⁘
ܠܟܠܗ ܕܝܡܘܬܐ ܕܥܠܡܘܬܐ ܘܗܘܐ ܚܘܫܒܐ :
ܐܦ ܒܝܘܡܬܐ ܕܫܠܡܘܬܐ ܗܘܐ ܕܠܡܘܒܠܗ ⁘
ܘܗܘܘ ܢܦܠܟܐ ܕܐܣܝܡܘܬܐ ܕܥܡܗ ܚܘܪܐ :
ܘܢܩܡ ܚܝܠܐ ܘܝܬܢܝܚܐ ܒܗ ܠܗܘܢ ܕܢܐܪ ⁘
ܢܦܩ ܕܘܝܐ ܒܪܝܬܐ ܘܐܘܘܕ ܐܪܥܐ :
ܘܐܝܟ ܗܠ ܢܦܫ ܢܬܠ ܗܠܐ ܕܘܡܝܐ ܕܒܪܐ ⁘
ܒܕܡܘܬܐ ܫܡܝܐ ܐܬܕܡܝܘ ܒܗ ܘܒܢܘܗܝܐ :
ܗܘܘ ܦܪܘܫܐ ܘܪܥܘܦ ܒܪܝܬܐ ܘܫܒܚ ܒܪܬܐ ⁘
ܗܐ ܒܪܝܬܐ ܡܬܡܪ ܢܦܫ ܥܠ ܐܒܗܘܬܐ :
ܘܢܫܒܚ ܡܪܢܐ ܘܠܐ ܢܬܕܪܟ ܕܠܡܐ ܢܣܘܕ ⁘
ܦܬܚ ܠܝ ܗܢܐ ܕܢܫܒܚ ܥܡܗ ܥܠ ܐܫܬܘܬܐ :
ܘܒܝܘܡܬܐ ܕܫܒܥܐ ܟܘܟܒܐ ܕܒܗܘܢ ܢܬܚܝܐ ⁘
ܗܘܝܢ ܒܢܝܐ ܠܘܬܐ ܕܐܢܫܝܢ ܒܢ ܢܩܠܐ :
ܘܡܚܒܘ ܐܢܫ ܘܢܦܩܘ ܗܘܘ ܐܒܪܐ ܘܩܡܘ ܠܡܪܢܐ ⁘
ܐܬܦܠܚܘ ܗܘܘ ܕܦܫ ܚܝܠܐ ܕܒܝܬܐ :

ܕܠܦܪܘܩܐ ܕܝܠܕܬܐ ܕܝܘܡܘܗܝ ܒܒܝܬܐ ܢܗܘܘܢ ܀
ܕܐܒܘܗ ܐܬܒܢܝ ܡܢ ܝܩܕܢܗܘܢ ܕܡܘܬܒܘܬܗܘܢ :
ܠܢܘܪܐ ܕܒܪܐ ܕܐܠܗܐ ܝܗܒܘ ܠܝܠܐ ܡܢ ܒܪܐ ܀
ܠܗܘܢ ܡܕܡܝܢ ܡܝܬܐ ܚܝܐ ܕܡܬܚܝܘܬܗܘܢ :
ܠܫܒܝܠܐ ܕܥܡܪ ܫܡܝܐ ܣܠܩܝܢ ܡܢ ܐܪܥ ܡܘܬܐ ܀
ܕܟܐ ܕܝܢܐ ܒܢܦܫ ܐܟܠ ܡܥܕܐ ܕܝܘܡܘܬܗܘܢ :
ܘܩܪܐ ܒܙܒܢܐ ܘܡܫܚ ܝܬܗܘܢ ܒܗ ܡܫܡܗܝܢ ܀
ܐܒܘ ܢܦܩ ܡܘܬܐ ܢܣܒܐ ܕܒܢܝܐ ܘܚܝܐ ܕܕܘܢܐ :
ܘܢܫܡ ܐܝܬܝܐ ܠܡܪܗ ܡܢ ܐܒܗܘܢ ܘܢܫܒܚ ܐܝܟ ܀
ܐܬܢܫܒ ܗܘܐ ܡܘܗܒܬܗ ܕܝܡܬܐ ܡܢ ܐܒܝܠܐ :
ܘܗܘܬ ܠܠܡܐ ܒܥܒܕܐ ܘܫܡܚܐ ܕܫܝܢܐ ܘܠܥܒܕ ܀
ܘܗܦ ܐܬܠܒܟܬ ܘܫܠܡ ܒܟܠ ܘܐܦ ܡܘܬܐ :
ܡܢܗ ܕܡܝܐ ܘܒܥܒܕܗ ܥܒܕܐ ܘܒܢܝ ܒܢܝܢܐ ܀
ܫܦܝܪ ܡܘܬܐ ܘܢܫܡ ܕܒܐܘܪܚܐ ܫܠܡ ܗܘܐ ܕܠܥܠܡ :
ܘܐܒܥܕܐ ܕܢܣܒܢ ܐܦ ܒܥܒܕܐ ܡܫܬܒܚܐ ܗܘܐ ܀
ܐܦ ܐܬܠܒܟܬ ܢܦܫ ܠܐܘܪܚܬܐ ܘܥܡܗ ܒܬܫܒܘܚܬܗܘܢ :
ܘܒܢܝܐ ܨܘܪ ܐܝܟ ܕܒܥܠ ܥܡܠܐ ܕܟܠ ܡܘܕܝܢܘܬ ܀
ܐܬܡܟܢ ܕܡܝܐ ܒܬܘܬܒܐ ܒܡܘܡܬܗܘܢ ܘܕܝܠ :
ܘܟܕ ܐܘܪܚܬܐ ܘܗܘܐ ܕܢܦܠ ܗܘܐ ܘܒܢܝܐ ܡܘܬܪ ܀
ܐܬܛܠܡ ܗܘܘ ܡܘܬܐ ܒܥܠܡܐ ܘܠܗ ܥܡܕܐ :
ܘܗܘ ܥܒܕܐ ܠܐ ܥܒܕ ܕܒܗ ܘܠܐ ܢܗܘܘܢ ܀

ܐܬܪܝܡܘ ܗܘܘ ܒܪܫܝܥܐ ܫܒܝܐ ܘܒܝܫܘܬܐ :
ܘܠܐ ܣܦܩܘ ܐܝܕܘܗܝ ܕܦܩܝܕܝܢ ܗܘܘ ܠܐܦܝ ܪܘܡܐ ✣
ܘܡܛܐ ܠܡܫܬܠܛܘ ܗܘ ܕܒܝܫ ܗܘܐ ܡܢ ܟܠ ܐܢܫ :
ܘܒܓܢܒܘܬܗ ܕܪܘܚܐ ܢܒܝܐ ܟܕ ܐܡܪ ܗܘܐ ✣
ܐܝܟ ܕܒܬܘܪܐ ܗܘܐ ܠܗ ܢܒܪܘܟ ܫܠܝܛ ܢܒܘܪܐ :
ܘܪܝܫܗ ܡܢ ܟܠ ܟܢܘܫܬܗ ܣܘܓܐ ܕܒܢܝ̈ܐ ܟܢܝܫܐ ✣
ܐܬܟܪܟܘ ܠܗ ܡܢ ܟܠ ܓܒ̈ܝܢ ܐܝܟ ܕܒ̈ܐ :
ܘܒܟܪܡܗ ܕܡܕܢܚܐ ܐܣܬܪܩ ܐܢܘܢ ܘܒܠܥܘ ܦܐܪ̈ܘܗܝ ✣
ܐܬܪܫܝܗ ܕܐܫܬܝܩ ܘܐܦܠ ܘܐܬܒܪ ܘܡܕܢܚܐ ܢܟܪ̈ܝܐ :
ܘܐܬܒܗܬ ܐܢܘܢ ܘܩܪܒܘ ܠܗܘܢ ܒܚܝܠ ܐܠܗܐ ✣
ܣܓܝ ܫܒܝܬܐ ܕܒܢܝܢ ܡܕ̈ܝܢܬܐ ܘܢܦܩ ܡܬܒܪܗ :
ܘܐܬܦܪܣ ܠܘܬ ܕܒܝܬܘܬܐ ܢܣܝܒ ܒܝܬܗ ✣
ܗܝܟ ܕܡܢ ܐܬܪ̈ܘܗܝ ܢܦܠ ܐܫܬܘܩܢܐ ܢܚܒ ܠܫܬܐܠ :
ܘܣܘܓܐ ܓܢܒ̈ܐ ܘܢܝܪܐ ܡܢܝܢܐ ܕܒܝܠܕ̈ܐ ܗܘ ✣
ܣܘܓܐ ܕܡܠܟ̈ܐ ܘܫܠܝܛܐ ܚܘܪܗ ܘܐܫܬܒܩ ܗܘܐ :
ܕܒܪܗ ܕܗܘܕܝܐ ܠܟܢܝܫܗ ܕܝܫܘܥ ܐܬܐ ܕܢܝܫܘܥ ✣
ܐܡܪ ܗܘܐ ܠܗ ܐܝܟ ܕܐܦ ܡܪܝ ܠܡܫܬܘܕܥܘ :
ܕܟܠ ܗܘ ܕܐܬܡܢܐ ܠܗܘܢ ܩܕܡ ܐܢܐ ܒܗܝ ܝܕܥܐ ✣
ܠܐ ܢܟܪܘܗ ܐܢܐ ܡܢ ܐܠܗܐ ܕܡܫܒܚ ܐܢܐ ܠܗ :
ܠܗܘܢ ܩܕܡ ܐܢܐ ܡܪܟܒ ܐܝܟ ܗܘܕܝܐ ܫܘܪܒ ܕܡܠܟܐ ✣
ܩܕܡ ܐܬܪ̈ܘܗܝ ܐܝܟ ܗܘܕܝܐ ܐܝܟ ܦܪܘܩܢ :

ܘܦܢܝܢ ܒܐܪܥܐ ܐܝܟ ܓܠܠܐ ܘܡܫܬܒܚܝܢ ܠܗ ÷
ܕܡܝܐ ܗܘܐ ܗܘܬ ܕܝܢܐ ܠܝܠܘܠܬܐ ܐܬܘܪܝܬܐ :
ܘܪܝܫܐ ܕܝܡܐ ܠܟܠܝܬܗܝܢ ܘܒܐܪܐ ܠܪܘܚܐ ÷
ܦܢܝܐ ܗܒܬܐ ܕܝܡܐ ܦܢܝܐ ܘܢܗܪܝܢ ܕܝܫܘܥ :
ܗܝ ܡܥܠܝܢ ܠܗ ܢܗܪܘܗ ܠܥܘܡܐ ܐܝܟ ܕܐܦ ܡܫܘܕܝܐ ÷
ܘܦܬܚܘ ܠܗܘܠܝܢ ܘܡܫܬܠܡ ܗܦܟܗ ܘܪܘܚܐ ܦܠܓܗ :
ܘܗܝܕܝܢ ܦܢܝܢ ܘܫܘܡ ܕܝܕܐ ܕܡܚܝܘ ܘܓܪܐ ÷
ܒܪܝܬ ܢܛܠܐ ܘܐܪܥܝܢ ܐܢܝܢ ܥܠ ܓܒܝܐ :
ܘܐܝܟ ܐܝܠܢܬܐ ܒܝܪܐ ܐܣܝܪܘ ܘܐܢܝܩ ܕܓܕܝܕܘܬܗ ÷
ܥܦܝܒ ܗܘܦܟܐ ܡܢ ܒܝܬ ܐܢܫܘܬܗ ܘܗܦܟ ܠܓܒܪܐ :
ܘܐܣܪܗ ܒܐܝܕܗ ܘܡܬܪܝܡܐ ܒܐܪܥܐ ܘܪܟܒ ܥܠ ܓܘܪܗ ÷
ܘܟܕ ܡܬܥܒܕܢܘܬ ܢܓܕܗ ܒܪܓܠܗ ܘܐܪܥܝܢ ܥܒܘܕܘܬܗ :
ܘܐܝܟ ܕܠܓܠܓܠܐ ܢܓܕܗ ܘܡܪܝܡܗ ܡܢ ܐܫܬܘܬܐ ÷
ܥܦܒ ܐܝܟ ܓܒܪܐ ܘܐܬܠܠ ܕܒܟ ܘܡܫܒܚ ܒܪܐ :
ܦܠ ܡܦܘܠܬܗ ܕܗܘ ܗܝܟܠܐ ܘܦܩ ܐܝܟ ܢܘܪܐ ÷
ܥܦܠ ܐܝܟ ܠܗܘܠܝܢ ܕܒܪܗ ܕܠܗܘܠܝܢ ܘܗܘܐ ܠܗܘܢܐ :
ܘܦܫ ܐܝܟ ܪܘܚܐ ܕܡܝܐ ܠܪܘܚܐ ܠܡܣܘܪܗ ÷
ܒܪܝܫ ܗܘ ܡܪܐ ܕܢܘܦܩ ܢܛܠܐ ܠܥܡܠܐ ܒܝܬܐ :
ܘܡܕܝܢܐ ܒܝܫܬܐ ܐܝܟ ܕܒܟܠ ܥܘܠܐ ܘܐܬܗܝܢ ܘܠܒܪܐ ÷
ܒܪܘܡܐ ܕܠܝܠܐ ܐܝܟ ܕܠܠܝ ܥܠ ܐܫܬܘܬܐ :
ܘܐܠܝܦ ܐܝܬܝ ܗܘܬ ܠܥܘܕܪܐ ܕܥܠܝܠܕܘܬܐ ÷

ܢܘܒ ܐܬܬܚܘܢܐ ܣܒܪܬܐ ܡܩܘܡܝ ܠܡܫܬܠܠܘ :
ܐܝܟ ܒܪ ܐܢܫ ܕܘܟܬܐ ܠܟܠܗܘܢ ܒܝܢܬ ܐܠܗܐ ÷
ܐܦ ܐܬܪܐ ܟܠܗ ܡܬܕܒܪ ܕܢܘܗܪܐ ܠܐ ܕܢܚ ܠܗ :
ܕܠܘܬܐ ܕܒܝܬܐ ܩܢܘܡܐ ܝܗܒ ܘܡܢܚܠܐ ܠܝ ÷
ܘܟܕ ܐܣܦܪ ܗܘܐ ܒܒܪܐ ܘܒܝܬܗ ܡܢ ܛܘܪ ܩܘܕܫܐ :
ܠܐ ܒܫܦܠ ܡܝܬܘ ܕܒܠܥܕ ܚܛܝܬܐ ܡܬܬܢܝܚ ܗܘܐ ÷
ܚܘܐ ܕܠܐ ܬܬܒܠ ܡܢ ܐܬܬܚܘܢܐ ܕܒܪܘܘܬܐ :
ܕܡܒܝܢܘ ܕܦܩܗ ܡܢ ܓܘܫܡܐ ܠܗܘ ܐܠܗܐ ÷
ܚܘܐ ܕܠܐ ܬܒܥ ܡܢ ܦܘܠܚܢܗ ܐܘܪܚܐ ܟܐܢܐ :
ܘܡܠܟܗ ܕܝܬܒܠ ܡܢ ܐܬܟܪܗ ܕܠܐ ܐܬܬܐܠܠܐ ÷
ܒܝܢܬܗ ܕܠܡܠܟܗ ܬܘܚܬܐ ܗܒܠܐ ܕܝܠܕܝܢ :
ܘܦܠܛܝ ܕܪܒܐ ܫܡܥܐ ܘܕܪܟܐ ܒܡܠܟܗ ܠܘܬܡܝܢܗ ÷
ܡܥܠܘܗܝ ܝܬܒܠ ܕܢܒܠܐ ܕܡܘܬܐ ܘܫܒܩ ܐܝܟ :
ܠܐ ܕܝܢ ܕܬܟ ܐܘ ܐܬܚܘܐ ܡܢ ܦܘܠܚܢܗ ÷
ܒܠܒ ܐܝܟ ܐܢܫ ܡܢ ܫܒܝܠܐ ܕܡܛܐ ܠܐܢܫ :
ܘܗܘܐ ܚܒܪܐ ܠܐܢܫ ܕܘܟܐ ܠܒܝܠܕܪܐ ÷
ܗܕܝܢ ܐܬܠܒܫ ܒܬܪܝܢ ܕܕܝܢ ܘܐܬܪܝܢ ܕܪܝܢ :
ܘܟܕ ܬܠܘܬܐ ܠܒܢܬܐ ܕܘܟܬܐ ܒܒܠܗܘܢ ܕܪܐ ÷
ܚܕ ܚܕ ܚܒܪܐ ܘܚܕ ܚܕ ܒܢܦܫܗ ܐܬܒܪܘ ܚܒܝܒܐ :
ܘܗܘܢ ܢܚܡܘܗܝ ܘܡܢ ܚܒܪܘܗܝ ܗܘܐ ܠܗ ܝܗܒܐ ÷
ܗܘܐ ܐܬܟܘܢܐ ܐܝܟ ܝܗܒܗ ܠܐܢܫ ܕܐܬܪܝܢ :

ܘܫܠܛ ܥܒܕܐ ܒܡܪܗ ܕܙܒܢܗ ܒܐܦܐ ܨܥܝܪܐ ܀

ܥܠܝ ܡܘܬܒܐ ܕܥܒܪܝܐ ܫܡܝܐ ܕܒܪܐ ܫܡܝܐ :

ܘܒܝܬܐ ܕܒܢܝܐ ܐܠܗܐ ܗܘܐ ܠܗ ܡܘܬܒܗ ܗܝܟܠܐ ܀

ܥܠ ܗܘܐ ܠܡܘܬܒܐ ܕܪܘܚܐ ܩܕܫܐ ܘܩܘܡ ܡܘܬܒܗ :

ܘܝܗܒ ܠܡܕܒܪܗ ܘܐܪܝܟ ܩܝܢܗ ܘܐܦܐ ܫܡܝܐ ܀

ܘܟܕ ܐܘܠܝܬܐ ܒܝܬ ܘܐܬܥܠܝܬ ܥܠ ܡܘܬܒܐ :

ܘܐܬܐ ܒܡܕܒܪܗ ܘܩܛܠ ܕܝܠܗ ܥܒܕ ܝܠܗܝܢ ܀

ܐܪܝܟ ܩܠܗ ܘܐܬܗܘܪ ܒܝܬܐ ܒܠܒܒܘܬܗ :

ܟܕ ܡܘܬܒܐ ܗܘܐ ܒܒܢܐ ܕܘܝܕ ܥܠ ܐܫܬܘܝܗ ܀

ܕܝܠܗ ܠܗ ܩܛܠ ܒܐܪܥܝܘܬܐ ܘܠܐ ܡܢ ܥܠܡܐ :

ܕܡܪܝܐ ܫܡܥܗ ܕܐܬܚܘܡ ܐܬܓܠܝ ܡܘܬܒܐ ܕܐܪܟܢܝ ܀

ܗܘܐ ܥܒܝܕ ܠܗ ܠܒܝܬܗ ܦܓܪܐ ܐܝܟ ܥܡܘܕܐ :

ܕܗܘ ܐܪܒܥܠܐ ܒܥܕܬܗ ܘܫܡܥܗ ܕܠܐ ܐܬܦܪܥ ܀

ܠܐ ܩܝܡ ܠܝ ܐܢܫ ܒܝܬܐ ܕܩܕܝܫ ܗܘ ܠܝ :

ܕܐܢܫ ܡܠܝܐ ܕܝܬܐ ܦܘܠܚܢ ܠܐ ܬܚܝܨ ܐܢܐ ܀

ܐܫܬܐ ܝܠܕܬ ܐܝܟ ܐܘܡܬܐ ܠܕܘܝܬܐ ܩܕܫܐ :

ܕܝܬܐ ܝܥܩܒ ܘܐܬܐ ܐܬܬܘܪܐ ܐܘܡܬܗܝ ܀

ܠܗ ܥܠ ܕܒܠܗ ܐܡܝܢܐ ܒܠܫܢܝ ܠܝ ܡܥܕܢ ܐܢܐ :

ܠܒܝܬܗ ܦܓܪܐ ܐܝܟ ܘܐܪܝܟ ܠܐ ܐܬܒܪܘܪ ܀

ܫܘܫܢܐ ܐܫܬܘܝ ܘܕܠܐ ܦܠܘܓܬܐ ܠܐ ܡܬܦܪܫ :

ܫܒܝ ܘܐܝܟ ܡܠܟܬܐ ܒܥܕܬܗ ܐܪܝܟ ܠܡܪܘܬܐ ܀

ܠܐ ܬܫܒܐ ܠܒܐ ܕܪܚܡܘܬܟ ܡܬܬܒܥܐ ܐܢܬ :
ܕܠܐ ܬܬܟܠ ܐܢܬ ܡܢ ܦܘܠܚܢܐ ܕܦܩܕܬ ܠܝ ܒܗ ⁘
ܠܐ ܡܬܕܘܢܢ ܢܦ̈ܫܬܐ ܚܢܢܐ ܕܩܝܡ ܥܠ ܬܘܟܠܐ :
ܘܠܐ ܡܘܕܝܢ ܠܗ ܥܠܠܬܐ ܘܐܘܪܚܐ ܕܡܥܒܪܐ ܗܘ ⁘
ܟܕ ܗܟܢܐ ܐܢܐ ܕܡܘܕܐ ܐܢܐ ܠܟ ܚܠܦ ܟܠܗܝܢ :
ܚܠܝܠ ܥܒܝܕ ܐܢܐ ܐܘ ܚܘܝܒܐ ܘܠܐ ܡܕܝܢ ܐܢܐ ⁘
ܗܘܝܐ ܕܒܥܠܠܐ ܠܗ ܡܕܝܢ ܗܘ ܡܢ ܠܘܩܒܠܗ :
ܡܚܝ ܚܝ̈ܘܬܐ ܐܝܟ ܕܠܐܝܘܒ ܚܒܪܗ ܐܢܬ ⁘
ܢܥܒܕ ܒܓܒܪܐ ܘܡܚܝܠ ܕܕܗ ܘܕܟܐ ܩܕܡܝܗ :
ܘܠܗ ܐܝܟ ܕܐܡܪܝܢ ܚܝܝ ܐܠܗܘܬܗ ܘܕܟܐ ܘܢܥܒܕ ⁘
ܢܦܩܬܐ ܐܬܩܘܡ ܐܝܟܢܐ ܕܫܬܝܪ ܡܢ ܐܬܚܘܝܗ :
ܕܠܐ ܡܚܝܐ ܕܐܘܟܐ ܘܠܐ ܠܫܠܬܐ ܐܠܐ ܬܓܪܐ ⁘
ܠܗ ܡܕܝܢ ܗܘ ܒܓܒܪܐ ܕܒܠܗ ܠܡܬܕܝܢ ܠܗ :
ܘܐܝܟܢܐ ܕܐܘܝܗ ܠܐ ܡܘܟ ܠܗ ܠܐ ܡܬܚܝܒ ⁘
ܠܢܦܩܬܐ ܘܚܝܐ ܠܗ ܠܚܛܝܐ ܠܐ ܡܬܚܫܒܐ :
ܐܝܟܢܐ ܕܡܕܝܢ ܬܘܒܐ ܚܛܝܐ ܠܐ ܚܛܝܬܐ ⁘
ܡܚܝ ܠܝ ܡܫܝܚܐ ܘܐܬܠܘܫ ܕܚܕܐ ܘܗܕܘܡ ܚܝܐ :
ܘܠܝ ܐܡܪܐ ܐܢܐ ܕܐܘܗ ܐܘ ܟܕܘ ܫܪܝܪ ܐܢܐ ܠܝ ⁘
ܟܠ ܢܬܠܝܛܢ ܡܚܝܠܐ ܘܕܘܟܐ ܒܕܓܠܐ ܠܓܝ :
ܘܗܘܝܐ ܕܡܟܬܒܐ ܠܗ ܕܚܛܝܬܐ ܗܘ ܐܠܐ ܕܢܦܩܬܐ ⁘
ܣܘܦ ܕܟܠܗ ܥܒܕܐ ܕܚܕܐ ܕܓܠܗ ܡܬܬܒܥܐ ܐܢܐ :

ܘܡܢ ܦܓܪܐ ܠܗ ܐܬܒܪܝ ܣܓܝܕܐ ܠܡܫܝܚܐ ܥܡܗ ܀
ܟܕ ܕܝܢ ܚܙܬܗ ܕܢܚܬܐ ܘܚܙܝܬܐ ܡܬܢܟܦܐ ܗܘܬ :
ܦܩܕܬ ܠܐܡܬܐ ܡܢ ܐܬܪܘܡܬܐ ܠܐ ܬܥܒܕ ܗܘܬ ܀
ܠܘܬ ܫܡܝܐ ܘܠܐ ܠܘܬ ܚܙܬܐ ܐܘ ܚܕ ܘܚܝܠܐ :
ܕܐܚܬܗ ܕܐܬܐ ܢܚܬܗ ܚܬܢ ܘܐܬܦܢܝ ܥܠܝܗ ܀
ܣܘܪܗ ܗܘܐ ܠܐܒܗܬܗ ܕܐܬܡܬܚ ܠܗ ܘܥܒܕ ܒܡܕܗ :
ܩܡܬ ܐܬܕܟܪܬ ܐܝܟ ܕܐܡܪܐ ܗܘܝܐ ܫܘܒܚܐ ܀
ܣܓܝ ܕܠܐ ܐܝܬ ܟܘ ܐܟܠܐ ܠܒܫܬܐ ܘܠܒܘܫܐ ܟܠܗܘܢ :
ܘܟܬܒܬܗ ܠܐܬܬܗ ܘܥܒܕ ܕܢܣܒܪܘܗ ܥܠܝ ܫܡܗ ܀
ܣܓܝ ܕܠܐ ܥܠܡܐ ܕܐܬܚܙܝ ܚܕܐ ܐܘܪܚܐ ܠܘܬܝ :
ܘܟܠܗ ܕܐܬܒܪܝܗ ܡܢ ܦܘܠܚܢܗ ܘܐܬܦܠܓ ܚܕܐ ܀
ܚܟܡܬܐ ܐܡܝܢܬܐ ܚܟܝܡ ܒܘܝܢܐ ܕܠܐ ܗܘܐ ܡܬܡܨܝܐ :
ܕܦܩܕܗ ܠܐܒܗܬܗ ܕܠܐ ܢܬܟܬܒ ܡܢ ܦܘܠܚܢܗ ܀
ܩܡ ܠܐ ܢܦܩܐ ܟܕ ܡܬܦܩܕܐ ܡܢ ܥܕܬܗ :
ܘܫܪܐ ܗܘܐ ܟܕ ܐܝܬ ܡܢܝܢܐ ܘܠܐ ܟܕܡܐ ܠܗ ܀
ܟܕ ܫܡܥܬܐ ܡܦܠܦܠ ܟܘܡܪܐ ܘܠܒܫ ܕܗܒܐ :
ܡܠܟ ܟܠܗܝܢ ܘܩܒܠ ܟܠܦܐ ܘܚܙܬܐ ܡܢܘܬܐ ܀
ܟܕ ܡܬܦܩܕܐ ܫܡܥܐ ܦܠܚܐ ܡܢ ܐܚܝܢܗ :
ܘܬܫܡܫ ܐܦܩܗܝ ܟܠܗ ܕܠܒܝܬܐ ܘܡܫܒܚܐ ܦܘܡܐ ܀
ܟܕ ܐܡܪܐ ܠܗ ܘܠܐ ܟܬܠܡܐ ܟܕ ܡܫܡܥܐ :
ܘܠܐ ܡܛܝܐ ܠܟܝ ܕܐܝܬܝܐ ܫܒܝܚܝ ܟܠܗ ܡܠܟܘܬܐ ܀

ܟܕ ܚܙܐ ܒܠܒܗ ܘܡܟܝܟ ܗܘ ܕܪܡܗ ܘܡܟܟܐ ܡܪܝܡܘܬܗ :
ܘܚܙܐ ܕܠܠܒܗ ܡܟܝܟܐ ܡܘܟܟܐ ܕܒܠܒܗ ܦܓܪܗ ⁘
ܟܕ ܗܘ ܕܪܡܘܬܗ ܡܫܬܠܝܐ ܕܡܘܟܟܐ ܘܩܒܠܝܗ ܟܕ ܡܟܐ :
ܡܫܒܚ ܠܗ ܫܦܝܪܗ ܡܚܕܐ ܠܗ ܡܫܩܠܗ ܟܕ ܫܘܟܢܐ ⁘
ܟܕ ܫܒܩܗ ܠܗ ܡܠܟܘܬܗ ܡܪܝܡܘܬܗ ܘܡܬܘܡܪ ܠܗ :
ܘܒܝܢܬܗ ܕܪܘܚܐ ܠܗܘ ܘܡܟܝܟܐ ܠܗ ⁘
ܠܗܘܢ ܡܬܟܬܪܝܢ ܐܦ ܟܕܢܐ ܠܝ ܕܢܬܬܒܐ ܫܒܪܝ :
ܕܐܘܦ ܒܐܝܠܝܢ ܕܦܩܘܕܝ ܡܝܬܝ ܒܗ ܡܬܡܟܟܝܢ ⁘
ܘܠܐ ܫܟܝ ܠܝ ܟܕ ܐܢܐ ܐܢܐ ܘܠܐ ܡܬܒܥܐ ܠܝ :
ܕܡܢ ܒܠܚܘܕܝܗܝ ܠܐ ܩܐܡ ܐܢܐ ܒܡܘܡܬܐ ܐܝܟܢܐ ⁘
ܐܢ ܠܐܝܢܐ ܘܐܢ ܠܚܝܘܬܐ ܒܗܝ ܕܟܝܐ ܐܢܐ :
ܘܐܢ ܠܩܝܡܬܐ ܘܐܢ ܠܬܘܡܬܐ ܣܓܝܐ ܗܘ ܐܘܪܚܝ ⁘
ܟܕ ܗܘܝܬ ܡܢܐ ܕܢܬܬܚܝܡ ܐܢܫܐ ܕܪܘܚܐ :
ܠܡܘܗܒܬܐ ܘܝܗܒ ܠܕܝܢܐ ܘܡܘܕܐ ܘܠܡܠܟܘܬܐ ⁘
ܠܐ ܩܐܡ ܐܢܐ ܡܢ ܟܠ ܡܕܡ ܘܡܢܗ ܐܢܐ ܠܝ :
ܕܢܗܘܐ ܡܬܚܫܒܢܐ ܘܝܐܢܐ ܕܡܢ ܒܚܘܬܐ ܚܢܢܐ ⁘
ܠܐ ܡܫܠܡ ܠܝ ܗܘ ܕܦܠܚܝܢܘܬܐ ܡܢ ܡܠܟܘܬܝ :
ܕܢܠܦ ܡܠܠܝܢ ܬܘܒ ܐܠܗܝ ܘܡܚܝܕܐ ܠܝ ⁘
ܟܠ ܕܢܣܒ ܘܝܚܕܐ ܒܚܝܐ ܡܢ ܕܢܬܬܚܝܡ :
ܘܐܬܚܫܒ ܬܘܕܝܐ ܕܝܗܒ ܠܝ ܚܝܠܐ ܕܢܣܒ ܡܪܝܡܘܬܗ ⁘
ܦܢܐ ܗܘܐ ܟܠܗ ܘܕܝܠܢܝܬܐ ܒܟܠ ܟܕ ܟܢܐ :

ܕܡܪܝ ܐܝܟ ܚܝܠܐ ܒܪܓܠܐ ܕܦܓܪܐ ܡܢ ܒܪܬܗ ܘܥܠܗ ܀
ܐܢܬܐ ܠܚܙܘܐ ܘܢܝܫܐ ܠܚܙܘܐ ܒܪ ܡܬܚܙܝܢܐ :
ܕܝܘܩܕܐ ܕܐܬܩܝܡ ܗܘܐ ܥܒܝܕܐ ܠܗ ܘܩܪܝܒ ܚܝܠܗ ܀
ܣܘܦ ܕܥܒܝܕܐ ܝܘܩܕܐ ܕܒܠܗ ܦܓܪܐ ܠܣܘܒܪܗ :
ܘܐܢ ܦܘܩܕܢܝ ܠܐ ܡܒܕܩܝܢ ܠܗ ܡܬܡܚܠܐ ܠܗ ܀
ܟܕ ܗܘ ܚܝܠܗ ܘܩܝܡܐ ܒܥܠܬܗ ܘܟܒܪ ܕܠܡܘܓܠܗ :
ܘܐܢ ܒܥܘܒܕܝ ܠܐ ܡܒܕܩܐ ܠܗ ܡܬܩܛܦܐ ܠܗ ܀
ܒܠܣܘܒܪܗ ܗܘ ܘܢܩܒܝܢ ܡܢܗ ܝܘܩܕܐ ܕܦܓܪܐ :
ܫܡܥܘ ܠܥܠܝܬܐ ܕܝܘܩܕܐ ܕܐܬܩܝܡ ܫܒܩ ܒܟܠ ܥܘܕܪܗ ܀
ܠܐ ܢܘܕܥܘܢ ܐܝܟ ܦܓܪܐ ܕܒܗ ܢܛܪ ܐܬܐ :
ܕܒܪ ܒܥܘܒܕܐ ܥܒܝܪ ܠܗ ܒܠܣܘܪ ܒܬܪ ܢܥܒܕܘܢ ܀
ܚܙܐ ܗܘܠܟܐ ܗܘܐ ܦܠܚ ܐܬܐ ܣܠܩ ܦܓܪܐ :
ܐܝܬܘ ܚܝܠܐ ܕܐܦܠܘܣ ܒܥܝܢ ܥܒܕܐܝܬ ܀
ܠܐ ܡܪܝ ܐܝܬܘܗܝ ܢܣܒܐ ܠܥܒܪܐ ܕܢܗܘܐ ܠܥܒܕܝ :
ܘܝܗܒܐ ܕܣܘܦܐ ܠܪ̈ܓܠܝ ܕܬܗܠܟ ܡܢ ܦܘܠܚܢܝ ܀
ܠܐ ܢܬܬܥܝܪ ܕܘܟܐ ܠܥܒܕܝ ܘܡܫܠܚ ܘܡܢܗ :
ܐܝܟ ܠܝ ܡܫܟܚܐ ܕܢܗܘܘܢ ܚܕܘܬܗ ܘܢܘܚܐ ܠܢܦܫܗ ܀
ܕܐܢ ܡܪܢܐ ܕܝܢ ܡܢ ܫܡܝܐ ܕܡܬܬܚܙܐ ܚܙܐ :
ܘܢܣܒ ܘܡܐ ܘܩܘܡ ܠܡܪܢܐ ܠܡܫܟܚ ܟܝܢܐ ܀
ܚܣܝܢ ܐܘܟܝܗ ܕܡܠܟܐ ܝܗܒܐ ܘܡܬܪܘܚܡܢܐ :
ܘܡܟܪܙܢܐ ܘܦܬܝܐ ܚܙܝܐ ܕܗ ܕܢܝܘܬܢܐ ܀

ܢܦܩܬ ܕܝܢ ܡܢ ܐܘܪܚܗ ܐܝܟ ܐܠܦܐ ܗܕܝܢ ܦܘܩܕܢܗ :

ܕܫܡܥܬܗ ܥܒܕܬܗ ܦܠܓܐ ܕܠܒܒܗ ܠܐܪܥܐ ܢܦܠܬ ÷

ܕܢܦܠܬ ܕܡܢܗ ܐܘܪܚܐ ܠܢܦܫܗ ܕܡܫܠܛܢܘܬܐ :

ܕܠܐ ܐܝܟ ܢܦܠܬ ܕܡܢܐ ܢܦܠܬ ܕܒܗ ܐܬܢܚܬ ÷

ܕܗܘܐ ܢܦܠܬܐ ܗܘܬ ܒܥܘܡܩܐ ܗܠܝܢ ܡܬܚܫܒܐ :

ܟܕ ܩܐܡ ܗܘܐ ܒܣܬܪܐ ܕܠܒܗ ܘܠܐ ܐܬܕܩܦ ÷

ܐܘܪܚܐ ܠܡܪܟܒܐ ܕܝܢ ܐܝܟ ܦܘܪܣܐ ܕܠܝܬ ܐܢܫ ܡܢܗ :

ܩܡܨܐ ܕܠܒܗ ܕܝܢ ܒܥܘܡܩܐ ܘܠܐ ܡܬܬܙܝܥܐ ÷

ܠܢܦܫܗ ܕܝܢ ܗܘ ܟܕ ܐܬܚܠܨ ܡܢ ܦܘܩܕܢܐ :

ܐܠܐ ܐܡܪܐ ܕܢܚܬ ܠܓܘܗ ܡܢ ܥܘܡܩܐ ÷

ܢܚܬ ܒܫܪܝܪܐ ܒܫܠܝܐ ܟܠܗ ܐܝܟ ܠܐ ܡܫܬܡܥ :

ܘܫܡܥ ܗܘܐ ܠܒܢܝ ܐܢܫܐ ܘܝܠܕܐ ܒܣܬܪܐ ܕܠܒܗ ÷

ܥܒܕܐ ܐܠܗܝܐ ܘܦܩܕܐ ܗܘܐ ܐܝܟ ܢܚܬ ܥܘܡܩܐ :

ܣܘܥܪܢܐ ܘܦܘܩܕܢܐ ܘܬܘܕܝܬܐ ܘܕܝܢܗ ܕܟܝܢܐ ÷

ܠܝ ܠܐ ܣܘܐ ܠܝ ܕܢܩܘܡ ܐܝܟ ܗܢܐ ܓܒܪܐ ܡܫܬܥܒܕ :

ܘܠܐ ܢܚܬܢ ܣܘܡܝܐ ܐܬܥܒܕ ܕܪܚܡܐ ܠܕܝܠܗ ÷

ܩܡܘ ܘܕܝܢܘ ܒܕܘܟܝ ܕܒܢܝ ܢܘܗܪܐ ܡܕܝܢܬܐ :

ܡܢ ܥܒܕܐ ܐܠܗܝܐ ܡܥܒܕ ܐܝܟ ܐܝܟ ܢܦܫܗ ÷

ܟܕ ܡܬܚܫܒ ܠܩܘܡܗ ܕܗܘܐ ܡܠܟܐ ܒܡܬܐ :

ܕܠܐ ܐܬܕܟܪ ܒܟܢܫܬܐ ܐܠܐ ܒܟܝܢܐ ÷

ܐܬܚܡܝ ܬܘܡܝܢ ܩܕܡ ܗܘܐ ܡܠܟܐ ܐܠܗܐ :

ܘܐܦ ܐܠܗܐ ܒܗ ܒܡܫܝܚܐ ܢܚܬ ܐܝܟ ܡܛܪܐ ܀
ܠܒܢܝܗܘܢ ܗܠܝܢ ܚܕ ܐܘܕܝܘܗܝ ܘܚܕ ܐܬܓܠܝ :
ܘܡܢܗ ܐܬܐܡܪ ܕܠܐ ܚܘܪܐ ܗܢܐ ܠܗܠܝܢ ܒܢܝܐ ܀
ܡܢܗܘܢ ܕܝܢ ܐܡܪ ܡܫܬܠܡ ܢܘܡܘܣܐ ܕܗܘ ܢܫܡܠܐ :
ܠܐ ܡܫܟܚ ܗܢܐ ܕܢܥܒܪ ܢܡܘܣܗ ܕܝܘܚܢܢ ܫܘܦܪܗ ܀
ܐܝܟܢܐ ܡܫܝܚܐ ܡܢ ܢܒܝܘܬܗܘܢ ܘܐܝܟܢܐ ܐܫܬܠܡ :
ܕܠܒܝܬ ܡܢܗܘܢ ܗܘܐ ܘܡܫܬܠܛ ܡܢ ܒܪܐ ܘܠܓܘ ܀
ܢܘܡܘܣܐ ܡܫܝܚܐ ܗܘܐ ܫܠܝܛ ܠܗ ܫܘܦܪܗ ܐܣܪܐ :
ܐܠܘ ܢܒܝܘܗܝ ܕܡܢܐ ܗܢܐ ܫܠܝܛ ܡܢ ܐܬܡܠܟܘܬܗ ܀
ܦܘܡܗ ܡܫܝܚܐ ܗܘܐ ܕܢܒܝܘܬܗ ܠܐ ܡܬܡܫܚܝܢ :
ܒܢܒܝܘܬܗܘܢ ܡܫܝܚܐ ܐܘ ܒܡܠܟܘܬܗܘܢ ܕܟܗܢܐ ܐܬܚܒܒܝ ܀
ܒܟܗܢܘܬܗܘܢ ܐܡܝܢ ܦܠܓܐ ܕܦܘܪܫ ܫܒܝ ܐܘܦܩܝ :
ܕܗܘܐ ܢܒܝܐ ܒܝܬܐ ܕܝܠܗ ܗܘܐ ܠܐ ܠܢܒܝܘܬܗ ܒܠܚܘܕ ܀
ܐܡܪ ܕܟܗܢܐ ܫܡܥܘܢ ܕܠܒܗ ܘܠܐ ܐܬܕܟܪ :
ܐܘ ܥܠ ܦܘܡܗ ܕܟܗܢܐ ܡܠܟܘܬܐ ܠܝ ܡܫܬܡܠܝܐ ܀
ܐܡܪ ܕܟܗܢܐ ܐܝܟ ܒܢܝܢܗ ܕܡܠܟܐ ܕܢܒܝܐ :
ܐܘ ܥܠ ܡܠܟܘܬܐ ܕܦܬܓܡܐ ܗܘܐ ܕܟܗܢܐ ܫܡܥܐ ܀
ܡܫܝܚܐ ܐܡܪ ܕܢܒܝܐ ܫܠܝܛܐ ܠܐ ܫܠܝܛ ܗܢܐ :
ܕܢܒܝܐ ܘܟܗܢܐ ܘܡܫܝܚܐ ܕܝܢܐ ܘܡܠܟ ܐܠܗܘܬܐ ܀
ܘܐܦ ܢܒܝܐ ܘܡܠܟܐ ܡܫܝܚܐ ܕܟܗܢܐ ܥܒܕ :
ܘܠܐ ܡܫܟܚ ܗܢܐ ܐܡܪ ܒܫܘܦܪܗ ܐܝܟ ܕܢܒܝܘܗܝ ܀

ܐܝܟ ܝܠܘܕܐ ܒܟܝܐ ܕܝܢܩ ܬܕ̈ܝܘܗܝ ܘܪܓܫ ܫܘܦܪܗ:
ܘܐܝܟ ܝܠܘܕܐ ܒܟܝܐ ܕܝܢܩ ܬܕ̈ܝܗ ܘܦܬܚ ܠܗ ܡܢܚ ܀
ܟܕ ܒܟܐ ܐܢܐ ܐܬܦܪܣ ܠܗ ܡܫܚܐ ܠܥܡܐ:
ܘܦܬܚ ܦܘܡܗ ܒܒܘܡܬܐ ܕܠܚܡܐ ܘܗܘ ܐܬܛܠܒ ܀
ܐܦܝܢ ܡܬܚܠ ܥܡܕ ܐܬܚܘܝܢ ܕܗܘܐ ܚܕܬ ܗܘ:
ܠܐ ܓܝܪ ܐܬܒܣܡ ܟܕ ܒܥܡܪܗ ܕܐܬܚܘܝ ܒܘܣܡܗ ܀
ܐܡܪ ܗܢܐ ܥܠ ܒܘܣܡܗ ܓܝܪ ܗܦܟ ܐܢܐ:
ܘܥܠ ܒܘܠܡܐ ܕܢܗܘܐ ܠܗ ܡܪܗ ܓܝܪ ܡܘܦܩ ܐܢܐ ܀
ܐܚܝܕ ܠܚܝܘܬܐ ܕܐܝܟ ܥܠܝܡ ܕܗܘܕܗ ܘܩܪܝܒ:
ܘܐܦ ܕܐܢܫܢܐ ܢܣ ܡܢ ܥܡܠܗ ܐܘܕܐ ܠܟܐ ܀
ܒܗܘ ܝܘܡܐ ܕܢܥܪܐ ܚܝܗ ܘܡܫܚܐ ܠܘܬܗ:
ܫܟܢ ܠܗ ܡܪܗ ܗܝܡ ܒܘܣܡܗ ܐܝܟ ܕܠܡܘܬܐ ܀
ܐܬܟܪܝܗ ܠܗ ܐܝܟ ܟܕ ܥܡܪܬ ܥܠ ܦܘܪܥܢܗ:
ܕܐܝܟ ܚܘܫܐ ܢܦܩܬ ܠܚܝܘܬܐ ܥܠ ܢܛܘܪܗ ܀
ܚܝܘܗ ܡܠܐܟܐ ܘܥܠܠܗ ܥܡܗ ܐܝܟ ܕܝܠܗ:
ܘܚܘܘܗܝ ܕܥܡܪ ܘܡܫܚܐ ܕܢܬܚܘܐ ܡܢ ܦܘܠܚܢܗ ܀
ܗܐ ܠܟܘܢ ܕܡܫܚܐ ܥܡܝ ܘܥܡܪ ܕܡܥܝܢ ܥܡܟܘܢ:
ܘܐܦ ܕܟܝܢܐ ܚܕܝ ܕܝܠܕܐ ܘܡܫܝܚܐ ܠܟ ܀
ܗܐ ܡܫܚܐ ܘܟܝܢܐ ܕܢܬܚܘܐ ܥܡܟܘܢ ܡܢ ܚܘܕܬܐ:
ܘܐܬܪܝܐ ܥܡܟܘܢ ܒܠܘܩܒܠ ܚܝܐ ܥܡ ܢܘܫܡܬܐ ܀
ܗܐ ܡܫܚܐ ܢܘܗܪܐ ܕܐܬܒܘܠ ܐܬܚܘܝ ܡܢ ܦܘܠܚܢܟܘܢ:

ܘܥܒܕ ܦܘܪܩܢܐ ܠܐܝܣܪܐܝܠ ܘܐܬܦܢܝ ܐܝܟ ܕܥܒܕܐ ܀
ܗܘܐ ܠܗ ܙܟܘܬܐ ܕܐܬܦܨܝ ܐܝܣܪܐܝܠ ܡܢ ܟܠܗ ܐܬܒܠ :
ܠܐܬܪܐ ܕܡܘܠܕܗ ܕܡܫܝܚܐ ܠܝ ܗܘܐ ܡܢ ܫܠܡ ܀
ܣܘܡ ܐܢܬܬܐ ܡܪܝ ܦܪܘܩܢ ܘܐܬܐܬܢܝ ܕܠܘܬܟ :
ܕܢܫܬܐ ܗܘܪܬܐ ܦܠܫܐ ܐܬܪܝ ܢܫܝܚܘܬܐ ܀
ܣܘܡ ܡܠܟܐ ܦܘܫ ܡܢ ܒܟܐ ܘܡܢ ܡܢܫܘܠܐܘܬܝ :
ܘܢܩܝܐ ܒܩܝܢ ܐܡ ܐܬܠܘܢܬܟ ܘܡܪܝ ܒܟܢܝܐ ܀
ܠܐ ܐܒܕܐ ܠܝ ܕܗܘܝܐ ܦܠܓܝ ܒܢܬܐ ܠܒܢܬܐ :
ܕܒܢܝ ܠܐܘܪ ܡܪܢܐ ܐܡܝ ܝܫܘ ܐܒܪܗܡ ܀
ܠܐ ܐܒܕܐ ܠܝ ܕܡܪܝ ܦܠܓܝ ܡܢ ܐܘܠܝܬܐ :
ܕܐܝܟ ܗܕܡܐ ܕܡܫܡ ܕܝܢܗ ܘܡܬܐܬܢܝ ܐܬܐ ܒܗ ܀
ܡܪܝ ܠܐܠܗܢܝܢ ܘܒܟܘܫܪܢܝܢ ܢܪܕ ܐܢܘܢ :
ܘܢܗܘܘܢ ܒܢܝܢ ܬܐܪܐ ܡܘܗܒܝ ܐܝܟ ܕܚܢܢܝ ܀
ܐܡܪܐ ܠܒܪܢܝ ܐܬܐ ܢܪܕܝܗ ܒܟܠ ܝܫܘ ܐܠܗܐ :
ܠܐ ܗܘܐ ܐܦܝܢ ܝܫܘ ܡܫܝܚܐ ܘܢܕܘܪܗ ܡܘܕܝܢ ܀
ܘܟܠܗ ܕܗܠܝܢ ܡܬܐܡܪܢ ܗܘܝ ܝܫܘ ܡܘܕܝܢܐ :
ܡܪܢܝܗ ܒܢܬܐ ܒܪܟܬܗ ܠܡܘܬܐ ܡܢ ܟܠ ܐܢܫܝܢ ܀
ܢܗܘܘܢ ܡܠܐܟܐ ܠܡܫܠܠܘ ܠܟܪܐ ܒܚܕܘܬܐ :
ܘܢܫܬܒܚܘܢ ܥܠ ܐܦܝܗܘܢ ܟܕ ܡܬܐܟܠܐ ܀
ܢܗܘܐ ܗܘܐ ܐܘܪܝܐ ܕܒܗ ܐܬܒܪܟ ܠܡܘܫܐ :
ܠܬܘܫܒܚܬܐ ܒܢܟܦܘܬܐ ܕܗܘܐ ܒܡܘܬܐ ܠܟܪܐ ܐܠܗܐ ܀

ܡܪܢ ܠܬܠܡܝܕܘܗܝ ܟܕ ܦܩܕ ܗܘܐ ܘܐܡܪ ܐܢܘܢ:
ܐܝܟ ܦܪܘܩܢ ܟܕ ܡܫܬܕܪܝܢ ܠܟܪܘܙܘܬܗ ܀
ܬܠܡܝܕܗ ܕܝܫܘܥ ܬܐܘܡܐ ܐܙܠ ܠܟܘܢ ܐܘ ܬܠܡܝܕܐ:
ܗܘ ܕܬܐܘܡܐ ܠܟ ܟܕ ܡܫܬܕܪ ܥܡ ܫܠܝܚܘܗܝ ܀
ܦܘܡܗ ܕܫܠܝܚܐ ܘܡܢܪܗ ܦܘܩܕܢܐ ܕܡܠܟܘܬܗ ܡܢܗ:
ܘܟܠ ܬܫܡܫܬܗ ܬܗܪܐ ܚܘܒܝܢ ܘܠܘܬܗܘܢ ܀
ܦܘܡܗ ܕܫܠܝܚܐ ܚܕܬܐ ܘܚܘܒܐ ܕܡܠܟܐ ܢܗܪܐ:
ܠܟܝܢܗ ܕܡܪܢܐ ܝܗܒܬ ܫܘܪܐ ܕܟܠܗ ܚܘܫܒܢܝܗܘܢ ܀
ܦܘܡܗ ܕܫܠܝܚܐ ܚܕܝܬܐ ܕܢܗܘܐ ܟܠ ܝܘܡ ܝܫܘܥ:
ܘܐܝܟ ܕܡܫܒܚܢܐ ܝܗܒܬ ܢܫܬܐ ܠܗ ܘܠܟܠܗܘܢ ܀
ܦܘܡ ܫܠܝܚܐ ܕܝܢܐ ܕܢܚܬܝܢ ܢܘܗܪܐ ܡܢ ܡܫܝܚܐ:
ܡܢܐ ܘܠܐܘܠ ܚܝܐ ܕܝܫܘܥ ܢܘܪܐ ܬܘܒ ܀
ܦܘܡܝ ܫܠܝܚܐ ܐܕܢܐ ܕܡܠܟܐ ܥܠ ܫܡܝܐ:
ܢܘܗܪܗܘܢ ܠܐܢܫܐ ܕܢܦܩ ܡܢܟ ܟܕ ܟܠ ܡܬܒܪܐ ܀
ܕܐܢܫܐ ܠܐܝܟ ܗܘܐ ܒܠ ܐܦܝܟ ܘܡܬܠܟ ܢܘܪܐ:
ܟܠ ܡܢ ܬܗܪܐ ܢܫܬܒܚܘܢ ܒܢܝܐ ܐܝܟ ܟܪܡܐ ܢܫܡܥ ܀
ܐܘ ܐܝܟ ܕܫܬܝܬܐ ܕܝܢܐ ܡܘܬܐ ܘܫܠܡܐ ܢܝܚܐ:
ܬܐܡܪܝܢ ܐܦ ܐܢܫܐ ܕܝܢܐ ܫܡܥܘܢ ܐܢܫܐ ܠܢܦܫܗ ܀
ܝܢ ܚܢܢ ܐܢܐ ܡܫܝܚܐ ܚܝ ܗܘ ܗܘ ܕܐܫܬܕܪܘܗܝ:
ܕܐܝܟ ܕܠܫܠܝܚܐ ܠܗ ܗܘ ܡܫܬܕܪܝܢ ܚܝܠ ܠܡܫܝܚܐ ܀
ܟܠ ܐܢܫ ܟܢ ܡܢ ܕܐܡܪ ܠܟܢ ܚܝܐ ܡܫܝܚܐ:

ܒܝܠܕܝ ܕܫܝܬ ܘܐܢܘܫ ܚܢܘܟܐ ܘܡܬܘܫܠܚ ܒܗ ܀
ܘܦܩܕ ܐܚܪܢܐ ܠܟ ܡܕܡܘܬܗ ܒܠܥܕ ܡܢ ܦܘܩܕܢܗ :
ܘܡܢܐ ܕܦܪܩܐ ܠܟܝ ܕܬܫܠܡܝ ܐܓܪܗ ܕܐܬܪܥܝܬܝ ܀
ܚܙܝ ܠܐ ܬܬܟܠܝܢ ܣܓܝ ܕܡܢܟܝ ܡܫܬܠܛܝ :
ܡܕܪܐ ܘܚܝܠܐ ܠܝܠܕܐ ܘܒܢܝܐ ܘܚܕܘܐ ܠܬܘܕܝܬܐ ܀
ܡܫܬܠܛܝ ܗܟܝܠ ܐܠܗܐ ܟܕ ܠܐ ܡܢܗ :
ܠܐ ܗܘܝ ܬܬܟܝܠ ܥܠ ܚܣܝܢܘܬܐ ܕܝܠܕܬܐ ܡܢܗܘܢ ܀
ܘܡܢܐ ܕܚܠܝܢ ܡܬܬܟܠܝܢ ܗܘܝ ܡܢ ܝܘܬܪܢܐ :
ܚܒܪܐ ܩܢܝܢ ܘܡܩܒܠܝܢ ܠܗ ܕܢܠܕܘܢ ܢܬܒܪܟ ܀
ܐܠܐ ܬܬܒܗܘ ܠܐܦܐ ܕܗܘܢ ܘܩܒܠ ܕܡܚܘܬܐ :
ܘܦܩܕ ܠܒܪܘܗܝ ܒܪܘܚܗ ܡܪܗ ܥܠ ܓܒܘܠܐ ܀
ܦܩܕ ܢܫܒܩܘ ܘܢܪܕܘܢ ܠܐܪܥܐ ܘܠܟܣܝܘܬܗ :
ܘܚܙܐ ܢܦܫܗ ܘܐܪܥܐ ܪܒܗ ܘܐܝܬܝܗ ܐܘܪܚܗ ܀
ܐܪܥܐ ܡܠܟܬܐ ܘܡܫܬܠܛܐ ܡܢܗ ܠܟܠܗ ܥܘܡܪܐ :
ܘܐܪܡܝ ܩܠܗܘܢ ܠܡܘܫܐ ܘܒܪܗ ܦܩܕܐ ܀
ܢܦܩܘ ܐܦ ܚܒܪܐ ܩܠܐ ܕܐܘܕܝܬܐ ܚܕܬܐ :
ܠܗܘ ܕܝܗܒ ܠܗ ܐܬܪܐ ܕܐܡܝܢ ܡܢ ܡܠܟܘܬܐ ܀
ܡܫܘܚ ܚܘܣܝܐ ܘܡܕܝܢܐ ܚܘܕܐ ܘܐܚܪܝ ܐܪܥܐ :
ܟܕ ܐܡܪ ܗܘܐ ܕܗܢܘ ܕܒܪܐ ܠܥܠܡܐ ܘܡܕܒܪ ܠܗ ܀
ܦܩܕܗ ܠܒܢܝܗܘܢ ܘܐܫܬܡܥܘ ܠܦܘܩܕܢܗ ܟܠܗ ܒܢܝܗܘܢ :
ܕܢܗܘܐ ܐܝܟܢܐ ܕܗܘܐ ܒܪܝܐ ܘܡܕܒܪܢܗ ܀

ܐܦܝܣܗ ܗܘܐ ܠܗ ܦܪ̈ܨܘܦܗܘܢ ܒܝܕ̈ܝ ܡܘܬܗ:
ܐܒܗ̈ܬܐ ܕܐܬܦܝܣܘ ܒܚܝ̈ܘܗܝ ܠܘܬܗ ܥܡܗ ܕܐܝܬܘܗܝ.
ܡܬܠܗ ܠܡܫܝܚܐ ܘܡܠܟܗ ܐܝܟ ܕܬܘܬܗ ܐܢܫܐ:
ܕܒܗ ܘܒܝܕܗ ܢܬܠܘܢ ܡܕܡ ܚܝܐ ܚܕܬܐ.
ܝܠܕܗ ܕܐܝܟ ܒܪܗ ܒܢܝܐ ܕܡܫܝܚܐ:
ܘܡܟܠ ܒܢ̈ܝܐ ܕܗܘ ܒܥܠܡܐ ܟܠܗ ܡܘܗܒܬܐ.
ܝܠܕܗ ܕܐܦܝܐ ܡܘܕܝܢ ܒܗܬܐ ܕܫܠܝܚܐ ܕܐܚܕܐ:
ܘܡܟܠ ܠܗܘܢ ܕܡܕܝ ܡܬܝܠܕ ܕܦܠܚܝܢ ܠܗܘܢ.
ܦܩܘܕ ܠܗ ܕܢܬܬܘܠ ܠܐܘܪܚܐ ܚܕܬܐ ܟܕ ܡܘܫܚܐ:
ܟܕ ܡܬܢܒܝܐ ܦܬܓܡܐ ܕܫܘܡܗ ܡܢ ܕܝܢܐ.
ܗܘ ܐܬܠܡܝܕܝ ܠܒܪܗܘܢ ܕܐܒܪܗܡ ܘܢܘܚ ܗܘܐ ܫܠܡ:
ܘܒܬܪ ܫܡܗܘܢ ܒܢܦܫܐ ܒܢܘܗܪܐ ܘܕܝܠܗ ܫܘܪܐ.
ܒܦܘܡܗ ܠܐܘܪܚܬܐ ܘܢܘܚ ܗܘܐ ܫܠܡ ܐܝܟ ܡܠܘܟܐ:
ܘܠܫܘܗ ܠܐܪܥܐ ܡܢ ܕܡܫܝܚܘܬܗܘܢ ܡܫܒܚܬܐ.
ܫܡܥܐ ܥܠܝܗ ܟܠ ܐܘܪܚܬܐ ܘܐܡܪ ܒܠܒܐ:
ܘܫܪܝܢ ܒܢ̈ܝܐ ܟܠ ܐܘܪܚܬܐ ܕܡܫܝܚܐ ܕܡܠܝܐ.
ܫܡܥܐ ܒܪܝܬܐ ܘܟܠܗܝܢ ܒܢ̈ܝܐ ܠܟܠ ܐܬܡܠܟܘܬܐ:
ܟܕ ܐܡܪܝܢ ܠܗ ܡܫܝܚܐ ܐܒܘܢ ܐܝܟ ܕܠܒܝܬܐ.
ܠܐܘܪܚܐ ܢܬܠ ܘܒܢܝܐ ܢܬܚܕ ܠܗܘܢ ܫܠܝܚܐ:
ܡܢ ܐܒܘܗܝ ܕܡܫܝܚܐ ܠܝ ܡܢ ܥܡܗܘܢ.
ܡܫܝܚܐ ܠܒܢܝܐ ܘܐܬܓܠܝܬ ܟܕ ܢܒܝܐ:

ܘܐܝܟܢܐ ܡܨܝܐ ܠܝ ܕܐܘܕܐ ܠܝܫܘܥ ܘܠܐܒܘܗܝ ܘܪܘܚܗ ܀
ܐܘܠܝ ܚܛܝܐ ܒܬܘܕܝܬܐ ܘܡܫܡܫܢܐ ܕܝܢ :
ܘܟܕ ܐܬܚܙܝ ܚܕ ܡܢ ܡܠܘܫܐ ܡܚܒܪܗ ܫܘܚܬܐ ܀
ܣܒܪܐ ܒܝܗܘܕܝܐ ܐܝܟ ܠܡܫܒܚܘ ܘܣܓܕܐ ܚܕܪܘܗܝ :
ܘܐܬܚܙܝ ܡܬܥܠܐ ܪܘܚܗ ܕܫܘܚܬܐ ܘܕܝܢ ܕܠܥܠܡ ܀
ܐܝܟ ܕܐܠܦܢ ܚܣܝܐ ܡܠܠܝܢ ܒܫܘܒܚܐ :
ܘܐܬܬ ܫܘܚܬܐ ܠܫܡܝܐ ܡܢ ܥܠܡ ܘܐܬܦܪܣܬ ܀
ܒܝܫܬܐ ܕܠܐ ܡܬܗܦܟܢ ܗܘܝܢ ܡܢ ܠܒܝܢ :
ܘܐܬܬ ܫܘܚܬܐ ܘܫܡܝܐ ܘܐܪܥܐ ܘܡܠܐܟܐ ܝܗܒܘ ܀
ܚܙܝ ܠܗ ܝܗܒܬ ܘܫܥܐ ܒܝܗܘܕܐ ܕܒܗ ܟܠܗ ܗܘܐ :
ܘܗܘܐ ܒܗܘܦܟܐ ܡܬܐܡܪܝܢ ܒܬܘܕܝܬܐ ܫܪܝܪܬܐ ܀
ܝܗܒܬ ܠܗ ܕܐܬܐ ܡܢܗ ܙܘܥܐ ܕܫܠܡ :
ܕܢܒܥܘ ܙܕܩܐ ܘܪܒܐ ܠܚܒܠܐ ܕܡܢܗ ܬܟܘܦܗ ܀
ܢܣܒ ܚܢܢ ܒܪܟܐ ܘܡܘܕܝܢ ܐܦ ܠܡܪܝܐ :
ܥܠ ܦܘܪܩܢܢ ܐܬܐ ܒܒܣܪܐ ܡܢ ܒܬܘܠܬܐ ܀
ܫܒܘܚܬܐ ܕܒܟܠܗܘܢ ܗܝ ܚܕܐ ܗܘܬ ܠܟܠ ܐܢܫ :
ܠܟܠ ܥܡܡܐ ܘܫܪܒܬܐ ܥܠ ܦܘܪܩܢܢ ܀
ܟܠܗ ܐܪܥܐ ܬܫܒܚ ܒܪܐ ܥܠ ܦܘܪܩܢܢ :
ܐܝܟ ܠܟܠ ܗܘ ܡܪܝܐ ܝܫܘܥ ܡܫܝܚܐ ܕܐܬܐ ܀
ܐܬܦܪܩܢ ܡܢ ܚܛܗܝܢ ܕܟܠ ܫܢܝܢ :
ܥܠ ܐܝܟ ܕܐܬܝܗܒ ܬܘܕܝܬܐ ܥܡܢ ܀

ܛܘܒܘܗܝ ܠܒܪܢܫܐ ܕܐܠܗܗ ܣܒܪܗ ܝܘܩܪܗ ܗܘܐ:
ܘܦܓܪܗ ܢܬܚܝܐ ܡܢ ܩܒܘܪܐ ܘܡܬܥܠܐ ܥܡܗ̈ ܀
ܛܘܒܘܗܝ ܠܒܪܢܫܐ ܕܐܬܐ ܠܟܢܐ ܡܠܝ ܢܦܫܗ:
ܕܡܢܝܢ ܘܡܬܝܕܥ ܠܗܘܢ ܡܠܟܘܬܐ ܕܠܥܠܡ ܀
ܟܕ ܕܠܗܐ ܗܘ ܕܐܫܬܡܥܘܢ ܡܢ ܡܠܟܘܬܗ:
ܢܚܘܡ ܒܢܘܗܪܗܘܢ ܕܒܝܬ ܡܠܟܘܬܗ ܢܬܒܣܡ ܕܢܚܡܐ ܀

VIII.

Leben des Jakob Baradaeus von Johannes von Ephesus.

ܬܘܒ ܡܢ ܬܫ̈ܥܝܬܐ ܕܝܘܚܢܢ ܕܐܦܣܘܣ ܐܦܝܣܩܘܦܐ
ܕܐܬܕܒܪ ܘܫܪܒܐ ܕܛܘܒܢ̈ܐ ܝܥܩܘܒ ܐܦܝܣܩܘܦܐ
ܘܬܐܘܕܘܪܘܣ ܚܒܪܗ ܘܡܫܝܠܬܐ.

ܠܐ ܙܕܩ ܗܘܐ ܕܠܒܬܪ ܕܐܬܐ ܕܢܫܠܡ ܐܢܫ ܠܫܪܒܐ ܕܬܫܥܝܬܗ ܕܛܘܒܢܐ ܝܥܩܘܒ ܢܬܩܪܒ: ܗܘ ܕܒܪܕܥܝܐ ܠܥܠ ܡܢ ܟܠܗ ܡܢܝܢܐ ܕܬܫܒܘܚܬܐ ܕܬܫܥܝܬܐ. ܘܟܕ ܗܘ ܐܟܪܝܗ ܡܢ ܟܠ ܡܠܝܢ ܘܡܢ ܟܠ ܗܘܦܟܝܢ. ܒܟܠ ܡܛܠ ܕܢܣܒܗ ܚܕܐ ܘܬܘܪܬܐ ܕܦܠܓܐ ܡܢ ܡܢܝܢܬܗ ܕܝܠܗ ܘܬܘܪܬܐ ܕܗܘܦܟܐ ܕܡܫܟܢܘܬܗ ܕܗܢܝܐ ܟܢܫ ܡܠܬܗ ܟܕ ܚܕܐ ܘܡܬܟܬܒܐ ܟܬܝܒܬܐ ܠܟܬܒܝܢ ܫܢܝܢ. ܗܢܐ ܗܘܐ ܟܬܝܒܐ ܘܠܟܬܒܐ ܕܬܠܬܐ ܟܬܒܐ ܡܢ ܡܠܟܘܬܗ:

ܟܕ ܐܦ ܗܘ ܒܝܫܘܬܗ ܡܢ ܥܠܡܐ ܐܬܢܟܪܝ ܗܘܐ: ܐܬܬܠܡܕ
ܕܝܢ ܒܥܘܡܪܐ ܢܨܝܚܐ ܕܕܝܪܐ ܕܡܬܩܪܐ ܕܩܘܣܠܬܐ. ܩܪܒܗ
ܕܝܢ ܐܝܠܝܢ: ܕܟܕ ܛܘܒܢܐ ܐܦܪܝܡ ܢܦܩ ܗܘܐ ܠܡܕܝܢܬܐ
ܡܠܦܢܘܬܐ ܡܢ ܐܝܠܝܢ ܕܬܫܒܘܚܬܐ ܘܟܕ ܡܢ ܡܙܡܘܪ̈ܐ
ܡܠܦܢ̈ܐ ܕܐܫܬܕܪ̈ܐ ܪ̈ܒܐ ܐܬܦܢܝܠܗ ܗܘܘ: ܘܡܬܕܡܪܝܢ ܠܗܘܢ
ܐܦ ܟܢܫ̈ܐ ܘܡܕܝܢ̈ܬܐ ܠܡܫܬܡܥܘܬܗܘܢ. ܡܟܝܠ ܗܘ ܛܘܒܢܐ ܢܣܘܒ
ܒܝܠܕ̈ܐ ܘܡܘܕܥܬܐ ܠܣܘܪܝܝܐ ܫܡܥ ܗܘܐ ܕܝܠܕ̈ܐ ܕ̈ܪܐ
ܘܟܬܒ̈ܐ ܐܚܪ̈ܢܐ ܘܫܘܠܡܬܐ ܕܠܝܠܐ ܡܢ ܡܙܡܘܪ̈ܐ
ܘܡܫܡܫܢܘܬܐ ܐܘܦ ܐܡܝܪ̈ܬܐ ܕܡܘܬܪ̈ܐ ܘܕܠܝܘܬܐ: ܟܕ
ܥܠܠ ܒܗ ܟܬܒ̈ܐ ܘܩܪܝ̈ܐ ܕܥܕ̈ܬܐ ܠܐܚܪ̈ܝܢ ܦܫܩ ܗܘܐ ܘܡܢ
ܦܬܓܡܘܗܝ ܗܘܝܢ̈ܐ ܠܟܠܗܘܢ ܘܠܬܠܡܝܕܘܗܝ ܘܡܘܕܥܬܐ
ܚܟܡ ܗܘܐ. ܘܟܕ ܥܡܪ ܒܨܘܡ̈ܐ ܘܒܨܠܘܬܐ ܘܒܬܫܡܫܬܐ ܢܡܘܣܐ.
ܘܐܦ ܛܘܒܢܐ ܐܦܪܝܡ ܥܠܝܗ ܗܘܐ ܠܗ ܘܡܬܢܨܚ:
ܡܢ ܡܙܡܘܪ̈ܐ ܕܝܢ ܕܝܠܗ ܘܡܫܡܫܢ ܕܥܘܗܕܢܘܗܝ ܥܡܪ ܕܢܚܫ
ܗܘܐ: ܡܛܠ ܝܕܥܬܐ ܕܡܢ ܦܬܓܡ̈ܐ ܕܐܡܝܢ ܗܘܘ ܠܗܘܢ
ܡܬܚܫܒ ܗܘܐ ܕܢܫܬܠܡ ܥܡܗܘܢ. ܛܘܒܢܐ ܕܝܢ ܢܣܒ
ܡܢ ܗܠܝܢ ܠܒܝܬܐ ܡܬܚܫܒ ܗܘܐ: ܥܡ ܗܝ ܕܐܦ ܕܢܬܚܙܐ
ܗܘܐ ܕܢܩܦܘܢ ܠܟܠ ܡܢ ܡܠܬܗ. ܟܕ ܕܝܢ ܐܬܐ ܘܟܢܫ ܗܘܐ
ܕܥܒܕ̈ܐ ܢܡܘܣܝ̈ܐ ܕܫܢ̈ܝܐ ܗܠܝܢ ܟܠܗ ܒܡܕܝܢܬܐ ܡܠܦܢܘܬܐ
ܕܝܠܗ: ܗܕܝܢ ܒܫܘܠܡܗ ܘܫܘܘܕܥܗ ܕܡܙܡܘܪ̈ܐ
ܡܠܦܢ̈ܐ ܡܢ ܣܘܟܠܐ ܗܢܐ ܠܐܦܣܩܘܦܘܬܐ ܐܬܩܪܒ ܟܕ

ܢܗܝܪܐ ܛܘܒܢܐ ܡܢ ܐܠܗܐ ܕܒܪܝܬܐ ܕܝܬܗ ܐܬܐܘܪܐ:
ܡܛܠ ܕܢܝܪ ܗܘܐ ܠܗ ܒܟܪܟܐ ܕܡܕܘܢܝܐ ܘܫܡܗ ܗܘܐ
ܛܝܒܘܬܐ ܕܟܘܡܪܘܬܐ ܒܥܠܡܐ ܦܘܠܚܢܐ ܕܒܟܪܟܐ ܕܡܕܘܢܝܐ.
ܘܟܕ ܫܡܥܘ ܟܘܡܪܘܬܐ ܗܕܡܘܗܝ ܢܒܠܘܢ: ܗܢܘܢ ܕܝܢ
ܛܘܒܢܐ ܢܫܟܘܢ ܕܐܘܪܚܐ ܡܕܝܢܬܐ: ܗܢܘܢ ܕܝܢ ܢܦܩܘ ܒܢܝܫܐ
ܐܠܗܐ ܘܢܦܩܘ ܠܒܪܝܬܐ ܕܐܬܡܠܟܬܐ. ܟܕ ܡܛܠ ܥܒܕ
ܡܥܒܕ ܟܘܡܪܘܬܐ ܕܡܢܗܘܢ ܥܠ ܦܢܝܬܐ ܕܒܥܠܡܐ ܐܬܐܘܪܐ
ܡܕܝܢܬܐ ܐܝܟ ܒܝܘܡܐ ܕܟܠܐ ܬܘܒ ܢܘܚܐ. ܟܕ ܠܒܝܬܐ
ܠܡܕܝܢܬܐ ܕܡܢܗ ܕܒܛܒܘܬܐ ܒܝܘܡܬܐ ܚܕܐ ܘܕܘܟܝܬܐ ܕܟܠ
ܥܠܡܐ ܐܘ ܚܕܐ ܕܥܠܡܐ ܘܕܐܝܬܝܗ. ܟܕ ܐܝܟ ܡܛܠܬܐ ܕܥܠܝܬܐ
ܠܒܝܬܗ ܠܡܕܝܢܬܐ ܕܘܒܫܘܒܬܐ ܘܐܡܪ ܢܘܗܪܐ ܫܘܒܚܐ
ܕܡܫܝܚܘܬܐ ܘܠܟܠ ܫܢܝܐ ܕܦܘܪܫܢܐ. ܟܕ ܐܬܟܢܫܘ
ܕܫܠܚ ܫܢܝܐ ܒܡܕܝܢܬܐ ܘܒܫܘܠܛܢܐ ܒܥܘܬܕܐ ܘܒܝܬܐ
ܒܥܠܡܐ ܐܟܕ ܗܘܐ. ܘܗܟܢܐ ܕܐܬܐܘܪܐ ܢܛܠܬܐ ܘܐܬܚܝܠ:
ܟܕ ܡܢ ܚܘܒܐ ܕܦܪܫܘ ܘܥܕܡܐ ܠܡܕܝܢܬܐ ܡܠܟܘܬܐ
ܣܘܪܝܝܐ ܦܘܠܚܐ ܐܦ ܠܐ ܠܐܠܟܣܢܕܪܝܐ ܘܠܟܠܗܘܢ
ܐܬܐܘܪܐ ܒܝܘܡܬܐ ܚܕܐ ܕܒܛܒܘܬܐ ܕܐܝܬ ܗܘܐ ܕܟܠ
ܥܠܡܐ. ܘܡܫܡܠܝܢ ܒܟܕܐ ܕܐܬܡܠܟܬܐ ܕܟܠܗܘܢ ܡܕܘܢܝܐ
ܐܕܐܒܗܘܢ. ܠܐ ܢܛܠܘܢ ܒܛܝܒܘܬܐ ܕܫܠܝܛܘܬܐ ܘܕܡܘܢܝܐ
ܕܟܘܡܪܘܬܐ ܐܠܐ ܐܦ ܒܫܪܐ ܘܠܘܬܒܐ ܘܡܝܬܐ ܘܣܘܓܠܐ
ܘܡܘܠܦܢܐ ܕܒܟܪܟܐ ܕܡܕܘܢܝܐ ܕܒܥܠ ܕܒܗܘܢ. ܐܡܪܐ

ܘܟܠܒ ܗ̇ܘܐ ܡܫܬܥܒܕ ܦܬܝܐ ܒܟܠ ܛܘܪܗ ܕܡܢܝܐ
ܐܢܐ ܘܡܕܝܢܬܐ: ܐܡܬܐ ܕܟܠܗܘܢ ܦܬܟܪܐ ܗܘܝܘ ܕܒܗܬܐ
ܡܢ ܟܠ ܓܢܒܐ ܝܬܒܝܢܘܢ ܘܝܗܒܝܢܘܢ ܠܗܘܢ
ܠܡܫܝܚܐ ܘܠܡܦܩܢܘܬܗ. ܘܟܕ ܟܠ ܦܬܝܐ ܟܢܫܗ
ܓܢܘܒܬܐ ܕܗܘܝܢ ܗܘܘ: ܫܡܥܬܐ ܡܢ ܓܢܒܘܬܐ ܐܠܗܝܐ
ܘܟܠ ܫܬܐܝܬ ܕܡܢܝܢܘܢ ܕܪܘܚܘܗܝ ܘܕܐܡܝܢ ܕܟܠܝܢ
ܗܘܘ ܢܦܩܗ. ܟܕ ܓܒܪ ܠܢܫܐ ܡܢ ܐܢܬܘܬܐ ܝܬܘܒ ܗܘܐ:
ܕܢܫܐ ܠܠܚܡܐ ܝܢ ܝܗܒܘܬ ܘܢܫܐ ܐܢܫܘܬܐ: ܚܠܒܗ ܚܕܬܐ
ܕܡܬܢܝܚܘܬܗ ܡܫܟܚܬܐ ܗܘܬܐ. ܘܟܠ ܐܚܪܢܐ ܐܟܠܝܢ ܘܫܪܟܝܢ
ܐܘ ܢܦܫܐ ܡܢܟܝܢ ܟܡܐܬܐ ܕܟܪܬܗ ܚܕܐ ܗܘܬܐ. ܘܟܕ ܓܒܪܗ
ܕܗܘܬܐ ܐܢܬܬܐ ܝܫܬܥܒܕ ܗܘܬܐ: ܘܝܦܩܘܢ ܟܪܬܗ ܕܪܘܚܘܗܝ
ܗܝܘ ܚܠܝܬܐ ܕܠܚܡܘܬܗ ܡܫܬܟܚ ܗܘܬܐ ܡܢܟܝܠܐ ܚܟܪܗ
ܕܐܢܬܬܐ ܐܚܪܬܐ. ܟܕ ܗܘܠܝܢ ܕܟܪܬܗ ܠܢܦܫܐ ܘܠܡܫܟܠܐ
ܕܗܘܝܢ ܗܘܘ: ܝܫܬܥܘܢ ܟܡܐܝܢ ܠܐܢܫܐ: ܟܕ ܡܫܬܥܒܕܝܢ
ܘܡܢܟܝܢ ܐܢܫܝܢܘܢ: ܗܦܟܝܢ ܗܘܘ ܒܫܝܚܘܬܐ
ܕܟܪܐ: ܟܕ ܥܒܕܝܢ ܘܕܠܝܚܝܢ ܘܡܢܟܝܢ ܢܦܫܗܘܢ ܢܦܠ
ܢܝܠܗ ܒܥܒܪܗ. ܘܟܕ ܡܘܬܐ ܕܡܘܬܐ ܦܢܝܐ ܓܒܪܗ ܦܪܫ
ܗܘܬܐ ܘܠܡܫܟܢܐ ܕܐܢܫܘܬܐ. ܟܕ ܗܝܘ ܗܘܬܐ ܫܘܡܬܐ ܐܘ ܚܡܪܐ
ܐܦܠܐ ܠܗܘ ܕܒܪܬܐ ܗܘܬܐ ܓܒܪܗ ܠܓܠܡܐ ܥܒܕ ܗܘܬܐ ܠܡܫܟܢ
ܓܒܪܗ: ܐܘ ܟܗܘܢܬܐ ܫܟܘܡܬܐ ܡܟܪܟ: ܟܕ ܓܒܪ ܡܫܬܥܒܕ
ܦܘܩܕܢܐ ܟܪܘܣܘܬܐ ܚܕܬܐ ܕܟܪܐ ܗܘܬܐ. ܟܕ ܢܦܫܐ ܢܦܠ ܡܢܟܠܐ

ܕܐܣܛܘܢܐ ܡܬܘܠܕܝܢ ܗܘܘ ܡܘ̈ܬܢܐ ܣܓܝ̈ܐܐ. ܟܕ ܙܘܥܐ
ܘܚܘܒܪܢܐ ܕܐܬܥܒܕܬ ܠܐ ܡܫܬܟܚܐ ܗܘܬ. ܐܝܟܢܐ ܕܐܦ
ܠܐ ܢܬܚܫܒ ܐܢܫܐ ܡܘ̈ܬܢܐ ܣܓܝ̈ܐܐ ܠܡܕܝܢܬܐ ܟܠܗ̇
ܘܠܡܬܩܪܩܫܘܬܗ ܢܦܩܬ ܡܢ ܥܠܡܐ ܘܚܢܐ. ܟܕ ܒܟܡ
ܫܟܘܢܗ ܠܡܕܝܢܬܐ ܘܚܘܒܪܢܗ ܠܡܚܙܐ ܘܠܡܫܬܥܝܘ
ܠܐ ܡܫܟܚܝܢ ܗܘܘ. ܟܕ ܐܦ ܠܐ ܠܡܢܝܢܐ ܕܟܠ ܚܕܐ
ܡܫܬܟܚܐ ܗܘܬ ܕܢܬܡܢܐ ܠܡܚܙܐ ܐܘ ܠܡܬܚܫܒܘ. ܐܠܐ
ܒܪܓܠܝܗܘܢ ܡܕܒܪܝܢܗ ܡܬܡܟܝܢܐ ܗܘܬ. ܟܕ ܓܝܪ ܗܘ ܕܡܢ
ܢܦܫܗ ܐܠܗܝܐ ܡܬܢܝܚܐ ܗܘܬ. ܘܐܦ ܦܓܪܐ ܣܠܝܩܐ
ܒܥܠܡܗ ܣܓܝ ܗܘܐ. ܘܗܟܢܐ ܠܐܘܪܚܐ ܕܐܘܪܚܐ ܕܩܘܕܫܘܬܐ
ܡܬܡܟܠ ܗܘܐ. ܘܐܘܟܝܬ ܒܚܠܡܗ ܥܠ ܐܢܫ ܕܡܬܘܡܝ
ܐܝܬ ܗܘܐ ܒܟܠ ܐܬܪ ܕܐܘܪܚܐ ܘܕܫܘܒܚܐ. ܐܝܟܢܐ ܕܒܚܙܘܗ
ܕܒܟܠ ܐܬܪ ܠܗܠܝܢ ܕܠܚܘܒܠܐ ܡܬܥܒܕܝܢ ܡܩܢܐ ܗܘܬ
ܘܐܠܝܨ ܘܡܕܒܪܢ ܒܚܝܠܗ ܒܢܘ̈ܫܐ ܘܒܬܘ̈ܟܠܐ ܘܚܫ̈ܐ.
ܘܟܕ ܗܘܐ ܢܦܩܘܗܝ ܡܕܡ ܗܘܐ: ܗܘܐ ܠܘܬ ܡܢ ܡܕܝܢܬܐ
ܥܕܡܐ ܠܘܩܒܠ ܚܝܠܗ ܥܒܕ ܗܘܐ. ܟܕ ܡܬܚܙܐ ܢܦܫܝܢ ܢܦܫܝܢ
ܕܐܬܕܟܪܘ ܘܕܚܠܬܐ ܢܦܫܗ ܡܢ ܟܠ ܐܢܫ̈ܝܢ ܕܗܘܝܢ ܗܘܘ:
ܟܕ ܒܢܝܢܐ ܦܠܚܝܢ ܗܘܘ. ܐܝܟܢܐ ܕܐܦ ܒܗ ܒܗܝܡܢܘܬܐ
ܦܠܚܝܢ ܗܘܘ. ܐܝܟܢܐ ܕܐܦ ܒܗ ܒܗܝܡܢܘܬܐ ܢܚܫܘܒ
ܐܝܟ ܕܒܫܘܒܚܐ ܗܘܝܢ ܕܕܒܪܝܢ ܠܗ ܘܒܢ̈ܝܐ ܣܓܝ̈ܐܬܐ
ܢܫܬܡܥܘܢ ܘܠܗ ܒܠܘܚܘܗܝ ܡܫܠܡ. ܟܕ ܐܡܪܝܢ: ܐܝܟ ܕܒܪܢܫܐ

ܠܐ ܫܒܩ ܠܝ ܫܒܪܗ ܕܗܘ ܡܫܡܫܢܐ ܕܟܗܢܐ ܐܡܪ ܒܕܘܟ.
ܗܘ ܕܝܢ ܕܘܟܬܐ ܕܟܠܗ ܥܘܡܪܗ ܕܢܫܐ ܗܘܬ ܠܬܫܡܫܬܗ
ܡܫܡܫܐ ܗܘܐ ܠܗܘܢ ܟܕ ܐܡܪ: ܕܐܢ ܠܐ ܢܫܒܩܗ ܡܢ ܐܬܪܐ
ܕܐܡܪܝܢ ܗܘܘ ܕܒܘܪܟܬܐ ܦܠܓܗ ܐܝܬܘܗܝ ܗܘܬ. ܘܐܡܪ
ܡܬܘܦܩ ܗܘܬ. ܘܠܐ ܕܒܪܝܢ ܐܢܬܘܢ: ܐܚܝܢܐ ܕܡܬܕܒܪܝܢ
ܐܢܬܘܢ ܠܗ. ܟܕ ܗܠܝܢ ܡܢܗ ܐܝܟ ܕܒܪ ܐܠܗܐ ܘܟܕ ܫܢܝܐ
ܫܡܥܝܢ ܗܘܘ: ܠܗ ܡܨܝܬܝܢ ܗܘܘ. ܘܡܬܕܪܝܢ ܗܘܘ ܕܗܘܝܢ ܗܘܘ
ܐܝܟ ܡܠܐܟܐ ܕܡܢ ܐܕܝܪܗܘܢ. ܘܗܟܢܐ ܡܬܬܚܫܒܝܢ ܗܘܘ ܡܢܛܪܢܘܬܗܘܢ
ܟܕܡܐ ܡܢ ܓܒܘܪܬܐ. ܕܟܠܗ ܡܬܬܕܪܟܢܘܬܗ ܠܬܘܕܝܬܐ. ܟܕ
ܠܐ ܗܘܠܝܢ ܡܠܘܢ ܒܫܪܝܪܐ ܡܬܦܪܣܝܢ ܗܘܘ ܘܡܬܕܟܪܝܢ:
ܢܠܐ ܐܦ ܗܘ ܡܠܟܐ: ܟܕ ܠܐ ܥܘܡܪܐ ܕܝܘܡܐ ܐܝܟ ܠܐܠܗܐ
ܕܡܫܬܘܕܝܢ ܗܘܘ ܕܠܐܟܠܝܢ ܠܗ ܠܬܘܕܝܬܐ: ܠܐ ܦܬܩܘܬܐ
ܘܕܝܢܐ ܫܦܝܪܐ ܘܥܠܡܝܐ ܒܢܝܢܐ. ܐܝܟܢܐ ܕܟܕ ܫܦܝܪܐ ܗܘܐ
ܐܢܫܘܬܗ ܘܢܨܚܢܘܬܗ ܘܡܫܘܕܥܢܘܬܗ ܕܟܠ ܠܬܘܕܝܬܗ
ܕܬܘܕܝܬܐ: ܘܟܠ ܚܕܐ ܕܝܢܐ ܗܘ ܕܡܫܬܘܕܝܢ ܗܘܬ ܕܠܐܟܠ
ܠܗ ܕܝܘܡܐ ܥܒܕ ܡܢܗ ܫܦܝܪܐ. ܡܛܠ ܡܫܡܫ ܗܘܐ
ܒܗ ܘܡܫܬܘܕܝܢ ܗܘܘ ܘܡܨܠܝܢ ܕܝܘܡܐ ܡܢ ܡܪܝܐ ܘܡܢ
ܐܠܗܘܬܐ ܕܒܥܘܬܐ ܘܬܟܫܦܬܐ. ܘܐܝܟ ܡܢܗܘܢ ܕܟܕ ܬܘܒ
ܗܘܐ ܒܐܚܘܬܐ ܫܦܝܪܬܐ ܒܟܠ ܐܬܪ: ܒܡܕܒܪܐ ܘܒܬܘܕܝܬܐ
ܘܒܡܕܝܢܬܐ ܘܒܥܘܪܢܐ ܡܫܬܡܫܝܢ ܗܘܘ ܘܡܬܛܪܦܝܢ: ܟܕ
ܠܒܪܐ ܕܐܠܗܐ ܒܪܢܫܐ ܠܐ ܡܢܝܢ ܗܘܘ ܡܬܚܫܒ

ܘܡܫܡܠܝܢܘܗܝ. ܟܕ ܐܦ ܥܢܢ̈ܐ ܩܠܝ̈ܠܬܐ ܒܪܘܡܐ ܗܘܘ
ܠܒܪܐ ܡܢܗ ܕܡܠܟܐ ܢܘܗܪ̈ܢܝܬܐ ܐܬܠܝ ܗܟܢܐ ܡܢܗܪܝܢ
ܗܘܘ. ܟܕ ܗܘ ܚܘܝܢܢ ܡܢܝܠ ܒܡܕܢܚܐ ܘܡܬܚܒܠ ܐܝܟ ܢܘܪܐ
ܘܡܫܬܡܠܐ ܒܬܫܡܫܬܗ. ܟܕ ܟܪܝܘܬܐ ܐܝܟ ܢܘܕܥܬܐ ܕܥܘܪܢܐ
ܒܩܠܝܬܐ ܚܠܦ ܕܒܝܬ ܕܥܘܡܕܐ ܡܕܪܝܐ ܗܘܐ. ܐܚܪܢܐ ܕܝܢ
ܐܦܝܣܩܘܦܐ ܕܠܐ ܘܚܘܕܝܢ ܒܫܝܢܐ: ܗܘܐ ܦܛܪܝܪܟܐ ܐܚܪܢ
ܡܢܗ ܘܡܢ ܐܚܪ̈ܢܐ ܕܫܡܗ ܐܝܟ ܕܦܩܕ ܒܥܘܕܪܢܐ ܫܠܝܚܐ
ܒܪܚܡܘܬܐ. ܟܕ ܠܘܩܕܪ ܚܘܝܢܢ ܐܡܝܢܬܐ ܐܕܝܢ:
ܕܐܝܬܝܗܘܢ ܚܨܝܪ̈ܘܬܗܘܢ ܐܘܠܝܢ ܘܩܘܡܘ ܢܦܠ ܘܟܕ
ܠܐ ܠܐܦܝܣܩܘܦܐ ܡܕܝܢܬܐ: ܘܡܟܝܠ ܐܝܟܘ ܐܬܪ ܒܗ ܐܣܢܐ
ܐܦܝܣܩܘܦܐ ܘܐܦ ܠܗܘܢ ܠܐܦܝܣܩܘܦܐ: ܘܗܟܢܐ ܢܦܩ.
ܘܟܬܒܘ ܢܫܠܛ ܒܟܬܒܐ ܕܐܬܚܙܝܬ ܠܒܢܝ̈ܢܫܐ. ܗܘ ܕܝܢ
ܒܪܘܡܐ ܠܥܢܢ̈ܐ ܗܘܝܐ ܢܒܪܝܢܐ ܕܡܠܟܘܬܗ ܕܢܘܗܪܢܐ
ܡܠܟܐ: ܟܕ ܐܦ ܠܡܠܟܘܬܐ ܐܬܡܚܠ ܡܚܝܠ ܢܫܒܪܐ. ܟܕ
ܐܦ ܒܟܬܒܐ ܕܐܬܠܡܘܬܐ ܠܐ ܡܟܝܪ. ܐܚܪܢܐ ܕܝܢ ܕܥܡܘܕ
ܐܬܚܙܝ ܕܡܠܟܘܬܐ ܢܣܬܘܕܝܢ ܗܘܐ: ܕܠܐ ܡܫܡܗ ܐܬܚܙܝ
ܕܡܠܟܘܬܐ ܕܐܝܟ ܡܢ ܕܐܝܬܘܗܝ ܕܐܬܚܙܝ. ܗܟܢܐ ܐܦ
ܗܟܢܐ ܒܢܘܗܪܐ ܕܒܫܡܝܐ ܗܘܐ. ܟܕ ܢܦܠܬ ܡܢ ܫܡܝܐ ܐܠܗܝܐ
ܕܐܬܚܙܝܬܗܘܢ ܐܦ ܕܐܝܬܘܗܝ ܘܦܘܠܚܢܗ ܕܚܘܝܢܢ ܐܝܟ
ܕܠܐܬܚܙܝܘܬܐ ܕܐܠܗܐ ܕܠܒܫܘ: ܘܫܠܡܘ ܦܐܝܕܘܬܗ

ܒܒܢܘܗܝ ܒܘܟܪ̈ܐ ܕܪ̈ܕܝܦܘܬܐ ܕܪܚܡܢ. ܐܚܪ̈ܢܐ ܕܥܠܝ ܚܝܠܬܗ ܫܡܗ ܕܥܠܡܘܢ ܡܫܒܚܐ ܢܬܝܩܪ ܐܡܝܢ ܘܐܡܝܢ ܀

IX.

Aus Kalilag und Damnag.

ܬܘܒ ܡܢ ܟܬܒܐ ܕܡ̈ܬܠܐ ܕܩܠܝܠܓ ܘܕܡܢܓ.

ܐܝܬ ܗܘܐ ܬܓܪܐ ܚܕ ܘܥܬܝܪ ܗܘܐ ܛܒ ܒܩܢܝ̈ܢܐ ܦ̈ܓܪܐ. ܘܗܘܘ ܠܗ ܒ̈ܢܝܐ ܬܠܬܐ ܕܥܡܠܘ ܥܠ ܩܢܝܢܐ ܐܝܟ ܦ̈ܓܪܐ. ܘܟܕ ܡܛܐ ܠܫ̈ܢܝܐ ܕܩܢܝܢܐ ܕܐܒܘܗܘܢ ܠܡܦܩܕܘ ܘܐܦ ܠܐ ܬܓܪܐ ܠܗ ܡܣܬܒܪܐ ܐܢܫܐ. ܘܫܩܠ ܟܕ ܡܠܟܐ ܗܘܐ ܟܕ ܠܐ ܕܡܠܟܗ. ܐܦ ܘܐܟܠܗ ܠܩܢܝܢܐ ܟܠܗ ܟܠܢܫ. ܘܗܘ ܐܒܘܗܘܢ ܠܡܫܩܠ ܡܢܐ ܘܐܡܪ ܠܩܢܝܢܐ ܘܠܒ̈ܢܘܗܝ ܐܝܟ ܡܐ ܕܦܘܩܕܢܗ ܠܟܠ ܚܕ. ܘܟܕ ܫܡܥܘ ܠܡܠܐ ܕܐܒܘܗܘܢ ܒ̈ܢܘܗܝ ܐܝܟ ܕܐܬܦܪܫܘ ܘܐܬܟܢܫܘ ܠܒ̈ܢܝܗܘܢ. ܘܐܡܪ ܗܘ ܗܘܐ ܐܒܘܗܘܢ ܕܡܢ ܐܝܬ ܬܓܪܐ ܡܠܟ.

ܡܠܟܐ ܚܕ ܐܝܬ ܗܘܐ ܘܡܠܟܘܬܗ ܩܢܝܐ ܕܠܒܘܫܐ ܪܒܐ ܡܢ ܡܫܡܫܢܘܗܝ ܘܚܘܝܘܗܝ ܠܒܢܐ ܘܟܢܫܐ ܕܝܠܗܘܢ ܐܬܘܢ. ܘܐܦ ܟܕ ܠܗ ܐܫܬܡܥ ܕܡܠܟܐ ܘܐܬܐ ܘܐܟܠܗ ܢܦܫܗ ܠܡܠܟܐ ܒܐܠܗܘܬܐ. ܘܗܘܐ ܐܬܕܒܪ ܠܗ ܡܠܟܐ

ܘܐܬܬܟܠ ܥܠܘܗܝ. ܘܗܘܐ ܚܕ ܝܘܡ ܡܓܠܘܬܐ
ܠܡܫܡܫܢܘܬܗ. ܘܫܒܩ ܐܢܘܢ ܩܕܝܫܐ ܘܐܙܠ. ܘܟܕ ܐܬܐ
ܘܚܙܐ ܩܕܝܫܐ ܘܠܐ ܐܫܟܚܗ. ܩܡ ܐܙܠ ܠܡܕܝܢܬܐ ܒܬܪ
ܠܒܝܬܐ ܘܚܙܐ ܒܐܘܪܚܐ ܕܒܬܪܐ ܬܪܝܢ ܕܡܬܬܟܬܫܝܢ ܥܡ ܚܕܕܐ
ܘܚܕܐ ܗܘܐ ܕܡܚܐ ܡܢ ܐܦ̈ܝ ܐܚܘܗܝ ܘܡܬܐܢܚ ܥܠ ܐܪܥܐ.
ܘܐܬܐ ܬܒܠܐ ܚܕ ܕܐܬܩܛܠ ܡܢ ܗܘ ܕܡܚܐ. ܘܟܕ ܗܘܐ ܐܟܠ
ܘܒܬܪܐ ܐܬܝܢ ܗܘܘ ܒܬܟܬܘܫܐ ܚܝܦܐ ܥܠ ܚܕܕܐ ܬܟܠܐ
ܠܐ ܗܘ ܒܠܚܘܕ ܘܐܬܬܚܝܕ ܒܗ ܥܩܬܐ ܕܐܚ̈ܘܗܝ ܘܡܝܬ.
ܘܡܓܠܘܬܐ ܡܢܗ ܠܡܕܝܢܬܐ. ܘܐܫܟܚ ܕܒܝܬ ܘܕܢܐ ܒܝܬ ܡܢ
ܐܢܬܬܐ ܚܕܐ ܕܫܡܗ̇ ܣܘܦܝܐ. ܘܐܝܬ ܗܘܬ ܠܗ̇ ܠܒܪܬܐ
ܒܪܬܐ ܫܦܝܪܬܐ ܒܚܙܘܗ̇. ܐܦܢ ܕܝܗܒܐ ܗܘܬ ܠܗ̇ ܒܠܚܘܕ
ܠܐܝܟܢܐ ܐܚܪܝܢ ܘܡܫܬܠܛ ܗܘܐ ܒܗ̇ ܐܝܟ ܕܐ. ܘܓܠܝܬܐ
ܐܬܬܚܝܕܬ ܒܟܠܗܝܢ ܚܕ ܘܠܐ ܫܦܝܪܐ ܗܘܬ ܕܐܝܟ ܐܢܫ ܐܚܪܢ
ܐܬܝܘܬ. ܘܟܕ ܦܫܛ ܘܫܡܥܬ ܡܢ ܐܟܚܕܐ ܕܓܠܝܬܐ ܘܐܬܚܫܒܬ
ܕܬܫܟܠܠܗ̇ ܘܫܒܩܬ ܒܬܪ ܠܠܝܐ ܟܕ ܐܝܟ ܗܘܐ
ܡܓܠܘܬܐ ܘܐܬܟܢܫܬܗ ܫܪܝܐ ܘܐܬܚܫܒܬ ܘܐܬܟܠܬܗ̇ ܥܡܗ
ܠܓܠܝܬܐ. ܘܐܬܝܐ ܗܘܐ ܘܐܪܥܐ ܒܝܬܐ ܘܡܢ ܕܥܠ
ܒܬܪܐ ܠܥܡܐ ܗܘܐ ܠܗ ܥܠ ܡܦܩܢܗ. ܕܐܦܝܣ ܠܗ
ܡܢ ܠܐܢܫܐ ܘܟܕ ܗܘܐܗ ܠܩܘܡܗ ܕܐܬܟܘܒܐ ܘܠܐ
ܢܕܥܠ ܢܦܫܐ ܢܦܫܗ ܪܘܚܐ ܡܢܗ ܕܒܬܪܐ ܘܫܪܪܗ
ܠܡܢܐ ܕܐܬܟܘܒܐ ܠܓܠܝܬܐ ܕܘܡܝܐ. ܘܟܠ ܕܗܘܐ

ܡܫܬܝܐ. ܘܠܚܘܡܪܐ ܕܒܬܪܗ ܐܙܠ ܡܠܟܘܬܐ ܡܢ ܬܡܢ ܘܫܐܠ
ܠܗ ܒܝܬ ܒܘܬܐ ܡܢ ܐܢܫܐ ܚܕ ܘܕܒܪܗ ܐܢܫܐ ܠܒܝܬܗ
ܘܦܩܕ ܠܐܢܬܬܗ ܕܒܝܬܐ ܕܗܘܬܐ ܗܘ ܗܢܐ ܡܠܟܘܬܐ
ܛܒܝܬܐ ܠܒܘܟܡܗ. ܘܐܢܫܐ ܐܙܠ ܠܡܐܟܠ ܠܚܡܐ ܚܒܪ
ܠܒܪܐ ܐܚܪܢܐ. ܘܠܒܪܐ ܚܕ ܝܘܡܐ ܗܘܐ ܒܬܪ ܐܢܬܬܗ ܕܐܢܫܐ
ܘܐܡܪܬ ܗܘܬ ܠܗ ܥܠܝܡܬܐ ܐܢܬܬ ܦܬܘܪܐ ܚܕ. ܘܟܕ ܚܙܬ
ܐܢܬܬ ܐܢܫܐ ܕܒܥܠܗ ܒܟܣܝܘܬܐ ܗܘ. ܐܡܪܬ ܠܥܠܝܡܬܐ
ܘܠܚܫܬ ܠܗ ܕܢܐܙܠ ܢܐܡܪ ܠܡܪܗ ܡܛܠ ܕܒܥܠܝ
ܥܠܝܡܐ ܗܘ. ܘܢܦܩܬ ܐܢܬ ܕܡܢܚܡ ܘܟܕ ܐܙܠ ܐܬܐ. ܐܠܐ
ܗܐ ܘܐܬܒ ܒܥܝܢܐ ܕܒܝܬܐ ܐܢܐ ܝܬܝܪ. ܘܐܬܬ ܠܡܪܗ
ܘܐܡܪܬ. ܘܐܬܬ ܐܢܬܬܐ ܒܠܠܝܐ ܒܝܬ ܡܪܐ ܘܣܘܟܢܐ ܠܒܥܠܗ
ܢܦܩ ܒܥܒܕܐ ܘܡܢܐ ܕܗܘ ܒܥܠܗ ܡܛܠ ܐܢܬܬܐ ܕܡܠܝ
ܐܬ ܗܕܐ. ܘܚܠܦ ܥܠܝܗ ܘܡܣܩܗ ܠܐܢܬܬܗ ܒܥܙܝܙܐ.
ܘܐܡܪ ܒܗ ܫܒܩܘ ܘܐܬܕܢ ܒܗ ܒܒܝܬܐ ܐܡܪ ܕܡܠܟܐ
ܘܐܬ. ܘܟܕ ܐܬܐ ܥܠܝܡܬܐ ܘܐܡܪܬ ܦܩܐ ܡܢ ܐܡܪܗ
ܐܝܟ ܠܟ ܕܒܥܠܐ ܗܘܝܐ ܐܢܐ. ܐܡܪܐ ܠܗ ܠܥܠܝܡܬܐ. ܗܝ
ܕܐܢܫ ܘܐܬܒ ܘܐܬܟܬܒ ܫܠܝܐ ܫܕ ܐܬܐ ܐܢܐ. ܘܒܒܝܬ
ܘܫܩܠ. ܘܡܒܥܠ ܐܬܐ ܫܒܩܬ ܗܘ ܡܢ ܝܘܡܐ ܕܐܡܪܗ
ܘܐܬܕܟܪܬ ܐܬܬܐ ܕܐܡܪܐ ܒܐܘܪܚܐ. ܡܠܝܗ ܚܝܪܗ ܘܐܬܬܟܪܬ
ܘܫܡܗ ܠܐܢܬܬܗ ܒܥܡܗ ܘܢܩܦܬܗ. ܘܥܠܝܡܬܐ ܒܗܝ ܕܝܢ
ܒܬܘܟܝܐ ܚܕܐ ܠܗ ܠܐ ܦܫܛ ܠܗ. ܘܟܕ ܘܩܕܬܐ

ܡܒ̈ܢܬܐ ܣܪܗ̇ ܘܠܐ ܫܒܩܗ̇ ܐܬܚܫܒܬ ܘܐܡܪ. ܘܢܣܒܬ ܐܦܠܐ
ܦܬܠܡܐ ܡܦܫܬܐ. ܘܩܛܡ ܘܥܒܕ ܗܡܝܢܐ ܘܦܣܩܗ
ܠܢܚܪܗ ܕܓܠܒܬܐ ܘܐܡܪ ܠܗ̇. ܗܟܢ ܗܘܐ ܘܠܚܡܘܗܝ.
ܗܒܝ ܐܢܘܢ. ܘܟܕ ܐܬܬ ܐܢܬܬ ܐܫܟܦܐ ܘܫܪܬ ܕܦܣܝܩ
ܢܚܪܗ ܕܓܠܒܬܐ ܘܗܘ ܕܡܚܝ ܥܒܕܗ ܠܒܪ ܘܐܣܪܬ
ܢܦܫܗ ܒܐܣܛܘܢܐ. ܘܓܠܒܬܐ ܫܩܠܬ ܠܢܚܪܗ ܘܐܬܬ
ܠܒܝܬܗ ܘܡܬܠܡܢܐ ܕܡܚܝ ܗܘܐ ܒܠܗ ܒܗ̇ܝ ܒܐܣܛܘܢܗ.
ܘܟܕ ܕܡܠܠ̈ܢ ܐܢܬܬ ܐܫܟܦܐ ܘܓܠܒܬܐ ܥܡܗ ܘܫܪܐ
ܘܟܕ ܐܙܠܬ ܓܠܒܬܐ ܗܕܐ ܗܝ ܠܒܝܬܗ ܘܠܡܚܪ ܠܓܒܪܗ
ܘܐܡܪܬ. ܕܒܥܐ ܕܢܐ ܐܢܬ ܕܠܐ ܗܒܠܗ ܗܘܐ ܢܣܒ
ܣܠܝܚ ܗܘܬ. ܘܫܕܬ ܠܓܒܪܗ ܘܐܡܪܬ. ܗܘܐ ܠܝ
ܚܒܪܢ ܘܐܬܚܡ ܒܡܗܕ̈ܢܐ ܘܒܡܗܕ̈ܢܝܢ. ܘܣܘܝ ܕܠܐ
ܐܬܚܟܡ ܐܠܗܐ ܒܗܢܐ ܚܠܡܐ. ܕܚܠܡܬܝ. ܗܘ
ܐܬܪܗ ܠܗ ܢܣܒܐ ܘܗܘ ܐܡܪ. ܣܗܕܐ ܡܢܘ ܕܐܡܪܬܝ.
ܘܫܡܥ ܘܐܘܚܕ ܢܘܪܐ. ܘܟܕ ܣܘܐ ܢܣܒܗ ܕܫܠܝܡ ܐܢ
ܠܠܒܢܐ ܘܐܬܬܘ ܒܕܝܢܐ. ܘܗܝ ܐܢܬܬܐ ܡܢܗܘ ܠܒܝܬܐ
ܘܐܬܚܢܢܬ. ܕܡܢ ܐܡܪ ܠܒܝܬ ܘܠܐܢܫ̈ܐ ܐܝ ܢܫܠܡܘܢ.
ܡܢܘ ܕܗܕܐ ܒܥܠܬܐ ܢܥܒܕ ܒܗ. ܗܘܕܝܢ ܒܝܦܪ̈ܐ ܗܘ
ܗܦܟܐ ܘܐܡܪ ܠܗ̇. ܐܢܐ ܠܐ ܩܢ̈ܝܢ ܐܘܡܢܘܬܐ ܐܝܟ
ܠܒܗ ܡܠܟܐ. ܗܝ ܒܦܘܪ̈ܣܢܐ ܐܢܐ ܫܠܘܦܝܐ ܘܡܟܝܢ
ܐܢܫ ܠܐ ܐܢܐ. ܘܐܠܐ ܘܡܟܘܢ ܒܗ ܠܫܠܘܦܝܐ ܘܗܝ

ܠܒܪܬܗ ܚܕܪܘܗ ܘܢܦܠܬ ܘܐܡܪܬ. ܘܝ ܦܘܫܘ ܠܚܝܪܝ.
ܦܘܫܘ ܠܚܝܪܝ. ܘܫܡܥܘ ܐܢܫܝܗ ܘܠܒܟܘܗܝ ܠܡܦܪܐ:
ܘܐܬܒܠܘܗܝ ܠܡܕܡ ܕܢܗܐ ܘܐܬܠܗ ܕܢܗܐ ܕܒܢܝܐ ܫܘܪܝܢ
ܦܘܫܐ ܠܚܕܪܗ. ܘܠܐ ܐܢܫ ܕܢܘܐ ܫܒܠܘܬܗ. ܘܦܫܒ
ܕܢܗܐ ܕܢܬܢܝܚ ܕܠܐ ܫܘܫ. ܘܟܕ ܚܙܐ ܕܢܝܚܘܬܗܝ
ܒܪܝ ܗܘ ܡܠܘܟܐ ܘܐܡܪ ܘܒܪܐ ܠܐܠܗܐ. ܕܠܐ ܫܘܪܝܐ
ܕܡܠܝ ܡܢ ܐܢܫܝ ܐܝܟܢܐ ܘܠܐ ܡܘܬܗ ܕܐܝܟܢܐ ܡܢ ܕܟܪܐ
ܘܠܐ ܡܘܬܗ ܕܘܟܬܐ ܡܢ ܫܡܝܐ ܘܠܐ ܦܘܫܐ ܚܕܪܗ
ܕܗܒܐ ܡܢ ܫܦܪܐ ܗܘܐ. ܡܛܠ ܕܒܠܝ ܒܠܚܘܕ ܡܢ ܗܘ
ܟܟܒ ܒܝܬܗ ܘܕܢܗܐ ܐܬܠܗ ܠܡܠܘܟܐ. ܘܗܘ ܫܘܝ ܠܗ
ܢܗܘܪܐܝܬ.

ܚܘܪܒܐ ܡܢܫ ܗܘܐ ܒܐܬܪܐ ܚܕ ܛܘܪܐ ܚܕ. ܘܒܛܘܪܐ 1
ܗܘ ܐܝܬ ܗܘܐ ܡܥܪܬܐ ܘܡܥܡܪ ܒܗ ܫܢܝܐ. ܘܒܠܚܘܕܝܐ ܒܥܒܪܐ
ܥܠ ܕܡܘܬܒ ܗܘܐ ܦܪܘܫܐ ܚܘܪܒܐ ܐܝܬ ܗܘܐ ܫܘܢܐ
ܐܬܠܐ ܗܘܐ ܠܗܘܢ. ܘܐܬܐ ܗܘܐ ܒܗܘ ܛܘܪܐ ܥܠܠ ܚܕ
ܐܬܠܐ ܚܘܪܒܐ ܠܡܬܗ ܘܐܥܬܝܪ ܫܘܪܝܐ ܕܠܒܥܘ ܒܠܘܗܝ
ܥܡ ܫܘܢܐ. ܘܐܡܪ ܠܗ. ܕܝܢ ܡܥܘܢܬ ܚܢܢ ܐܘܠܝܢ ܘܟܕ
ܢܡܚ ܗܘ ܡܚܝܢ ܢܦܫܗܝ ܘܥܠܠ ܐܡܪ. ܕܗܢܐ ܠܗ
ܦܘܪܫܐ ܗܘ. ܐܠܐ ܦܘܪܫܐ ܕܝܢ ܕܐܬܒܛܠ ܫܘܐ ܘܠܐ
ܬܘܒ ܢܦܫܢ. ܕܠܐ ܢܗܘܢ ܐܝܟ ܗܘ ܥܠܠ ܢܦܫܐ. ܕܝܢ
ܢܬܒܛܠ ܗܪܬܐ ܘܫܒܠ ܢܦܫܗ. ܘܚܘܪܒܐ ܐܡܪ. ܐܡܢ

ܗܘ ܥܒܪܐ. ܘܥܓܠ ܐܡܪ. ܐܝܟ ܗܘܝܬ ܥܠܬ ܢܘ̈ܢܐ ܘܢܦܩܬ ܗܘܬ
ܨܝܕ ܡ̈ܢܐ ܕܐܝܟ ܗܘܬ ܒܗܘܢ ܡ̈ܢܐ ܘܢܘ̈ܢܐ ܣܓܝ̈ܐܐ. ܘܟܕ
ܐܫܟܚܬ ܠܡܫܟܘܬܐ ܒܢܗܪ ܡܥܒܪ ܗܘܬ ܕܢܠܒܘܗܝ ܢܘ̈ܢܐ.
ܐܫܟܚܬ ܘܐܬܦܪܫ ܘܗܘܝ ܢܦܫܗ ܐܝܟ ܗܘ ܕܥܒܕܘܬܐ
ܐܬܘܗܝ. ܘܣܡܘܗܝ ܣܘܓܐܐ ܘܥܠܘܗܝ. ܕܡܢ ܗܘܐ ܕܡܢܐ
ܠܝ. ܘܗܘ ܐܡܪ. ܐܡܢ ܠܐ ܡܢܐ ܠܝ ܕܐܢܐ ܒܠܚܘܕ ܚܕ
ܫܢܝܢ ܢܘ̈ܢܐ ܐܒܠ ܗܘܝܬ. ܘܟܠ ܢܘ̈ܢܐ ܠܐ ܐܫܟܚܬ ܘܐܢܐ
ܚܝܐ. ܘܥܡܢ ܐܬܘ ܠܗܘܢܐ ܨܝ̈ܕܐ ܘܐܡܪܘ. ܕܗܘܢܐ ܢܘ̈ܢܐ
ܐܝܟ ܣܓܝ̈ܐܐ. ܢܐܬܐ ܡܚܪ ܢܨܘܕ ܐܢܘܢ. ܘܗܘ ܐܚܪܢܐ ܐܡܪ.
ܕܐܝܟ ܠܗܠ ܡܢܐ ܒܘܟܪܐ ܚܕܐ. ܘܐܝܟ ܒܗ ܣܘܓܐܐ
ܕܢܘ̈ܢܐ. ܢܐܙܠ ܢܨܘܕ ܐܢܘܢ. ܘܡܢ ܠܒܨܝܪ ܠܗܠܝܢ.
ܘܟܕ ܐܢܐ ܕܐܬܝܢ ܘܨܝܕܝܢ ܠܢܘ̈ܢܐ ܕܐܝܟ ܗܕܐ. ܘܐܢܐ ܠܐ
ܫܢܐ ܐܢܐ. ܘܠܒܟܣ ܐܚܪ ܐܢܐ. ܘܣܓܝ̈ܐܐ ܐܘܒܕ ܠܢܘ̈ܢܐ.
ܘܐܬܘ ܢܘ̈ܢܐ ܘܒܟܘ ܡܢ ܩܠܐ ܢܘ̈ܢܐ ܕܨܝܕܘ. ܕܐܡܪ ܠܝ
ܡܢܐ ܥܒܕܬ. ܡܛܠ ܕܠܐ ܘܕܥܬ ܕܐܬܟܠܐ ܡܢ ܡܠܟܐ ܘܐܢܐ
ܣܘܓܐ ܐܢܐ. ܘܟܕ ܚܙܐ ܬܪܥܝܬܝ ܠܝ ܘܠܝ ܢܐܬܝܢ ܗܘ.
ܘܗܘ ܐܡܪ. ܕܐܢܐ ܘܐܢܬܘܢ ܕܢܬܟܠܐ ܥܡ ܨܝ̈ܕܐ ܠܐ
ܡܫܟܚܝܢ. ܐܠܐ ܦܘܪܫܢܐ ܗܘܐ. ܕܐܝܟ ܦܨܝܕܐ ܒܡܫܟܢܐ
ܘܡܬܘ̈ܗܝ ܒܡܫܟܢܝܢ. ܘܐܝܟ ܒܗ ܡ̈ܢܐ ܘܫܒܩ ܘܠܝ ܐܢܫ
ܢܦܠ ܚܕ ܚܕ ܡܢܗܘܢ ܘܡܬܒܠ ܠܡܫܢ. ܒܗܢܐ ܘܢܐ
ܦܠܝܬܘܢ. ܐܡܪܝܢ ܠܗ ܢܘ̈ܢܐ. ܗܕܐ ܝܕܥܬܐ ܐܝܟ ܚܟܡܐ.

ܗܝܕܝܢ ܥܠܠ ܢܘܪܐ ܒܠܘܚܝܗ̇ ܐܬܘܢ ܘܐܬܠܗܒܬ ܠܒܝܫ ܗܘܐ܀ ܘܥܡܠ ܡܘܬܒܐ ܐܝܟ ܒܒܠ ܐܠܐ ܚܕ ܕܡܕܒܪ ܗܘܐ. ܘܟܕ ܐܬܐ ܐܦ ܡܕܝܢܬܐ ܘܐܡܪ. ܕܫܠ ܐܢܐ ܕܐܝܬܝܗ ܗܘܬ. ܐܠܐ ܡܢ ܐܘܪܫܠܡ. ܘܗܘ ܒܢܝܢܐ ܠܟܠܗ ܠܡܕܝܢܬܐ ܘܐܘܟܠ ܘܟܕ ܡܛܝܒ ܠܗܘ ܐܠܐ. ܘܟܕܡܠ ܒܐܪܥ ܗܘܘ. ܣܓܝ ܡܕܝܢܬܐ ܠܐܘܪܫܠܡ ܕܢܘܪܐ ܘܡܢܝܢ ܕܗܘܝܘ ܢܘܪܐ ܕܐܬܝ ܗܘܐ ܗܕܪܐ ܐܝܟ ܐܝܟ. ܘܐܡܪ. ܕܒܝܬ ܗܕܡ ܢܦܠ ܐܢܐ ܠܐܘܪܫܠܡ ܕܫܒܝܐ. ܘܡܛܝܒ ܕܝܢ ܡܬܒܥܐ ܘܐܢ ܠܐ ܡܫܡܥ ܡܢܗ. ܐܠܐ ܡܛܠ ܫܡܥܐ ܘܕܝܢ ܕܡܬܒܥܐ. ܘܐܡܪܘ ܕܠܠܘܗܝ ܫܒܝܩܐ ܘܠܟܠܗ ܒܫܦܠܗ. ܘܣܓܝ ܥܠܘܗܝ ܘܢܦܠܘ ܐܪܥܗܘܢ ܘܐܬܬܪܦܠܘ ܒܪܘܚܐ. ܘܥܠܠ ܢܘܪܐ ܡܢܗ. ܡܕܝܢܬܐ ܕܝܢ ܗܠܝܢ ܒܢܝܢܐ ܘܐܘܟܠ ܠܡܪܢܐ ܘܫܬܩܘ ܠܢܘܪܐ ܒܠ ܕܗܘܐ.

X.

Aus Pseudokallisthenes.

ܬܘܒ ܡܢ ܬܫܥܝܬܐ

ܕܐܠܟܣܢܕܪܘܣ ܒܪ ܦܝܠܝܦܘܣ.

ܗܝܕܝܢ ܐܠܟܣܢܕܪܘܣ ܡܢ ܬܡܢ ܫܩܠ ܘܠܡܩܕܘܢܝܐ ܐܙܠ. ܘܐܬܐ ܠܦܘܠܝܣ ܕܦܝܠܝܦܘܣ. ܘܫܡܥ ܚܕ ܡܢ ܐܘܠܝܡܦܝܐ ܕܦܠܛܐ. ܘܐܠܟܣܢܕܪܘܣ ܒܢܘܚܡܬܐ ܠܗܬ ܕܬܘܒ ܐܙܠ. ܚܙܝܐ

ܕܟܠ ܠܥܠܡ. ܘܐܬܘ ܦܪ̈ܫܐ ܘܐܘܕܥܘ ܠܕܪܝܘܫ ܡܠܟܐ܀
ܘܟܕ ܐܡܪܘ: ܘܕܪܝܘܫ ܟܕ ܠܐܠܟܣܢܕܪܘܣ ܚܙܐ. ܐܬܕܡܪ
ܘܠܐܠܟܣܢܕܪܘܣ ܒܣܪ. ܡܛܠ ܕܙܥܘܪ ܗܘܐ ܕܡܘܬܗ
ܐܠܗܐ ܐܬܐܘܗܝ. ܘܐܬܬܥܝܒ. ܘܠܟܘܪܣܝܐ ܘܠܡܘܕܥܬܐ
ܕܦܪ̈ܫܐ ܐܬܐ. ܡܛܠ ܕܐܣܟܡܗ ܠܐܣܟܡܐ ܕܐܠܗ̈ܐ
ܡܣܟܡܗ ܗܘܐ. ܡܛܠ ܕܟܠܝܠܐ ܕܟܪܣܗ ܐܫܪ ܗܘܐ
ܠܘܠ̈ܝܬܐ ܡܣܟܡܗ. ܘܠܟܘܪܣܝܐ ܕܠܟܪܣ ܗܘܐ ܟܕ ܗܘܬܐ
ܗܫܐ ܘܫܪܐ ܗܘܐ. ܘܟܪ̈ܘܫܬܐ ܕܟܕ̈ܟܘܗܝ ܟܐܡܬܐ ܦܠܓܐ
ܚܟܝܡ ܗܘܘ. ܘܡܣܬܟܠܘܗܝ ܕܟܘܟ̈ܒܐ. ܘܫܪܪܗ ܡܢ
ܡܬ̈ܠܚܡܬܐ ܘܡܬ̈ܠܟܐ ܚܟܝܡ ܗܘܐ. ܘܕܪܝܘܫ ܫܠܡ ܗܘܐ
ܘܐܣܟܡܗ ܡܬܚܙܐ ܗܘܐ. ܘܡܫܬܐ ܐܠܗ̈ܐ ܦܛܪܐ ܢܛܪ̈ܘܗܝ
ܚܙܘ ܠܗܬܘ ܫܦܝܪ ܗܘܘ. ܕܢܛܘܪ̈ܐ ܕܠܟܘ ܚܟܝܡ
ܗܘܘ܀ ܗܝܕܝܢ ܕܪܝܘܫ ܠܐܠܟܣܢܕܪܘܣ ܫܐܠ ܗܘܐ.
ܕܐܢܬ ܡܢ ܐܢܬ. ܘܐܠܟܣܢܕܪܘܣ ܐܡܪ. ܐܝܙܓܕܐ ܐܢܐ
ܕܐܠܟܣܢܕܪܘܣ. ܕܡܢ ܐܠܟܣܢܕܪܘܣ ܫܠܝܚܘܬܐ ܐܬܝܬ
ܠܟ. ܘܗܟܢܐ ܐܡܪ܀ ܕܐܫܬܘܕܥ ܠܟ ܕܠܐ ܫܪܟܐ ܠܡܥܟܒ.
ܘܡܣܟܘܢܘ̈ܬܐ ܐܦܪܘܫ. ܕܡܛܠ ܕܠܟܪܗ ܕܕܪܝܘܫ ܫܦܠ
ܒܫܕܪܐ. ܟܠ ܗܕܐ ܡܫܪ ܠܫܕܪܐ ܠܡܫܐܠܬܐ ܗܫܐ ܗܟܠ
ܐܢܐ ܠܐ ܐܫܡܥ. ܐܠܐ ܫܠܘܡ ܠܟ ܕܐܫܬܘ ܨܪܐ ܐܢܐ
ܠܐܬܟܢܫܐ ܠܡܬܐܠܬܐ܀ ܗܝܕܝܢ ܕܪܝܘܫ ܐܡܪ ܠܗ. ܕܠܡܐ
ܐܢܐ ܫܦܝܪ ܐܠܟܣܢܕܪܘܣ ܐܢܬ. ܘܠܐ ܗܘܝܬ ܐܝܙܓܕܐ.

ܡܛܠ ܕܩ̈ܛܠܐ ܗܦܟ ܠܟܣܟܪܝܗ ܘܡܡܠܠ ܗܘܐ ܐܠܟܣܢܕܪܘܣ.
ܘܠܐ ܡܡܠܠ ܗܘܐ ܥܡܗ ܐܝܟ ܦܬܓܡܐ ܐܦܝܣܛܘܠܐ ܀ ܐܡܪ
ܠܗ ܕܪܝܘܫ ܐܢܐ ܡܢ ܡܠܟܘܬܝ ܠܐ ܡܫܪܐ ܐܢܐ. ܐܢܬ ܗܟܝܠ
ܐܝܟ ܥܒܕܐ ܕܒܐܦܝ̈ܣܛܘܠܐ ܟܬܒܬ ܫܕܪܬ ܠܟܘܢ. ܡܛܠ ܕܐܦ
ܐܠܟܣܢܕܪܘܣ ܒܐܦܝ̈ܣܛܘܠܐ ܕܝܠܗ ܗܟܢ ܟܬܒ ܀ ܗܕܡ ܕܪܝܘܫ
ܒܕܪܫܗ ܐܝܟ ܗܘܐ. ܘܫܪܘܝܗܝ ܘܪ̈ܘܪܒܢܘܗܝ ܫܕܪܗܘܢ
ܐܣܟܡܐ. ܘܠܫܘܒܠܗ ܕܕܪܝܘܫ ܐܠܟܣܢܕܪܘܣ ܕܗܘܐ
ܐܦܝܣܛܘܠܐ ܀

ܘܟܝ̈ܢܝܐ ܒܠܗܘܢ ܟܡܝܢ ܗܘܘ ܒܗ. ܕܒܦܠܓܘܬܗ
ܘܚܘܪ ܗܘܐ. ܘܡܠܟ̈ܘܗܝ ܚܕ̈ܝܟ ܗ̈ܘܘ ܀ ܘܟܕ ܠܟܘܢ.
ܫܡܥܬ ܟܕܘ. ܘܐܠܟܣܢܕܪܘܣ ܟܠ ܡܐܬܐ ܕܒܗܕܐ ܕܐܘܫܛܗ
ܠܗ. ܫܡܥܬ ܥܠ ܐܪܟܐ ܐܫܒ ܗܘܐ. ܘܩܪܒܐ ܟܣܝܐ ܦܬܟܪ
ܗܘܐ ܀ ܗܕܡ ܟܕ ܚܙܘ ܕܡܟܐ ܥܒܕ. ܠܕܪܝܘܫ ܐܘܕܥܘ
ܗܘܘ ܀ ܘܕܪܝܘܫ ܟܕ ܫܡܥ. ܡܢ ܥܕܪܐ ܦܬܟ. ܘܠܘܬ
ܐܠܟܣܢܕܪܘܣ ܐܓܪܬܐ ܘܐܡܪ ܠܗ ܀ ܕܐܘ ܛܠܝܐ ܫܒܝܚܐ.
ܡܛܠ ܡܢܐ ܕܐܝܟ ܗܠܝܢ ܥܒܕ ܐܢܬ. ܕܒܠܗܘܢ ܩ̈ܪܝܬܐ
ܕܡܕܝ̈ܢܬܐ ܒܥܝܢ ܫܠܡܐ ܀ ܐܠܟܣܢܕܪܘܣ ܐܡܪ. ܡܛܠ
ܕܟܕ ܡܠܟ ܐܠܟܣܢܕܪܘܣ ܐܡܟܢ ܕܒܪܘܬܐ ܠܫܪ̈ܘܝܗܝ
ܥܒܕ ܗܘܐ. ܒܠܗܘܢ ܩ̈ܪܝܐ ܡܕܝܢܬܐ ܕܒܗܕܐ ܠܗܘܢ ܢܗܘܐ
ܗܘܐ. ܐܦ ܐܢܐ ܗܟܢܐ ܕܐܦ ܒܗ ܒܥܝܐ ܥܒܕ ܐܢܐ ܀ ܐܠܐ
ܗܢܐ ܐ ܠܡܐ ܠܝ ܕܐܝܟ ܗܢܐ ܥܒܕܬ. ܗܘܐ ܩ̈ܪܝܐ ܡܕܝܢܬܐ

ܩܕܡܝܟ. ܦܩܘܕ ܘܕܘܢ ܡܫܠܛ ܐܢܐ ܠܟ ܀ ܗܝܕܝܢ
ܕܪܘܫ ܐܡܪ. ܐܦ ܐܢܐ ܦܩܕܬ ܕܢܗܘܢ ܠܘܬܟ ܥܒܕܘܗܝ ܀
ܘܦܪ̈ܫܐ ܟܠܗܘܢ ܕܐܠܟܣܢܕܪܘܣ ܣܓܝܢ ܗܘܘ ܀ ܘܟܕ
ܐܬܚܙܝ ܗܘܐ ܡܫܠܛ ܕܡܠ̈ܟܘܗܝ ܫ̈ܠܝܛܝܢ ܗܘ̈ܘ ܘܩ̈ܛܠܝܢ
ܡܕܝ̈ܢܬܐ. ܟܕ ܗܥܠ ܡܢ ܡܕ̈ܝܢܬܐ ܣܓܝ. ܕܐܬܚܘܝܘܗܝ ܗܘܐ
ܦܘܩܕܢ ܥܡܗ. ܕܡܢ ܩܕܡ ܒܐܘܠܨܢܐ ܡܢ ܕܪܘܫ
ܠܡܩܕܘܢܝܐ ܐܫܬܕܪ ܗܘܐ ܠܘܬ ܦܠܝܦܘܣ ܐܒܘܗܝ
ܕܐܠܟܣܢܕܪܘܣ: ܘܟܕ ܐܠܟܣܢܕܪܘܣ ܫܡܥܗ ܐܬܐ ܐܬܟܫܦ
ܡܕܡ ܗܘܐ. ܘܡܟܬܒܢܐ ܦܪܫܢܐ ܠܕܪܘܫ ܐܡܪ ܗܘܐ. ܐܘ
ܟܕ ܚܬ̈ܝܬܐ ܕܪܘܫ ܡܠܟܐ. ܦܩܘܕ ܕܠܗܘܢ ܐܘܠܨܢܐ
ܢܣܬܥܪܐ ܘܗܡܢܘܬܐ ܢܣܬܥܪܘܢ. ܡܛܠ ܕܗ̈ܘܝܐ ܫܘܬܩܐ
ܕܐܠܟܣܢܕܪܘܣ. ܘܡܢ ܣܘܓܐܗ ܡܕܡ ܐܢܐ ܠܗ ܘܡܫܬܐܠ
ܐܢܐ ܀ ܗܝܕܝܢ ܟܕ ܕܪܘܫ ܘܐܚ̈ܘܗܝ ܘܪ̈ܒܢܘܗܝ ܫܡܥܘ.
ܥܪܩܘ ܡܢ ܚܕ ܡܢ ܠܡܫܠܠܘ ܘܕܐܠܟܣܢܕܪܘܣ ܡܬܒܥܝܢ
ܗܘܘ. ܗܝܕܝܢ ܐܠܟܣܢܕܪܘܣ ܡܠܟ. ܘܡܢ ܟܢܐ ܡܫܬܘܬܐ
ܗܡ. ܘܠܐܦܪܝܢ ܕܡܠܟܐ ܥܘܕ. ܚܟܡ ܗܢܘܢ ܟܠܗܘܢ ܡܢܐ̈
ܕܗܘܟܐ ܕܟܣܩܘ ܐܢܫ ܗܘܐ. ܘܥܠ ܐܬܪ̈ܝܢ ܕܟܡܐ ܡܠܟܐ
ܠܟܕܐ ܡܢ ܥܘܗܪܐ ܐܬܟܢܫ. ܟܕ ܕܐܡܪܗ ܦܘܠܛܐ ܕܐܪܥܐ ܡܢ
ܟܕ ܕܠܗ ܐܢܫ ܗܘܐ. ܘܡܬܚܠܠܗ ܘܡܬܩܒܗ ܡܢܗ. ܘܡܛܠ
ܗܘܫܝܗ ܐܬܪ. ܘܡܬܒܥܝܢܗ ܟܢܫܗ. ܘܗܘ ܫܘܬܐ ܟܕ ܫܘܪܐ
ܡܬܥܒܕܢܐ ܗܘܬ ܩܕܡ ܚ̈ܝܘܗܝ ܕܫܘܫܐ ܠܟܝܢ ܗܘܐ.

ܘܣܘܣܝܐ ܕܗ ܟܘܪܐ ܕܝܡܪܐ ܟܪܘܒܝܐ ܡܣܬܪܗܒܐܝܬ ܪܗܛ
ܗܘܐ. ܘܠܡܦܩ ܣܘܪܐ ܡܢ ܐܬܪܐ܁ ܗܢܝܢ ܐܝܟܢܐ ܕܒܐܬܪܗ
ܢܦܩܘ ܡܠܟܘܬܐ. ܘܡܚܕܐ ܫܡܥܘ ܕܝܠܟܘܢ ܣܘܓܐܗܘܢ
ܟܠܗ ܐܘܡܝܐ ܘܠܫܢܐ ܢܦܠܘ܁ ܐܠܟܣܢܕܪܘܣ ܕܝܢ
ܫܡܠܝ ܕܐܠܗܐ ܠܣܘܪܐ ܗܘ ܡܠܟܐ܁ ܘܟܕ ܠܗܘ ܚܙܐ
ܕܣܘܪܐ ܡܬܩܠ. ܘܐܬܠܠܘܗܝ ܒܡܥܠܬܐ ܕܣܘܣܝܐ ܠܡܕܝܢܬܐ
ܩܪܛ. ܡܢܐ ܗܘܝ ܕܡܬܠܠܒܝܢ ܗܘܘ ܡܫܡܥܐ ܦܩܕܘ ܗܘܘ.
ܘܐܬܠܠܘܗܝ ܐܢܫܝܐ ܕܣܘܣܝܐ ܟܠܗ ܣܘܪܐ ܚܙܝܢ ܗܘܘ.
ܘܐܠܟܣܢܕܪܘܣ ܡܢ ܣܘܣܝܐ ܠܡܕܝܢܬܐ ܥܠܝ. ܘܣܘܣܝܐ
ܠܣܘܪܐ ܢܦܠ܁ ܗܝܕܝܢ ܟܕ ܐܬܟܢܫܘ ܠܡܩܕ ܣܘܪܐ ܐܬܐ.
ܘܫܘ ܕܐܠܟܣܢܕܪܘܣ ܠܣܘܪܐ ܗܘ ܡܠܟܐ. ܘܗܝܕܝܢ
ܕܒܢܝܢܘܢ ܒܐܪܗ ܠܐ ܐܬܟܢܫܘ. ܗܝܕܝܢ ܐܬܩܪܘ ܘܫܕ ܠܣܕ
ܐܬܐܡܪ ܗܘܐ. ܕܪܘܗ ܟܕܗ ܕܐܠܟܣܢܕܪܘܣ ܕܠܣܘܪܐ
ܕܗܘܐ ܪܒ ܡܠܟܘܬܐ ܢܦܠ ܠܗ. ܘܐܬܟܢܫ ܠܡܠܟܘܬܗ܁ ܘܟܕ
ܦܢܐ. ܠܘܬ ܕܪܘܡܝ ܐܬܐ. ܘܐܬܘܕܝܘ ܠܪܘܡܝ ܥܠ
ܦܠܛܘܣ ܘܡܠܟܘܬܗ ܕܐܠܟܣܢܕܪܘܣ ܕܠܣܘܪܐ. ܕܪܘܡܝ
ܟܬܒܬܐ ܪܒܬܐ ܗܘܬ܁ ܘܡܢ ܥܠܡܐ ܐܬܐ ܐܬܟܢܫܬ ܠܗ܁
ܝܠܕܗ ܠܪܐ ܕܟܘܣܪܘ ܡܠܟܐ. ܗܘ ܕܪܘܡܝ ܪܫܡ ܗܘܐ
ܠܗ. ܟܟܠ ܡܬܐܡܐ ܥܠ ܐܣܬܐ ܝܗܒ ܗܘܐ. ܘܡܢ ܥܠܡ
ܐܬܩܛܠ ܗܘܐ ܡܢ ܐܣܬܐ. ܘܠܒܢܘܗܝ ܕܪܘܡܝ ܥܠ
ܐܪܥܐ ܢܦܠ܁ ܐܠܟܣܢܕܪܘܣ ܕܝܢ ܡܢ ܕܠܣܘܪܐ ܟܟܪ.

ܡܢ ܪܘܓܙܗ ܘܡܢ ܚܣܡܗ ܐܬܐܚܕ. ܘܣܡ ܒܪ̈ܓܠܘܗܝ
ܩܘܠܐ ܗܘܐ. ܘܟܠܗ ܗ̇ܘ ܝܘܡܐ ܕܠܠܝܐ ܠܐܣܛܘܪܘܣ
ܕܝ ܠܗܘܪܐ ܒܠܚܘܕܘܗܝ ܚܒܫ. ܘܒܗ ܒܒܣܡܬܐ ܕܒܝܬܐ
ܡܛܠ ܕܐܠܟܣܢܕܪܘܣ ܩܪܐ ܗܘܐ ܘܒܥܐ: ܗܡܝܢ
ܕܐܠܟܣܢܕܪܘܣ ܒܠܒܗ ܩ̈ܠܠ ܕܒܥ̈ܘܬܗ ܥܠܘܗܝ
ܠܐܣܛܘܪܘܣ ܐܒܕ ܗܘܐ܀

GLOSSAR.

ܐܐܪ (ἀήρ) Luft.

ܐܒܐ (§ 118, 163a) Vater.

ܐܒ August.

ܐܒܘܒܐ ܐܒܘܒܐ Flöte, Rohr.

ܐܒܕ zu Grunde gehn; *af.* vernichten.

ܐܒܕܢܐ Verderben, Verschwendung.

ܐܒܠܐ Trauer.

ܐܒܝܠܐ betrübt; Mönch.

ܐܓܘܢܐ (ἀγών) Kampf.

ܐܓܘܢܝܣܛܐ (ἀγωνιστής) Kämpfer.

ܐܓܪܐ Lohn.

ܐܘܓܪ (§ 191D) mieten.

ܐܓܪܐ Dach.

ܐܓܪܘܣ (ἀγρός) Acker.

ܐܓܪܬܐ Brief.

ܐܕܢܐ (f. § 104) Ohr.

ܐܕܪ März.

ܐܕܫܐ (εἶδος) Frucht.

ܐܗܐ ܐܗܐ Interj. des Staunens.

ܐܘ oder. ܐܘ — ܐܘ entweder — oder, ܐܘܟܝܬ das heisst.

ܐܘܝ wehe!

ܐܘܛܘܩܪܛܘܪ (αὐτοκράτωρ) Selbstherrscher.

ܐܘܟܪܣܛܝܐ (εὐχαριστία) Abendmahl.

ܐܘ o!

ܐܘܢܓܠܝܘܢ (εὐαγγέλιον) Evangelium.

ܐܘܪܐ Scheune, Scheuer.

ܐܘܓܩܝܢܘܣ (ὄγκινος) Senkblei.

ܐܙܓܕܐ (babyl.) Bote.

ܐܙܓܕܘܬܐ Gesandtschaft.

ܐܙܠ (§ 53, 191 B Anm.) gehn.

ܡܐܙܠܬܐ Gang.

ܐܚܐ (§ 163a) Bruder.

ܐܚܕ fangen, ergreifen, an sich ziehen, besitzen, führen (Krieg), halten für; *etpe.*

(§ 191 A Anm. 3) geblendet werden; *af.* anzünden.

ܐܘܚܕܢܐ Bereich, Sprengel.

ܐܘܚܪ *af.* und *eštaf.* zögern, lange bleiben.

ܐܚܪܝܐ (§ 32b Anm.) hinterer, letzter; ܐܚܪܝܬ (§ 173) zuletzt.

ܐܚܪܢܐ (§ 32b Anm., 115) andrer.

ܐܝܕܐ (§ 95) welche? jene, die.

ܐܝܟ (§ 174) wie.

ܐܝܟܐ wo?

ܐܝܟܢ, ܐܝܟܢܐ wie? mit ܕ damit.

ܐܝܠܘܠ September.

ܐܝܠܝܢ (§ 95) welche, jene.

ܐܝܠܢܐ Baum.

ܐܝܡܟܐ ܡܢ woher?

ܐܝܢ ja.

ܐܝܢܐ (§ 95) welcher? jener, der; ܐܝܢܐ ܕܗܘ welcher auch immer.

ܐܝܪ Mai.

ܐܝܪܛܝܩܘܢ (ἱερατεῖον) Sakristei.

ܐܝܬ (§ 62, 199) ist.

ܐܟܕܢܐ (ἔχιδνα) Viper.

ܐܟܘܬ wie.

ܐܟܚܕܐ, ܐܟܚܕ zusammen.

ܐܟܠ essen, ܩܪܨܐ — verläumden; *etpe. pass.*

ܡܐܟܘܠܬܐ Speise, Frass.

ܐܟܡܐ wie.

ܐܘܟܡܐ schwarz.

ܐܟܣܢܝܐ (ξένος) fremd.

ܐܟܣܢܝܐ (ξενία) Fremde.

ܐܟܣܢܕܘܟܝܐ (ξενοδοχεῖον) Gasthaus.

ܐܟܣܩܦܛܘܪܐ (ἐξκέπτορες, *exceptores*) Notare.

ܐܝܩܘܕܬܐ Fürsorge.

ܐܟܦܝܐ eifrig.

ܐܟܪܐ Landmann, Bauer.

ܐܠܐ (§ 191 A Anm. 2) bejammern.

ܐܠܐ wenn nicht; aber.

ܐܠܗܐ Gott.

ܐܠܗܝܐ göttlich.

ܐܠܗܘܬܐ Gottheit.

ܐܠܘ wenn.

ܐܘܠܝܬܐ Klagelied.

ܐܠܦܐ (§ 32c Anm. 2) 1000.

ܐܠܦܐ *f.* (§ 105) Schiff.

ܐܠܦ (§ 23) lehren.

ܡܠܦܢܐ Lehrer.

ܡܠܦܢܘܬܐ Lehre.

ܐܠܨ (§ 65 Anm. 2) bedrängen, zwingen; notwendig sein.

ܐܠܨܐ Bedürfnis.

ܐܠܝܨܐܝܬ notwendigerWeise.

ܐܘܠܨܢܐ Qual, Not.

ܐܶܡܳܐ (§ 101, 118) Mutter.
ܐܰܡܺܝܢ beständig.
  ܐܰܡܺܝܢܽܘܬܳܐ Beständigkeit.
ܐܰܡܺܝܢ (אָמֵן) Amen.
ܐܽܘܡܳܢܳܐ (assyr. § 116a) Handwerker.
  ܐܽܘܡܳܢܽܘܬܳܐ Handwerk.
ܐܶܡܰܪ sagen, sprechen.
  ܐܳܡܽܘܪܳܐ Redner.
  ܡܶܐܡܪܳܐ Rede.
ܐܶܡܪܳܐ Lamm.
ܐܶܡܰܬܝ (aus *emmâtai* § 33) wann.
ܐܶܢ wenn.
ܐܶܢܳܐ (§ 90) ich.
ܐܶܢܚܬܳܐ (§ 191E) Seufzer.
ܐ̱ܢܳܫܳܐ (§ 122) *coll.* Menschen, einige; *pl.* Verwandte.
  ܐ̱ܢܳܫܳܝܳܐ menschlich.
  ܐ̱ܢܳܫܽܘܬܳܐ Menschheit, Bevölkerung.
ܐܰܢ̄ܬ (§ 90) du.
ܐܰܢ̄ܬܬܳܐ (spr. *attâ* § 55, 57b) Weib, Frau.
ܐܶܣܛܶܐܬܳܐ Wand.
ܐܶܣܛܰܕܝܳܢ (στάδιον) Rennbahn.
ܐܶܣܛܠܳܐ (στολή) Gewand.
ܐܶܣܛܽܘܢܳܐ (pers.) Säule.
  ܐܶܣܛܽܘܢܳܝܳܐ Säulenheiliger.
ܐܶܣܛܰܣܺܝܣ (στάσις) Aufstand.

ܐܶܣܛܪܰܛܺܝܘܛܳܐ (στρατιώτης) Soldat.
ܐܳܣܝܳܐ Arzt.
  ܐܳܣܝܽܘܬܳܐ *pl.* ܐܳܣܘܳܬܳܐ Heilung.
  ܐܰܣܺܝ heilen; *etpa. pass.*
ܐܶܣܟܽܘܠܺܝ (σχολή) Schule.
ܐܶܣܟܺܡܳܐ (σχῆμα) Weise, Aussehn, Gewand.
  ܐܶܣܟܺܡܬܳܢܳܐ Heuchler, heuchlerisch.
ܐܶܣܶܦ aufhäufen.
ܐܶܣܦܽܘܓܳܐ (σπόγγος) Schwamm.
ܐܶܣܦܺܝܪܳܐ (σπεῖρα) Schaar.
ܐܶܣܰܪ binden, gürten; *part. pass.* Gefangener.
  ܐܶܣܽܘܪܳܐ Gefangenschaft, Fesseln.
  ܐܶܣܳܪܳܐ Gurt.
ܐܶܥܦܳܐ (§ 79) doppelt.
ܐܳܦ auch.
ܐܰܦܶܐ (§ 57b, 104) Gesicht,
  ܐܶܦܬܳܐ Vorhang; ܠܐܰܦܰܝ zu, gegen.
  ܥܰܠ ܐܰܦܰܝ über.
ܐܦܳܐ (§ 191A Anm. 3) backen.
ܐܶܦܰܕܢܳܐ (pers.) Palast.
ܐܶܦܺܝܛܪܽܘܦܳܐ (ἐπίτροπος) Statthalter.
ܐܦܽܘܣܺܝܳܐ (ἀπουσία) Abgang, Abfall.

ܐܦܝܣܩܘܦܐ (ἐπίσκοπος) Bischof.
ܐܦܝܣܩܘܦܘܬܐ Episkopat.
ܐܦܝܣܩܘܦܝܘܢ (ἐπισκοπεῖον) Bischofspalast.
ܒܝܬ ܐܘܦܦܝܩܝܢ (ὀφφίκιον, *officium*) Beamten.
ܐܪܘܢܐ Trog.
ܐܪܓܘܢܐ (babyl.) Purpur.
ܐܪܕܝܟܠܐ Architekt.
ܐܪܙܐ Ceder.
ܐܪܙܐ s. ܐܪܙܐ.
ܐܘܪܚܐ *f.* (§ 106) Weg.
ܐܪܛܝܩܘ (αἱρετικοί) Ketzer.
ܐܪܝܐ (§ 120) Löwe, Elephantiasis.
ܐܪܟܝܕܝܩܘܢ ἀρχιδιάκονος.
ܐܪܟܘܣ (ἀρχαί) böse Mächte.
ܐܪܡܠܐ Witwer.
ܐܪܣܝܣ (αἵρεσις) Ketzerei.
ܐܪܥܐ *f.* (§ 106) Erde, Landgut, Feld, Acker.
ܐܪܥ begegnen.
ܠܐܘܪܥ entgegen.
ܐܪܬܕܘܟܣܘ (ὀρθόδοξοι) Rechtgläubige.
ܐܫܕ vergiessen: *etpe.* pass.
ܐܫܕܘܬܐ Neigung.
ܐܫܟܬܐ *pl.* ܐܫܟܐ (§ 104) Hode.
ܐܫܟܦܐ (assyr.) Schuster.
ܐܟܪܐ *f.* (§ 106, assyr.) Acker.

ܐܬܐ (§ 191 B Anm.) kommen; *af.* (§ 191 D) bringen.
ܡܐܬܝܬܐ Ankunft.
ܐܬܐ (§ 120b) *f.* Zeichen.
ܐܬܠܝܛܐ (ἀθλητής) Ringer.
ܐܬܘܢܐ Ofen.
ܐܬܪܐ (§ 120a) Ort, Land.
ܒ in.
ܒܐܦܐ s. ܒܦܐ.
ܐܬܒܐܫ missfallen.
ܒܝܫܐ (§ 23) schlecht.
ܒܒܬܐ Pupille, Auge.
ܒܗ da.
ܐܬܒܗܠ verwirrt werden.
ܒܗܠܐ Geschwätz.
ܒܙܥ enthüllten; *etpa.* pass.
ܐܬܒܕܪ zerstreut werden.
ܫܘܒܗܪܐ Ruhm, Überhebung.
ܐܫܬܒܗܪ sich rühmen.
ܒܗܬ sich schämen; *af.* beschämen.
ܒܗܬܬܐ Scham, Beschämung.
ܒܗܝܬܬܐ beschämt, schändlich.
ܒܘܚ ܚܠܐ aufpassen.
ܒܬ übernachten.
ܒܘܬܐ Nachtruhe, Nachtquartier.
ܒܙ plündern: *etpe.* pass.
ܒܙܬܐ Plünderung.

ܒܗܬܬܐ Schande.

ܒܗܬ verhöhnen.

ܒܛܠ aufhören; *pa.* abschaffen, vereiteln.

ܒܛܝܠ ܠܝ ich sorge für.

ܒܛܝܠܘܬܐ Eifer, Sorge.

ܒܝܐ (§ 86, 189) trösten: *etpa.* pass.

ܒܘܝܐܐ Trost.

ܒܐܡܐ f. (βῆμα) Tribunal.

ܒܝܢܬ zwischen.

ܐܬܒܝܢ achten auf, erkennen.

ܒܘܢܐ Einsicht.

ܒܝܪܬܐ Burg.

ܒܝܬ (§ 109f.) zwischen.

ܒܝܬܐ (§ 38, 60, 123 Anm.) Haus, Zimmer, Tempel, Land, Anhänger.

ܒܟܐ weinen; *pa.* beweinen.

ܒܠܒܠ verwirren.

ܒܠܚܘܕ mit Plur. suff. allein.

ܒܘܠܘܛܐ (βουλευτής) Ratsherr.

ܡܢ ܒܠܝ ohne.

ܒܠܢܝܐ (von βαλανεῖον) Bademeister.

ܒܠܝܣܛܝܣ (βαλλιστής) Wurfmaschine.

ܒܠܥ geschlagen, verwundet werden.

ܒܠܥܕ ohne.

ܒܢܐ bauen: *etpe.* pass. *pa.* erbauen.

ܒܢܝܢܐ Bauart, Erbauung, Gebäude.

ܒܣܝܪܐ gering.

ܒܣܝܪܘܬܐ Verachtung.

ܒܣܡ sich freuen, geniessen; *pa.* erfreuen, salben; *etpa.* = *pe.*

ܒܣܡܐ (§ 121) Wohlgeruch.

ܒܣܝܡܐ freundlich, wohlriechend, süss.

ܒܘܣܡܐ Freude.

ܒܣܪܐ Fleisch.

ܒܣܝܪ verächtlich.

ܒܣܪ verachten.

ܡܒܣܪܢܘܬܐ Verachtung.

ܒܣܬܪ (§ 67) hinter.

ܒܥܐ bitten, suchen, trachten: *etpe.* pass. *part.* erforderlich.

ܒܥܘܬܐ (§ 109d) Bitte.

ܡܒܥܕܐ entfernt.

ܒܥܛ treten.

ܒܥܠܐ Herr, Gemahl.

ܒܥܠܕܒܒܐ (§ 162) Feind.

ܒܥܠܕܒܒܘܬܐ Feindschaft.

ܒܥܠܕܪܐ Feind.

ܒܥܝܪܐ f. (§ 107) Vieh, Zugtier.

ܒܥܪܝܐ wild.

ܒܪܝܘܬܐ Wildheit.

ܒܨܪ gering werden; *af.* verringern.

ܒܨܝܪ gering, ܩܠܝܠ ܒ' beinahe.

ܒܩܬܐ Mücke.

ܒܩܐ erproben: *etpa.* betrachten, prüfen.

ܒܪܐ (§ 76, 117) Sohn, Angehöriger, Insasse, teilhaftig.

ܒܪ ܐܓܪܐ Dämon eines Mondsüchtigen.

ܒܪ ܚܪܕܠܐ Senf.

ܒܪܦܘܡܐ gleich.

ܒܪܢܫܐ Mensch.

ܡܬܒܪܢܫܢܘܬܐ Menschwerdung.

ܒܪܫܥܬܗ sogleich.

ܒܪܬܐ (§ 109a) Tochter; ܒܪܬ ܩܠܐ Wort; ܒ' ܩܝܡܐ Nonne.

ܠܒܪ ܡܢ ausser, ܡܢ ܠܒܪ von aussen.

ܒܪܝܐ äusserer.

ܒܪܝܫ einfältig.

ܒܪܒܪܝܐ (βάρβαρος) Barbar.

ܒܪܙܢܩܐ (pers.) Armspange.

ܒܪܝܬܐ pl. ܒܪܝܬܐ Schöpfung, Geschöpf.

ܒܪܘܝܐ Schöpfer.

ܒܪܟ knien, *part. pass.* gesegnet; *pa.* segnen; *etpa.* pass.

ܒܘܪܟܐ f. (§ 104) Knie.

ܒܘܪܟܬܐ Segen.

ܒܪܩܐ Blitz.

ܐܒܪܩ glänzen.

ܒܬܘܠܬܐ Jungfrau.

ܒܬܘܠܘܬܐ Jungfrauenschaft.

ܒܬܪ (ܐܬܪ + ܒ) nach; ܒ' ܪܝܫܗ mit dem Kopf nach unten.

ܒܬܪܟܢ darauf.

ܓܒܐ auswählen; *etpe.* pass.

ܓܒܝܐ s. ܓܒܐ.

ܓܒܪܐ Mann.

ܓܒܪܘܬܐ Männlichkeit; Pl. (§ 73) Wunder.

ܓܢܒܪܐ Held; *adv.* heldenhaft.

ܓܓܪܬܐ (§ 75) Kehle.

ܓܕܐ Glück.

ܓܘܕܐ (pers.) *f.* Schaar.

ܓܕܠ flechten, bauen (Nest).

ܓܕܦ lästern.

ܓܘܕܦܐ Lästerung.

ܓܕܫ (§ 179 Anm. 2) geschehn.

ܐܬܓܗܢ sich niederwerfen.

ܓܗܢܐ (Γέεννα, גֵּיהִנֹּם) Hölle.

ܠܓܘ hinein; ܓܘܐ gemeinsam.

ܓܘܝܐ innerer.

ܐܓܝܒ antworten.

ܓܙ zu Ende gehn.

ܓܐܠ wallen.

ܓܘܢܐ (pers.) Farbe.

ܓܘܢ (γ' οὖν) also.

ܓܘܣܐ Zuflucht.

ܐܬܓܘܣ Zuflucht suchen.

ܓܘܪܐ Ehebruch.

ܐܬܓܘܪܪ wiederkäuen, überlegen.

ܓܙܐ (pers.) Schatz.

ܓܙܒܪܐ (pers.) Schatzmeister.

ܐܬܓܙܠ beraubt werden.

ܓܥܪ drohen.

ܓܥܪܬܐ Drohung.

ܓܙܪܐ Herde.

ܓܙܪܬܐ Gericht.

ܓܚܟ lachen, scherzen; *pa.* verlachen.

ܓܘܚܟܐ Gespött.

ܐܬܓܢܚ (§ 189 Anm. 2) sich brüsten.

ܓܝܕܐ Sehne.

ܓܝܣܐ (pers.) Raubschaar.

ܓܝܣܝܐ Räuber.

ܓܝܪ denn.

ܓܠܐ 1.(§ 123) Welle; 2. Mantel.

ܓܠܐ Stoppel.

ܓܠܐ aufdecken, enthüllen; *etpe.* auftreten.

ܓܠܝܐܝܬ offen.

ܓܠܝܘܬ ܐܦܐ Freimut.

ܓܠܝܢܐ, ܓܠܝܘܢܐ (§ 61) Offenbarung.

ܓܠܝܕ gefroren.

ܓܠܘܣܩܘܡܐ (γλωσσόκομον) Sarg.

ܓܠܝܦܐ Skulptur.

ܓܕܡ umhauen, fällen.

ܓܘܡܨܐ Grube.

ܓܡܪ durchführen, zu Ende gehn; *etpe.* vollendet werden.

ܓܡܝܪ, ܓܡܝܪܐܝܬ durchaus.

ܓܢ ruhen; *etpe.* sich verbergen.

ܓܘܕܦܐ Schmähung.

ܓܒܐ, ܓܒ (§ 57b, 127) Seite, Partei.

ܓܢܒ *o.* stehlen. heimlich entfernen.

ܓܢܒܐ Dieb.

ܓܢܒܘܬܐ Diebstahl.

ܓܢܝܚܐ erschreckt.

ܐܬܓܢܚ (von Furcht) befallen werden.

ܓܢܘܢܐ Brautgemach.

ܓܢܣܐ (γένος) Abstammung, Verwandtschaft.

ܐܓܢܝ sich lagern, ruhen; sich lagern lassen.

ܓܥܣ ausspeien.

ܓܥܐ rufen.

ܓܥܬܐ (§ 110) Geschrei.

ܐܓܥܠ übergeben, überliefern.

ܓܦܐ (§ 56) Flügel.

ܓܦܬܐ (§ 57c, 111) Weinstock.

ܓܐܪܐ Pfeil.

ܓܪܒܐ (§ 129) aussätzig.

ܓܪܒܝܐ f. (§ 106) Norden.

ܓܪܒܝܝܐ nördlich.

ܓܪܓ aufreizen.

ܓܪܕ kahl.

ܓܪܡܐ Knochen; Gräte.

ܓܪܣܐ Schlange.

ܓܫ betasten, berühren, ausspähen.

ܓܘܫܡܐ Leib.

ܓܫܡ verkörpern; *part. pass.* leiblich.

ܕ 1) pron. rel. § 96; 2) *part.* dass.

ܕܐܒܐ Wolf.

ܕܒܚ schlachten; *pa.* opfern, weihen.

ܕܒܚܐ, ܕܒܚܬܐ Opfer.

ܡܕܒܚܐ Altar.

ܕܒܪ führen, reiten; *pa.* hinbringen; *etpa.* sich benehmen.

ܕܒܪܐ Feld.

ܡܕܒܪܐ Ebene, Wüste.

ܕܘܒܪܐ Übung, *pl.* Lebenslauf.

ܡܕܒܪܢܐ Leiter.

ܡܕܒܪܢܘܬܐ Fügung, Leitung.

ܕܒܘܪܐ Wespe.

ܕܓܠܘܬܐ Lüge.

ܕܗܒܐ (§ 128) Gold.

ܡܕܗܒܐ vergoldet.

ܕܘܕܐ Verwirrung.

ܕܘܝܐ elend.

ܕܢ urteilen; *etpe.* gerichtet werden.

ܕܝܢܐ Urteil, Streit.

ܕܝܢܐ Richter.

ܕܝܢܘܬܐ Richteramt.

ܡܕܝܢܬܐ (§ 35, 57c) Stadt.

ܕܨ frohlocken.

ܐܕܝܩ blicken.

ܕܪ wohnen.

ܕܪܐ Generation, Zeitalter.

ܕܪܬܐ Halle.

ܕܝܪܐ *f.* (§ 107) Kloster.

ܕܝܪܝܐ Mönch.

ܡܕܝܪܐ Wohnhaus.

ܕܫ (zer)treten.

ܕܘܫܢܐ Staub.
ܕܚܐ etpe. vertrieben werden.
ܕܚܠ sich fürchten; pa. erschrecken.
  ܕܚܠܬܐ Furcht, Religion, Sekte.
  ܕܚܝܠ furchtbar.
  ܕܚܘܠ furchtsam.
  ܕܘܚܠܐ Erschrecken.
ܕܚܫܐ Trabant.
ܕܝܘܐ (pers.) Dämon.
ܕܝܠ § 96.
ܕܝܢ aber.
ܕܝܩܘܢ ܐܪܟܝܕܝܩܘܢ Archidiakon.
ܕܝܬܩܐ, ܕܝܐܬܝܩܐ (διαθήκη) Testament.
ܕܘܟܬܐ (§ 116d) Ort, Stelle;
  ܒܕܘܟ irgendwo.
ܕܟܝܐ rein.
  ܕܟܝ reinigen; etpa. pass.
ܕܟܪܐ Widder.
ܕܟܪ etpe. (§ 52) sich erinnern; af. erwähnen.
  ܕܘܟܪܢܐ Gedächtnis.
ܕܠܝܠ leicht.
ܕܠܝܠ wenig.
  ܕܠܝܠܘܬܐ Dünnigkeit.
ܕܠܐ ohne.
ܕܠܚ verstören: etpe. pass.
ܕܠܩ brennen, entbrennen, leuchten; af. anzünden.
  ܕܠܩܬܐ Flamme.
ܕܡ vielleicht, nicht etwa.
ܕܡܐ Blut.
ܕܡܐ gleichen: etpa. sich gleichmachen.
  ܕܘܡܝܐ Bild.
  ܕܡܝܐ Preis.
  ܕܡܘܬܐ (§ 109d Anm. 2) Gestalt, Bild, Vorbild.
ܕܡܟ schlafen; af. schlafen lassen.
  ܕܡܝܟ schlafend.
ܕܡܥܬܐ pl. ܕܡܥܐ Thräne.
  ܕܡܥ weinen.
ܐܬܕܡܪ sich wundern.
  ܬܕܡܘܪܬܐ Wunder.
ܕܢܚ aufgehn; af. aufgehn lassen, enthüllen.
  ܕܢܚܐ Epiphanie.
  ܡܕܢܚܐ f. (§ 73. 106) Osten.
  ܡܕܢܚܝܐ östlich.
ܕܝܢܪܐ (δηνάριος) Denar.
ܕܘܥܬܐ (§ 130 Anm. 1) Schweiss.
ܕܥܟ erlöschen.
ܕܬܐ Gemüse.
ܕܝܩܣܛܪܝܘܢ (δικαστήριον) Gerichtsgebäude.
ܕܪܐ Kampf.

ܕܪܓܐ Stufe, Rang.

ܐܕܪܟ einholen, erreichen, begreifen.

ܕܪܝܟܘܢܐ (pers.) Dareikos.

ܕܪܥܐ Arm.

ܕܪܫ disputieren: *etpa.* unterrichtet werden, studieren.

ܡܕܪܫܐ Hymnus.

ܕܫܢܐ (pers.) Gabe.

ܗܐ siehe!

ܗܓܓܘܬܐ Spukbild.

ܐܬܗܓܝ nachdenken.

ܐܬܗܕܡ umfallen.

ܗܓܡܘܢܐ (ἡγεμών) Anführer.

ܗܕܐ (§ 93) f. diese.

ܡܗܕܪܓܐ Leiter.

ܗܕܡܐ (pers.) Glied.

ܗܕܝܪܐ prächtig, kostbar.

ܗܘ § 90 er, ܗܘ § 94 jener, ܗܘܝܘ § 21, 88.

ܗܘܐ (§ 194E Anm. 2, 209, 210, 218) sein, geschehen.

ܗܘܢܐ Verstand.

ܗܘܦܐ Hauch.

ܗܝ sie § 90, ܗܝ jene § 94.

ܗܝܕܝܢ darauf.

ܗܝܟܠܐ (assyr.) Tempel, Kirche.

ܗܝܡܢ glauben, anvertrauen; *etp.* Glauben finden.

ܗܝܡܢܘܬܐ Glauben(sbekenntnis).

ܗܟܢܐ so.

ܗܟܝܠ also.

ܗܟܘܬ so.

ܠܗܠ fernerhin, weiterhin; über hinaus.

ܗܠܠ preisen; *af.* verachten.

ܗܘܠܠܐ Lobgesang.

ܗܠܟܬܐ Gang.

ܗܠܟ (einher)gehn, wandern: gehn machen.

ܗܠܝܢ § 93 diese.

ܐܗܡܝ nachlassen, nicht beachten.

ܗܢ, ܗܢܐ § 93 dieser.

ܗܢܘܢ, ܗܢܝܢ § 90 sie, ܗܢܘܢ, ܗܢܝܢ § 94 jene.

ܗܢܝܐ angenehm.

ܗܘܦܛܝܐ (ὑπατία) Konsulat.

ܗܦܟ umkehren; *etpe.* umschlagen; *etpa.* sich aufhalten, umgehn.

ܗܘܦܘܡܢܡܛܐ (ὑπομνήματα) Akten.

ܗܘܦܪܟܐ (ὕπαρχος) Statthalter.

ܗܪܛܝܩܘ (αἱρετικοί) Ketzer.

ܐܗܪ schädigen, belästigen.

ܗܪܟܐ hier.

ܗܪܘܡܛܐ (ἀρώματα) Spezereien.

ܗܫܐ jetzt.
ܘ, ܘ und.
ܘܝ wehe!
　ܘܝܐ das Wehe.
ܘܠܝܬܐ (§ 192F Anm.) das Geziemende.
ܘܥܕܐ (ib.) bestimmter Ort.
ܙܝܦܐ Falschheit.
ܙܒܠܐ Kot.
ܙܒܢ kaufen; *pa.* verkaufen; *etpa.* pass.
ܙܒܢܐ (pers.) Zeit.
　ܙܒܢܬܐ (§ 57c, 111) Mal.
ܙܓܪ zurechtweisen.
ܙܕܩ es ziemt sich.
　ܙܕܩܬܐ Almosen.
　ܙܕܝܩܐ gerecht.
　ܙܕܝܩܘܬܐ Gerechtigkeit.
ܙܗܝܐ glänzend, ausgezeichnet.
　ܐܙܕܗܝ verklärt werden.
ܙܗܘܐ Glanz.
ܙܗܝܪܐܝܬ vorsichtig.
　ܙܗܪ ermahnen, warnen.
　ܙܘܗܪܐ Ermahnung.
ܙܘܓܐ (ζεῦγος) Paar; ܒܪ ܙ' andrer, ܒܪܬ ܙ' Genossin.
ܙܘܕ ausrüsten.
ܙܘܚܐ Gepränge.
　ܙܝܚ tragen, geleiten; *etpa.* pass.

ܙܘܥ zittern, beben: *af.* erregen; *ettaf.* in Aufregung geraten.
　ܙܥܙܥ erschüttern; *etp.* pass.
ܙܘܥܐ Bewegung.
ܙܝܙܢܐ Unkraut.
ܙܝܢܐ Waffe.
　ܐܙܕܝܢ sich waffnen.
ܙܝܬܐ Ölbaum.
ܙܟܐ besiegen; *etpe.* pass.
　ܙܟܘܬܐ Sieg.
　ܙܟܝܐ siegreich.
ܙܠܝܚ unkeusch.
　ܙܠܝܚܘܬܐ Unkeuschheit.
ܐܙܠܓ erglänzen.
ܙܠܚ besprengen.
ܙܠܝܩܐ Strahl.
ܙܡܢ einladen, auffordern.
ܙܡܪ singen: *pa.* Psalmen singen.
　ܙܡܪܐ Gesang.
　ܙܡܝܪܬܐ, ܡܙܡܘܪܐ Psalm.
ܙܡܪܓܕܐ (σμάραγδος) Smaragd.
ܙܢܐ (pers.) pl. ܙܢܝܐ (§ 117) Art.
ܙܢܝܬܐ Hure.
　ܙܢܐ Unzucht treiben.
ܐܙܕܥܦ zürnen.
ܙܥܩ schreien, ertönen; *af.* laut rufen.

ܙܥܘܪ (§ 116b) klein, *pl.* wenige.
ܙܥܘܪܘܬܐ Kleinheit.
ܙܩܦ aufrühren, kreuzigen: *etpe.* pass.
ܙܩܝܦܐ Kreuz.
ܙܩܪ (durch)weben.
ܙܪܝܙܐ stark.
ܙܪܥ säen.
ܙܪܥܐ Same.
ܚܝܠܐ Gewalt.
ܐܚܒ lieben: nom. ag. Verehrer.
ܚܘܒܐ Liebe.
ܚܒܝܒܐܝܬ freundlich.
ܚܒܛ mischen, einverleiben.
ܚܒܠܐ Wehen.
ܚܒܠܐ Strick.
ܚܒܠܐ Verderben.
ܚܒܠ verderben; *etpa.* pass.
ܚܒܠܐ Verderber.
ܚܒܨ sich drängen.
ܚܒܪܐ Genosse, andrer.
ܚܒܪܬܐ andre.
ܚܒܘܪܐ Wunde.
ܚܒܫ *etpe.* sich einschliessen.
ܚܒܝܫܐ Klausner.
ܚܒܘܫܝܐ Gefängnis.
ܚܓܐ Bande, Schaar, Fest.
ܚܓܠܐ (§ 102) Rebhuhn.
ܚܓܣ lähmen.

ܚܕ (§ 32b) eins.
ܚܕܕܐ (§ 83, 124) einander.
ܚܕܟܡܐ einige.
ܚܕܒܫܒܐ Sonntag.
ܚܕܥܣܪ elf.
ܚܕܝܐ (§ 122) Brust.
ܚܕܝ sich freuen: *pa.* erfreuen.
ܚܕܘܬܐ (§ 109d Anm. 2) Freude.
ܚܕܪ umgeben; betteln.
ܚܕܪܝ um, herum.
ܚܘܕܪܐ Kreis.
ܚܕܬܐ (§ 56) neu.
ܚܕܬ erneuern; *etpa.* pass.
ܚܘܒ unterliegen, besiegt werden: *etpa.* überwunden, verurteilt werden.
ܚܘܒܬܐ Schuld.
ܚܝܒ schuldig.
ܚܘܝܒܐ Verurteilung.
ܚܘܪܐ (pers.) Stirnbinde.
ܚܘܝ zeigen.
ܚܘܝܐ pl. ܚܘܘܬܐ (§ 120a) Schlange.
ܚܣ es sei fern!
ܚܣ Mitleid haben.
ܚܘܣܝܐ Schonung.
ܚܘܣܢܐ Mitleid.
ܚܙ pressen.
ܚܙܝܙܐ fest.

ܚܪ blicken, mit ܒ ansehn, beabsichtigen: *af.* zögern.
ܚܝܪܐ Blick.
ܚܘܪ (§ 87, 143b) weiss.
ܐܬܚܘܪ weiss werden.
ܚܙܐ sehn, *etpe.* pass. erscheinen.
ܚܙܘܐ Vision, Erscheinung.
ܚܙܬܐ Aussehn, Anblick.
ܚܙܩ *o.* gürten; aufbrechen, sich aufmachen.
ܚܛܬܐ Weizen.
ܚܛܐ sündigen.
ܚܛܗܐ, ܚܛܝܬܐ Sünde.
ܚܛܝܐ Sünder.
ܚܛܦ rauben, entführen, hinreissen, an sich reissen.
ܚܘܛܪܐ m. u. f. (§ 107) Stab.
ܚܝܐ (§ 195C Anm. 3) leben; *af.* lebendig machen.
ܚܝܐ lebendig: *plur.* das Leben.
ܚܝܘܬܐ (§ 32d) Tier; ܚܝܘܐ ܒܪܐ reissendes Tier.
ܚܝܠܐ (§ 120a) Kraft, Heeresmacht, Wunder.
ܚܝܠܬܢܐ mächtig, kräftig.
ܚܝܠܬܢܘܬܐ Kraft.
ܚܝܠ stärken; *etpa.* pass.
ܚܘܝܠܐ Stärkung.

ܚܝܪܬܐ Laura.
ܚܟܡܬܐ Weisheit.
ܚܟܝܡܐ weise, klug.
ܚܟܝܡܘܬܐ Weisheit.
ܚܠܐ Essig.
ܚܠܐ Staub.
ܚܠܠ waschen.
ܚܒܪܬܐ Krebs (Krankheit).
ܚܠܛ mischen; *etpe.* sich vermischen.
ܚܘܠܛܢܐ Gemeinschaft.
ܚܘܠܬܐ Mücke.
ܚܠܝܐ süss.
ܚܠܝܘܬܐ Süssigkeit.
ܚܠܡܐ Traum.
ܐܚܠܡ heilen; *etpe.* pass.
ܚܠܝܡܐ gesund.
ܚܘܠܡܢܐ Heilung.
ܚܠܦ für, anstatt.
ܚܠܦ vertauschen: *šaf.* verändern, *eštaf.* übertreten.
ܡܫܚܠܦܐ verschieden.
ܫܘܚܠܦܐ Veränderung, Verschiedenheit.
ܚܠܩܬܐ Rasiermesser.
ܚܡܣ plündern.
ܚܡܣܢܐ tapfer.
ܚܡܝܟܐ niedrig, schwach.
ܚܡܬܐ (§ 108, 130) Zorn.
ܐܬܚܡܬ zornig werden.

ܚܽܘܡܳܐ Hitze.

ܚܰܡܺܝܡܳܐ heiss.

ܚܡܰܠ aushalten.

ܐܶܬܚܡܳܪܳܐ Beschämung.

ܚܰܡܪܳܐ Wein.

ܚܽܘܡܪܳܬܳܐ (§ 73. 111) pl. ܚܽܘܡܪ̈ܶܐ Rückenwirbel.

ܚܰܡܫܳܐ 5.

ܚܰܡܫܰܥܣܰܪ 15.

ܚܢܳܢܳܐ Gnade; Reliquie.

ܐܶܬܚܰܢܰܢ flehn.

ܚܶܢܳܐ (§ 80) Busen, Schoss.

ܬܶܢܚܬܳܐ Seufzer.

ܬܰܢܚܳܢܳܐ kläglich.

ܚܢܰܢ (§ 90) wir.

ܚܰܢܦܳܐ Heide.

ܚܰܢܦܽܘܬܳܐ Heidentum.

ܚܢܰܩ *pe.* u. *pa.* ersticken; *etpa.* pass.

ܚܶܣܕܳܐ Schande.

ܚܰܣܶܕ schmähen.

ܚܰܣܝܳܐ heilig.

ܚܰܣܺܝ sühnen; *part. pass.* unschuldig.

ܚܣܳܡܳܐ Neid.

ܚܣܰܢ *a.*, *o.* überwältigen.

ܚܶܣܢܳܐ Burg.

ܚܰܣܺܝܢܳܐ stark.

ܚܣܰܪ ermangeln.

ܚܦܳܐ bedecken; *etpa.* verdeckt werden.

ܐܰܚܦܳܝܬܳܐ Verhüllung.

ܚܦܰܛ ermahnen, antreiben; *etpa.* sich bemühen.

ܚܦܺܝܛܳܐ eifrig.

ܚܦܺܝܛܽܘܬܳܐ Eifer.

ܚܦܰܪ graben.

ܚܰܦܪܳܐ Grube.

ܐܰܚܦܰܪ beschämt werden.

ܚܰܨܳܐ Lende.

ܚܨܰܕ ausreissen.

ܐܰܚܨܶܦ sich erfrechen, w

ܚܶܨܦܳܐ Scherbe.

ܚܰܩܠܳܐ *f.* (§ 106) A

ܚܶܪܳܐ (§ 32b An

ܒܰܪ ܚܺܐܪܶܐ frei, ed

ܒܰܪ ܚܺܐܪܽܘܬܳܐ

ܚܪܰܒ

ܚܰܪܒܳܐ Sti

ܚܪܰܒ *o.* töte

ܚܽܘܪܒܳܐ Wüste.

ܚܰܪܒܳܐ m. u. f. (§ 10

ܚܰܪܕܠܳܐ Senf.

ܐܶܬܚܪܶܟ angezündet we. verbrennen.

ܐܰܚܪܶܡ fluchen, verfluchen, bannen; *ettaf.* pass.

ܚܪܺܝܡܳܐ der Verfluchte.

ܚܶܪܡܢܳܐ Schlange.

ܚܪܝܦܐ scharf.
ܚܪܩ knirschen.
ܚܪܫܐ taub.
ܚܪܫܐ Zauberei.
ܚܪܫܐ Zauberer.
ܚܫ leiden, sich anstrengen; *af.* Schmerz bereiten.
ܚܫܐ Schmerz.
ܚܫܝܫܐ schmerzlich.
ܚܫܒ glauben, meinen, halten; *etpe.* gerechnet, gezählt werden; *etpa.* nachdenken, überlegen, sich beraten.
ܚܘܫܒܐ Gedanke.
ܚܘܫܒܢܐ Rechnung.
ܚܫܝܚ passend.
ܚܘܫܚܐ Nutzen.
ܚܫܚܬܐ Gebrauch, Bedürfnis.
ܐܬܚܫܚ sich bedienen.
ܚܫܟ sich verfinstern; *pa.* verfinstern.
ܚܫܟܐ, ܚܫܘܟܐ Finsternis.
ܚܫܠ schmieden.
ܚܫܠܬܐ Schmuck.
ܚܫܘܫܬܐ Sturm.
ܚܫܡܝܬܐ Mahlzeit.
ܚܬܝܬܐ genau.
ܚܬܠ verführen.
ܚܘܬܠܬܐ Verlockung.

ܚܬܡܐ Siegel.
ܚܬܡ versiegeln.
ܚܘܬܡܐ Schluss.
ܚܬܢܐ Bräutigam.
ܐܬܚܬܢ sich vermählen. Hochzeit feiern.
ܚܘܬܪܐ Stolz.
ܐܬܚܬܪ stolz sein.
ܛܒܐ Gerücht.
ܛܒܘܠܪܐ (ταβουλάριος) Archivar.
ܛܒܥ versinken, versiegeln.
ܛܘܗܡܐ (pers.) Familie.
ܛܒܐ gut, *adv.* (§ 204) sehr.
ܛܝܒܘܬܐ Güte.
ܛܘܒܟ wohl!
ܛܘܒܬܢܐ *f.* ܛܘܒܬܢܝܬܐ (§ 116a) selig.
ܛܝܒ bereiten, rüsten.
ܛܘܝܒܐ Vorbereitung.
ܛܦ oben schwimmen.
ܛܘܪܐ Berg.
ܛܘܪܐ Zeit.
ܛܝܡܐ, ܛܝܡܐ̈ (τιμή) Preis.
ܛܝܪܐ Hürde, Herde.
ܛܟ (τάχα) vielleicht.
ܛܟܣܝܣ (τάξις) Ordnung, Schlachtreihe, Sitte.
ܛܟܣ ordnen.
ܛܘܟܣܐ Anordnung. *af.*

ܛܠܐ Thau.

ܛܠܠܐ Schatten(bild).

ܡܛܠܬܐ Hütte.

ܛܠܝܐ (§ 122) Knabe, Bursche (Diener).

ܛܠܝܘܬܐ Jugend.

ܛܠܡ unterdrücken, Unrecht thun, verläumden.

ܛܠܘܡܝܐ Verläumdung.

ܛܠܩ ausgehn, zu Grunde gehn, verschwinden; *pa.* vollenden; *etpa.* vernichtet werden.

ܛܡܐܐ unrein.

ܛܘܡܘܣܐ (τόμος) Buch.

ܛܡܪ verschütten, verbergen.

ܛܢ *af.* anspornen.

ܛܢܢܐ Eifer.

ܛܢܢܐ Eiferer.

ܛܢܦܐ unrein.

ܛܥܐ irren, vergessen; *af.* in die Irre führen.

ܛܘܥܝܬܐ Irrtum.

ܛܥܡ schmecken, kennen lernen; *etpa.* geniessen.

ܛܥܡܐ Geschmack, Verstand.

ܛܥܡܬܐ Geschmack.

ܛܘܥܡܐ Speise.

ܛܥܢ (§ 214) tragen.

ܛܥܢܐ Last.

ܛܘܥܝܬܢܐܝܬ fehlerhaft.

ܛܘܦܘܣܐ (τύπος) Vorbild.

ܐܬܛܦܝ sich stürzen auf.

ܛܪܕ vertreiben; *etpe.* pass.

ܛܘܪܢܐ (τύραννος) tyrannisch.

ܐܬܛܪܦ sich quälen.

ܛܘܪܦܐ Pein.

ܐܬܛܫܝ sich verbergen.

ܡܛܫܝܐܝܬ im geheimen.

ܐܬܝܐܒ begehren.

ܝܐܝܒܐ begehrenswert.

ܝܒܒ jubeln.

ܝܗܒ übergeben; *af.* bringen.

ܡܘܒܠܐ *f.* (§ 105) Last.

ܝܒܫܐ das Trockene.

ܐܝܕܐ *f.* (§ 104, 117, 118) Hand; ܒܝܕ durch, ܒܝܕ ܕ da.

ܐܘܕܝ bekennen, preisen: *eštaf.* versprechen, geloben.

ܡܘܕܝܢܐ Bekenner.

ܡܘܕܝܢܘܬܐ, ܬܘܕܝܬܐ Bekenntnis, Lobpreis.

ܝܕܥ (§ 192B) kennen, wissen; *etpe.* gemerkt werden; *af.* kund thun, melden; *eštaf.* erkennen.

ܝܕܘܥܐ einsichtig.

ܝܕܥܬܐ Wissen.

ܝܕܥܬܐ Bewusstsein, Erkenntnis.

ܡܝܕܥܐ Bekannter.

ܝܗܒ (§ 21) geben, *etpe.* pass.

ܡܘܗܒܬܐ Gabe.

ܝܘܡܐ (§ 119) Tag, ܝܘܡܢ, ܝܘܡܢܐ heute.

ܝܘܢܐ *f.* (§ 102) Taube.

ܝܙܦ *af.* ausleihen.

ܝܚܝܕܝܐ einzig, Einsiedler.

ܡܝܚܕܝܐ einsam.

ܐܬܝܚܕ sich trennen.

ܝܠܠܬܐ Gejammer.

ܐܝܠܠ (§ 192H, 195C Anm. 2) jammern.

ܝܠܕ gebären; *etpe.* pass.; *af.* hervorbringen.

ܝܠܕܐ Kind.

ܝܠܕܬܐ Mutter.

ܝܠܘܕܐ Erzeuger.

ܝܠܘܕܐ Kind.

ܝܠܦ (§ 191C) lernen, erfahren.

ܝܘܠܦܢܐ Lehre.

ܝܡܐ Meer.

ܐܝܡܡܐ Tag.

ܐܝܡܝ schwören, *af.* beschwören.

ܝܡܝܢܐ *f.* (§ 104) die Rechte.

ܬܝܡܢܝܐ südlich.

ܐܝܢܩ (§ 192H) säugen.

ܐܘܣܦ hinzufügen, *ettaf.* hinzukommen.

ܬܘܣܦܬܐ Vermehrung.

ܝܥܐ wachsen; *af.* hervorbringen.

ܝܥܪܐ Dorngestrüpp.

ܐܘܦܝ vergehn; vermögen.

ܝܨܦ (§ 202) sorgen.

ܝܨܝܦܘܬܐ Sorgsamkeit.

ܝܩܕ verbrennen; *af.* trans.

ܝܩܕܢܐ Brand.

ܝܩܘܢܐ (εἰκών) Bild.

ܝܩܪ Beschwerde haben, geehrt werden; *etpa.* geehrt werden.

ܝܘܩܪܐ Schwere, Gewicht.

ܐܝܩܪܐ Ehre.

ܝܩܝܪܐ schwer, ehrwürdig.

ܡܝܩܪܐ vornehm.

ܝܪܘܪܐ *f.* (§ 103) Schakal.

ܝܪܒ viel werden, wachsen; *af.* vermehren, gross machen.

ܝܪܚܐ Monat.

ܝܪܘܩܐ Gemüse.

ܝܪܬ erben; *af.* vermachen.

ܝܪܘܬܐ Erbe.

ܝܪܬܘܬܐ, ܝܘܪܬܢܐ Erbschaft.

ܐܘܒܠ darreichen; *šaf.* führen; *eštaf.* pass.

ܐܝܬܒ (§ 192) sich setzen; *af.*

einsetzen, sich setzen lassen.

ܡܬܝܒܐ gesetzt.

ܝܬܡܐ Waise.

ܝܬܪ Nutzen haben; *etpa.* id.

ܝܬܝܪ (§ 206) mehr.

ܝܘܬܪܢܐ Vorteil.

ܡܝܬܪܐ vortrefflich.

ܡܝܬܪܘܬܐ Vortrefflichkeit.

ܟܐܒܐ Leiden.

ܟܐܒܐ leidend.

ܟܐܦܐ *f.* (§ 106) Stein.

ܟܘܒܐ Dorn.

ܟܒܪ vielleicht.

ܟܒܫ bändigen, erobern; *etpa.* gebändigt werden.

ܟܕ als, ܟܕ ܗܘ obwohl.

ܟܕܘ genug, ܟܕܘ ܠܡ schon.

ܟܕܒܐ Lügner, lügnerisch.

ܟܕܒܘܬܐ Lüge.

ܟܕܢ sich anschirren.

ܟܗܢܐ Priester.

ܟܗܢܘܬܐ Priestertum.

ܟܗܢܝܐ priesterlich.

ܟܗܝܢ blühend.

ܟܗܝܢܘܬܐ Fülle.

ܟܝܢܐ Natur.

ܟܐܢܐ gerecht.

ܟܐܢܘܬܐ Gerechtigkeit.

ܟܘܢ zurechtweisen.

ܟܘܪܐ Ofen.

ܡܟܝܪܐ ehrwürdig.

ܟܘܝܪܐ Scheu.

ܐܬܟܝܪ sich scheuen.

ܟܝܡܘܢܐ (χειμών) Sturm.

ܟܝܣܐ Geldbeutel.

ܟܠ, ܟܘܠ (§ 127) Gesamtheit, all.

ܟܠܬܐ Braut.

ܟܠܝܠܐ Krone.

ܟܠܠ krönen, schmücken; *etpa.* gemartert werden.

ܟܘܠܠܐ Martyrium.

ܫܟܠܠ (assyr. § 195C Anm. 2) vollenden, *eštaf.* pass.

ܟܠܐ hindern, vorenthalten; *etpe.* sich abhalten lassen.

ܟܠܒܐ Hund.

ܟܡܐ wie, wie viel.

ܟܡܝܢܐ Nachstellung, Hinterhalt.

ܟܘܡܪܐ Priester.

ܟܡܝܪ betrübt, trübe.

ܐܬܟܡܪ sich betrüben.

ܟܢ dann.

ܟܢܘܢ (s. p. 59 n. 1) Dezember, Januar.

ܟܢܬܐ (§ 110) Genosse.

ܟܢܦܐ *f.* (§ 104) Flügel.

ܟܢܪܐ Harfe.
ܟܢܫ sammeln, versammeln; *etpa.* refl. und pass.
ܟܢܫܐ, ܟܢܘܫܬܐ, ܟܢܘܫܝܐ Versammlung, Menge.
ܟܣܐ Becher.
ܐܟܣ widerlegen, zurechtweisen.
ܟܣܝܐ geheim.
ܟܣܝܐ Verborgenheit.
ܟܘܣܝܬܐ Kapuze.
ܬܟܣܝܬܐ (§ 109c Anm.) Bedeckung, Decke.
ܐܬܟܣܝ verborgen sein.
ܟܣܢܕܘܟܝܢ (ξενοδοχεῖον) Herberge.
ܟܣܦܐ Geld.
ܟܦܐ umstossen.
ܟܦܢܐ, ܟܦܢ hungrig.
ܟܦܢܐ, ܟܦܢ Hunger(snot).
ܟܦܪ *o.* mit ܒ verleugnen.
ܟܪ ܕ da, wo.
ܐܬܟܪܗ erkranken.
ܟܪܝܗ krank, schwach.
ܟܘܪܗܢܐ Krankheit.
ܐܟܪܙ verkünden, predigen; *etpe.* pass.
ܟܪܘܙܐ Herold.
ܟܪܘܙܘܬܐ Predigt.
ܟܝܪܛܘܢܝܐ ܩܝܪܛܘܢܝܐ (χειροτονία) Handauflegung.
ܟܪܝܐ ܠܝ (§ 207) bin betrübt.
ܟܪܝܘܬܐ Traurigkeit.
ܟܪܟ wickeln, umgeben; *etpe.* herumgehn, umringen; *af.* winden.
ܟܪܟܐ Stadt.
ܟܪܟܝܐ Städter.
ܟܪܟܐ Buchrolle.
ܟܘܪܟܐ Umkreis.
ܟܪܣܐ *f.* (§ 104) Mutterleib.
ܟܪܣܛܝܢܐ (χριστιανός) Christ.
ܟܘܪܣܝܐ Thron, Bischofsitz.
ܟܫܐ aufhäufen.
ܟܘܫܠܐ Ärger.
ܡܟܫܠܐ geärgert.
ܐܬܟܫܠ Anstoss nehmen, sich ärgern; *af.* Ärgernis geben.
ܐܬܟܫܦ beten.
ܟܫܝܪܐ glücklich, eifrig.
ܐܬܟܫܪ es glückte ihm.
ܟܬܒ schreiben.
ܟܬܝܒܬܐ, ܟܬܒܐ Schrift.
ܡܟܬܒܢܐ Verfasser.
ܟܬܡ beflecken.
ܟܬܢܐ Leinen.
ܟܘܬܝܢܐ *f.* (§ 83, 105, 116d) Rock.

ܟܕܦܐ *f.* (§ 104) Schulter.

ܟܬܫ fechten: *etpa.* streiten, ringen.

ܐܬܟܬܫܐ Kampf.

ܠ zu.

ܠܐ nicht.

ܠܐܝ ermüden; *af.* ermüden.

ܠܐܝܐ müde.

ܠܐܝܘܬܐ Ermüdung.

ܡܠܐܟܐ (§ 32c) Engel.

ܠܒܐ (§ 120) Herz.

ܠܒܝܒܐ mutig.

ܠܒܝܒܘܬܐ Mut.

ܠܒܒ ermutigen.

ܡܠܒܒܢܘܬܐ Ermutigung.

ܠܒܝܟܐ dicht.

ܠܒܠܒ aufreizen.

ܠܒܟ *o.* fassen, halten, behandeln, gefangen nehmen, einschlagen (Weg); *etpe.* pass.

ܠܒܘܟܝܐ Gefangennehmung.

ܠܒܫ anziehen, anlegen, annehmen.

ܠܒܘܫܐ Kleidung.

ܠܓܝܢܬܐ Schüssel.

ܠܗ (§ 218) nicht.

ܠܘܐ begleiten; *pa.* geleiten; *etpe.* pass.

ܒܪ ܠܘܝܬܐ Begleiter.

ܠܘܛ verfluchen.

ܠܘܛܬܐ Fluch.

ܠܘܝ o dass doch.

ܠܘܬ an, bei, zu.

ܠܚܘܕ allein.

ܠܚܡܐ Brot, Gastmahl.

ܠܚܡ passend.

ܡܠܚܡܘܬܐ Komposition.

ܡܠܚܡܢܐ heilsam.

ܐܬܠܚܡ drohen.

ܠܘܚܡܐ Drohung.

ܠܚܫ zuflüstern; *etpe.* pass.

ܠܛܫ schärfen.

ܠܚܝ schnell.

ܠܠܝܐ (§ 120) Nacht.

ܐܝܡܡ ܠܠܝ (§ 200f.) Tag und Nacht.

ܠܫܐ Teig.

ܠܝܬ (§ 199) es ist nicht (möglich).

ܠܡ nämlich.

ܠܡܐܢܐ (λιμήν) Hafen.

ܠܡܦܐܕܐ (λαμπάς) Fackel.

ܠܣܛܝܐ (λῃστής) Räuber.

ܠܥܙ reden.

ܠܥܠ oben.

ܠܥܣ speisen.

ܠܥܣܬܐ Lockspeise.

ܠܫܢܐ Zunge, Sprache.

ܡܐ (§ 95) was? ; ܡܐ wenn;

ܠܡܐ nicht etwa.

ܡܐܐ 100 (§ 110 Anm. 3).
ܡܐܢܐ Gewand, Gefäss, Gerät.
ܡܐܢܬ ܒܗ (§ 207) wurde überdrüssig.
ܡܓܢ umsonst.
ܡܘܗܦܛܐ (pers.) Obermagier.
ܡܓܘܫܐ (pers.) Magier, (Brahmane), Anhänger des Mazdajasnaglaubens.
ܡܓܘܫܘܬܐ Magiertum.
ܡܕܡ etwas.
ܡܕܝܢ also.
ܡܗܝܪ geschickt.
ܡܘܛ wanken.
ܡܘܡܐ Fehl.
ܡܝܬ (§ 60 Anm. 1) sterben; *af.* töten.
ܡܘܬܐ Tod.
ܡܝܬܐ Toter.
ܡܙܓ mischen.
ܡܚܐ schlagen.
ܡܚܘܬܐ (§ 109e) Schlag.
ܡܚܕܐ (§ 57c Anm. 1) sogleich.
ܡܚܝܠ schwach.
ܡܚܝܠܘܬܐ Schwäche.
ܐܬܡܚܝܠ schwach werden.
ܡܚܪ morgen.
ܡܛܐ gelangen; *pa.* herankommen: *etpa.* gelangen.

ܡܛܠ, ܡܛܠܬ, mit suff. ܡܛܠܬܗ wegen: mit ܕ weil.
ܡܛܐܢܝܐ (μετάνοια) Verneigung.
ܡܝܛܪܦܘܠܝܛܘܬܐ Metropolitenwürde.
ܡܝܐ (§ 117) Wasser.
ܡܝܠܐ (μίλιον) Meile.
ܡܟܐ (§ 57c Anm. 1) von jetzt ab.
ܡܟܝܟ demütig.
ܡܟܝܟܘܬܐ Demut.
ܡܟܟ demütigen.
ܡܘܟܟܐ Demütigung.
ܡܟܝܠ (§ 57c Anm. 1) also.
ܡܟܪ verloben.
ܡܠܬܐ (§ 111) Wort.
ܡܡܠܠܐ Redeweise.
ܡܠܠ sprechen, sagen; *etpa.* pass.
ܡܠܐ füllen; *pa.* ausfüllen; *etpa.* erfüllt werden; *šaf.* erfüllen, *eštaf.* pass., vollkommen sein.
ܡܫܡܠܝܐܝܬ vollständig.
ܡܠܘܐܐ (§ 19) Stoff, Fülle.
ܡܘܡܠܝܐ, ܫܘܡܠܝܐ Erfüllung.
ܡܠܚܐ Schiffer.
ܡܠܛ sich kümmern um.
ܡܠܟ raten; *af.* zur Regierung

kommen, herrschen; *etpa.* sich beraten.

ܡܶܠܟܳܐ Rat.

ܡܰܠܟܳܐ König.

ܡܰܠܟܽܘܢܳܐ Fürst.

ܡܰܠܟܬܳܐ Königin.

ܡܰܠܟܽܘܬܳܐ Regierung, Reich.

ܡܰܒܽܘܠܳܐ Wasserflut.

ܡܶܢ von, als, mit, nachdem.

ܡܰܢ (§ 95) wer?

ܡܳܢܳܐ (§ 95) was? ܠܡܳܢܳܐ, ܠܡܽܘܢ warum?

ܡܢܳܐ zählen, *etpe.* pass.

ܡܢܳܬܳܐ (§ 110) Anteil.

ܡܶܢܝܳܢܳܐ Zahl.

ܡܛܳܐ gelangen.

ܡܣܬܳܐ Genüge.

ܡܣܺܝܣܳܐ faulend.

ܐܶܬܡܰܣܡܰܣ verfaulen.

ܡܶܣܘܳܢܳܐ (*mansio*) Wegstrecke.

ܡܥܰܨܠܳܐ s. ܥܨܠ.

ܐܶܬܡܰܚܰܨ gequält werden.

ܡܶܨ aussaugen.

ܡܨܳܐ imstande.

ܐܶܬܡܨܺܝ können.

ܡܶܨܥܬܳܐ, ܡܶܨܰܥ (§ 206) Mitte.

ܡܶܨܥܳܝܳܐ Vermittler.

ܡܽܘܪܳܐ Myrrhe.

ܡܰܪܳܪܬܳܐ Gift.

ܡܪܳܪܳܐ Bitterkeit.

ܡܰܪܺܝܪܳܐ bitter.

ܐܰܡܰܪ erbittern.

ܐܶܬܡܰܪܰܪ erbittert werden.

ܡܳܪܝܳܐ, ܡܳܪܳܐ, ܡܳܪܝܳܐ (§ 120) Herr;

ܡܳܪܝ Monseigneur.

ܡܳܪܬܳܐ Herrin.

ܡܰܪܶܣ nacheifern.

ܡܰܪܓܳܢܺܝܬܳܐ (μαργαρίτη) Perle.

ܡܪܰܕ *a.* (§ 186) sich empören, widerstreben, Widerstand leisten; *af* zur Empörung anstiften.

ܡܳܪܽܘܕܳܐ Empörer.

ܡܰܪܺܝܕ widerspenstig.

ܡܰܪܺܝܕܽܘܬܳܐ Widersetzlichkeit.

ܐܰܡܪܰܚ Mut fassen.

ܡܰܪܺܝܚܳܐ kühn, frech.

ܡܰܪܺܝܥ krank.

ܡܶܫܚܳܐ Salbe.

ܡܫܰܚ salben, einreiben.

ܡܫܺܝܚܳܐ Messias.

ܡܫܽܘܚܬܳܐ (§ 108) Mass.

ܡܫܟܳܐ Haut.

ܡܬܰܚ strecken, spannen, spielen; *etpe.* sich erstrecken.

ܡܰܬܚܳܐ Strecke.

ܡܬܺܝܚ ausgedehnt.

ܡܶܬܽܘܡ jemals.

ܡܬܰܩ saugen.

ܢܒܺܝܳܐ Prophet.

ܢܒܝܘܬܐ Prophezeiung.
ܐܬܢܒܝ prophezeien.
ܢܒܥ hervorsprudeln.
ܡܒܘܥܐ Quelle.
ܐܬܢܓܗ leuchten.
ܢܓܕܐ Schlag.
ܢܓܕ peitschen; *etpa.* pass., hingerissen werden.
ܢܘܓܪܐ lange Zeit.
ܢܓܝܪܐ lang.
ܢܓܝܪܘܬ ܪܘܚܐ Langmut.
ܢܓܪܐ Zimmermann.
ܢܕܝܕܐ unrein.
ܢܕܪ geloben.
ܢܕܪܐ Gelübde.
ܢܗܪܐ (§ 120) Fluss.
ܢܗܪ aufleuchten; *pa.* und *af.* erleuchten; *etpa.* pass.
ܢܘܗܪܐ Licht.
ܢܗܝܪܐܝܬ deutlich.
ܢܕ wanken; *af.* schütteln.
ܢܚ ausruhen; *af.* beruhigen; *part. pass.* zufrieden; *ettaf.* ausruhen, Wohlgefallen haben.
ܢܝܚܐ, ܢܝܚܘܬܐ Ruhe.
ܢܝܚܐ Ruhe, Wohlgefallen.
ܢܝܚܬܐ Lebensende.
ܢܟܐ quälen.
ܢܘܣܐ (ναὸς) Tempel.

ܢܘܪܐ *f.* (§ 106, 120) Feuer.
ܡܢܪܬܐ Leuchter.
ܢܘܦ schwingen.
ܢܙܝܪܘܬܐ Askese.
ܢܚܠܐ Thal.
ܐܬܢܚܡ auferweckt werden.
ܢܘܚܡܐ Auferstehung.
ܢܚܝܪܐ Nase.
ܢܚܫܐ Erz.
ܢܚܬ *o.* (§ 179 Anm. B, 190 B) herabsteigen; *af.* herabführen, hinabbringen.
ܢܚܬܐ Gewand.
ܢܛܪ *pe.* und *pa.* bewahren, bewachen; *etpe.* und *etpa.* pass.
ܢܛܘܪܐ Wächter.
ܢܛܘܪܘܬܐ Bewachung.
ܢܛܝܪܘܬܐ Selbstbewahrung.
ܢܝܒܐ Zahn.
ܢܝܣܢ April.
ܢܝܪܐ Joch.
ܢܝܫܐ Zeichen, Vorbild.
ܐܢܟܝ schädigen.
ܢܟܝܢܐ Schaden.
ܢܟܠ und *etpa.* betrügen.
ܢܟܠܐ List.
ܢܟܣܐ Vermögen.
ܢܟܦܐ keusch.
ܢܟܦܘܬܐ Keuschheit.

ܐܬܢܟܦ sich scheuen.

ܢܘܟܪܝܐ fremd.

ܐܬܢܟܪ sich fernhalten.

ܢܟܬ *pe.* und *pa.* beissen.

ܢܘܡܢܝܐ (νεομηνία) Neumond.

ܢܡܘܣܐ (νόμος) Gesetz.

ܢܣܒ *a.* nehmen.

ܡܣܒܢܘܬܐ das Nehmen.

ܢܣܝܘܢܐ (§ 64, 154) Versuchung.

ܢܣܐ heimsuchen; *etpa.* pass.

ܢܣܟ giessen.

ܢܣܪ zersägen; *etpe.* pass.

ܢܓܚ stossen.

ܢܦܚ *o.* blasen.

ܢܦܝܚ aufgeblasen.

ܢܦܛܐ Naphtha.

ܢܦܠ *e.* fallen.

ܡܦܘܠܬܐ Fall.

ܢܥܪܗ ܠܡܥܢܗ er wurde nüchtern.

ܢܦܩ ausgehn, ausziehn, hinausgebracht werden; *af.* hinausführen, austreiben, herausholen.

ܡܦܩܬܐ Ausgabe.

ܢܦܝܩ herausgegangen.

ܡܦܩܢܐ Anus.

ܢܦܫܐ (§ 103) Seele, Leben; selbst (§ 204).

ܢܝܚܐ Erholung.

ܢܨܐ Habicht.

ܢܨܚ und *etpa.* siegen, verherrlicht werden.

ܢܨܝܚܐ ausgezeichnet, siegreich.

ܢܨܚܢܐ Wunder.

ܢܩܝܐ rein.

ܢܩܝܘܬܐ Reinheit.

ܢܩܥܐ Höhle, Loch.

ܢܩܦ anhangen, begleiten; *af.* anfangen.

ܢܩܦܐ Begleitung.

ܢܩܝܦ begleitend.

ܢܩܫ (ein)schlagen; *etpe.* pass., intr. aufschlagen.

ܢܪܕܝܢ (pers.) Narde.

ܢܫܐ (§ 122) Weiber.

ܢܫܝܫ schwach.

ܢܫܒ wehn.

ܢܫܠܚ abziehn, schinden.

ܢܫܩ *pe.* und *pa.* küssen.

ܢܘܫܩܬܐ Kuss.

ܢܫܪܐ Adler.

ܢܬܠ § 186 Anm. 1.

ܢܬܪ abfallen.

ܐܬܢܬܫ zerrissen werden.

ܣܐܬܐ Scheffel.

ܣܐܒ alt werden.

ܣܝܒܘܬܐ Greisenalter.

ܣܐܡܐ (ἄσημος) Silber.

ܣܐܘܢܐ Beschuhung.
 ܡܣܐܢܐ Schuh.
ܡܣܒܗ ähnlich.
ܣܒܟ sich anklammern, heraufkriechen.
ܣܒܠ *o.* tragen, empfangen: *af.* auferlegen.
 ܣܒܠܬܐ Leiter.
ܣܒܣܒ häufig.
ܣܒܥܐ Sättigung, Überfluss.
ܣܒܪ glauben; *etpe.* scheinen; *pa.* verkünden.
 ܣܒܪܐ Hoffnung.
 ܣܒܪܬܐ (§ 89 Anm. 2) frohe Botschaft, Evangelium.
ܣܝܒܪ ertragen: *etpa.* sich nähren.
 ܣܝܒܪܬܐ (§ 108) Speise.
 ܡܣܝܒܪܢܘܬܐ Ausdauer.
ܣܓܐ viel werden, wachsen; *af.* viel machen (§ 221).
 ܣܘܓܐܐ cstr. ܣܘܓܐ (§ 32 C Anm. 1) Menge.
 ܣܓܝܐܐ viel, adv. ܣܓܝܐܝܬ.
ܣܓܕ *o.* (§ 179 Anm. 3) verehren; *etpe.* pass.
 ܣܓܕܬܐ Verehrung.
 ܣܓܘܕܐ Verehrer.
ܣܓܘܠܐ (§ 65 Anm. 3) Traube.

ܣܕܘܢܐ (σινδών) Schurz.
ܣܕܩ zerreissen.
ܣܕܪ aufstellen.
 ܣܕܪܐ Schlachtreihe.
ܐܣܗܕ zeugen; *pa.* als Zeugen anrufen.
 ܣܗܕܐ Zeuge.
 ܣܗܕܘܬܐ (§ 109 d) Zeugnis.
ܣܘܐ sich sehnend, begehrend.
ܐܫܬܥܝ reden.
ܣܘܚ freudig entgegengehn.
ܣܟ am Ende, überhaupt.
ܣܘܟܐ Zweig.
ܣܘܣܝܐ Pferd.
ܣܦ untergehn, sterben: *af.* vernichten.
ܣܚܦ anfauchen.
ܣܚܐ baden.
ܣܚܦ stürzen; *etpe.* pass.
ܣܛܐ abbiegen.
ܣܛܢܐ (שָׂטָן) Satan.
 ܣܛܢܝܐ satanisch.
ܣܛܪܐ Seite; ܡܢ ܣܛܪ ohne, ausser.
ܣܡ (§ 194) legen, aufsetzen, halten, annehmen; *etpe.* pass.
 ܣܝܡ ܐܝܕܐ Handauflegung.
 ܣܝܡܬܐ Schatz.
 ܡܣܡ ܕܝܢܐ Strafe.

ܣܝܥܬܐ Schaar.

ܣܘܥܕܐ Unterstützung.

ܣܝܦܐ Schwert.

ܣܟܬܐ pl. ܣܟܐ Pflock, Nagel.

ܣܟܐ erwarten.

ܐܣܬܟܠ sündigen; *etpa.* begreifen, erkennen.

ܣܟܠܐ thöricht.

ܣܟܠܘܬܐ Sünde.

ܣܘܟܠܐ Einsicht.

ܣܟܝܢܐ Messer.

ܡܣܟܢܐ (assyr. § 116a) arm.

ܡܣܟܢܘܬܐ Armut.

ܐܬܡܣܟܢ arm werden.

ܣܟܪ verschliessen.

ܣܟܪܐ f. (§ 105) Schild.

ܐܣܠܝ verachten; *etpa.* verworfen werden.

ܣܠܩ (§ 53) *pe.* und *etpa.* aufsteigen; *af.* heraufführen.

ܣܘܠܩܐ Himmelfahrt.

ܡܣܩܬܐ Abhang.

ܣܡܐ pl. ܣܡܡܢܐ (§ 121, 123) Gift, Heilmittel, Farbe.

ܡܣܡܡ vergiftet.

ܣܡܝܐ blind.

ܣܡܟ stützen, auftreten, ankommen; *etpe.* sich aufstützen.

ܣܡܟܐ Gastmahl.

ܣܡܝܟ bei Tische liegend.

ܣܡܠܐ f. (§ 51, 104) die Linke.

ܣܘܡܟܐ, ܡܣܡܟܢܘܬܐ Einfachheit.

ܣܢܝܢܐ rein.

ܣܢܐ hassen.

ܣܢܝܐ (§ 189 Anm. 3) Feind.

ܣܢܝܐܐ gehasst.

ܣܢܝܐ hässlich.

ܣܘܢܗܕܘܣ (σύνοδος) Synode.

ܣܘܢܗܕܝܛܐ (συνοδῖται) Anhänger der Synode.

ܣܢܛܐ bartlos.

ܣܢܝܩ bedürftig.

ܣܢܝܩܘܬܐ Bedürftigkeit.

ܣܘܢܩܢܐ Bedürfnis.

ܣܘܢܩܠܠܐ (σύγκελλος) Syncellus.

ܣܥܐ wagen.

ܣܥܪ machen, thun; *etpe.* pass.

ܣܘܥܪܢܐ That, Angelegenheit, Sache.

ܣܥܪܐ Haar.

ܣܥܪܐ Gerste.

ܣܦܬܐ (§ 120b) Lippe, Ufer.

ܣܦ entbrennen.

ܣܦܢܐ Schiffer.

ܣܦܣܝܪܐ (σαμψήρα, pers.) Schwert.

ܣܦܩ *a* (§ 69 Anm. 2) genügen, vermögen.
 ܣܦܝܩܐ leer.
 ܣܦܝܩܘܬܐ Möglichkeit.
ܣܦܪܐ Ufer.
ܣܦܪܐ Buch, Litteratur.
 ܣܦܪܐ Schriftgelehrter.
ܣܦܪܐ Barbier.
 ܣܦܪܬܐ Barbiersfrau.
 ܣܘܦܪܐ das Scheeren.
ܣܩܒܠ s. ܩܒܠ.
ܣܘܪܕܐ das Erschrecken.
ܣܪܗܒ s. ܪܗܒ.
ܣܪܚ schaden, verführen.
 ܣܪܘܚܢܐ reissend.
 ܣܘܪܚܢܐ Schädigung. Schuld.
ܣܪܛܢܐ Krebs.
ܣܪܝ stinkend werden.
 ܣܪܝܐ stinkend.
ܣܪܩ kämmen; *etpe.* pass.
 ܣܪܩܐ Kämmung.
 ܡܣܪܩܐ Kamm.
ܣܪܝܩܐ nichtig.
 ܐܣܬܪܩ sich entäussern.
ܣܬܪ zerstören; *etpe.* pass.
ܣܬܪ verbergen; *etpa.* sich schützen.
 ܣܬܪܐ Schutz.
ܥܘܒܐ Schoss, Flanke.

ܥܒܕ *e.* (§ 179) thun; *šaf.* unterwerfen.
 ܥܒܕܐ Knecht.
 ܥܒܕܐ That, Werk.
 ܥܒܘܕܐ Schöpfer.
ܥܒܝܐ dicht bewachsen.
ܥܒܝܐ dick, grob.
ܥܒܪ *a.* hinübergehn, hinausgehn über; *af.* vorbeigehn lassen, abschaffen.
 ܡܥܒܪܢܘܬܐ Übergang.
ܥܒܘܪܐ Getreide.
ܥܓܠܐ Kalb.
ܥܓܠ (§ 200e) eilig.
ܥܓܠ wegwälzen.
ܥܕ bis, während.
ܥܕܐ ausrotten.
ܥܐܕܐ, ܥܐܕܐ Fest.
ܥܕܬܐ (עֵדָה) Kirche.
 ܥܕܬܢܝܐ kirchlich.
ܥܕܐ *af.* bringen.
ܥܕܟܝܠ bis jetzt, noch.
ܥܕܡܐ bis.
ܥܕܪ *pe.* und *pa.* helfen, nützlich sein.
 ܥܕܪܐ Helfer.
 ܥܘܕܪܢܐ, ܡܥܕܪܢܘܬܐ Hilfe.
ܥܗܕ *pe.* und *etpe.* sich erinnern, erwähnen.
 ܥܘܗܕܢܐ Gedächtnis.

ܥܕܝ passend.
ܥܝܕܐ Gewohnheit.
ܡܥܝܕ gewohnt.
ܥܘܩ hindern; *etpa.* pass.
ܥܘܠܐ Frevler.
ܥܘܦܐ Zweig.
ܥܦܪܐ Staub.
ܥܘܝܪܐ blind.
ܥܘܪ blenden.
ܥܙܝܙ stark.
ܐܬܥܙܙ bestärkt werden.
ܥܙܙ ausharren.
ܥܛܠ schwierig.
ܥܛܦ sich umwenden; *pe.* und *pa.* bekleiden, ausrüsten, zurückgeben.
ܥܛܪ räuchern.
ܥܛܪܢܐ Pech.
ܥܝܢܐ *f.* (§ 104) Auge, ܥܝܢ, ܠܥܝܢ (§ 60 Anm. 1) vor, ܥܝܢ ܒܥܝܢܐ deutlich.
ܡܥܝܢܐ m. und f. (§ 107) Quelle.
ܥܩܬܐ Kummer.
ܐܥܝܩ betrüben; *ettaf.* refl.
ܥܝܪܐ wachsam, Engel.
ܐܥܝܪ erwecken, aufreizen; *ettaf.* erweckt werden, wachen.
ܐܬܬܥܝܩ verhindert werden.

ܥܠ auf, bei.
ܥܠ eintreten; *af.* einführen.
ܥܠܠܬܐ Einkünfte.
ܡܥܠܬܐ Eintritt.
ܥܠܬܐ Ursache, Vorwand.
ܥܠܢܐ Hirt.
ܥܠܐ auflegen; *etpa.* erhöht werden, hinaufziehn.
ܥܠܠܬܐ Altar.
ܥܠܝܬܐ Obergemach.
ܥܠܝܐ oberer.
ܡܥܠܝܐ hoch, erhaben.
ܥܠܒ überwältigen, vergewaltigen.
ܥܠܡܐ Ewigkeit, Welt.
ܥܠܡܝܐ Laie.
ܥܠܝܡܐ Jüngling.
ܥܠܝܡܬܐ Mädchen.
ܥܠܝܡܘܬܐ Jugend.
ܥܠܥܠܐ *f.* (§ 106) Sturm.
ܥܡ mit.
ܥܡܐ (§ 123) Volk.
ܥܡܕ sich taufen lassen; *af.* taufen.
ܡܥܡܘܕܝܬܐ Taufe.
ܥܡܘܕܐ Säule.
ܥܘܡܩܐ Tiefe.
ܥܡܝܩܐ tief.
ܥܡܪ wohnen; *af.* ansiedeln.
ܥܡܘܪܐ Bewohner.

ܡܥܡܪܐ, ܡܥܡܪܐ Wohnung.
ܥܢܐ (§ 68 Anm. 1, § 103) Herde von Kleinvieh.
ܥܢܢܐ *f.* (§ 106) Wolke.
ܥܢܐ anheben, antworten.
ܥܢܝܢܐ beständig beschäftigt.
ܥܢܝܢܐ Umgang. Studium.
ܥܘܢܝܬܐ Wechselgesang.
ܥܢܘܝܐ demütig.
ܥܢܘܝܘܬܐ Demut.
ܥܢܕ sterben.
ܥܢܝܕܐ tot.
ܡܥܢܕܢܐ Tod.
ܥܣܪܐ 10.
ܥܕܪ mit ܝܘܬܪܢܐ Nutzen haben; *pa.* bestatten.
ܥܦܩ umarmen.
ܥܦܪܐ Staub.
ܥܦܪܢܐ staubgeboren.
ܡܥܦܪܐ Mantel.
ܥܨܐ *pe.* und *af.* zwingen; *etpe.* pass.
ܥܩܒܐ *f.* (§ 104) Ferse.
ܥܩܒ forschen.
ܡܥܩܒܬܐ Prüfung.
ܡܥܩܡܘܬܐ Verkehrtheit.
ܥܩܪ zerstören, umstürzen; *etpe.* pass.
ܥܩܪܐ Wurzel.
ܥܩܪܒܐ *f.* (§ 113) Skorpion.
ܡܥܪܬܐ Höhle.
ܥܪܒ *o.* bürgen.
ܥܪܘܒܬܐ Rüsttag, Freitag.
ܥܘܪܒܐ Rabe.
ܥܪܒ *a.* untergehn.
ܡܥܪܒܝ ܫܡܫܐ (§ 206) Sonnenuntergang.
ܡܥܪܒܐ *f.* (§ 106) Westen.
ܡܥܪܒܝܐ westlich.
ܥܪܕܐ Wurfmaschine.
ܥܪܛܠ (§ 206) ܥܪܛܠܝܐ nackt.
ܐܬܥܪܡ aufgeregt sein.
ܥܪܣܐ *f.* (§ 105) Bett.
ܥܪܦܠܐ *f.* (§ 106) Nebel.
ܐܬܥܪܓܠ sich wälzen.
ܥܪܥ begegnen.
ܥܪܩ fliehen.
ܥܪܘܩܝܐ Flucht.
ܐܬܥܪܩܠ sich winden.
ܥܫܢ stark werden.
ܥܫܝܢܘܬܐ Stärke.
ܥܘܫܢܝܐ Verunglimpfung.
ܥܬܝܕ bereit; *f. pl.* Zukunft.
ܐܬܥܬܕ sich rüsten.
ܥܬܩ alt werden.
ܥܬܝܩ alt, frech.
ܥܘܬܪܐ Reichtum.
ܥܬܝܪ reich.
ܦܐܝܐ schön.

ܦܐܪܐ Frucht.

ܦܓܘܪܬܐ *pl.* ܦܓܘܪ̈ܐ Zaum.

ܦܓܥ begegnen.

ܦܓܪܐ Leib.

ܦܕܢܐ *f.* (§ 105) Joch, Gespann vor dem Pfluge.

ܦܫ sich zerstreuen.

ܦܠ besprengen.

ܐܬܦܩܪ sich entrüsten.

ܦܩ sich trennen, abstehn, verlustig gehn.

ܦܚܐ Schlinge, Falle.

ܦܚܡܐ Abschrift.

ܐܬܦܚܡ verglichen werden.

ܦܚܪܐ Thon.

ܦܕܓܪܐ (§ 48 ποδάγρα) Podagra.

ܦܛܪ (aus der Welt) scheiden.

ܦܛܝܪܐ ungesäuertes Brot.

ܦܛܪܝܪܟܐ (πατριάρχης) Patriarch.

ܦܝܟܐ (pers.) Fussgendarm.

ܦܝܟ ܒܫܝ (pers.) Gendarmerieoberst.

ܦܝܠܐ Elephant.

ܐܦܝܣ (πεῖσαι) überreden; *ettaf.* (§ 50, 194c) pass.

ܦܘܝܣܐ Überredung.

ܦܟܐ Backe.

ܦܟܪ fesseln.

ܦܠܓ teilen, sich teilen; *etpe.* verteilt werden; *pa.* verteilen; *etpa.* sich teilen, zweifeln.

ܦܠܓܐ, ܦܠܓܘܬܐ Hälfte.

ܦܠܓܐ (φάλαγξ) Schaar.

ܦܠܚ dienen.

ܦܘܠܚܢܐ Dienst.

ܦܠܛ gerettet werden.

ܦܘܠܛܢܐ Rettung.

ܦܘܠܝܛܝܐ (πολιτεία) Staat.

ܦܠܛܝܢ (παλάτιον) Palast.

ܦܠܢܝܬ irgend eine.

ܦܢܝܐ Gelegenheit.

ܡܦܠܦܠ bespritzt.

ܦܘܡܐ Mund.

ܦܢܐ zurückkehren, bekehren; *etpe.* sich bekehren; *pa.* antworten; *af.* bekehren.

ܦܢܝܬܐ Seite.

ܡܦܢܩ zart.

ܦܣܐ Loos.

ܐܦܣ erlauben.

ܦܘܣܝܢܘܬܐ Erlaubnis.

ܦܣܥ schreiten, wagen.

ܦܣܩ abbrechen, unterbrechen, umhauen, abhauen, abreissen, zerschneiden, absetzen; *etpe.*

abgeschnitten, abgehauen werden.

ܦܣܩܐ das Abhauen.

ܒܦܣܝܩܬܐ in kurzen Worten.

ܦܥܠܐ Arbeiter.

ܦܥܪܐ Höhle.

ܦܪܕܐ Quelle.

ܦܨܚܐ (πάσχα) Passah.

ܐܦܨܚ erheitern; *etpe.* sich freuen.

ܦܨܝܚܐܝܬ freudig.

ܦܨܐ retten.

ܦܩܕ befehlen, anweisen; *etpe.* pass.; *pa.* befehlen, einsetzen.

ܦܩܘܕܐ Befehlshaber.

ܦܘܩܕܢܐ Befehl.

ܦܩܚ besser.

ܦܩܥܬܐ Schlucht.

ܦܪܘܓܐ Junges.

ܦܐܝ schön.

ܦܘܪܓܝܐ Vergnügen.

ܦܪܙܠܐ Eisen.

ܦܪܚ fliegen, sich verbreiten.

ܦܪܚܬܐ Vögel.

ܦܪܚܬܐ Vogel.

ܦܪܛܘܪܝܢ (πραιτόριον) Praetorium.

ܐܦܪܝ erzeugen.

ܦܘܪܓܘܣ (πύργος) Turm.

ܦܪܢܣ (πρόνοος) verteilen; *etpa.* versorgt, verwaltet werden.

ܦܘܪܢܣܐ Unterstützung, Anweisung.

ܦܪܣ ausbreiten.

ܦܘܪܣܐ (πόρος) Möglichkeit, List, Plan.

ܐܬܦܪܣ sich bemühen.

ܦܪܗܣܝ (von παρρησία) enthüllen, *part. pass.* schamlos.

ܦܪܥ vergelten.

ܦܘܪܥܢܐ Vergeltung.

ܦܪܨܘܦܐ (πρόσωπον § 48) Gesicht.

ܦܪܩ *pe.* und *af.* retten.

ܦܪܘܩܐ Retter.

ܦܘܪܩܢܐ Rettung.

ܦܪܫ trennen, bestimmen.

ܦܪܘܫܐ klug.

ܦܘܪܫܢܐ Unterscheidung, Weggang.

ܦܪܫܐ Reiter.

ܦܫܚ zerreissen.

ܦܫܛ ausstrecken.

ܦܫܝܩ leicht.

ܦܫܩ auslegen, übersetzen; *etpa.* pass.

ܦܘܫܩܐ Auslegung.

ܦܫܪ schmelzen.

ܦܬܓܡܐ (pers.) Wort; ܝܗܒ ܦ' Rechenschaft ablegen.

ܦܬܚ öffnen; *etpe.* pass.; *af.* sehend machen.

ܦܬܟܪܐ (pers.) Götzenbild.

ܦܬܘܪܐ Tisch.

ܨܐܐ schmutzig.

ܨܒܐ s. ܨܒܝ.

ܨܒܐ mit ܒ wollen, Wohlgefallen haben.

ܨܒܘܬܐ (§ 109 Anm. 2) Sache.

ܨܶܒܝܳܢܳܐ Wille.

ܨܒܥ eintauchen.

ܨܶܒܬܳܐ Schmuck.

ܨܰܒܶܬ schmücken.

ܨܰܕܝܳܐ Wüste.

ܨܗܐ durstig.

ܨܗܝܘܬܐ Durst.

ܨܘܬ sich versammeln.

ܨܘܬܐ Versammlung.

ܨܕ jagen, fischen; *etpe.* pass.

ܨܝܕܐ Jäger.

ܡܨܝܕܬܐ Netz.

ܨܘܡܐ Fasten.

ܨܝܡܐ Faster.

ܨܘܪܐ Hals.

ܨܪ malen, schildern.

ܨܝܪܐ Maler.

ܨܬ hören.

ܨܘܬܐ Gehör, Stimme, Ton.

ܨܘܚܝܬܐ Schmähung.

ܨܝܕ, ܨܐܕ, ܨܝܕ zu.

ܨܠܝܒܐ Kreuz.

ܨܠܝܒܘܬܐ Kreuzigung.

ܨܠܘܒܐ Kreuziger.

ܨܠܐ neigen, aufstellen (Falle), *part. pass.* zugeneigt.

ܨܠܘܬܐ (§ 109 e) Gebet.

ܨܠܝ beten; *etpe.* sich neigen.

ܡܨܠܝܢܐ Beter, Name einer Sekte.

ܨܠܚ spalten.

ܐܨܠܚ Erfolg haben.

ܨܠܡܐ Bild.

ܨܡܚܐ Strahl.

ܨܡܝܚܝܐ strahlend.

ܡܨܡܚܢܘܬܐ Erleuchtung.

ܨܢܥܐ List.

ܨܢܝܥ listig.

ܨܢܝܥܘܬܐ Schlauheit.

ܨܥܪܐ Schimpf.

ܨܥܝܪܐ schändlich.

ܨܥܪ schmähen.

ܨܦܪܐ Morgen.

ܨܦܪܐ *f.* (§ 103) Vögelchen.

ܨܨܐ Nagel.

ܨܪܳܐ zerreissen *trans.*, zerteilen; *etpe.* zerreissen *intr.*
ܨܶܪܝܳܐ (§ 117) Riss, Spalt.
ܩܰܒܶܠ empfangen; *etpa.* pass.
ܩܰܘܒܶܠ begegnen.
ܩܽܘܒܳܠܳܐ Begegnung.
ܠܩܽܘܒܰܠ (§ 59 Anm.) gegen, an, nach.
ܩܽܘܒܠܳܐ Gegenpartei.
ܡܶܢ ܩܽܘܒܰܠ gegenüber.
ܩܒܰܥ befestigen.
ܩܒܰܪ begraben.
ܩܰܒܪܳܐ Grab.
ܒܶܝܬ ܩܒܽܘܪܳܐ Grabstätte.
ܩܒܽܘܪܬܳܐ Bestattung.
ܩܕܰܕ zerreissen.
ܩܢܳܐ besitzen.
ܩܕܳܠܳܐ Hals.
ܩܕܰܡ vorangehn: *pa.* (§ 221) vorherthun.
ܩܽܘܕܳܡ vor.
ܠܩܽܘܕܰܡ (ܡܶܢ) (§ 59 Anm.) früher.
ܩܕܳܡ vor, bevor.
ܡܶܢ ܩܕܺܝܡ vorher.
ܩܰܕܡܳܝܳܐ vorderer, früherer, erster; ܩܰܕܡܳܐܺܝܬ (§ 173) zuerst.
ܩܽܘܕܫܳܐ Heiligtum, Hostie.
ܩܰܕܺܝܫܳܐ heilig.
ܩܰܕܺܝܫܽܘܬܳܐ Heiligkeit.
ܩܘܰܝ bleiben.
ܩܳܠܳܐ Stimme, Ton.
ܩܳܡ auferstehn: *af.* auferwecken, aufrichten, einsetzen, anstellen.
ܩܝܳܡܳܐ Stehn.
ܩܝܳܡܳܐ Bund, Klerus.
ܩܰܝܽܘܡܳܐ Vorstand.
ܩܰܝܳܡ beständig.
ܩܰܦܳܐ Affe.
ܩܽܘܠܬܳܐ Krug.
ܩܛܰܠ töten.
ܩܶܛܠܳܐ Mord, Tötung.
ܩܰܛܽܘܠܳܐ tödlich.
ܩܛܰܥ ausschneiden.
ܐܶܬܩܛܶܥ ܣܰܒܪܶܗ (§ 207) verzweifelte.
ܩܛܰܦ sammeln, ernten.
ܩܛܰܪ festigen.
ܩܶܛܪܳܐ Zwang, Gewalt.
ܩܶܛܪܳܐܺܝܬ mit Gewalt.
ܩܰܛܺܝܓܳܪܳܐ (von κατήγορος) Anklage.
ܩܺܝܢܬܳܐ Lied.
ܩܰܝܣܳܐ Holz.
ܩܰܠܺܝܠ wenig; *adv.* schnell.
ܐܰܩܶܠ verachten.
ܩܶܠܳܝܬܳܐ (κελλίον) Zelle.

ܩܠܣ (von καλῶς) preisen; *etpa.* pass.

ܩܘܠܣܐ Lobspruch.

ܩܠܥܐ Schleuder.

ܩܠܝܪܘܣ (κλῆρος) Klerus.

ܩܠܝܪܝܩܐ *pl.* ܩܠܝܪܝܩܘ (κληρικοί) Kleriker.

ܩܘܡܛܪܝܢ, ܩܘܡܝܛܪܝܢ, ܩܘܡܝܛܪܝܘܢ (κοιμητήριον) Kirchhof.

ܩܡܪܐ Gurt.

ܩܢܐ Nest.

ܐܩܢ nisten.

ܩܢܐ erwerben, besitzen; *af.* verleihen.

ܩܢܝܢܐ Besitz.

ܩܢܛ fürchten.

ܩܢܛܐ Furcht.

ܩܢܛܪܘܢܐ (κεντυρίων) Centurio.

ܩܢܝܐ (§ 117) Rohr.

ܩܢܘܡܐ (§ 202) Person, selbst.

ܩܢܘܢܐ (κανών) Regel.

ܩܥܐ schreien, rufen.

ܩܥܬܐ Ratssitzung.

ܩܦܚ schlagen.

ܐܬܩܦܠ zusammengerollt werden.

ܩܦܣ einziehen.

ܩܨܐ Ende.

ܩܘܨܐ Wucher.

ܩܨܐ brechen.

ܐܬܩܨܦ schwach werden.

ܩܩܠܬܐ (§ 75) Misthaufen.

ܩܘܪܐ Kälte.

ܩܪܝܪܐ kalt.

ܩܪܐ krähen: (aus)rufen; hervorrufen; veranlassen; nennen; lesen; *etpe.* gerufen, berufen, genannt, gelesen werden.

ܩܪܝܢܐ Lesen.

ܩܪܒ *o.* (§ 179 Anm. 3) sich nähern; *pa.* darbringen, anstellen; *etpa.* sich nahen; *af.* kämpfen.

ܩܪܒܐ Kampf.

ܩܪܝܒܐ nahe, verwandt.

ܩܪܝܒܘܬܐ Nähe.

ܩܘܪܒܢܐ Opfer, Gabe.

ܩܘܪܒܐ Messopfer.

ܩܪܚܐ kahl.

ܩܪܝܬܐ *Pl.* ܩܘܪܝܐ, ܩܘܪܝܢ (§ 122, 125) Dorf, Landgut.

ܩܪܢܐ *f.* (§ 104) Horn.

ܩܐܪܘܣ (καιρός) Gefahr.

ܩܪܙܐ s. ܐܟܪܙ.

ܩܪܩܣܐ (κιρκήσια) Circusspiele.

ܩܪܩܦܬܐ Schädel.

ܩܫܝܫܐ Ältester, Presbyter.

ܩܫܝܫܘܬܐ Alter.

ܩܫܝܐ (§ 117) hart.

ܩܫܝܘܬܐ Härte.

ܩܫܬܐ Bogen.

ܩܘܫܬܐ (§ 113) Wahrheit.

ܪܒܐ (§ 78, 114) gross, Herr, Lehrer; *Pl.* ܪܘܪܒܢܐ (§ 121, 129) Magnaten.

ܪܒܝܬܐ Hausherr.

ܪܒܚܝܠܐ Heerführer.

ܪܒܟܘܡܪܐ Oberpriester.

ܪܒܘܬܐ Grösse.

ܪܒܘܬܟܘܡܪܘܬܐ Oberpriestertum.

ܪܒܝܬ (§ 173) sehr.

ܪܒܐ gross werden, wachsen; *pa.* aufziehn.

ܪܒܝܬܐ Zins.

ܡܪܒܝܢܝܬܐ Amme.

ܪܒܘ (§ 168) 10 000.

ܪܒܥ verwesen.

ܐܪܒܥ 4.

ܪܓܝܓ (§ 207) ich begehre.

ܪܓܬܐ Begierde.

ܪܓܝܓ schön, begehrend.

ܪܓܝܓܬܐ Begierde.

ܪܘܓܙܐ Zorn.

ܪܓܠܐ *f.* (§ 104) Fuss.

ܪܓܡ steinigen: *etpe.* pass.

ܪܓܡܘܬܐ Steinigung.

ܪܓܫܬܐ Empfindung.

ܐܪܓܫ bemerken.

ܪܕ (pers.) Statthalter einer Provinz.

ܪܕܐ leben, sich begeben; züchtigen, erziehen: *etpe.* erzogen werden; *af.* fliessen lassen.

ܪܕܝܐ, ܡܪܕܝܬܐ (§ 109c) Lauf, Gang.

ܡܪܕܘܬܐ (§ 109) Heimsuchung.

ܠܐ ܪܕܝܘܬܐ Ungebildetheit.

ܪܕܦ verfolgen.

ܪܕܘܦܝܐ, ܪܕܘܦܝܘܬܐ Verfolgung.

ܪܕܘܦܐ Verfolger.

ܐܬܪܗܒ erschrecken *intr.*

ܡܪܗܒ eilen: *etp.* sich beeilen, erschreckt werden.

ܡܣܪܗܒܐܝܬ eilig.

ܗܘܪܗܒܐ Schrecken, Bestürzung.

ܪܗܛ (§ 89 Anm. 1) laufen; *af.* laufen lassen.

ܪܗܛܐ Lauf.

ܡܪܗܛܐ Schatz.

ܪܗܛܪܘܬܐ (von ῥήτωρ) Beredsamkeit.

ܪܘܐ Eiter.

ܐܪܘܝ eitern.

ܪܘܐ trunken.

ܐܪܘܝ trunken machen.

ܪܘܓܫܐ Lärm.

ܪܘܙ frohlocken.

ܪܘܚܐ *m.* u. *f.* (§ 107) Wind, Geist. Flatus.

ܪܘܚܢܐ, ܪܘܚܢܝܐ geistlich.

ܪܘܝܚܐ weit.

ܪܘܡܐ Höhe.

ܪܡܐ hoch, hochmütig, erhaben.

ܪܡܘܬܐ Höhe.

ܪܡܘܬܐ Stolz.

ܐܪܝܡ erheben: *ettaf.* pass.

ܡܪܝܡܐ erhaben.

ܪܘܪܡܐ Erhöhung.

ܐܪܙܐ (pers. § 71) ܪܐܙܐ Geheimnis.

ܐܪܙܢܝܐܝܬ allegorisch.

ܪܚܡܐ Eingeweide; Liebe, Gnade.

ܪܚܡ lieben.

ܪܚܡܐ Freund.

ܪܚܘܡܐ Liebhaber.

ܪܚܝܡܐ liebenswürdig.

ܪܚܡܬܐ Liebe.

ܡܪܚܡܢܘܬܐ Gnade, Erbarmen.

ܪܘܚܩܐ Ferne.

ܪܚܝܩ fern.

ܐܪܚܩ fernhalten, entfernen.

ܪܚܫܐ Gewürm.

ܐܪܚܫ Kriechendes hervorbringen.

ܪܛܢ, ܪܛܢ murren.

ܪܝܚܐ Duft.

ܪܝܪܐ Speichel.

ܪܫܐ, ܪܝܫܐ (§ 68 Anm. 1) Kopf, Oberhaupt, Anfang.

ܪܫܝܐ vorzüglich.

ܪܝܫܢܐ vornehm.

ܪܝܫܢܘܬܐ Vorsteheramt, Herrschaft.

ܪܝܫ ܟܘܡܪܘܬܐ Oberpriestertum.

ܪܟܝܟܐ weich; Pl. Seidenstoffe.

ܪܟܒ reiten, besteigen.

ܪܟܘܒܐ Wagen.

ܪܟܒܐ Reiter.

ܐܪܟܢ beugen, hinneigen; *etpe.* sich verneigen.

ܪܟܫܐ (§ 103) Pferde.

ܐܪܡܝ werfen, legen, einschlagen, erheben; *etpe.* sich herablassen.

ܐܪܡܝ ܐܝܕܐ das Ausstrecken der Hand (zur Bekräftigung der Zeugenaussage).

ܬܪܡܝܬܐ Gründung.

ܪܡܙܐ Wink.
ܐܪܡܠܬܐ Witwe.
ܪܡܫܐ Abend.
ܪܢܝܐ, ܡܪܢܝܬܐ Gedanke.
ܪܥܝܐ (§ 120a) Hirt.
ܡܪܥܝܬܐ Herde.
ܐܬܪܥܝ versöhnt werden, denken.
ܬܪܥܝܬܐ Gedanke, Geist.
ܪܥܝܢܐ Gedanke, Sinn.
ܪܥܠ zittern.
ܐܬܪܥܡ verwirrt werden.
ܪܥܡܐ Donner.
ܪܦܐ Schaar.
ܪܦܝܐ weich, schlaff.
ܐܬܪܦܝ nachlassen; *af.* verlassen.
ܪܦܫܐ Worfschaufel.
ܪܙܠܐ kleine Quelle.
ܪܩ speien.
ܡܪܩܘܕܬܐ Trauerversammlung.
ܪܘܩܥܐ Lumpen.
ܪܫܐ tadeln, schelten.
ܪܫܡ aufzeichnen.
ܪܘܫܡܐ Zeichen.
ܪܘܫܥܐ Frevel.
ܪܫܝܥܐ Frevler; *adv.* frevelhaft.
ܪܚܫ kriechen.
ܪܬ zittern.
ܪܬܝܬܐ Zittern.
ܪܬܝܬ zitternd.
ܪܬܚܐ Glut.
ܐܪܬܝ ermahnen.
ܡܪܬܝܢܘܬܐ Ermahnung.
ܡܬܪܬܝܢܐ Katechumene.
ܫܐܕܐ Dämon.
ܫܐܠ *pe.* und *pa.* fragen, verlangen; *etpe.* sich weigern; *etpa.* verhört werden.
ܫܐܝܠ erborgt, angenommen.
ܫܘܐܠܐ Frage, Verhör.
ܫܐܪܝܐ Seidenzeug.
ܫܒܬܐ (שַׁבָּת § 111 Anm.) Sabbat, Woche.
ܫܒܒܘܬܐ Nachbarschaft.
ܫܘܒܚܐ Preis, Glorie.
ܡܫܒܚܐ gepriesen.
ܫܒܚ preisen.
ܬܫܒܘܚܬܐ Preis.
ܫܒܛܐ Stab, Heimsuchung.
ܫܒܠܐ glatter Stoff.
ܫܒܝܐ Gefangenschaft.
ܫܒܝܠܐ Weg.
ܫܒܥܐ 7.
ܫܒܘܥܐ Woche.
ܫܒܩ lassen, verlassen, verzeihen; *etpe.* vergeben werden.
ܫܘܒܩܢܐ Vergebung.

ܫܒܪܐ jung.
ܫܒܫܒܬܐ (§ 112) Rebe.
ܫܓܐ in die Irre gehn.
ܫܓܠ (pers.) Schakal.
ܐܫܬܓܪ angezündet werden, flammen.
ܫܓܫ verwirren; *etpe.* hin- und her geworfen werden.
ܫܘܓܫܐ Verwirrung.
ܫܓܝܫܘܬܐ Verwirrtheit, Heuchelei, Schmeichelei.
ܫܕܐ werfen; *etpe.* hinausgeworfen werden.
ܫܕܠ locken.
ܫܕܠܐ, ܫܘܕܠܐ Lockmittel.
ܫܕܪ schicken; *etpa.* pass.
ܐܫܬܕܟ kalt werden, abnehmen.
ܫܗܪܐ Wachen.
ܫܘܐ gleich sein, würdig sein, gewürdigt werden; *pa.* decken; *af.* gleich machen, würdigen, gemeinsame Sache machen; *etpe.* gewürdigt werden.
ܫܘܐ würdig.
ܬܫܘܝܬܐ Decke.
ܐܫܬܘܙܒ (assyr. § 192H Anm.) gerettet werden.
ܫܘܚ sprossen.
ܐܫܬܚܨ wagen.
ܐܫܬܘܙܒ s. ܫܘܙܒ.
ܫܛ verachten: *etpe.* pass.
ܫܘܡܬܐ Wunde.
ܫܥܬܐ (§ 111) Stunde.
ܫܘܥܠܒ leichtsinnig.
ܫܘܥܐ Fels.
ܫܘܥ schmieren.
ܫܘܩܐ Strasse.
ܫܘܪܐ Mauer.
ܫܘܪ springen.
ܫܘܬܦ (assyr.) teilnehmen lassen; *etp.* teilnehmen.
ܫܘܬܦܬܐ Gattin.
ܫܘܚܕܐ Bestechung.
ܫܚܠ sprudeln, fliessen, triefen.
ܫܚܢ sich wärmen.
ܫܘܚܢܐ Geschwür.
ܫܚܩܐ Anstrengung, Mühe.
ܫܝܪܐ (§ 107) Herde (von Schweinen und Dämonen).
ܫܚܪ zwingen.
ܫܛܝܐ (§ 117) thöricht.
ܫܛܝܘܬܐ Thorheit.
ܫܛܝܦܬܐ Alabastergefäss.
ܫܛܪܐ Schuldbrief.
ܫܝܢܐ (pers.) Friede.
ܫܝܢܝ friedlich.
ܫܟܒ entschlafen.
ܐܫܟܚ (§ 67) finden, können.

ܫܟܝܚܐ es ist möglich; *etpe.* gefunden werden.

ܫܟܢ schenken; *etpa.* pass.

ܫܟܢ verpfänden.

ܫܟܝܪ hässlich.

ܫܠܐ ablassen, aufhören.

ܫܠܝܐܝܬ ruhig.

ܫܠܝܐ Ruhe; ܡܢ ܫܠܝ (§ 200e) plötzlich.

ܫܠܐ ܢܘܢܐ Fischreiher.

ܫܠܝܬܐ Foetushaut.

ܫܠܗܒܝܬܐ Flamme.

ܫܠܕܐ *f.* (babyl. § 112 Anm.) Leiche.

ܫܠܚ schicken, ausziehen; *etpe.* pass.; *af.* ausziehn.

ܫܠܝܚܐ Apostel.

ܫܠܝܚܬܐ Botin.

ܫܠܝܚܘܬܐ Botschaft.

ܫܠܛ (§ 179 Anm. 2) Herrschaft gewinnen; *pa.* anstellen, einsetzen; *etpa.* sich bemächtigen.

ܫܠܝܛ pl. ܫܠܝܛܢܐ (§ 121) mächtig, gewaltig.

ܫܘܠܛܢܐ Macht, Amt.

ܡܫܠܛܐ mächtig; *adv.* mit Erlaubnis.

ܫܠܡ übereinstimmen, sich fügen, erfüllt werden, verscheiden; *pa.* vollenden, grüssen; *af.* überliefern, verraten; *etpe.* pass.

ܫܠܡܘܬܐ Einwilligung.

ܫܠܡܐ Friede, Gruss.

ܫܘܠܡܐ Vollendung.

ܫܘܠܡܢܘܬܐ Überlieferung.

ܫܡܐ (§ 118) Name.

ܫܡܗ nennen: *part. pass.* berühmt.

ܫܡܛ ziehn (Schwert), herausziehn.

ܫܡܝܐ m. u. f. (§ 107, 117) Himmel.

ܫܡܝܢܐ himmlisch.

ܫܡܝܢ s. ܣܠܐ.

ܫܡܥ hören, verhören; *etpe.* pass. gehorchen; *af.* hören lassen.

ܫܡܥܐ Gericht.

ܫܡܝܥܬܐ Hören.

ܫܘܡܥܐ Hörer.

ܫܡܫܐ m. u. f. (§ 107) Sonne.

ܫܡܫ dienen; *etpa.* geschehen.

ܡܫܡܫܢܐ, *f.* ܡܫܡܫܢܝܬܐ (§ 116a) Diacon, Diaconin.

ܬܫܡܫܬܐ (§ 67) Dienst; geistlicher Gesang.

ܫܢܬܐ pl. ܫܢܝܐ (§ 57c, 109b, 111, 117) Jahr.

ܫܢܬܐ (§ 130) Schlaf.

ܫܢܐ *f.* (§ 104) Zahn.

ܫܢܕܐ Martern.

ܐܫܬܢܕܝ mit ܒ martern.

ܫܢܐ verändern, entfernen; weggehn.

ܫܢܐ wahnsinnig.

ܫܢܝܘܬܐ Wahnsinn.

ܫܢܩ plagen.

ܫܘܢܩܐ Marter, Qual.

ܫܥܝܐ Spiel.

ܐܫܬܥܝ erzählen.

ܐܫܬܥܝܬܐ Erzählung.

ܫܦܠ (§ 65, 129), ܫܦܠܐ niedrig, feige.

ܐܫܬܦܠ unterliegen: *pa.* demütigen.

ܫܦܥ weggleiten; *af.* ausgiessen, sich ergiessen.

ܫܦܝܥܐ reichlich.

ܫܦܪܐ Morgenröte.

ܫܦܪ schön werden, gefallen; *etpa.* gefallen.

ܫܘܦܪܐ Schönheit.

ܫܦܝܪ schön.

ܫܝܦܘܪܐ (שׁוֹפָר § 83 Anm.) Posaune.

ܫܩܝܐ Trank.

ܐܫܩܝ tränken, zu trinken geben.

ܫܩܠ (§ 212) tragen, wegnehmen, empfangen, abhauen, erobern, auf sich nehmen, anfangen, mit ܥܡܠܐ sich bemühen; *af.* aufbrechen; *etpa.* sich überheben.

ܫܩܠ ܥܡܠܐ Geduld.

ܫܩܥܘܬܐ Fels.

ܐܫܬܩܠܡ sich abmühen.

ܫܘܩܪܐ Lüge.

ܫܩܪܐ lügnerisch.

ܫܪܪܐ Wahrheit.

ܫܪܝܪ wahr, zuverlässig; *subst. m.* Commissar; *f.* Wahrheit.

ܫܪܪ befestigen, bestätigen, *etpa.* pass.

ܐܫܪܪ bestätigen, glauben.

ܫܪܐ freilassen, zerstören; sich niederlassen, lagern; *etpe.* unterbrochen, abgesetzt werden; *pa.* lösen, lähmen; anfangen; *af.* einflössen, befördern.

ܫܪܝܬܐ Gelenk.

ܫܘܪܘܬܐ Gastmahl.

ܫܪܝܐ. neu.

ܫܪܝܢܐ Panzer.
ܫܪܒܐ Wohnung.
ܡܫܪܝܬܐ Lager.
ܫܘܪܝܐ Anfang.
ܫܪܟܐ Ruhm, Sache.
ܫܪܒܬܐ (§ 123) Familie.
ܫܪܟܘܦܬܐ Fangstrick.
ܫܪܓܐ (pers.) Leuchte.
ܫܠܕܐ Leichnam.
ܫܪܟܐ Rest.
ܫܪܘܓܝܬܐ schlüpfrige Stelle.
ܫܬ, ܫܬܐ (§ 166) 6.
ܫܬܐܣܬܐ pl. ܫܬܐܣܐ (§ 162) Fundament.
ܐܫܬܝ (§ 193E) trinken.
ܡܫܬܝܐ Trank.
ܡܫܬܘܬܐ (§ 67) Gelage.
ܐܫܬܘܩ o dass doch.
ܫܬܩ o. (§ 179 Anm. 3) schweigen; *etpa.* id., sich beruhigen.
ܫܬܝܩ schweigend.
ܬܐܛܪܘܢ (θέατρον) Theater.
ܬܐܪܬܐ Gewissen.
ܬܐܬܐ (§ 57c) Feigenbaum.
ܬܒܝܠ, ܬܐܒܝܠ (תֵּבֵל) Erde.
ܬܒܥ bitten, fordern; *etpe.* gesucht, erfordert werden, mit ܚܘܫܒܢܐ zur Rechenschaft gezogen werden.

ܬܒܘܥܐ Rächer.
ܬܒܪ *pe.* und *pa.* zerbrechen.
ܬܒܪܐ Vernichtung.
ܬܓܡܐ (τάγμα) Ordnung.
ܬܓܪܐ (assyr.) Kaufmann.
ܬܐܓܘܪܬܐ (mit Anlehnung an ܬܓܪ) Handel.
ܬܗܘܡܐ (תְּהוֹם) m. u. f. (§ 107) Abgrund.
ܬܗܪ sich wundern.
ܬܗܪܐ Wunder.
ܬܘܐ *pe.* und *etpe.* bereuen.
ܬܒ sich bekehren.
ܬܘܒ wieder.
ܬܝܒܘܬܐ Reue.
ܬܗܪܐ Erstaunen.
ܐܬܗܪ in Staunen setzen.
ܬܘܪܐ Stier, ܬܘܪܬܐ (§ 60 Anm. 1) Kuh.
ܐܬܬܩܠ anstossen.
ܬܚܝܫܐ schwach.
ܬܚܘܡܐ Grenze.
ܐܬܚܡ bestimmen.
ܬܚܬ, ܬܚܝܬ unter.
ܠܬܚܬ unter.
ܬܚܬܝܐ unterer.
ܐܬܬܚܬ herabkommen.
ܬܟܝܠܐܝܬ eilig.
ܐܬܬܟܠ sich verlassen.

ܬܟܝܠ vertrauend, zuversichtlich.

ܬܘܟܠܢܐ Vertrauen.

ܬܠܐ Hügel.

ܬܠܐ erheben; *etpe.* aufgehängt werden.

ܬܠܒ zerreissen; *etpa.* pass.

ܬܠܡܝܕܐ Jünger.

ܬܠܡܝܕܘܬܐ Jüngerschaft.

ܬܠܡܕ belehren; *etpa.* pass. studieren.

ܬܘܠܡܕܐ Lehre.

ܬܠܬ 3.

ܬܠܝܬܝܘܬܐ Dreieinigkeit.

ܬܡܗ sich wundern; *af.* in Staunen setzen.

ܬܡܗܐ Staunen.

ܬܡܝܗ wunderbar.

ܬܡܘܙ Juli.

ܬܡܢ dort.

ܬܢܢ hier.

ܬܢܢܐ Rauch.

ܬܢܝܢܐ Drache.

ܬܢܐ wiederholen, hersagen; *pa.* erzählen.

ܬܢܝܢܐ (§ 116a) zweiter.

ܬܢܐܝ (§ 114 nest. ܬܢܝܐ) Bedingung.

ܬܢܝܬܐ s. u. ܐܢܐ (§ 191E).

ܬܥܠܐ Fuchs.

ܬܘܩܠܬܐ Stein des Anstosses.

ܡܬܩܠܐ Gewicht.

ܬܩܢܐ züchtig.

ܬܩܢܘܬܐ Züchtigkeit.

ܬܩܢ aufstellen, rüsten, bereiten; *etpa.* gegründet werden; *af.* festigen, ausrüsten, reparieren.

ܬܘܩܢܐ Zurüstung.

ܬܩܝܦܐ stark.

ܬܩܝܦܘܬܐ Stärke.

ܬܪܓܡ reden.

ܬܘܪܓܡܐ Reden halten.

ܡܬܪܓܡܢܐ Dolmetsch.

ܬܪܝܢ (§ 76, 166) 2.

ܬܪܝܢܐ (§ 171) zweiter.

ܬܪܢܓܠܐ (assyr.) Hahn.

ܬܪܘܢܘܣ (θρόνος) Thron.

ܬܪܥܐ Thür; Pforte, Hof (des Königs).

ܬܪܨ richten, zurechtweisen.

ܬܪܝܨ richtig, mit ܫܘܒܚܐ orthodox.

ܬܪܝܨܘܬܐ Richtigkeit, Rechtlichkeit.

ܬܫܥ 9.

Eigennamen.

ܐܒܓܪ König von Edessa.

ܐܒܢܠ Götzenname.

ܐܒܪܗܡ אַבְרָהָם.

ܐܓܝ Schüler des Addai.

ܐܕܝ 1) Apostel des westl. Syriens; 2) Schüler des Mani.

ܐܕܪܦܪܘܙܓܪܕ Adharafrozgurd; pers. Männername.

ܐܘܓܢܝܣ Εὐγένιος.

ܐܘܛܪܦܝܣ Εὐτέρπης.

ܐܘܣܒܝܣ Εὐσέβιος.

ܐܘܪܗܝ Edessa.

ܐܘܪܫܠܡ Jerusalem.

ܐܝܓܘܦܛܝܐ Ägypter.

ܐܝܘܓܢܣ Ευγένιος(?).

ܐܝܘܒ אִיּוֹב.

ܐܝܪܝܚܘ יְרִיחוֹ.

ܐܝܣܪܝܠ (§ 62) יִשְׂרָאֵל.

ܐܠܘܣܝܣ Lusius.

ܐܠܘܬܪܘܦܘܠܝܣ Ἐλευθερόπολις.

ܐܠܝܐ אֵלִיָּה.

ܐܠܟܣܢܕܪܘܣ Ἀλέξανδρος.

ܐܠܟܣܢܕܪܝܐ Ἀλεξάνδρεια.

ܐܡܝܕ jetzt Dijârbekr.

ܐܘܡܝܠܘܣ Εὔμηλος.

ܐܢܛܝܘܟܝܐ, ܐܢܛܝܘܟܝ Ἀντιόχεια.

ܐܢܛܘܢܝܣ Ἀντώνιος.

ܐܢܛܝܢܘ (corr.) Ἀντινοούπολις.

ܐܣܩܝܛܝ Σκήτη.

ܐܦܪܝܡ אֶפְרַיִם († 373).

ܐܩܩܝܣ Ἀκάκιος.

ܐܪܒܝܠ Arbela.

ܐܪܕܘܢ der letzte arsacidische König von Persien.

ܐܪܕܫܝܪ König von Persien (226—241).

ܐܪܙܘܢ Arzauene.

ܐܪܘܢ Vorfahr Abgars.

ܐܪܝܘܣ Ἄρειος.

ܐܪܝܢܐ Arianer.

ܐܪܡܐܝܬ aramäisch.

ܐܪܡܝܐ יִרְמְיָה.

ܐܪܫܩܝܐ Arsakiden.

ܒܣܝܠܝܘܣ Βασίλειος.

ܒܒܠ Babel.

ܒܗܪܡ Bahrâm IV. v. Persien (388—399).

ܒܝܠ Bel.

ܒܝܬ ܓܘܒܪܝܢ = Ἐλευθερόπολις.

ܒܝܬ ܓܒܪܝܐ Ortsname.

ܒܝܬ ܙܒܕܝ Provinz am linken Ufer des Tigris.

ܒܝܬ ܙܪܘܓ Ort in Bêt Garmai.

ܒܝܬ ܢܗܪܝܢ Μεσοποταμία.

ܒܝܬ ܣܠܘܟ Stadt in Bêt Garmai.

ܒܝܬ ܥܢܝܐ Βηθανία.

ܒܝܬ ܐܪܙܐ Platz in Edessa.

ܒܠܫ arsakidischer König von Persien.

ܒܥܠܒܟ Baalbek.

ܒܪܐܒܐ Βαραββᾶς.

ܒܘܪܒܘܪܝܢܐ Βορβοριανοί (Sekte).
ܒܪܕܝܨܢ Bardesanes Gnosticus.
ܒܪܚܒܠܐ Männername.
ܒܪܨܘܡܐ desgl.
ܒܪܨܡܝܐ Bischof v. Edessa.
ܓܒܪܝܐܝܠ גַּבְרִיאֵל.
ܓܕܣܡܢܝ Γεθσημανεί.
ܓܓܘܠܬܐ Γολγοθᾶ.
ܓܘܠܝܕ גָּלְיָת.
ܓܘܪܝܐ Männername.
ܓܠܝܠܐ Γαλιλαία.
ܓܠܝܠܝܐ Galiläer.
ܓܡܠܝܐܝܠ גַּמְלִיאֵל.
ܕܘܝܕ דָּוִד.
ܕܝܘܕܘܪܘܣ Διόδωρος.
ܕܝܘܓܢܝܣ Διογένης.
ܕܝܢܩ pers. Männername.
ܕܝܨܢ Fluss bei Edessa.
ܕܡܝܢܐ Δαμιανός.
ܕܢܝܐܝܠ דָּנִיאֵל.
ܕܘܠܒܢܘܪ pers. Männername.
ܕܩܠܬ Tigris.
ܕܪܐ Stadt in Bêṯ Garmai.
ܕܪܝܘܫ Darius.
ܗܒܝܠ Abel.
ܗܕܪܝܢܘܣ Hadrianus.
ܗܘܢܝܐ Hunnen.
ܗܘܪܡܙܕ Ahuramazda.
ܗܪܡܘܢܝܘܣ Ἁρμόνιος.
ܘܠܢܣ Valens.
ܙܒܐ Nebenfluss des Tigris.
ܙܕܘܩܝܐ Σαδδουκαῖοι.
ܙܢܘܦܝܠܘܣ Ζηνόφιλος.
ܚܕܝܐܒ Adiabene.
ܚܙܐ Ortsname.
ܚܙܩܝܐ חִזְקִיָּה.
ܚܠܒ Aleppo.
ܚܢܢ Männername.
ܚܢܘܫ desgl.
ܚܪܢ Ortsname.
ܚܪܒܓܠܠ Stadt in Bêt Garmai.
ܛܗܡܝܙܓܪܕ pers. Männername.
ܛܘܒܝܐ טוֹבִיָּה.
ܛܐܘܩܪܝܛܘܣ Θεόκριτος.
ܛܝܒܪܝܘܣ Tiberius.
ܛܝܝܐ Araber (eig. vom Stamme Ṭaiji' طَيِّء).
ܛܪܝܐܢܘܣ Trajanus.
ܛܦܠ Landschaft am Südrande des Kaspisees.
ܝܗܘܕܐ יְהוּדָה.
ܝܗܘܕܝܐ Jude.
ܝܗܘܕܝܘܬܐ Judentum.
ܝܘܒܝܢܝܢܘܣ Jovinianus.
ܝܘܚܢܢ Ἰωάννης.
ܝܘܠܝܢܘܣ Julianus.
ܝܘܢܝܐ (Ἴων) Grieche.
ܝܘܣܦ Ἰωσήφ.

ܝܘܣܛܝܢܘܣ Justinus.
ܝܘܣܛܝܢܝܢܘܣ Justinianus.
ܝܘܣܦ Ἰωσήφ.
ܝܘܪܕܢܢ יַרְדֵּן Ἰορδάνης.
ܐܫܥܝܐ יְשַׁעְיָהוּ.
ܝܙܕܓܪܕ Jazdegird I. v. Persien (399—420).
ܝܥܩܘܒ Jacob (Baradaeus † 578).
ܝܫܘܥ (§ 62, 83 Anm.) יְהוֹשׁוּעַ Ἰησοῦς.
ܟܐܦܐ Πέτρος.
ܟܣܪܐ König von Persien.
ܟܫܟܪ Ortsname.
ܠܘܣܝܢܘܣ Lysinus.
ܠܥܙܪ אֶלְעָזָר, Λάζαρος.
ܠܫܘܡ Stadt in Bêṯ Garmai.
ܡܠܠܐ Männername.
ܡܐܢܝ Manes.
ܡܪܝ Apostel des östl. Syriens.
ܡܓܕܠܝܬܐ Μαγδαληνή.
ܡܝܬܪܐ Mithras.
ܡܘܫܐ מֹשֶׁה.
ܡܚܘܙܐ Ortsname.
ܡܢܝܟܝܐ Manichäer.
ܡܛܠܒܐ Ortsname.
ܡܥܢܐ, ܡܥܢܝܐ Männername.
ܡܨܪܝܢ Ägypten.
ܡܩܕܘܢܝܐ Μακεδονία.
ܡܩܕܘܢܝܐ Macedonier.

ܡܪܩܘܣ Männername.
ܡܪܝܡ Μαρία.
ܡܪܩܝܘܢ Μαρκίων.
ܡܪܩܝܘܢܝܐ Markioniten.
ܡܪܩܝܢܘܣ Μαρκιανός.
ܢܒܘ Nebo, Nabû.
ܢܘܗܕܪܐ Ortsname.
ܢܝܩܝܐ Νικαία.
ܢܝܩܘܡܕܝܐ Νικομήδεια.
ܢܣܛܘܪܝܣ Νεστόριος.
ܢܨܝܒܝܢ (§ 200a) Nisibis.
ܢܨܝܒܢܝܐ Nisibener.
ܢܨܪܝܐ Ναζαρηνός.
ܢܬܢܐܝܠ נְתַנְאֵל.
ܣܒܐ Männername.
ܣܒܝܢܘܣ Sabinus.
ܣܘܪܝܐ Συρία.
ܣܘܪܝܝܐ Syrer.
ܣܘܪܝܢ vornehmes pers. Geschlecht.
ܣܟܪܝܘܛܐ Ἰσκαριώθ.
ܫܡܥܘܢ Συμεών, שִׁמְעוֹן.
ܣܪܓܝܣ Σέργιος.
ܣܝܪܘܡܗܪܘ pers. Männername.
ܥܒܕܐ Männername.
ܥܒܕܝܫܘܥ desgl.
ܥܒܕܐ desgl. (aus ܥܒܕܐܠܗܐ?).
ܥܒܕܠܗܐ desgl.
ܥܒܪܝܐ Name einer Sekte.
ܥܒܐ Männername.

ܥܡܪܡ עַמְרָם, Vater Mosis.
ܥܩܒܠܗܐ Bischof v. Bêṯ S'lôch.
ܥܪܒܝܐ Arabien.
ܦܘܠܘܣ Παῦλος.
ܦܘܢܝܩܐ Φοινίκη.
ܦܘܣܝ pers. Männername.
ܦܛܪܘܦܝܠܘܣ Πατρόφιλος.
ܦܝܠܛܘܣ Πιλᾶτος.
ܦܝܠܝܦܘܣ Φίλιππος.
ܦܠܘܛ Männername.
ܦܠܣܛܝܢܐ Παλαιστίνη.
ܦܠܫܬܝܐ פְּלִשְׁתִּים.
ܦܣܠܬܐ Ortsname.
ܦܪܣ Persien.
ܦܪܣܝܐ Perser.
ܩܐܣܪܝܐ Καισάρεια.
ܩܐܦܕܘܩܝܐ Καππαδοκία.
ܩܘܙܡܐ Κοσμᾶς.
ܩܘܡܕܘܣ Commodus.
ܩܘܣܛܢܛܝܢܘܣ Κωνσταντῖνος.
ܩܘܣܛܢܛܝܢܘܦܘܠܝܣ Κωνσταντίνου πόλις.
ܩܘܣܛܢܛܝܣ Κωνστάντιος.
ܩܘܪܝܠܘܣ Κύριλλος.
ܩܘܪܝܢܝܐ Κυρηναῖος.
ܩܝܦܐ Καιφᾶς.
ܩܘܢܘܢ Κόνων.
ܩܝܣܪܝܢ (§ 200a) Ortsname.
ܩܣܪ Καῖσαρ.
ܪܒܘܠܐ Bischof v. Edessa † 435.
ܪܗܘܡܐ Ῥώμη.
ܪܗܘܡܝܐ Römer.
ܪܘܦܘܣ Ῥοῦφος.
ܪܡܬܐ Ἀριμαθαία.
ܫܒܘܪ Šâpûr, König v. Persien, I. (241–272), II. (309–379).
ܫܗܪܩܪܬ Hauptstadt von Bêṯ Garmai.
ܫܒܪܐ Männername.
ܫܝܪܝܢ pers. Frauenname.
ܫܡܘܢܐ Männername.
ܫܡܝܫܛ Σαμόσατα.
ܫܠܘܡ Σαλώμη.
ܫܡܥܘܢ שִׁמְעוֹן Σιμεών (der Stylit † 459).
ܫܡܪܝܬܐ (§ 108) Samariterin.
ܫܡܫܓܪܡ Männername.
ܫܪܒܝܠ desgl.
ܬܐܘܕܘܪܐ Θεόδωρος.
ܬܐܘܡܐ Thomas.
ܬܠܐ Ortsname.

Druckfehler.

Grammatik. S. 13: Laterale über die 2. Kolumne von rechts zu setzen; S. 23, Z. 17 l. § 192F; S. 27, Z. 18 l. § 186; S. 55, Z. 9 l. § 197B Anm.
Chrestomathie. S. 11*, Z. 7 für ܗܘ̈ܐ l. ܗܘܐ.

Druck von W. Drugulin in Leipzig.

www.ingramcontent.com/pod-product-compliance
Lightning Source LLC
Chambersburg PA
CBHW030747250426
43672CB00028B/1117

* 9 7 8 3 7 4 4 6 9 7 1 7 0 *